la alegoría del amor

la alegoría del amor

Un estudio sobre tradición medieval

C. S. Lewis

GRUPO NELSON

Desde 1798

© 2022 por Grupo Nelson
Publicado en Nashville, Tennessee, Estados Unidos de América.
Grupo Nelson es una marca registrada de Thomas Nelson.
www.gruponelson.com
Thomas Nelson es una marca registrada de HarperCollins Christian
Publishing, Inc.

Este título también está disponible en formato electrónico.

Título en inglés: *The Allegory of Love*
© 1936 por C. S. Lewis Pte Ltd.
© 2015 publicado anteriormente en español por Ediciones Encuentro,
S. A., Madrid

Traducción: *Braulio Fernández Biggs*
Adaptación del diseño: *Setelee*

ISBN: 978-1-40023-948-1
eBook: 978-1-40023-955-9
Número de control de la Biblioteca del Congreso: 2022934921

A Owen Barfield,
el mejor y más sabio
de mis profesores informales.

ÍNDICE

NOTA DEL TRADUCTOR
(a la edición española)

Intenté verter al español el mejor Lewis posible, y por mejor entiendo el más cercano a su modo original. Pero la particular economía de su estilo y la natural exactitud del inglés —comparada con nuestro idioma— suponen desde luego barreras infranqueables.

Tuve a la vista la única traducción previa a nuestra lengua que hiciera Delia Sampietro con Eudeba en 1969, revisada por Narciso Pousa; traducción que seguramente consideró a su vez la italiana del mismo año publicada en Turín, y titulada *L'allegoria d'amore*.

Infinito sería enumerar los problemas y escollos que, como cualquier traductor, hube de superar; aunque confieso que el peor fue un excesivo respeto por el discurrir intelectual inglés. La más fatigosa tarea fue olvidarlo y ofrecer un texto en «español». Me excuso entonces, y desde ya, por todos los anglicismos que se puedan encontrar y todas las construcciones un tanto extrañas a nuestros suaves oídos castellanos.

Agradezco la inestimable paciencia de mi ayudante María de los Ángeles Errázuriz para con los primeros borradores, y su férrea voluntad cada una de las miles de veces en que debimos volver atrás. Agradezco muy sinceramente también la ayuda de Vicente Silva Beyer para preparar los originales de esta edición, con una prolijidad y cuidado notables.

Las versiones de los poemas que hizo Armando Roa Vial me dieron un marco de referencia que me alivió bastante. Muchos de ellos son a su vez traducciones al inglés del propio C. S. Lewis desde sus lenguas originales, por lo que se ha perdido la exactitud métrica. El lector habrá de considerarlos fundamentalmente como ejemplos del fondo de lo que se quiere decir, aunque he advertido en notas los lugares donde importan rítmicamente.

La alegoría del amor

Agradezco también a los profesores María Eugenia Góngora y Jorge Peña Vial quienes, con la actitud de los verdaderos maestros, tuvieron para con mis primeras versiones la severa aunque cariñosa y estimulante seriedad que despierta el trabajo imperfecto. Cuestión de la que me hago, por cierto, absolutamente responsable, pues dudo haber superado satisfactoriamente dicha imperfección.

10

PREFACIO DEL AUTOR

Multa renascentur quae jam cecidere, cadentque
Quae nunc sunt

Como espero que el propósito de este libro esté suficientemente claro en el texto, en el prefacio me ocuparé de agradecer lo que soy capaz de recordar. Pero como no puedo recordar todo lo que debo, entiendo, como el filósofo, que «si he logrado deber más tal vez poseo mayores méritos para llamarme original».

Entre mis deudas indiscutibles la primera es con los delegados de la Clarendon Press, y las calificadas y pacientes personas anónimas que trabajan allí. Luego, con el dominico André Wilmart, O. S. B., por sus cuidadosas críticas a los dos primeros capítulos; al profesor C. C. J. Webb, por su provechoso interés en el segundo; a la Sociedad Medieval de la Universidad de Manchester (y especialmente al profesor Vinaver), por su amable atención y valiosa discusión del tercero; al doctor C. T. Onions, por orientar mis intentos con el verso inglés medio hacia aquella crítica superior donde toda distinción entre lo literario y lo lingüístico se resuelve. Y al doctor Abercrombie, por todo lo que no es errado en el Apéndice sobre *Peligro*. El primer capítulo fue leído y comentado hace ya tanto tiempo por el señor B. Macparlane y el profesor Tolkien, que seguramente ellos olvidaron sus esfuerzos. Pero yo no he olvidado su gentileza.

Hasta aquí voy bien. Sin embargo, junto a estos obvios acreedores he detectado un círculo mucho más amplio de personas que, directa o indirectamente, me ayudaron cuando ni ellos ni yo sospechábamos que había alguna tarea por delante. De entre mis amistades no hay nadie de quien no haya aprendido algo. La mayor de estas deudas —la que debo a mi padre por el inestimable beneficio de una niñez bastante retirada en una casa llena de libros— está, hoy, muy lejos de poder pagarse; y del resto solo puedo hacer una selección. Haber compartido las escaleras del mismo colegio con el profesor J. A. Smith es de por sí una educación liberal; el infatigable intelecto del señor H. Dyson, de Reading, y el generoso uso que hace de él son a un tiempo acicate y sujeción para sus amigos. El trabajo de la doctora Janet Spens me permitió decir más abiertamente lo que he visto en Spenser, y ver lo que antes no había visto. Sobre todo, el amigo a quien he dedicado este libro me enseñó a no tratar al pasado con arrogancia y a ver el presente también como un «período». No pretendo ser más que un instrumento, un instrumento que pueda ser cada vez más efectivo en la teoría y práctica de estas materias.

He tratado de reconocer la ayuda de los escritores que me precedieron cada vez que lo advertí. Espero que no se suponga que ignoro o desprecio los célebres libros que no he citado. Al escribir el último capítulo lamenté que el punto de vista particular por el que me acercaba a Spenser no me permitiese hacer mayor uso de los esfuerzos del profesor Renwick y el señor B. E. C. Davis, y del noble prefacio del profesor Sélincourt. Habría conocido la poesía latina de manera más fácil y más grata de haber tenido antes a la mano las grandes obras del señor Raby.

En fin, después de todo esto quedarán todavía por mencionar, sin duda, muchos gigantes sobre cuyos hombros alguna vez me encaramé. Hechos, inferencias y hasta giros de expresión se asientan en la mente humana y difícilmente uno recuerda cómo. De entre todos los escritores, soy el que menos pretende ser αὐτοδίδακτος.

C.S.L.

I. EL AMOR CORTÉS

«When in the world I lived I was the world's commander».
SHAKESPEARE

I

La poesía amorosa alegórica de la Edad Media es capaz de ahuyentar al lector moderno por su forma y su materia. La forma, que es una disputa entre abstracciones personificadas, difícilmente puede atraer a una época que sostiene que «el arte significa lo que dice» e incluso que el arte no tiene sentido en sí; ya que es esencial a esta forma que narración literal y *significatio* sean separables. Y en lo que respecta a la materia, ¿qué hacer con esos amantes medievales —se llaman a sí mismos «sirvientes» o «prisioneros»— que parecen estar siempre lloriqueando de rodillas ante damas de crueldad inflexible? La literatura erótica popular de nuestros días prefiere *sheiks*, «hombres salvajes» y matrimonios por rapto, mientras aquella que halla favor entre nuestros intelectuales recomienda la libre unión de los sexos o el franco animalismo. En ambos casos, si no nos hemos puesto viejos, al menos hemos envejecido al margen de *El libro de la rosa*.

El estudio de esta tradición parecerá, en un comienzo, otro ejemplo más de aquel prurito por el «revival»,* de ese no querer dejar cadáver sin galvano, que es uno de los más angustiantes tropiezos de la erudición. Pero esta óptica puede ser superficial. La humanidad no atraviesa fases como un tren estaciones: estar vivo supone el privilegio de moverse constantemente sin dejar nada atrás. De alguna manera todavía somos lo que fuimos. Ni la forma ni el sentimiento de esta vieja poesía han pasado sin dejar rastros indelebles en nuestras mentes. Entenderemos mejor nuestro presente, y

---

* (N. del T. En inglés en el original).

13

quizás aun nuestro futuro, si podemos, con un esfuerzo de la imaginación histórica, reconstruir el largo y perdido estado mental gracias al cual el poema de amor alegórico fue una manera natural de expresión. Será imposible si primero no prestamos atención a un período muy anterior al del nacimiento de esta poesía. En este y el siguiente capítulo, rastrearé el origen del sentimiento llamado «amor cortés» y del método alegórico. La discusión parecerá, sin duda, llevarnos lejos de nuestro principal objetivo, mas no puede evitarse.

Todos han oído hablar del amor cortés, y que aparece en el Languedoc inmediatamente después de terminado el siglo XI. Las características de la poesía de los trovadores han sido descritas muchas veces.[1] De la forma, que es lírica, y del estilo, que es sofisticado y a menudo «áureo» o deliberadamente enigmático, no es necesario ocuparse. El sentimiento, por supuesto, es amor; pero amor de una clase altamente especializada, cuyas características pueden enumerarse como Humildad, Cortesía, Adulterio y Religión del Amor. El amante siempre es un ser abyecto. La obediencia al deseo más nimio de su dama, incluso caprichoso, y la silente aquiescencia a sus reproches, incluso injustos, son las únicas virtudes que osa reclamar. Se trata de un servicio de amor que toma como modelo el servicio que un vasallo feudal debe a su señor. El amante es el «hombre» de la dama. Se dirige a ella como *midons*, que etimológicamente significa «mi señor» y no «mi señora».[2] La actitud se ha descrito correctamente como «feudalismo del amor».[3] Este solemne ritual amatorio es considerado parte y parcela de la vida cortés. Solo es posible para quienes, en el viejo sentido del término, están bien educados. De ahí entonces, y según el punto de vista, la semilla o la flor de todos aquellos nobles usos que distinguen al gentil del villano: solo los corteses pueden amar, pero es el amor lo que los hace corteses. No obstante, este amor, sin ser juguetón ni licencioso en su expresión, es lo que el siglo XIX llamó amor «deshonorable». El poeta suele referirse a la mujer de otro en una situación aceptada con tal descuido que es raro que en definitiva se involucre con el marido: su verdadero enemigo es el rival.[4] Mas aunque sea descuidadamente ético no se

---

[1] Véase Fauriel, *Histoire de la Poésie provençale*, 1846; E. Gorra, *Origini etc. della Poesia Amorosa di Provenza*, Rendiconti del Istituto Lombardo, & c., II, xliii, 14; xlv, 3), 1910-12; Jeanroy, *La Poésie lyrique des Troubadours*, 1934.

[2] Jeanroy, *op. cit.*, tomo i, p. 91 n.

[3] Wechssler, *Das Kulturproblem des Minnesangs*, 1909, Bnd. I, p. 177.

[4] Jeanroy, *op. cit.*, tomo ii, pp. 109-13.

trata de un amante festivo: a su amor se le representa como una emoción trágica y desesperada. O casi desesperada; ya que está a salvo de la desesperanza sombría y total gracias a su fe en el Dios del Amor, que nunca traiciona a sus fieles adoradores y puede subyugar hasta las bellezas más crueles.[5]

Las características de este sentimiento y su sistemática coherencia en la poesía amorosa de los trovadores es tan notable que fácilmente induce a un malentendido fatal. Nos tentamos a tratar al «amor cortés» como a un mero episodio en la historia literaria, con el que hemos concluido, como concluimos alguna vez, con las peculiaridades del verso escáldico o la prosa eufística. Sin embargo, una inequívoca continuidad conecta la canción de amor provenzal con la poesía amorosa de la Baja Edad Media, y desde entonces, a través de Petrarca y muchos otros, con la actual. Si el asunto, en un principio, escapa a nuestra atención, se debe a que estamos tan familiarizados con la tradición erótica de la Europa moderna que lo tomamos por algo natural y universal, y por ende no inquirimos en sus orígenes. Nos parece natural que el amor deba ser el tema más común de la literatura de ficción seria. Pero una ojeada a la Antigüedad Clásica o a la Época Oscura nos muestra, de plano, que lo que tomamos por «natural» es en verdad un estado especial de los asuntos; que probablemente tendrá un fin, y que ciertamente tuvo un inicio en la Provenza del siglo XI. Parece —o nos pareció hasta hace poco— algo natural que el amor (bajo ciertas condiciones) sea considerado una pasión noble y al mismo tiempo ennoblecedora. Solo se advierte lo poco natural que es si nos imaginamos tratando de explicar esta doctrina a Aristóteles, Virgilio, san Pablo o al autor del *Beowulf*. Ya que incluso nuestro código de etiqueta con su regla «las mujeres primero», siendo un legado del amor cortés, es poco natural en la India o el Japón actual. Aunque muchos de los rasgos de este sentimiento, como fue conocido por los trovadores, hayan desaparecido, esto no debe cegarnos al hecho de que sus más graves y revolucionarios elementos forjaran la base de la literatura europea por ochocientos años. En el siglo XI, los poetas franceses descubrieron, inventaron o fueron los primeros en expresar aquellos géneros románticos de la pasión que los poetas ingleses todavía escribían en el XIX. Realizaron un cambio que no dejó rincón intocado en nuestra ética, nuestra imaginación y nuestra vida diaria, erigiendo barreras infranqueables entre nosotros y el pasado

---

[5] Ibid., p. 97.

clásico o el presente oriental. Comparado con esta revolución, el Renacimiento es un simple remolino en la superficie de la literatura.

Así, no puede haber equívocos respecto a la novedad del amor romántico. Nuestra única dificultad será imaginar, en toda su aridez, la mentalidad existente antes de su llegada. Enjugar de nuestras mentes, por un momento, casi todo lo que constituye alimento al sentimentalismo y al cinismo modernos. Concebir un mundo vacío de aquel ideal de «felicidad» —una felicidad basada en el amor romántico exitoso— que todavía provee motivos a nuestra ficción popular. En la literatura antigua, el amor rara vez se eleva por sobre los niveles de la mera sensualidad o el confort doméstico, excepto al tratársele como locura trágica, una ἄτη que precipita también a personas sanas (usualmente mujeres) al crimen y a la desgracia. Así es el amor de Medea, Fedra y Dido; y así es el amor del cual las doncellas ruegan a los dioses ser protegidas.[6] En el otro extremo de la escala está el evidente confort y la utilidad de una buena esposa: Odiseo ama a Penélope como al resto de su hogar y posesiones; y Aristóteles admite —más bien de mala gana— que la relación conyugal debe nacer y permanecer al mismo nivel que una amistad virtuosa entre hombres buenos.[7] Pero esto, definitivamente, tiene muy poco que ver con «amor» en el sentido medieval o moderno. Y si se repara apropiadamente en la poesía amorosa antigua, nos defraudaremos aún más. Sin duda los poetas cantarán en alto sus preces de amor:

τίς δε βίος, τί δε τερπνὸν ἄτερ χρυσῆς Ἀφροδίτης;

«¿Qué es la vida sin amor, tra, la, lá?» como dice aquella canción. Lo que no debe tomarse más en serio que los innumerables panegíricos, antiguos y modernos, sobre las siempre consoladoras virtudes de la botella. Si Catulo y Propercio varían la tensión con lamentos de furor y miseria no es porque sean románticos, sino exhibicionistas. En su rabia y sufrimiento no les preocupa de qué manera el amor los ha llevado hasta allí. Están en el mango de la ἄτη. No pretenden que su obsesión se considere un pesar, pues no poseen «sedas ni fina pompa».

Platón no será una excepción para quienes lo hayan leído con cuidado. Sin duda, en el *Simposio* se halla la concepción de la escalera por la que

---

[6] Eurípides, *Medea*, 630; *Hippolytus*, 529.
[7] Aristóteles, *Ética*, 1162 A. εἴη δ' ἂν καὶ δι' ἀρετήν.

debe ascender el alma desde el amor humano al divino. Pero se trata de una escalera en el sentido estricto: los peldaños más altos se alcanzan una vez que se han dejado atrás los más bajos. El objeto original del amor humano —que, incidentalmente, no es una mujer—, sencillamente ha quedado atrás antes que el alma arribe al objeto espiritual. El primer paso, que consiste en pasar desde la adoración de la belleza de la amada a esa misma adoración en otras, habría ruborizado al amante cortés. Los que en el Renacimiento se autoproclaman platonistas imaginan un amor que alcanza lo divino sin abandonar por ello lo humano, transformándose en algo espiritual aunque permanezca carnal. Pero esto no está en Platón. Si lo leyeron en él es porque vivieron, como vivimos nosotros, en la tradición que comenzó en el siglo XI.

Tal vez el más característico de los antiguos escritores del amor, y ciertamente el más influyente en la Edad Media, sea Ovidio. En los candentes tiempos del temprano Imperio —cuando Julia aún no partía al destierro y la oscura figura de Tiberio no atravesaba la escena— Ovidio compuso, para el solaz de una sociedad que lo comprendió perfectamente, un poema irónico-didáctico sobre el arte de la seducción. El plan del *Arte de amar* presupone un público lector para quien el amor es un simple «pecadillo» de la vida, y lo irónico estriba precisamente en tratarlo en forma seria: un tratado con normas y ejemplos *en règle* para la dulce conducta de los amores ilícitos. Y verdaderamente resulta gracioso. Tan gracioso como la ritual solemnidad de un par de vejetes frente a una copa de vino. Comida, bebida y sexo son los chistes más viejos del mundo, y ser serio al respecto es una de sus formas habituales. Todo el tono de la *Ars Amatoria* deriva de esta actitud. Primeramente, y afectando una especie de temor religioso, Ovidio introduce al dios Amor con la misma naturalidad con que hubiese presentado a Baco de haber escrito una irónica *Arte de emborracharse*. Amor resulta así un dios grande y celoso, con una ardorosa *militia* a su servicio: le ofende quien le enfrenta, Ovidio es su tembloroso cautivo. En segundo lugar, y siendo tan burlescamente serio respecto al apetito, necesariamente termina siendo burlescamente serio respecto a la mujer apetecida. Sin duda, los verdaderos objetos del «amor» de Ovidio podrían haber quedado fuera de lugar antes que comenzasen las serias conversaciones sobre libros, política o asuntos familiares. Un moralista los tratará con seriedad; mas no un hombre de mundo, como Ovidio. Pero dentro de la convención del poema existen los «encantos de la perdición» —la querida de su fantasía y la arbitradora de su destino—, que lo rigen con vara de hierro y lo someten a una vida de esclavo. Como resultado tenemos esta suerte de consejo al aprendiz de amante:

> Acude raudo, antes de la hora fijada,
> A tu encuentro con la amada; aguárdala pacientemente en la calle.
> Desafía los golpes de la multitud; corre a cumplir sus deseos.
> No te inquietes si otros asuntos te aguardan;
> Si ella reclama tu presencia, protégela como un centinela
> Cuando vuelva del baile.
> Y si encontrándote en bucólicos pasajes te llama,
> Toma tu carro o camina hasta Roma.
> Que no te detenga el tórrido verano
> Ni el peso de la nieve.
> ¡Fuera los cobardes! Nuestro señor, Amor, en sus campos de batalla
> Desdeña vuestra tibia servidumbre.[8]

Quien haya captado el espíritu del autor no malentenderá lo anterior. La conducta que Ovidio recomienda parece vergonzosa y absurda, mas es precisamente por eso que la recomienda: en parte como una confesión cómica de las profundidades a las que la ridiculez del apetito puede llevar al hombre, y en parte como una lección en el arte de sacar de quicio a la última ramera que haya atrapado tu fantasía. El pasaje completo debe relacionarse con otra pieza suya de consejo: «No la visites en su cumpleaños; resulta muy costoso».[9] Pero se notará también —y esta es una preciosa muestra del vasto cambio ocurrido durante la Edad Media— que la misma conducta que Ovidio recomienda irónicamente puede ser recomendada con toda seriedad por la tradición cortés. Echárselas de recadero a través del frío o el calor por mandato de una dama, o de cualquier dama, parecerá honorable y natural a un caballero del siglo XIII

---

[8] *Ars Amatoria*, ii, 223:
Iussus adesse foro, iussa maturius hora
    Fac semper venias, nec nisi serus abi.
Occurras aliquo, tibi dixerit; omnia differ,
    Curre, nec inceptum turba moretur iter.
Nocte domum repetens epulis perfuncta redibit-
    Tunc quoque pro servo, si vocat illa, veni.
Rure eris et dicet, Venias: Amor odit inertes!
    Si rota defuerit, tu pede carpe viam,
Nec grave te tempus sitiensve Canicula tardet,
    Nec via per iactas candida facta nives.
Militiae species Amor est: discedite segnes!
    Non sunt haec timidis signa tuenda viris.
[9] Ibid., i, 403ss.; cp. 417ss.

e incluso a uno del XVII; y muchos de nosotros hemos ido de compras en el XX con damas que no mostraban signos de haber convertido la tradición en letra muerta. El contraste, inevitablemente, sugiere la pregunta de en qué medida puede explicarse el tono global de la poesía amorosa medieval por la fórmula «Ovidio malentendido». Sin embargo, y aunque como reflexión sea válida para tenerla en mente mientras proseguimos, se advierte de inmediato que no es una solución. Pues si estuviese garantizada, todavía restaría preguntarse por qué la Edad Media malentendió a Ovidio tan consistentemente.[10]

La caída de la vieja civilización y la llegada del cristianismo no significó ninguna profundización o idealización en la concepción del amor. El punto es importante pues refuta dos teorías que sitúan el origen del gran cambio en el temperamento germánico y en la religión cristiana, especialmente en lo relativo al culto a la Santísima Virgen. Esto último toca una relación real y muy compleja. Mas como su verdadera naturaleza devendrá evidente en lo que sigue, me contentaré aquí con una exposición breve y dogmática. Es obvio que el cristianismo, en un sentido muy general, por su insistencia en la compasión y en la santidad del cuerpo, tendió a atemperar o confundir las más extremas brutalidades e impertinencias del viejo mundo en todos los aspectos de la vida y por consiguiente también en materias sexuales. Pero no existen evidencias de que el tono cuasi religioso de la poesía amorosa medieval haya sido traspasado desde la adoración a la Santísima Virgen. Es como si el colorido de ciertos himnos a María hubiese sido tomado prestado, a su vez, de la poesía amorosa.[11] No es ni total ni inequívocamente cierto que la Iglesia medieval alentase la reverencia por las mujeres ni suponer un error ridículo —como veremos— que reputase a la pasión sexual, bajo cualesquiera condiciones o ante cualquier proceso posible de refinamiento, como una emoción noble. La otra teoría apunta a una supuesta característica innata en las razas germánicas, señalada por Tácito.[12] Pero lo que Tácito describe es un temor primitivo a las mujeres como seres misteriosos y probablemente proféticos; y que para nosotros es tan difícil de entender como la primitiva reverencia a la locura o el horror a los mellizos. Y porque es así de difícil resulta inútil para juzgar cuán probablemente pudo haberse desarrollado en el concepto de servicio a las

---

[10] Véase página 49.

[11] Véase Jeanroy, *Histoire de la langue et de la littérature française*, 1896, tomo i, p. 372 n.; también Wechssler, *op.cit.*, Bnd. I, cap. xviii

[12] *Germania*, viii, 2.

damas: la *Frauendienst*. Lo que sí es seguro es que donde una raza germánica alcanzó su madurez al margen del espíritu latino, como en Islandia, no existe nada parecido al amor cortés. La posición de las mujeres en las sagas es, por cierto, superior a la que disfrutaron en la literatura clásica; pero se basa en un mero respeto de sentido común y sin énfasis en el coraje o en la prudencia que algunas de ellas, como algunos hombres, poseyeron. De hecho, los normandos trataron a sus mujeres fundamentalmente como pueblo y no en cuanto tales. Es una actitud que, en la plenitud de los tiempos, se verá coronada en un privilegio igualitario o en un Acta de Dominio de las Mujeres Casadas, pero que tiene muy poco que ver con el amor romántico. Como sea, la respuesta final a ambas teorías está en el hecho de que los períodos cristiano y germánico existieron muchas centurias antes que el nuevo sentimiento apareciese. «Amor», en el sentido que le damos hoy, está tan ausente de la literatura de la Época Oscura como de la de la Antigüedad Clásica. A diferencia de las nuestras, sus historias favoritas no versaron sobre cómo un hombre se casaba o se veía obligado a casarse con una mujer. Prefirieron oír cómo un bendito había subido al cielo o un valiente partió a la guerra. Nos equivocamos al pensar que el poeta en la *Canción de Rolando* se reprime al referirse tan escuetamente a Alda, la prometida de Rolando.[13] Más que incluirla en el relato hace lo opuesto: una digresión. Está llenando grietas, introduciendo aspectos más marginales después que las cuestiones de primera importancia han sido tratadas. Rolando no piensa en Alda en el campo de batalla, sino en su alabanza para agradar a Francia.[14] La figura de la prometida palidece comparada con la de Oliveros, el amigo. En este período, la más profunda de las emociones del mundo es el amor de un hombre por un hombre: el amor mutuo de los guerreros que mueren juntos luchando contra la adversidad, y el afecto entre vasallo y señor. Jamás se comprenderá esto del todo si se lo ve a la luz de nuestras lealtades moderadas e impersonales. Pues no se trata de oficiales bebiendo a la salud del Rey, sino de los sentimientos de un niño hacia su héroe, sentado en el sexto banco de la clase. Y no hay dureza en la analogía: el buen vasallo es al buen ciudadano como el niño es al hombre. Aquel es incapaz de alcanzar la gran abstracción de una *res publica*. Ama y reverencia solo aquello que puede ver y tocar. Y lo hace con una intensidad tal que nuestra tradición está poco dispuesta a admitir a

---

[13] *Chanson de Roland*, 3705ss.
[14] Ibid., 1054

menos que se trate de una pasión sexual. De ahí el viejo vasallo en el poema
inglés, alejado de su señor:

> Acudía a su memoria como un protector
> Que a sus vasallos besa y abraza; que en sus rodillas
> Cabeza y manos les acaricia; así solía el señor
> Sentarse en su trono en la víspera de la partida...

Es un sentimiento más apasionado y menos ideal que nuestro patriotis-
mo. Alcanza con mayor facilidad la heroica prodigalidad del servicio, pero
con la misma facilidad se quiebra convirtiéndose en odio. De ahí que la historia feudal esté llena de grandes lealtades y grandes traiciones. Sin duda,
las leyendas germánicas y celtas legaron a los bárbaros algunas historias de
amor trágico entre un hombre y una mujer, un amor «traspasado por el
destino» análogo al de Dido o Fedra. Pero como tema no resiste ni el menor
análisis. Al tratársele, el interés cae cuando mucho en la tragedia masculina
resultante —la perturbación del vasallaje o de la hermandad jurada— y en
la influencia femenina que lo produjo. Los letrados también conocieron a
Ovidio y existió, para uso de los confesores, una rebosante literatura sobre
irregularidades sexuales. Pero sobre romance, sobre reverencia a las mujeres
y ejercicio idealizado de la imaginación con respecto al sexo, apenas una
insinuación. El centro de gravedad está en cualquier parte: en las esperanzas
y miedos de la religión o en las pulcras y felices lealtades a la casa feudal.
Aunque, y como hemos visto, estos afectos masculinos —aunque completamente exentos de aquella mancha que colgaba sobre la «amistad» en el
mundo antiguo— eran efectivamente los de un amante. En su intensidad, en
su testaruda exclusión de otros valores y en su incertidumbre, proveyeron
un hábito al espíritu no tan distinto a aquel que, en épocas posteriores, fue
hallado en el «amor». Y aunque el punto sea inadecuado para dar cuenta de
la aparición del nuevo sentimiento —como la fórmula «Ovidio malentendido»—, ciertamente resulta significativo, pues sirve para explicar por qué ese
sentimiento, habiendo aparecido, se transformó rápidamente en una «feuda-
lización» del amor. Lo nuevo suele abrirse camino disfrazándose de antiguo.

Pero no pretendo explicar lo nuevo en cuanto tal. Verdaderos cambios
en los sentimientos humanos son muy raros —tal vez se puedan señalar tres
o cuatro—, aunque, creo, ocurren. Y este es uno de ellos. No estoy seguro de
que tengan «causas», si por causa se entiende algo que da cuenta cabal del nuevo estado de los asuntos, explicando así en qué consiste su novedad. Como

sea, los esfuerzos de los eruditos por encontrarle un origen al contenido de la poesía amorosa provenzal han fracasado. Se ha sospechado la influencia celta, bizantina e incluso arábiga; pero no ha quedado claro que ella, de comprobarse, pueda explicar los resultados señalados. Una teoría más promisoria intenta escudriñar el origen de todo en Ovidio.[15] Pero, y aparte la insuficiencia sugerida más arriba, se encuentra cara a cara con una dificultad fatal: la evidencia indica una influencia ovidiana mucho más poderosa en el norte de Francia que en el sur. Algo puede extraerse del estudio de las condiciones sociales en las que la nueva poesía surgió, aunque no tanto como pudiéramos esperar. Sabemos que las huestes cruzadas tuvieron a los provenzales por maricas,[16] lo que solo sería relevante para un acérrimo enemigo de la *Frauendienst*. Sabemos también que, en el sur de Francia, el período fue testigo de lo que a ojos de sus contemporáneos pareció una notoria degeneración en la simplicidad de las antiguas costumbres y un alarmante aumento del lujo.[17] Mas, ¿qué época o qué país no ha hecho lo mismo? Mucho más importante es que la caballería sin tierra —la caballería sin un lugar en la jerarquía territorial del feudalismo— pareció ser posible en la Provenza.[18] El caballero intocable de los romances, respetable solo por su valor y amable solo por su cortesía, amante predestinado de las esposas de otros hombres, fue una realidad. No obstante, el punto no explica por qué amó de tal nueva manera. Si el amor cortés requiere adulterio, con mayor razón el adulterio requiere amor cortés. El dibujo de una típica corte provenzal, realizado hace ya muchos años por un escritor inglés,[19] y desde entonces aprobado por la mayor autoridad viviente en la materia, puede acercarnos más al secreto. Imaginemos un castillo en territorio bárbaro: una pequeña isla de ocio y lujo y, por lo mismo, de posible refinamiento. Lo habitan muchos hombres pero pocas mujeres: la dama y sus damiselas. Una *meiny* masculina pulula en derredor: nobles inferiores, caballeros sin tierra, escuderos y pajes. Criaturas arrogantes más cercanas a los labradores de extramuros y feudalmente inferiores al señor y a la dama. Sus «hombres», según el lenguaje medieval. De ella fluye todo lo que hay

---

[15] Por W. Schrötter, *Ovid und die Troubadours*, 1908; profundamente revisado en *Romania*, xxxviii.

[16] Radulfus Cadomensis, *Gesta Tancredi*, 6, *ne verum taceam minus bellicosi*; también el proverbio *Franci ad bella, Provinciales ad victualia* (*Recueil des Historiens des Croisades*, Acad. des Inscriptions, tomo iii, p. 651).

[17] Jeanroy, *op. cit*, tomo i, pp. 83ss.

[18] Fauriel, *op. cit*., tomo i, pp. 515ss.

[19] «Vernon Lee», *Euphorion*, vol. ii, pp. 136ss.

de «cortesía». Todo el encanto femenino, de su persona y damiselas. Para la mayor parte de la corte no existe la cuestión del matrimonio. En fin: todas estas circunstancias juntas podrían acercarse mucho a una «causa»; pero no explican por qué, en cualquier otro lugar, condiciones semejantes debieron esperar el ejemplo provenzal para producir iguales resultados. Parte del misterio permanece sin resolver.

Si abandonamos el intento de explicar el nuevo sentimiento podremos dilucidar, al menos —en parte lo hemos hecho ya—, la forma peculiar que este tomó en un comienzo: las cuatro notas de Humildad, Cortesía, Adulterio y Religión del Amor. Respecto a la humildad baste con lo dicho. Ya antes del advenimiento del amor cortés la relación entre vasallo y señor existía en toda su ardorosa intensidad. Fue un molde en el que prácticamente pudo vaciarse la pasión romántica. Y si además la amada era al mismo tiempo feudalmente superior, todo resultaba tan natural como inevitable. De ahí el énfasis que se puso en la cortesía. Es en las cortes donde el nuevo sentimiento se origina: la dama, aun antes de ser amada, y por su posición social y feudal, es el árbitro de las maneras y el azote de la «villanía». La asociación de amor con adulterio —que ha permanecido en la literatura continental hasta nuestros días— tiene causas profundas. En parte se explica por el cuadro expuesto, pero no se agota allí. Dos cosas impidieron a los hombres de aquel entonces relacionar su ideal de amor romántico y apasionado con el matrimonio.

La primera, por supuesto, fue la organización concreta de la sociedad feudal. El matrimonio no tenía nada que ver con el amor, y no se toleraba ninguna «tontería» al respecto.[20] Todas las uniones eran por interés; y lo que es peor, por un interés cambiante. Cuando la alianza que había funcionado dejaba de hacerlo, el marido procuraba desembarazarse de la dama lo más rápido posible. Los matrimonios se disolvían con frecuencia. La misma mujer que era dama y «el más dulce temor» de sus vasallos solía ser algo apenas mejor que una propiedad para el esposo. Él era el amo en su casa. Así, el matrimonio, lejos de ser un canal natural para el nuevo tipo de amor, fue más bien el pálido trasfondo contra el cual ese mismo amor se estrelló en todo el contraste de su nueva ternura y delicadeza. Por cierto que la situación es muy simple y no peculiar a la Edad Media; pues cualquier

---

[20] Véase Fauriel, *op. cit.*, tomo i, pp. 497ss. Cp. la escena de galanteo en el *Erec* de Chrétien, citada más adelante.

idealización del amor sexual, en una sociedad donde el matrimonio es puramente utilitario, comienza por ser una idealización del adulterio.

La otra es la teoría medieval del matrimonio. Aquello que con un conveniente barbarismo moderno podría llamarse la «sexología de la Iglesia medieval». Un inglés del siglo XIX estimó que aquella pasión —el amor romántico— podía ser virtuosa o viciosa según se orientase o no al matrimonio. Para la visión medieval, el amor apasionado era perverso en sí mismo y no dejaba de serlo si el objeto era la esposa. Para el hombre que alguna vez se había rendido a la emoción no había alternativa entre amor «culpable» o «inocente»: solo el arrepentimiento u otras formas diferentes de culpa.

El asunto nos demorará un poco, en parte porque nos introduce a las verdaderas relaciones entre amor cortés y cristianismo, y en parte porque ha sido muy tergiversado en el pasado. Ciertas consideraciones permiten concluir que el cristianismo medieval fue una especie de maniqueísmo condimentado de urticaria; otras, que fue una suerte de carnaval en el que los aspectos más alegres del paganismo tomaron parte después de haber sido bautizados, sin perder nada de su jolgorio. Ninguno de estos retratos resulta muy fiel. Dos acuerdos complementarios limitan las visiones de los eclesiásticos medievales sobre el acto sexual dentro del matrimonio (no hay duda, por cierto, sobre el acto fuera de él). Por un lado, nadie sostuvo nunca que el acto fuese intrínsecamente pecaminoso. Por otro, todos estuvieron de acuerdo en que, desde la Caída, algún elemento maligno se hallaba presente en cada instancia concreta de él. Fue en el esfuerzo por determinar la naturaleza precisa de este mal concomitante donde se derrochó saber e ingenuidad. Para Gregorio, a fines del siglo VI, la cuestión era perfectamente clara: el acto es inocente, pero el deseo es moralmente malo. Si se le objeta que su concepción importa un impulso intrínsecamente perverso en una acción intrínsecamente inocente, replica con el ejemplo del reproche virtuoso que vence a la ira. Lo que decimos debe ser exactamente lo que tuvimos el deber de decir; pero la emoción, que es la causa eficiente de lo que decimos, es moralmente mala.[21] El acto sexual concreto, esto es, el acto *más* su inevitable causa eficiente, permanece culpable. La visión se modifica si descendemos a la Baja Edad Media. Hugo de San Víctor concuerda

---

[21] Gregorio a Agustín *apud* Beda, *Eccles. Hist.*1, xxvii (p. 57 en la edición de Plumer). Aunque la autenticidad de esta carta ha sido cuestionada, mi argumento no depende de ello.

con Gregorio al considerar maligno el deseo carnal. Mas no piensa que haga culpable al acto concreto, ya que lo «excusarían» los buenos fines del matrimonio, como la generación de la prole.[22] Combatió con ahínco la rigurosa percepción de que el matrimonio causado por la *belleza* no es matrimonio; recordándonos a Jacob, que desposó a Raquel precisamente por eso.[23] Además, es preciso cuando señala que si permanecimos en estado de inocencia debimos generar *sine carnis incentivo*. Difiere de Gregorio al considerar no solo el deseo sino el placer. A este lo cree un mal, pero no un mal moral. No es, dice, un pecado, sino el castigo por un pecado; llegando así a la desconcertante concepción de un castigo sobre un placer moralmente inocente.[24] Pedro Lombardo fue mucho más coherente. Ubicó al mal en el deseo y dijo que no era un mal moral, sino un castigo por la Caída.[25] De esta manera, el acto, aunque presa del mal, será libre del mal moral o del pecado solo si lo «excusan los buenos fines del matrimonio». Cita, con la autoridad de una fuente supuestamente pitagórica, una sentencia importantísima para el historiador del amor cortés: *omnis ardentior amator propriae uxoris adulter est*: el amor ardiente de un hombre por su propia esposa es adulterio.[26] Alberto Magno asume una posición bastante más genial. Barre con la idea de que el placer es malo o resultado de la Caída. Por el contrario: pudo haber sido aún mayor si hubiésemos permanecido en el Paraíso. El verdadero problema del hombre caído no es la fuerza de sus pasiones, sino la flaqueza de su razón: el hombre sin Caída habría disfrutado cualquier grado de placer sin perder la visión del Primer Bien.[27] El deseo, según lo entendemos hoy, es un mal, un castigo por la Caída; mas no un pecado.[28] De esta manera, y en la medida en que lo orienten causas correctas (el deseo de la prole, el pago de la deuda marital y demás), el acto conyugal no solo es inocente, sino meritorio. Pero si el deseo viene primero («primero» en un sentido que no alcanzo a comprender),

---

[22] Hugo de San Víctor, *Sententiarum Summa*, Tract. VII, cap. 2 (Para nuestro propósito, la atribución tradicional de este trabajo no requiere cuestionarse).

[23] Ibid., cap. 1.

[24] Ibid., cap. 3.

[25] Pedro Lombardo, *Sententiarum*, IV, Dist. xxxi, *Quod non omnis*.

[26] Ibid., *De excusatione coitus*. Respecto a la identidad real de Sextus (o Xystus) Pithagoricus, véase Uberweg, *History of Philosophy*, vol. i, p. 222; *Catholic Encyclopaedya*, s. v., Sixtus II & c.

[27] Alberto Magno, *In Pet. Lomb. Sentent.* iv, Dist. xxvi, Art. 7.

[28] Ibid., *In Pet. Lomb. Sentent.* iv, Dist. xxvi, Art. 9, Responsio.

resulta un pecado mortal.[29] Tomás de Aquino, de pensamiento tan invariablemente firme y claro, es una figura frustrante para nuestro propósito. Siempre parece sacar con una mano lo que ha puesto con la otra. Así, aprendió de Aristóteles que el matrimonio es una especie de *amicitia*.[30] A su vez, prueba que la vida sexual pudo existir sin la Caída argumentando que Dios pudo no haber dado a Adán una mujer como «ayuda», excepto para este propósito. Para cualquier otro, obviamente un hombre habría sido más satisfactorio.[31] Sabe que el afecto entre las partes involucradas incrementa el placer sexual, y que incluso la unión entre las bestias supone una cierta benevolencia —*suavem amicitiam*—, pareciendo rozar con ello el borde de la concepción moderna del amor. Pero donde realmente lo hace es en su explicación de la ley contra el incesto. Señala que las uniones entre parientes cercanos son perversas precisamente porque se guardan mutuo afecto, y dicho afecto puede incrementar el placer.[32] Esta visión profundiza y agudiza la de Alberto: lo maligno en el acto sexual no es ni el deseo ni el placer, sino la inmersión de la facultad racional que los acompaña. Y a su vez, ella no es pecado aunque sí un mal; un resultado de la Caída.[33]

Se notará que la teoría medieval acepta la sexualidad inocente. Lo que no cabe es la pasión, romántica o de cualquier especie. Casi puede decirse que niega a la pasión la indulgencia que, de mala gana, concede al apetito. En su forma tomista, la teoría exculpa el deseo y el placer carnales situando lo maligno en el *ligamentum rationis*: la suspensión de la actividad racional. Es casi lo opuesto a la visión —implícita en buena parte de la poesía amorosa romántica— que considera precisamente a la pasión como lo que purifica. Por lo que el cuadro escolástico de la sexualidad no caída —placer físico al máximo, disturbio emocional al mínimo— sugeriría algo más parecido a la fría sensualidad de Tiberio en Capri que a la pureza de Adán en el Paraíso. Establezcamos de una vez que esto es completamente injusto para con los escolásticos. No están hablando del mismo tipo de pasión que los románticos. Se refieren, simplemente, a una intoxicación animal. Aquellos,

---

[29] Ibid., Art. 11.
[30] *Contra Gentiles*, iii, 123, 124.
[31] *Sum. Theol. Prima Pars Quaest.*, xcviii, Art. 2.
[32] *Contra Gentiles*, iii, 125 (Las bestias aparecen en 123).
[33] *Sum. Theol. Prima Secundae*, xxxiv, Art. 1. Las consideraciones precedentes están referidas a autoridades medievales; una explicación completa de la visión escolástica podría comenzar, evidentemente, con sus fuentes dominicas, paulinas, agustinianas y aristotélicas.

en cambio —correcta o incorrectamente— a una «pasión» que genera mutaciones químicas en el apetito y en el afecto, transformándolos en algo diferente. Sobre la «pasión» en este sentido, naturalmente Tomás de Aquino no tiene nada que decir; como nada tendría que decir de la máquina a vapor. No ha oído hablar de ella. Apenas asomaba a la existencia en su tiempo y encontraba su primera expresión en la poesía del amor cortés.

La distinción que acabo de hacer es fina, aun cuando se haga siglos después de los hechos y con todas las tardías expresiones de pasión romántica en la cabeza. Naturalmente, no pudo haberse hecho entonces. Según los maestros oficiales, la impresión general de la mentalidad medieval fue que cualquier amor —cuando menos, toda exaltada y apasionada devoción que un poeta cortés concibió merecedora de tal nombre— era más o menos perverso. Y esto, combinado con la naturaleza del matrimonio feudal tal y como la he descrito, produjo en los poetas una cierta testarudez, una tendencia a acentuar más que a disimular el antagonismo entre sus ideales amatorios y religiosos. De esta manera, si la Iglesia planteaba que aun el amante ardiente de su esposa estaba en pecado mortal, replicaban diciendo que el verdadero amor era imposible en el matrimonio. Si la Iglesia decía que el acto sexual podía «excusarse» solo por el deseo de la prole, entonces, como Chauntecleer, la señal del verdadero amante era haber servido a Venus:

> Más que en el género humano,
> Piensa en el deleite a la hora de engendrar.[34]

Esta grieta entre la Iglesia y la corte, o en la hermosa expresión del profesor Vinaver, entre Carbonek y Camelot —que será aún más evidente a medida que avancemos—, es el rasgo más sorprendente del sentimiento medieval.

Llegamos, finalmente, a la cuarta nota del amor cortés: su religión del amor que rinde culto al dios Amor. Es, en parte y como hemos visto, una herencia de Ovidio. Pues en parte se debe a la misma ley de transferencia que determinó que toda la emoción contenida en la relación del vasallo con su *seigneur* se prendiese del nuevo tipo de amor. Por lo mismo, y naturalmente, las formas de emoción religiosa tendieron a penetrar la poesía amorosa. Pero en parte (y esta es, tal vez, la razón más importante de las tres) la religión erótica se alzó como rival o parodia de la verdadera religión, enfatizando el antagonismo

---

[34] *Canterbury Tales*, B 4535.

entre ambos ideales. El tono cuasi religioso no es necesariamente fuerte en buena parte de la poesía amorosa seria. Un *jeu d'esprit* llamado *Concilium in Monte Romarici* nos es iluminador. Se propone describir un capítulo de las monjas de Remiremont, celebrado en primavera, y cuya agenda era de una naturaleza curiosa —*De solo negotio Amoris tractatum est*— y donde todos los hombres, salvo una pizca de *honesti clerici*, estaban excluidos. Las acciones comienzan así:

> Cuando los escaños del Senado estuvieron colmados,
> Se leyeron los preceptos de Ovidio, ilustre entre los doctores;
> A sus alegres dictados se los tuvo en mayor estima
> Que a los mandamientos de los evangelistas;
> No otra sino Eva fue quien los proclamó;
> Ella, que a las artes amatorias comprende en cada porción;
> A todas conjuró,
> Hermanas pequeñas o altas,
> Para que dulcemente elevaran sus melodiosas canciones,
> Preces al amor...[35]

Terminado el servicio, una *Cardinalis domina* se llega al centro y anuncia su negocio de esta manera:

> Amor, gran Dios de los amantes,
> Me trajo hasta aquí
> Para indagar nuestra vida y comercio carnal.[36]

En obediencia a la cardenalesa, algunas de las hermanas (se nombran dos) confiesan públicamente sus principios y prácticas en la cuestión del amor. Muy pronto queda al descubierto que el convento está dividido en dos partidos: un lado ha sido escrupuloso en no otorgar favores al amante

---

[35] *Zeitschrift für deutsches Alterthum*, vii, pp. 150ss., líneas 24-32:
Intromissis omnibus Virginum agminibus
Lecta sunt in medium Quasi evangelium
Precepta Ovidii Doctoris egregii.
Lectrix tam propitii Fuit evangelii
Eva de Danubrio Potens in officio
Artis amatoriae (Ut affirmant aliae)
Convocavit singulas Magnas atque parvulas.
Cantus modulamina Et amoris carmina
Cantaverunt pariter.

[36] Ibid., líneas 51ss.:
Amor deus omnium Quotquot sunt amantium
Me misit vos visere Et vitam inquirere.

que no haya sido clérigo (*clericus*), mientras el otro, con igual escrúpulo, ha reservado su dulzura exclusivamente a los caballeros (*militares*). El lector, que sin duda habrá captado el tipo de autor con el que tratamos, no se sorprenderá al saber que la *Cardinalis domina* se pronuncia enfática en favor del clérigo como el único amante adecuado para una monja, urgiendo a la facción herética al arrepentimiento. Las maldiciones que caerán sobre ellos en caso de obstinación o reincidencia son sencillamente hilarantes:

> En tributo por tanta impiedad
> Reciban horrores y fatigas, dolores y ansiedad,
> Temores y tristezas, discordias y guerras;
> Es el precio del destino a quien ciegamente
> En tan vano favor se malgasta.
> Escarnio y vergüenza
> De eclesiásticos de cualquier nación;
> Que los clérigos les desconozcan
> Cuando pasen junto a ellos;
> Mas nosotras, a tal castigo, solo decimos ¡Amén![37]

El poema entero ilustra adecuadamente la influencia de Ovidio y la religión del amor. Pero en modo alguno se trata de una instancia de «Ovidio malentendido». En el *Arte de amar*, la adoración al dios Amor ha sido una farsa de la religión. El poeta francés, en cambio, ha utilizado el concepto de religión erótica con cabal comprensión de su impertinencia, procediendo a fabricar el chiste según los términos de la única religión que conoce: el cristianismo medieval. El resultado es una parodia rayana en la impudicia sobre las prácticas de la Iglesia, en la que Ovidio resulta ser un *doctor egregius* y el *Arte de amar* un evangelio; donde se distinguen heterodoxia y ortodoxia eróticas y el dios del Amor, asistido por cardenales, practica el poder de la excomunión. La tradición de Ovidio, que produjo efectos gracias al gusto medieval por la blasfemia humorística, es, en apariencia, suficiente para lograr una religión del amor —e incluso y en cierto sentido, una religión del amor cristianizada— sin ayuda de la nueva seriedad

---

[37] Ibid., vii, pp. 160, 166, líneas 216ss. :
Maneat Confusio, Terror et Constricio,
Labor, Infelicitas, Dolor et Anxietas,
Timor et Tristitia, Bellum et Discordia,...
Omnibus horribiles Et abhominabiles
Semper sitis clericis Que favetis laicis.
Nemo vobis etiam, Ave dicat obvia
(Ad confirmacionem Omnes dicimus Amen!).

de la pasión romántica. De esta manera, contra cualquier teoría que pretenda derivar la *Frauendienst* medieval del cristianismo o de la adoración a la Santísima Virgen debemos insistir que, con frecuencia, la religión del amor comienza como una parodia de la religión real.[38] Lo que no significa que le sea imposible llegar a ser algo más serio que una parodia, o que, como en Dante, no pueda encontrar un *modus vivendi* con el cristianismo y producir así una noble fusión entre la experiencia sexual y la religiosa. Pero sí significa que debemos prepararnos para cierto grado de ambigüedad en todos aquellos poemas donde, en principio, la actitud del amante hacia Amor se parece más a la del que adora a Dios o a la Santísima Virgen. La distancia entre «el señor de aspecto terrible» en *La vida nueva* y el dios de los amantes en *El concilio de Remiremont* es una buena medida de lo ancho y complejo de la tradición. Dante es todo lo serio que un hombre puede ser; el poeta francés no es serio en lo absoluto. Veremos a otros autores en cualquier posición intermedia entre estos dos extremos. Pero la cuestión no se agota aquí. Las variantes no se dan solo entre bromista o serio, ya que la religión del amor puede ser más seria sin necesidad de reconciliarse con la religión real. En un sentido, donde no es una parodia de la Iglesia, puede ser su rival: un escape momentáneo, una truhanería víctima de los ardores de una religión que se creyó parte de las delicias de otra meramente imaginada. Describirla como una revancha del paganismo contra su conquistadora sería exagerar; mas pensarla como un colorido de las pasiones humanas a causa de la emoción religiosa sería, lejos, un error grave. Es como si se expandiese a todo un sistema la metáfora «Aquí está mi cielo» del amante cautivado por momentos de ardiente abandono. Pues a pesar de las palabras, él sabe que «aquí» no es su cielo; resultando una deliciosa audacia desarrollar la idea un poco más allá. Pero si a aquel «cielo» del amante se le suman los accesorios naturales (un dios, santos y una lista de mandamientos), y a él se le retrata orando, pecando, arrepintiéndose y finalmente siendo admitido a la bienaventuranza, nos encontraremos en el precario mundo de ensueños de la poesía amorosa medieval. Una extensión de la religión, un escape de la religión, una religión rival, la *Frauendienst* puede ser cualquiera o una combinación de ellas. Incluso la abierta enemiga de la religión: como cuando Aucassin declara rotundamente

---

[38] Para una discusión de sus posibles conexiones con la teología mística de san Bernardo, véase E. Gilson, La *Théologie Mystique de St. Bernard*, Paris, 1934, Apéndice IV.

que preferiría seguir a todas las dulces damas y buenos caballeros al infierno que ir al cielo sin ellos. La dama ideal de los viejos poemas de amor no es lo que creyeron los primeros eruditos. Cuanto más religiosa se considera, más irreligioso es frecuentemente el poema.

> No soy la reina de los cielos, Tomás;
> Nunca mi frente llegó tan alto,
> Apenas soy una muchacha ligera
> Que en mi locura voy de caza.

Antes de examinar dos importantes expresiones del amor cortés, debo advertir al lector de la necesaria abstracción en mi tratamiento del tema. Hasta ahora he hablado como si los hombres hubiesen tomado primero conciencia de la nueva emoción y luego inventasen el tipo de poesía para expresarla. Como si la poesía de los trovadores fuese necesariamente «sincera» en el más biográfico y crudo sentido del término. Como si la convención, en fin, no jugase ningún rol en la historia literaria. Mi excusa por este proceder es que considerar completamente estos problemas tiene que ver más bien con la teoría de la literatura en general que con la historia de cierto tipo de poemas. Si se admiten, nuestro estudio se interrumpirá en cada capítulo con digresiones casi metafísicas. Para nuestro propósito, basta señalar que vida y letras están inextricablemente mezcladas. Si el sentimiento viene primero, una convención literaria surgirá pronto para expresarlo. Si es la convención lo que antecede, pronto enseñará el nuevo sentimiento a quienes la practicaron. No importa mucho qué visión se asuma. Si somos precavidos, evitaremos esa fatal dicotomía que hace de cada poema un documento autobiográfico y a la vez un «ejercicio literario», como si el valor de lo escrito radicase en cualquiera de los dos. Podemos estar casi seguros de que la poesía que inició tan gran cambio de corazón en toda Europa no fue una «mera» convención. Y prácticamente seguros de que no fue una transcripción del hecho, sino poesía.

Antes del término del siglo XII, la concepción provenzal del amor viene desplegándose en dos direcciones desde la tierra de su nacimiento. Una corriente vuela hacia Italia a henchir el gran océano de *La divina comedia* a través de los poetas del Dolce Stil Nuovo, donde, al menos, se concilió la disputa entre cristianismo y religión del amor. Otra corriente toma rumbo al norte para confundirse con la tradición ovidiana preexistente y producir así la poesía francesa del siglo XII. A aquella poesía debemos volver ahora.

II

Chrétien de Troyes es su mayor representante. *Lancelot* constituye la flor de la tradición cortés en Francia, que ya estaba en su primera madurez. Sin embargo, aún no es fruto de las nuevas concepciones. De hecho, apenas pareció aceptarlas cuando comenzó a escribir.[39] Habrá que concebirlo como un poeta de la misma clase que Dryden; es decir, uno de aquellos raros hombres de genio capaces de orientar las velas a cada brisa de novedad sin invalidar su rango poético. Fue uno de los primeros en acoger los relatos artúricos y a él más que a nadie debemos el colorido con que la «materia de Bretaña» llegó hasta nosotros. Fue uno de los primeros (en el norte de Francia) en escoger al amor como tema central de un poema serio; así lo hizo en el *Erec*, incluso antes de verse influido por la fórmula provenzal completamente desarrollada. Y cuando dicha influencia lo alcanzó, sus compatriotas no solo lo vieron como al primero, sino tal vez como al más grande de sus exponentes. Combinando la leyenda con la nueva fórmula estampó en la mente de los hombres, de forma indeleble, la concepción de la corte de Arturo como el hogar *par excellence* del amor verdadero y noble. Lo que fue teoría para su época había sido práctica de los caballeros de Bretaña. Es interesante observar cómo ubica su ideal en el pasado. Para él, «la edad de la caballería está muerta».[40] Siempre lo estuvo; y que nadie piense lo peor. Esos períodos fantasmas que los historiadores investigan en vano —la Roma y la Grecia en que la Edad Media creía, el pasado británico de Malory y Spenser, la Edad Media tal y como fue concebida por el «revival»* romántico— tienen un lugar más importante en la historia que aquellos que comúnmente soportan sus nombres.

---

[39] G. Paris, *Le Conte de la Charrette* (*Romania*, xii). Respecto al grado en que el nuevo sentimiento aparece en los romances de *Eneas* y *Troie*, y a la influencia que estas obras pudieron tener en Chrétien, véase Gustave Cohen, *Chrétien de Troyes et son oeuvre*, 1931, pp. 38-73 *et passim*.

[40] *Yvain*, 17 y 5394. La indiscutible posición de la corte de Arturo como hogar de la cortesía devino tan sólida en la última tradición romántica que se reconoció, incluso por los partidarios de la «materia de Francia», haber superado la de Carlomagno. Cp. Boyardo, *Orlando Innamorato*, II, xviii, estrofas 1 y 2: «Fu gloriosa Bretagna la grande Una stagion'... 'Re Carlo in Franza poi tenne gran corte,/ Ma a quella prima non fu somigliante.../Perche tenne ad amor chiuse le porte/E sol si dette a le battaglie sante,/Non fu di quel valore o quella stima/Qual fu quell'altra».

* (N. del T. En inglés en el original).

No corresponde hacer aquí una consideración completa de la obra de Chrétien. Sin duda ha llamado nuestra atención más allá del restringido propósito por el que fue citado; pero sucede que, a pesar de haberse merecido más, su sino es aparecer constantemente en la historia literaria como el espécimen de una tendencia. La tragedia del asunto es que nunca estuvo realmente sometido a ella. Pues resulta muy dudoso que alguna vez se deslumbrase por la tradición del adulterio romántico. Hay protestas en el *Cligès* que parecen venir del corazón;[41] las primeras líneas del *Lancelot* nos cuentan que fue escrito a requerimiento de la Condesa de Champagne,[42] quien proveyó tema y tratamiento. Mas, ¿qué significa esto? Probablemente no soy el primer lector que ha visto en los trabajos que Lancelot realiza por mandato de la reina un símbolo del genio del poeta sumido en asuntos impropios de su condición, por culpa del capricho de una mujer a la moda. Como sea, es evidente que en Chrétien hay algo que va más allá del mero satisfacer caprichos del gusto. Después de tantos siglos, no es necesario el encantamiento histórico para llevar a la vida líneas como:

¡Ah! ¿Quién fue el creador de esta magna belleza?
Dios mismo la forjó, con sus manos, al desnudo,[43]

ni para apreciar el soberbio poder narrativo al inicio del *Lancelot*. Cuán irresistible es ese críptico caballero que va y viene no sabemos hacia o desde dónde, tentando al lector a seguirlo como sin duda tentó a la reina y a Kay. Cuán noblemente el poema de *Yvain* se acerca al ideal romántico del cuento laberíntico, en el que el hilo nunca se pierde y la multiplicidad no hace más que ilustrar una singularidad subyacente. Con todo, y para nuestro propósito, nos vemos obligados a no prestarle mucha atención a Chrétien. Lo que nos interesa es su versatilidad pues nos permite trazar, en la distancia entre *Erec* y *Lancelot*, el alcance de la revolución emocional que ocurría en su público.

---

[41] *Cligès*, 3145-154; 5259-62 (sin embargo, Foerster trata el segundo pasaje como interpolación).

[42] *Lancelot*, 26: *Matiere et san l'an done et livre La contesse. v.* G. Paris, *op. cit.*, p. 523; también el admirable capítulo décimo de *Tristán et Iseut dans l'oeuvre de Mallory*, de Vinaver, 1925.

[43] *Yvain*, 1497: «¿Don fust si granz biautez venue? Ja le fist Deus de sa main nue».

En *Erec* —seguramente una obra temprana—,[44] las que llegarán a ser las reglas del amor y la cortesía se ultrajan a cada instante. Es, por cierto, una historia de amor; pero una historia de amor marital. El héroe ha desposado a la heroína antes que comience la acción principal del poema. Y aunque esto ya es una irregularidad, el método del cortejo resulta aún peor. Erec conoce a Enid en casa del padre de esta y se enamora. Entre ellos no hay episodios amorosos: ni humildad en él ni crueldad en ella. Ni siquiera es claro que, en definitiva, se dirijan la palabra. Cuando Erec llega a su casa, la muchacha, ante las demandas del padre, conduce el caballo al establo para desensillarlo, alimentarlo y darle de beber. Más tarde, sentados padre y huésped, hablan de ella como si se tratara de un niño o de un animal. Y en su presencia, Erec la pide en matrimonio y el padre consiente.[45] Al amante parece no ocurrírsele que quizás la voluntad de la dama sea un factor relevante en el acuerdo. Se nos da a entender que está complacida; aunque en verdad solo se espera —o se le permite— un rol pasivo. La escena, sin perjuicio de lo verdadera que pueda ser respecto a las prácticas matrimoniales de entonces, es extrañamente arcaica para los nuevos ideales amorosos. Hemos vuelto a un mundo en el que las mujeres, a ojos de sus padres y amantes, son solo los mudos objetos de un don o un trueque. A medida que avanzamos en el relato, la falta de «cortesía» es aún más sorprendente. El comportamiento que se nos narra de Erec para con su esposa es típico para cualquier lector desde el *Geraint and Enid* de Tennyson. Chrétien lo hace más creíble, con una versión en la que la trama no se vuelca por completo al absurdo invento de un soliloquio oído por casualidad[46] y donde los motivos de la ira del marido son más sutiles y verdaderos que los de Tennyson, lo que no altera en nada la inherente brutalidad del tema. El relato pertenece al mismo tipo general del de Griselda —la historia de la paciencia de una esposa triunfando sobre las ordalías impuestas por la irresponsable crueldad de un esposo— y así, posiblemente, ni siquiera puede reconciliarse con el más moderado ideal de cortesía. Pero Erec no agota su descortesía en los límites de la ordalía. Tal y como antes del matrimonio ha permitido a Enid alimentar su caballo, en el transcurso de los viajes la dejará

---

[44] Para la cronología probable, véase Cohen, *op. cit.*, p. 87.

[45] *Erec*, 450-665.

[46] En Chrétien *se oye* un soliloquio por casualidad, pero lo que interesa es la conversación consiguiente (*Erec*, 2515-83).

cuidarlo toda la noche, mientras él se entrega al más dulce sueño bajo la capa que ella misma se ha quitado para cubrirlo.[47]

Todo esto cambia en el *Lancelot*. El Chrétien del *Lancelot* es primero y ante todo el Chrétien que ha traducido el *Arte de amar* de Ovidio[48] y que vive en la corte de «Mi señora de Champagne»: la última autoridad en todas las cuestiones relativas al amor cortés. En oposición a la vida matrimonial de Erec y Enid tenemos el amor secreto entre Lancelot y Ginebra. La obra trata, principalmente, del cautiverio de la reina en la misteriosa tierra de Gorre —donde nadie, excepto los lugareños, puede entrar o salir (los extranjeros solo entrar)—[49] y en su rescate de allí por Lancelot. Para el lector moderno, uno de los desaciertos de Chrétien es que las oscuras y tremendas sugestiones del mito celta —que acechan en el trasfondo del relato— opaquen de tal manera el amor y la aventura del primer plano. Como sea, Chrétien no tuvo noción de esto. Pensamos la Edad Media jugando con los desparramados fragmentos de la Antiguedad Clásica sin alcanzar a entenderlos; como cuando, por una intolerable degradación, hace de Virgilio un mago. Mas con la misma rudeza trató los fragmentos del pasado bárbaro, comprendiéndolos todavía menos y destruyendo más magia de la que jamás inventó. Lancelot pierde el caballo no bien ha salido en procura de la reina. En esto lo encuentra un enano que conduce una carreta. Ante las preguntas de aquel, este, con la aspereza propia de los de su especie, contesta: «Sube y te llevaré donde tendrás noticias de la reina». Por un instante, el caballero duda en abordar la carreta de la vergüenza como criminal. Poco después asentirá.[50] Ya en camino, la chusma que repleta las calles grita por saber si será ahorcado o desollado. Llega a un castillo. Se le enseña una cama sobre la que no le es permitido reposar, pues se trata de un caballero en desgracia. Viene al puente que atraviesa a la tierra de Gorre —el puente-espada, hecho de una sola hoja de acero—, donde se le advierte que la alta empresa de atravesarlo no es para deshonrados como él. «Recuerda tu viaje en la carreta», dice el guardián del puente. Incluso sus amigos le advierten que jamás logrará zafarse de la desgracia.[51] Ya al otro lado, herido de manos, rodillas y pies, logra finalmente presentarse

[47] *Erec*, 3095-102.
[48] *Cligès*, 2, 3.
[49] *Lancelot*, 1919ss.
[50] Ibid., 364ss.
[51] Ibid., 2620ss.

ante la reina. Pero ella no le hablará. Un viejo rey, movido por la piedad, tratará de hacerla cambiar de opinión con los méritos de su servicio. La respuesta de la Reina, y la escena que sigue, merecen citarse completas:

«Señor, ha desperdiciado su tiempo.
Nada hay ya que quiera hacer;
Ni siquiera tengo deseos de verlo».
Mas Lancelot, a pesar de su desdicha,
Tomando con mansedumbre su papel de amante,
Responde humildemente:
«Soy, señora, un hombre desafortunado.
Las razones de vuestro enfado
No me atrevo a inquirir».
Si la reina le escuchara,
Él se atrevería a preguntar;
Por eso su dolor y turbación,
Pues palabras ella no permite.
Y cuando la reina se retira a sus aposentos
Lancelot la contempla desde el umbral,
Con los ojos y el corazón encendidos por el amor.[52]

Solo más tarde Lancelot comprenderá la causa de tanta crueldad: la reina supo de su momentánea duda antes de abordar la carreta. Y esta tibieza en el servicio del amor bastó para anular todo el mérito de sus subsiguientes trabajos y humillaciones. Sin embargo, los afanes no habrán concluido cuando sea perdonado. El torneo, hacia el final del poema, brinda a Ginebra otra oportunidad de ejercer poder. Cuando el caballero, con un disfraz, se ha enlistado y, como es obvio, todo le cae encima, un mensaje de ella

---

[52] Ibid., 3975-89:
«Sire, voir, mal l'a anploiié-
Ja par moi ne fera noiié
Que je ne l'an fai point de gre».
Ez vos Lancelot trespansé,
Si li respont mout humblemant
A maniere de fin amant:
«Dame, certes, ce poise moi,
Ne je n'os demander par quoi».
Lanceloz mout se demantast
Se la rëine l'ecoutast;
Mes par lui grever et confondre
Ne li viaut un seul mot respondre,
Ainz est an une chanbre antree;
E Lanceloz jusqu'a l'antree
Des iauz et del cuer la convoie.

le ordena hacer lo menos de que sea capaz. Lancelot, obediente, permite ser desmontado por el primer caballero que le acomete. Ya en el suelo, y tomándose de los talones, finge terror ante el resto de los combatientes. El heraldo se burla llamándolo cobarde y todo el campo estalla en carcajadas. La reina observa deleitada. A la mañana siguiente, la misma demanda se repite. Y Lancelot responde: «Mis gracias a ella, si así es su deseo». Esta vez, empero, la restricción se impone antes de que se inicie el combate.[53]

Desde el punto de vista subjetivo, la sumisión en el accionar de Lancelot conlleva un sentimiento que remeda deliberadamente la devoción religiosa. Aunque su amor no es extremadamente sensual ni tiene recompensa en la carne, en el poema se le presenta tratando a Ginebra con honores santos, si no divinos. Cuando Lancelot se allega al lecho en que descansa la reina, se arrodilla para adorarla. Como Chrétien relata explícitamente, no existe *corseynt* por quien Lancelot guarde mayor fe. Antes de abandonar la recámara, y como frente a un altar, hace una genuflexión.[54] La irreligión de la religión del amor no pudo haber llegado más lejos. No obstante, Chrétien —sea que esté completamente inconsciente de la paradoja o que desee, en forma grosera, realizar algunas enmiendas a estos revoltosos pasajes— se desvía del camino presentándonos a un pío Lancelot desmontando frente a una iglesia para orar, probando con ello su cortesía y su esperanza.[55]

Según los estándares modernos, Chrétien de Troyes es un poeta completamente objetivo: las aventuras todavía ocupan la mayor parte de sus relatos. Para el estándar de su tiempo, en cambio, debió sorprender por su subjetivismo. El espacio dedicado a la acción, que solo avanza en el alma de los personajes, probablemente desbordó todo precedente medieval.[56] Por lo mismo, y siendo uno de los primeros exploradores del corazón humano, es correcto ubicarlo entre los padres de la novela sentimental. Pero estos pasajes psicológicos suelen tener una característica que arroja luces especiales al tema de nuestro libro: Chrétien difícilmente puede volcarse al mundo interior sin volcarse, al mismo tiempo, a la alegoría. Es claro que los provenzales le sirvieron de modelo; y tanto él como su público gustaron del método por hábil y refinado. De modo que no debería

---

[53] Ibid., 5641ss.
[54] Ibid., 4670-1 («Car an nul cors saint ne croit tant») y 4734ss.
[55] Ibid., 1852ss.
[56] Pero cp. la admirable conversación entre Amata y Lavinia citada del *Eneas* por Cohen, *op. cit.*, pp. 44ss.

sorprendernos que le resulte difícil concebir el mundo interior en otros términos. Es como si el insensible no pudiese golpear las puertas de la conciencia poética sin transformarse en la sensibilidad misma; como si los hombres no pudiesen asirse fácilmente a la realidad de los modos y emociones sin transformarse a sí mismos en sombrías *persons*. Sin perjuicio de ser muchas otras cosas, la alegoría es el subjetivismo de una época objetiva. Cuando Lancelot duda antes de subir a la carreta, Chrétien transforma su indecisión en un debate entre *Razón* que prohíbe y *Amor* que urge.[57] Un poeta tardío nos habría narrado directamente —aunque, después de todo, no sin metáfora— lo que Lancelot sentía; un poeta temprano jamás habría concebido la escena. En otro lugar, cierta dama pide a Lancelot la cabeza de un caballero a quien él acaba de herir. La piedad que implora el malogrado enfrenta dos deberes del código de la caballería. Para Chrétien, lo que se produce en la mente de Lancelot es una disputa entre Larqueza y Piedad. El temor de ellas por la derrota mantiene a un prisionero en medio.[58] Asimismo, en el *Yvain*, donde Gavain y el héroe, que son amigos, se encuentran sin reconocerse y luchan, el contraste entre la hostilidad de los actos y los deseos de amistad se presenta como una elaboradísima alegoría de Amor y Odio —Odio que mira por las ventanas y luego monta para entrar en batalla, mientras Amor (en su sentido más amplio), compartiendo la misma casa, es reconvenido por ocultarse en una habitación del fondo sin ir al rescate—.[59] Cierto es que el episodio, a diferencia de otros citados del *Lancelot*, parece frío al lector de hoy y fluye poco natural del contexto. Sin embargo, sería precipitado suponer que el poeta solo está siendo hábil. Es muy posible que la casa de muchas habitaciones donde Amor se pierde mientras Odio resiste el zaguán y el patio haya sido, para Chrétien, una revelación de los imprescindibles trabajos circunstanciales que se requieren para producir todo tipo de acciones a partir de las emociones de un solo corazón. Nuestro camino debe escurrirse con extremada cautela por las mentes de estos viejos escritores: asumir como un *a priori* qué es lo que puede y no puede ser la expresión de una real experiencia imaginativa es la peor guía posible. La alegoría del Cuerpo y el Corazón[60] —también del *Yvain*— es un ejemplo interesante.

---

[57] *Lancelot*, 369-81.
[58] Ibid., 2844-61.
[59] *Yvain*, 6001ss.
[60] Ibid., 2639ss. Los paralelos provenzales los menciona J. Morawski en *Romania*, liii, p. 187 n.

El amor cortés

Que Chrétien la haya tomado de la Provenza no altera en absoluto el hecho de que para él es una expresión —tal vez la única posible— de algo bien y verdaderamente imaginado. Pero aún no ha aprendido el arte de deshacerse de tales herramientas cuando ya han hecho su trabajo. El resplandor de la espada solo adquiere fantasía cuando se ha dado la estocada; de ahí que podamos estar casi seguros de que lo que nació como viva alegoría termina, en el curso de las próximas diez líneas, en mero virtuosismo. La alegoría de la Muerte más corriente y reiterada en el *Cligès* dará vueltas en la memoria de cualquiera de sus lectores.[61]

La figura personificada de Amor guarda conexiones similares con las materias de la «religión del amor» y la alegoría. Las referencias a arqueros en el *Cligès*[62] son lugares comunes en cualquier poeta clásico del amor. La idea de Amor como un dios vengativo que perturba la paz de quienes han despreciado su poder pertenece también a la tradición latina; aunque sea más seria para Chrétien que para Ovidio. Hay un dejo de emoción cuasi religiosa en el arrepentimiento de los que, por descuido, han estado libres del poder del amor, y en su rendición a la nueva deidad. Tras una breve resistencia, Alejandro confiesa en el *Cligès* que amor lo purifica para instruirlo. «Dejen que haga conmigo lo que quiera, pues suyo soy». Soredamors, en el mismo poema, reconoce que Amor ha doblegado su orgullo por la fuerza, dudando si un servicio fruto de tanta coacción encontrará favor alguna vez.[63] En el mismo espíritu, Yvain resuelve no soportar la pasión. Resistirse al amor, o ceder involuntariamente, es un acto de traición al dios. Aquellos que así han pecado no merecen felicidad.[64] En el *Lancelot*, esta doctrina va todavía más lejos. Amor esclaviza solo corazones nobles y un hombre debe preciarse de ser elegido al servicio. También encontramos la concepción de los amantes como miembros de una *orden* Amatoria al modo de las órdenes religiosas; de un *arte* de Amar, como en Ovidio; y de una *corte* del Amor con usos y costumbres solemnes a la manera de las cortes feudales del período.[65] Todo indicaría que no es posible una distinción final entre religión erótica, alegoría erótica y mitología erótica.

---

[61] *Cligès*, 5855 *et passim*.
[62] Ibid., 460, 770.
[63] Ibid., 682, 941
[64] *Yvain*, 1444.
[65] *Cligès*, 3865; *Yvain*, 16.

III

En Chrétien de Troyes, la desarrollada teoría del Amor se pone en acción durante el curso de los relatos. Su enseñanza toma la forma de un ejemplo más que de un precepto; y, para hacerle justicia, el puro interés narrativo nunca está subordinado por entero al didáctico. Habiendo estudiado el nuevo ideal en la ὕλη —imbuido y en parte oculto en el relato—, nuestro siguiente paso será dar con un trabajo estrictamente teórico al respecto, con el cual concluir nuestro ensayo. Un tratado de este tipo es *De Arte Honeste Amandi*, de Andreas Capellanus (Andrés el Capellán),[66] escrito en prosa latina probablemente en los albores del siglo XIII. Su estilo es agradable y fácil, aunque el *cursus* favorito del autor suela hacerle terminar las sentencias en hexámetros extraños a los oídos clásicos.

De Arte asume la forma de una metódica instrucción en el arte de hacer el amor, dada por el Capellán a un tal Valterio. Pero luego de algunas definiciones y consideraciones preliminares, el autor procede a ilustrar su materia por series de diálogos ideales adaptados al uso de los amantes según distintas posiciones sociales. Se nos brindan, cual conversaciones ejemplares, cómo un hombre que es *nobilis* debe dirigirse a una mujer que es *nobilior*, o cómo un *plebeius* debe cortejar a una *plebeia*. Incluso cómo un *plebeius* debe cortejar a un *nobilis* o una *nobilior*. Así, y durante gran parte de su obra, Andreas no habla en primera persona y emplea, gracias a estos hablantes imaginarios, todo tipo de argumentos. Si nuestro objetivo hubiese sido dar cuenta de la mentalidad del autor, lo anterior podría enfrentarnos a una seria dificultad. Pero si lo que pretendemos es estudiar (como más interesantes) las características de la teoría del amor tal y como existió en la mentalidad general del período, no lo será tanto. Las opiniones puntuales de estos diálogos imaginarios no nos dicen qué fue lo que Andreas pensó. Pero resultan una evidencia aceptable de una parte del cuerpo de ideas que tenía en la materia. Pues es difícil suponer que, para que lo imitaran sus discípulos, Andreas escribiese discursos con ideas y argumentos «incorrectos» según el estándar de la mejor tradición cortés. Aunque me es imposible prometer que no caeré en expresiones tan simples como «Andreas dice...», todo se entenderá según el *caveat* señalado más arriba.

---

[66] Ed. Trojel (Hauniae, 1892). Para la cronología *v.* G. Paris, *op. cit.*

La definición de amor en la primera página del libro descarta de inmediato el tipo llamado «platónico».[67] Para Andreas, el blanco del amor es el goce presente; y su origen, claramente, la belleza. Tanto, que a los ciegos les declara incapaces de amar o, cuando menos, de acceder al amor después de haber quedado ciegos.[68] Por su parte, amor no es sensualidad. El hombre sensual —el hombre que sufre de *abundantia voluptatis*— queda descalificado para participar.[69] Incluso se sostendrá que el amor es una «especie de castidad», en virtud de la severa pauta de fidelidad a un objeto singular.[70] A menos que se trate de una dama necia, el amante no debe pretender triunfar por su *formae venustas*, sino gracias a su elocuencia y, sobre todo, su *morum probitas*. Esto último no implica un sentido o una concepción parcial de carácter. El amante debe ser confiable y modesto, un buen católico, limpio en el hablar, hospitalario y pronto a devolver bien por mal. Debe tener coraje en la guerra (a menos que se trate de un clérigo), ser generoso de sus dones y cortés en todo momento. Aun cuando, y en un sentido especial, deberá profesar devoción a una sola dama, deberá estar preparado para ejercer *ministeria et obsequia* con todas.[71] Con tal concepción de las cualidades del amante no sorprende que Andreas vuelva una y otra vez al poder del amor para el bien. «Todos los hombres concuerdan en que no existe cosa buena en el mundo, ni cortesía, que no provenga del amor como de su fuente».[72] Es «la fuente y el origen de todas las cosas buenas». Sin él, «todos los usos de la cortesía serían extraños al hombre».[73] Para procurarse el mérito del mejor, una dama tiene la libertad de aceptar o rechazar a un amante; aunque no debe abusar de este poder para satisfacer sus propias fantasías. Al admitir a un amante digno de sus favores, hace bien. Los hombres solo ensalzan a las mujeres «alistadas en la soldadesca del amor». Hasta la joven soltera deberá tener un amante. Su esposo —por cierto, una vez casada—, estará obligado a descubrirla; mas si es astuto sabrá que una mujer que no ha seguido los «mandatos del amor»

---

[67] La distinción hecha en *De Arte Honeste Amandi*, i, 69 (en la edición de Trojel, p. 182) entre *purus amor* y *mixtus*, ubica el *purus amor* lejos del platónico. Además, la dama lo rechaza como absurdo (Ibid., p. 184).

[68] Ibid., i, 5 (p.12 en la edición de Trojel).

[69] *De Arte Honeste* Amandi, i, 5 (p.13).

[70] Ibid., i, 4: «amor reddit hominem castitatis quasi virtute decoratum» (p. 10).

[71] Ibid., ii, 1 (p. 241).

[72] Ibid., i, 6 A (p. 28).

[73] Ibid., i, 6 D (p. 81).

necesariamente posee menos *probitas.*[74] En suma, todo lo que es *in saeculo bonum*, todo lo que es bueno en el presente de este mundo, depende solamente del amor. Sin perjuicio de que, y aun cuando el ideal de *probitas* que el autor demanda a un amante sobre para dar cuenta del elogio del amor, deberá recordarse que ese ideal tiene límites claramente definidos. La cortesía reclama que el amante sirva a todas las *damas*, pero no a todas las *mujeres*. No existe demostración más palmaria del aspecto negativo de esta tradición cortés que el breve capítulo en el que Andreas explica que, si uno es tan desafortunado como para enamorarse de una labriega, debe, si *locum inveneris opportunum*, hacer uso de una *modica coactio*. No obstante ser cierto, agrega, que resulta del todo imposible subyugar el *rigor* de estas criaturas.[75]

Siendo el origen de toda bondad mundana, amor debe entenderse como un estado mental; si bien las reglas que Andreas da como razón de su conducta nos recuerdan que también es un arte. Su elaboración llega a ser tan sutil que se remonta a aquellos difíciles casos que exigen una solución experta, basando sus juicios en las resoluciones de ciertas damas nobles respecto a quienes los han sufrido. *De variis iudiciis amoris*, un curioso capítulo, está repleto de ellas. Algunas surgen en relación a los límites de la obediencia: un amante ha sido requerido por su dama a cesar de servirla. Más tarde, sabiéndola calumniada, habla en su defensa. ¿Es culpable de desobediencia? La condesa de Champagne dictamina que no. La súplica de la dama, errada en primera instancia, carece de fuerza vinculante.[76] ¿Cuál es la ley cortés aplicable al caso de dos amantes que se descubren unidos por grados de parentesco que habrían hecho imposible su unión matrimonial? Deben separarse de inmediato, pues la misma graduación de vínculos y afinidades del matrimonio se aplica a quienes aman *par amours.*[77] Las reglas se dan cual presentes que una dama recibe sin que pueda acusársele de mercenaria. El deber de secreto en el amor —uno de los legados del código a la sociedad actual— se reafirma con fuerza, reprobándose el vicio de la difamación.[78] Pero tal vez no haya regla más

---

[74] Ibid., i, 6 G (p. 181).

[75] Ibid., i, 11 (p. 236). Cp. el cercano paralelo en Malory, iii, 3: «Ella le dijo al rey y a Merlín que, cuando era doncella e iba a ordeñar las vacas, se encontraba con un decidido caballero, *y en parte a la fuerza*, etc».

[76] Ibid., ii, 7 (pp. 271-3).

[77] Ibid., ii, 7 (pp. 279-3).

[78] Ibid., i, 6 C (p. 65).

clara que aquella que excluye al amor de la relación marital. «Dicimus et sta-
bilito tenore firmamus amorem non posse suas inter duos iugales extendere
vires».[79] La influencia inhabilitante de los efectos del matrimonio permanece incluso después de disuelto: amor entre quienes estuvieron formalmente
casados y ahora se han divorciado se proclama *nefandus* por la Dama de
Champagne. Con todo, hay pasajes que sugieren que el código de la caballería, si bien antimatrimonial en principio, ha hecho algo por suavizar la vieja
aspereza de las relaciones entre marido y mujer. Andreas considera necesario
reconocer la posibilidad de una *maritalis affectio* y probar con cierta latitud
que es diferente al *Amor*.[80] Su prueba es iluminadora. El afecto conyugal no
puede ser «amor», ya que en él existe un elemento de deber o de necesidad.
Una esposa, al amar a su esposo, no ejerce una libre opción de recompensa
al mérito, y su amor no puede incrementar su *probitas*. Pero también hay
otras razones menores: el amor conyugal no es furtivo; los celos, esencia del
verdadero amor, son una plaga en el matrimonio. La primera de estas razones
es la que nos sitúa frente al aspecto más simpático y por lo mismo más verdadero de la «teoría del adulterio». El amor, manantial de todo lo hermoso
de la vida y las maneras, debe ser una recompensa gratuita de la dama. Mas
solo quienes son superiores a nosotros pueden dar recompensas: una esposa
no es un superior.[81] Tal y como la esposa de otro, sobre todo como la esposa
de un gran señor, debe ser la reina de la belleza y del amor, la distribuidora
de favores, la inspiración de todas las virtudes caballerescas y el freno de la
«villanía».[82] Tratándose de la tuya, esa por quien negociaste con el padre, se
rebaja al instante de dama a simple mujer. ¿Pues cómo una mujer que tiene
el deber de obedecerte puede ser la *midons* cuya gracia es la meta de toda lucha y cuyo desagrado es el vicio descortés que con más fuerza se rehúye?

---

[79]   Ibid., i, 6 F (p. 153).

[80]   Ibid., pp. 141ss.

[81]   Si un romance vivido según el modelo cortés termina en matrimonio, el viejo
sentimiento medieval lo considera una completa regresión de las relaciones previas
entre los amantes; Cp. *Amadis of Gaul* (en la traducción de Southey de 1872, vol. iii,
pp. 258, 259, bk. iv, c. 29): «Oh señora, ¿con qué servicio os pagaré, ahora que por
vuestro consentimiento nuestros amores se han conocido? Oriana contestó: Señor,
no es ahora el momento para proferir tales cortesías, o para que yo las reciba. Ahora
seguiré y observaré vuestra voluntad con aquella obediencia que debe la esposa al
marido».

[82]   Cp. Chaucer, *Compleynt of Mars*, 41: «Ella lo contuvo a su manera/Nada más
que con el azote de su encanto».

La amarás en un sentido; pero eso no es amor, dice Andreas. No más que el amor entre un padre y un hijo es *amicitia*.[83] Sin embargo, no debemos suponer que las reglas del amor son más frívolas en la medida en que más se oponen al matrimonio, sino todo lo contrario. Como tengo dicho, donde el matrimonio no depende de la libre voluntad de los casados, cualquier teoría que considere al amor como una forma noble de experiencia debe ser una teoría del adulterio.

Andreas realiza interesantes contribuciones a la religión del amor. Más bien a la mitología del amor. En el *Concilio de Remiremont* hemos visto al dios premunido de un evangelio, de cardenales, inspecciones y del poder de maldecir a sus súbditos heréticos. Pero Andreas va más allá para completar el paralelo con el Dios de la verdadera Religión. En una de las conversaciones imaginarias, cierta dama ruega se le excuse por no corresponder a los sentimientos de su amante, poniendo fin a la aventura. «Así las cosas», protestó el amante, «un pecador debe rogar se le excuse que Dios no le haya concedido gracia». «Pero es que», contesta la dama, «así como nuestras obras sin caridad no merecen la bienaventuranza eterna, servir a Amor *non ex cordis affectione* resulta en vano».[84] Todo lo que se abandonó fue para atribuir a Amor el poder divino de la recompensa y el castigo después de la muerte. Y así se ha hecho. La historia que Andreas relata sobre este tema es uno de los pasajes más frescos de su obra.[85] Desde él, y mirando hacia adelante, puede entreverse un cuento bastante conocido de Boccaccio, Gower o Dryden; y hacia atrás tal vez se tome contacto de nuevo con el sepultado estrato de la mitología bárbara. Como toda buena historia, comienza con un joven perdido en un bosque. Su caballo se ha alejado mientras dormía. Al salir a buscarlo, ve pasar tres compañías. En la primera, encabezada por un adorable caballero, un grupo de damas ricamente montadas y enjaezadas avanzan servidas por sus amantes en tierra. En la segunda, un tumultuoso gentío de bulliciosos servidores rodea a otro grupo de damas que solo desea alejarse del ruido. La tercera compañía monta en pelo miserables jacas, *macilentos valde et graviter trottantes*, desatendidas, vestidas con andrajos y cubiertas por el polvo de los que caminan delante. Como puede sospecharse, el

---

[83] *De Arte Honeste Amandi*, p. 142.

[84] Ibid., i, 6 E (p. 123).

[85] Ibid., i, 6 D², pp. 91-108. Los paralelos están recogidos por W. Neilson en *Romania*, xxix. Considera al *Lai du Trot* ligeramente anterior a la versión de Andreas.

primer grupo lo conforman las damas que durante su vida en la Tierra sirvieron sabiamente al amor; el segundo, las que entregaron sus favores a todos aquellos que lo solicitaron; y el tercero, *omnium mulierum miserrimae*, las implacables beldades que fueron sordas a los ruegos de sus amantes. A través del bosque, el mortal sigue la procesión hasta arribar a un país extraño. Allí, bajo la sombra de un árbol cargado con toda clase de frutas, se levantan los tronos del rey y la reina del Amor. Junto a ellos, una fuente tan dulce como el néctar prodiga innumerables arroyos que se derraman por los claros circundantes, haciendo miles de recovecos entre los lechos que aguardan a los amantes de la primera compañía. Sobre y alrededor de este placentero lugar, llamado *Amoenitas*, descansa el reino de *Humiditas*. Los cauces de la fuente central se han vuelto hielo apenas alcanzaron este segundo país. En los bajos forman un gran pantano, frío en el fondo y desarbolado, pero deslumbrando bajo un sol fiero. Este es el lugar de reunión de las damas de la segunda compañía. Aquellas de la tercera han sido confinadas al círculo más extremo, el candente desierto de *Siccitas*, y se les sienta sobre haces de afiladas espinas que unos verdugos agitan continuamente. Y para que no falte nada a esta extraordinaria parodia o reflexión sobre el Más Allá cristiano, la historia concluye con una notable escena donde el visitante mortal es conducido ante el trono, se le presenta una lista con los mandamientos de Amor y se le requiere testimoniar en la Tierra la visión que se le ha permitido tener para conducir a muchas damas a la «salvación» (*sit multarum dominarum salutis occasio*).[86] El segundo relato es menos teológico. Y aunque también concluye con los mandamientos de Amor, están tomados, junto al Halcón de la Victoria, de la corte de Arturo y no del otro mundo.[87] En ambos relatos, y como es usual, hay cosas presentadas al borde de la alegoría y el mito. Estos pasajes, con todo lo audaces que puedan parecer, son, claro está, vuelos de la fantasía trasladados desde la comedia del *Concilio*; pero también desde cualquier otra cosa que pueda tomarse como una «religión del amor» seria. Andreas es tan grave aquí como en aquellos lugares ya referidos, en los que se extiende sobre el poder del amor para dejar al descubierto todas las excelencias corteses y caballerescas: amor

---

[86] Ibid., i, 6 D², p. 105: «Nostra tibi sunt concessa videre magnalia ut per te nostra valeat ignorantibus revelari et ut tua praesens visio sit multarum dominarum salutis occasio».

[87] Ibid., ii, 8 (pp. 295-312).

que hace bello lo *horridus* y lo *incultus*,[88] que asciende al peor nacido hacia la verdadera nobleza y que humilla la soberbia. Si esto no es una religión, se trata, en todo caso, de un sistema ético. De sus relaciones con el otro sistema, el cristiano, Andreas nos dice bastante. Como si fuese en contra del autor del *Concilio*, establece que las monjas no deben ser las sirvientas de Amor, concluyendo el episodio —que no es de los más caballerosos— con una relación bastante cómica de sus propias experiencias.[89] Con los *Clerici* la cosa es distinta. Después de todo, solo se trata de hombres concebidos bajo el mismo pecado que el resto, aunque estén más expuestos a la tentación *propter otia multa et abundantiam ciborum.* Por cierto, es muy dudosa la manera con que Dios pretendió que fuesen más castos que los laicos. Lo que vale no es la práctica, sino la enseñanza. ¿Acaso no dijo Cristo «*secundum opera illorum nolite facere*»?[90] Ansía dejar en claro que el código del amor coincide con la «moral natural». El «incesto» y las uniones «reprobables» son prohibidas de igual manera por ambos.[91] Entre las virtudes sin las cuales ningún hombre está cualificado para ser amante incluye la piedad ordinaria y la reverencia a los santos. La herejía en un caballero justifica que una dama le prive de sus favores. «Y sin embargo» dice, en un significativo pasaje, «algunas gentes son tan extremadamente tontas como para imaginar que al mostrar desdén por la Iglesia se hacen más interesantes ante las mujeres».[92] De pronto se nos revela un sector que ha empuñado la incompatibilidad fundamental entre *Frauendienst* y religión, deleitándose en enfatizarla con la libertad de expresión (probablemente muy cruda). Y otro, al que Andreas pertenece, que no desea nada menos que el énfasis. Este podría ser el sentido de la piedad que Chrétien atribuye a Lancelot: una lección práctica para el obsceno izquierdismo del mundo cortés. Aun cuando Andreas desee, de esta manera, cristianizar su teoría del amor lo más posible, no hay reconciliación real. Su acercamiento más estrecho es una sugestión tentativa al modo de Pope: «¿Puede ofender a

---

[88] Ibid., i, 4 (p. 9).

[89] Ibid., i, 8 (p. 222).

[90] Ibid., i, 7 (p. 221), i, 6 G (pp. 186-8). Interpreta el pasaje del Evangelio como si significase: «Credendum est dictis clericorum quasi legatorum Dei, sed quia carnis tentationi sicut homines ceteri supponuntur, eorum non inspiciatis opera si eos contigerit aliquo deviare».

[91] Ibid., i, 2 (p. 7): «Quidquid natura negat amor erubescit amplecti». También ii, 7, Jud. 7 (p. 279).

[92] Ibid., i, 6 C (p. 68).

la gran Naturaleza de Dios aquello que la propia Naturaleza inspira?». Al respecto, no hay mejor comentario que las palabras de la dama, en la misma conversación, algunas líneas después, *sed divinarum rerum ad praesens disputatione omissa...*, «Dejando fuera el lado religioso de la pregunta por un momento», para luego volver al punto central.[93]

En verdad, la grieta entre ambos mundos es irremediable. Andreas lo reconoce repetidas veces. «Amorem exhibere est graviter offendere Deum».[94] El matrimonio no ofrece ningún tipo de compromiso. Es un error suponer que el *vehemens amator* pueda escapar *sine crimine* de la impropiedad (desde el punto de vista cortés) de amar a su propia esposa. Un hombre así está *in propria uxore adulter*. Su pecado es peor que el del amante soltero, pues ha abusado del sacramento del matrimonio.[95] Y es precisamente por eso que el mundo de la cortesía solo existe «Dejando fuera el lado religioso de la pregunta por un momento». No bien permites que *eso* entre —como argumenta el amante en el mismo episodio—, debes desistirte no solo de amar *par amours*, sino también del mundo entero.[96] Y si todavía esto no está suficientemente claro, Andreas tiene una sorpresa para el lector actual. Al iniciar el último libro, y habiendo escrito ya dos sobre el arte de amar, repentinamente hace un quiebre y comienza uno nuevo: «Debes leer todo esto, mi querido Valterio, no de la forma en la que desde entonces has visto ceñirse las vidas de los amantes, sino, refrescado por la doctrina y habiendo aprendido cómo provocar las mentes de las mujeres para amarlas, absteniéndote como sea de tal provocación; y de este modo merecer una gran recompensa». Se nos da a entender que todo lo anterior ha sido escrito para que Valterio, como Guyon, pueda ver y conocer y sin embargo abstenerse. «Ningún hombre, por grandes que sean sus hazañas, puede agradar a Dios mientras esté al servicio de

---

[93] Ibid., i, 6 G (p. 162): «Credo tamen in amore Deum graviter offendi non posse; nam quod natura cogente perficitur facili potest expiatione mundari». Y p. 164.

[94] Ibid., p. 159.

[95] Ibid., i, 6F (p. 147).

[96] Ibid., i, 6G (p. 161ss.): «Nec obstare potest quod Deum in amore narratis offendi, quia cunctis liquido constare videtur quod Deo servire summum bonum ac peculiare censetur; sed qui Domino contendunt perfecte servire eius prorsus debent obsequio mancipare et iuxta Pauli sententiam nullo saeculari debent adimpleri negotio. Ergo, si servire Deo tantum vultis eligere, mundana vos oportet cuncta relinquere».

Amor». «Quum igitur omnia sequantur ex amore nefanda»... Y el resto del libro es una palinodia.[97]

¿Qué hacer con esta *volte face*? ¿Resulta que la erudición amorosa del Capellán no es más que un chiste y su religión una exuberante hipocresía? Nada de eso. Puede entendérsele mejor si se lo recuerda señalando que el amor fue el origen de todo *in saeculo bonum*, siendo nuestra falta olvidar la limitante *in saeculo*. Es significativo que no podamos traducirlo como «mundanamente» bueno. «Mundanidad», en el lenguaje moderno —o cuando menos en el victoriano—, no se refiere realmente a los valores de este mundo (*hoc saeculum*) en contraste con los de la eternidad: solamente contrasta, para un mundo particular, lo que es considerado elemental —como la avaricia, la ambición personal y demás— con lo noble: el amor conyugal, el aprendizaje o el servicio público. Cuando Andreas se refiere al *bonum in saeculo* lo hace en serio. Ya que se refiere, en sentido humano, a las cosas buenas reales como opuestas a las cosas malas reales: coraje, cortesía y generosidad contra la bajeza. Sin embargo, y elevándose como un escarpado farallón por sobre esta escala de valores humanos o seculares, hay otra con la que no se reconciliará jamás. Otra según cuyo estándar hay muy poco que elegir entre lo «mundanamente» bueno y lo «mundanamente» malo: el elemento cabal de la parodia. O, cuando menos, de la religión imitada que encontramos en el código cortés y que nos parece tan blasfemo. Pues, en definitiva, es una expresión del divorcio entre ambas.[98] Son tan completamente distintas que las analogías afloran naturalmente, resultando una extraña reduplicación de la experiencia. Es una suerte de suma proporcional: Amor es, *in saeculo*, lo que Dios es en la eternidad. *Cordis affectio* es a los actos de amor lo que la caridad es a las buenas obras. Por supuesto que, a la hora de ser fríos, Andreas no duda sobre cuál de los dos mundos es el real, siendo en esto un típico hombre de

---

[97] Ibid., iii, 1(pp. 314ss.).

[98] El doble estándar de valores, con un *bien* mundano tan distinto a la mera «mundanidad», por una parte, y al bien celestial por la otra —que ciertamente es el origen de la idea del *gentleman*—, sobrevivió casi hasta nuestros días. La *Defence* de Wyatt («Admito no profesar la castidad, pero tampoco practico ninguna abominación») tiene casi el aire de la distinción escolar entre *Mención Honrosa* y *Suficiente*. Es significativo que el abandono final del doble estándar de los tiempos victorianos (con el consecuente intento de incluir la moralidad misma en el carácter del *gentleman*) fuese el preludio de la desaparición del *gentleman* como ideal; siendo el nombre hoy por hoy, y según lo entiendo, muy poco gentil y más bien irónico. *Suos patitur manes*.

la Edad Media. Cuando la *Frauendienst* consigue fusionarse con la religión, como en Dante, la unidad se restaura en la mente y el amor puede tratarse con una solemnidad sincera y genuina. Pero allí donde falla en el intento no podrá jamás, bajo la sombra de su tremenda rival, ser más que una temporal truhanería. Podrá ser solemne, más solo momentáneamente. Podrá ser conmovedora, pero nunca olvidará que hay pesares y peligros que los que pertenecen a amor deberán prepararse a enfrentar llegado el momento. Incluso Ovidio les habrá granjeado un modelo al escribir un *Remedium Amoris* en contraposición a su *Ars Amatoria*.[99] En fin, el punto es que los autores han agregado sus propias razones para seguir el precedente. Y así, todos se arrepentirán cuando el libro termine. La palinodia del Capellán no está sola: en las últimas estrofas del libro de Troilo, en la tosca retractación que cierra la vida y obra de Chaucer, en la noble despedida de Malory, es lo mismo. Oímos el toque de la campana y los niños, súbitamente solemnes —también algo atemorizados—, regresan en orden a la sala con el maestro.

Nota adicional a la página 19.

El principio *quidquid recipitur recipitur ad modum recipientis* debe recordarse constantemente en todas las cuestiones de origen e influencia literaria. Me he esforzado en señalar que «Ovidio malentendido» no explica nada a menos que se le considere un malentendido consistente y en una dirección particular. Por lo mismo, no he dicho nada acerca de la *Eneida* IV y otros lugares en la poesía antigua que suelen mencionarse en las discusiones sobre el amor cortés. El relato de Dido entrega mucho material que puede usarse —y que se usó— en la poesía del amor cortés *después* que existió el amor cortés. Pero hasta entonces deberá leerse como lo que es: una historia trágica y ejemplar del amor antiguo. Pensar de otra manera es como si llamásemos tragedia clásica a la causa del Movimiento Romántico porque Browning y Swimburne, después que la poesía romántica afloró, pudieron usarla con propósitos románticos.

---

[99] Tal vez convenga anotar que en un manuscrito la rúbrica del tercer libro de Andreas dice *Incipit liber remedii seu derelinquendi amorem* (Trojel, p. 313, n. 1).

II. LA ALEGORÍA

I

En el capítulo anterior delineamos el desarrollo del sentimiento del amor cortés hasta el punto en que comenzaba a expresarse a través de la alegoría. Nos resta ahora considerar independientemente la historia del método alegórico, para lo que será necesario retornar a la Antigüedad Clásica. Sin embargo, el propósito de esta nueva indagación no consistirá en encontrar los orígenes *primarios* o en la posibilidad de imaginarlos. La alegoría, en cierto sentido, no pertenece al hombre medieval, sino al hombre mismo, a la mentalidad en general. Representar lo inmaterial en términos figurables resulta de la propia naturaleza del pensamiento y del lenguaje. Lo que es bueno o feliz ha sido siempre alto como los cielos y el brillo de la luz del sol. El mal y la miseria fueron oscuros y profundos desde el inicio de los tiempos. El dolor es oscuro en Homero; y lo bueno, para Alfredo y Aristóteles, un punto intermedio.[1] Así, es una tontería preguntarse cómo estos pares enlazados de sensibles e insensibles se unieron por primera vez. La verdadera pregunta es cómo se separaron; aunque responderla está más allá de la escueta provincia del historiador.[2] Nuestra tarea es menos ambiciosa. Indagaremos cómo algo siempre latente en el discurso humano devino, por añadidura, explícito en la estructura de los poemas. Y cómo esos poemas, a su vez, disfrutaron de una inusual popularidad en la Edad Media.

---

[1] *Medemnesse*; Cp. Goth. *midjis*, Skrt. *madhyas*. Sobre la presencia de ambos sentidos («lo intermedio» y «lo bueno») en OE., v. Bosworth y Toller, s.v. *Medume*.

[2] Véase O. Barfield, *Poetic Diction*, 1928.

Es posible limitar todavía más nuestro alcance. Pues si bien esta equivalencia fundamental entre lo material y lo inmaterial puede usarse mentalmente de dos maneras, será suficiente con que nos involucremos con una de ellas. Por una parte, usted puede comenzar por un hecho inmaterial —digamos, las pasiones que ahora experimenta— para luego inventar una *visibilia* que lo exprese. Si duda entre una expresión airada o una suave, podrá expresar su estado mental inventando una persona con una antorcha llamada *Ira* y permitir que lidie con otra, también inventada, llamada *Patientia*. Pues bien: esto es una alegoría. Y es con ella con quien trataremos a continuación. Pero existe otro camino para usar la equivalencia, que es casi lo opuesto a la alegoría, y que llamaré sacramentalismo o simbolismo. Si nuestras pasiones, siendo inmateriales, pueden copiarse en invenciones materiales, luego es posible que nuestro mundo material, en su revés, sea una copia del mundo invisible. Así como el dios Amor y su jardín figurativo son a las actuales pasiones de los hombres, así tal vez nosotros mismos y nuestro mundo «real» somos a algo. El intento de leer ese algo a través de sus imitaciones sensibles, de ver el arquetipo en la copia, es lo que entiendo por simbolismo o sacramentalismo. Es, en definitiva, «la filosofía de Hermes que este mundo visible sea una pintura del invisible, donde, como en un retrato, las cosas no están verdaderamente en formas inequívocas, en la medida en que disimulan cierta sustancia real en aquella tela invisible». Imposible exagerar más la diferencia. Los alegoristas abandonan lo dado —sus propias pasiones— para referirse a aquello que es radicalmente menos real: la ficción. Los simbolistas, en cambio, abandonan lo dado en procura de aquello que es más real. Para poner la diferencia en otros términos, digamos que para los simbolistas somos nosotros la alegoría, somos nosotros las «rígidas personificaciones», mientras que los cielos allá arriba son las «sombrías abstracciones». El mundo que tomamos como realidad es la tenue silueta de aquel que, en algún lugar, está verdaderamente en toda la redondez de sus inimaginables dimensiones.

La distinción es importante, ya que ambos elementos, aunque estrechamente ligados, tienen historias y valores diferentes para la literatura. El simbolismo nos llegó de Grecia. Hizo su primera y efectiva aparición en el pensamiento europeo con los diálogos de Platón. El Sol es la copia del Bien. El tiempo es la imagen móvil de la eternidad. Todas las cosas visibles existen en tanto logran imitar a las Formas. Ni la escasez de manuscritos ni la pobreza del gremio erudito evitaron la absorción de esta doctrina por la Edad Media. No me corresponde trazar aquí, en detalle, las líneas de su declinación; y puede resultar ocioso buscarle causas particulares. Pero baste con señalar que el platonismo difuso —o neoplatonismo, si es que existe la diferencia— de Agustín, del Pseudo Dionisio, de Macrobio o del divino divulgador Boecio favoreció la atmósfera bajo la que despertó al nuevo mundo. Cuánto de ello fue absorbido por el pensamiento medieval más desarrollado, a través del espíritu del simbolismo, puede apreciarse en los escritos de Hugo de San Víctor. Para Hugo, el elemento material del ritual cristiano no es una simple concesión a la debilidad de nuestros sentidos ni supone arbitrariedad. Por el contrario: de las tres condiciones necesarias para cualquier sacramento, la ley positiva de Dios es solo la segunda.[3] La primera es la *similitudo*, preexistente entre el elemento material y la realidad espiritual. El agua, *ex naturali qualitate*, era una imagen de la gracia del Espíritu Santo aun antes de que se estableciese el sacramento del bautismo. *Quod videtur in imagine sacramentum est.* Desde el punto de vista literario, los principales monumentos de la idea simbólica en la Edad Media fueron los *bestiarios*. Desconfío del juicio del crítico que no repara en su extraña poesía o que, respecto a su forma y como un todo, no vea sus diferencias con las de las alegorías. Pues, sin duda, la expresión más alta de la poesía del simbolismo no está en la Edad Media, sino en la época de los románticos. Lo que nuevamente es significativo de la profunda diferencia entre ambos.

Trabajo la antítesis porque los ardientes aunque incorregibles amantes de la poesía medieval caen en la tentación de olvidar fácilmente esta diferencia. No sin poca naturalidad prefieren el símbolo a la alegoría. Cuando una alegoría les agrada, pretenden ansiosamente que se trata de un símbolo. Parece escalofriante que se nos diga que *Amor* en *La vida nueva* es solo una personificación. Con gusto creeríamos que Dante, cual moderno romántico, se ve a sí mismo en procura de cierta realidad trascendental que las formas del pensamiento discursivo no pueden contener. Como sea, es absolutamente indiscutible que Dante no ve nada parecido. Para acabar de una vez por todas con estas erradas interpretaciones vayamos mejor a sus propias palabras, que tendrán la ventaja adicional de entregarnos la primera pista para nuestra historia de la alegoría.

---

[3] Hugo de San Víctor, *De Sacramentis Fidei*, lib. i, pars ix, c. ii: «Habet autem omnis aqua ex naturali qualitate similitudinem quamdam cum gratia Spiritus Sancti... et ex hac ingenita qualitate omnis aqua spiritalem gratiam representare habuit, priusquam etiam illam ex superaddita institutione significavit» (Migne, tomo clxxvi, p. 318).

«Les causará sorpresa», dice Dante, «que hable de amor como si fuese algo que puede existir por sí mismo; y no solo como si fuese una sustancia inteligente, sino incluso como si fuese una sustancia corporal. Ahora bien: de acuerdo a la verdad esto es falso. Pues el amor no tiene, como una sustancia, existencia en sí mismo; ya que es solo un accidente que ocurre en una sustancia».[4] Como sea que se defienda la personificación, resulta evidente que Dante no guarda ningún pensamiento que sostenga que es algo más que eso. Como él mismo dice un poco después, se trata de una *figura o colore rettorico*: de una pieza de la técnica, un arma en el arsenal de la ῥητορική. Naturalmente, sí es defendible como tal apelando al precedente literario. En la poesía latina, observa, «muchos accidentes hablan como si fuesen sustancias y hombres». Lo que para Dante sería suficiente si no hubiese considerado necesario —así era el formalismo de la época— probar con cierta latitud que la rima en lengua vernácula (*dire per rima*) realmente corresponde a la versificación en latín (*dire per versi*); y que, por lo mismo, el rimador podrá reclamar con justicia todas aquellas licencias que se concedieron antes al versificador. Con todo, no podrá usarlas arbitrariamente. Deberá tener una razón; incluso «el tipo de razón que puede explicarse en prosa». «Sería gran desgracia para un hombre», agrega Dante, «si pudiese rimar ciertos temas bajo figuras y colores retóricos, y luego, preguntado por lo que ha hecho, no pudiese quitar esa vestidura y mostrar el verdadero sentido».[5]

El inflexible pensamiento de los alegoristas no deja lugar a malentendidos. No hay nada «místico» o misterioso en la alegoría medieval. Los poetas saben muy bien con qué están tratando y que las figuras que nos presentan son ficciones. El simbolismo es un modo de pensar; la alegoría es un modo de expresar. Pertenece más a la forma poética que a su contenido, y fue aprendida de la práctica de los antiguos. Si Dante está en lo cierto —y lo está casi absolutamente— comenzaremos

---

[4] Dante, *Vita Nuova*, xxv: «Potrebbe qui dubitare persona... di ciò che io dico d'Amore come se fosse una cosa per sè, e non solamente sustanzia intelligente, ma sì come fosse sustanzia corporale; la quale cosa, secondo la veritate, è falsa; che Amore non è per sè sì come sustanzia, ma è uno accidente in sustanzia».

[5] Ibid.: «Non sanza ragione alcuna, ma con ragione la quale poi sia possible d'aprire per prosa... grande vergogna sarebbe a colui che rimasse cose sotto vesta di figura o di colore rettorico, e poscia, domandato, non sapesse denudare le sue parole da cotale vesta in guisa che avessero verace intendimento».

la historia de la alegoría con las personificaciones en la poesía latina clásica.[6]

II

La función de la personificación ha sido establecida por Johnson. «*Fama* cuenta un cuento, *Victoria* revolotea sobre un general o se posa sobre un estandarte. Pero eso es todo lo que *Fama* y *Victoria* pueden hacer». Esto es completamente cierto respecto a las personificaciones en nuestros poetas «clásicos». Y si en la poesía romana tardía figuras de la misma especie pudieron hacer variadas cosas además de revolotear y posarse, fue debido a que, desde un principio, significaron mucho más para los romanos que para Gray y Collins. La religión romana se inicia con la adoración de cosas que nos parecen meras abstracciones. Erige templos a deidades como *Fides, Concordia, Mens* y *Salus.*[7] Por el contrario, ciertos nombres que parecen ser de deidades concretas son utilizados en contextos para los que nosotros solo tendríamos un sustantivo abstracto; por ejemplo, *aequo marte, per veneris res,* etc. Su uso no es particularmente tardío, ya que se encuentra en Ennio; ni particularmente poético, pues está en César. Si ambos hechos se toman juntos, forzoso es concluir que una distinción que para nosotros es fundamental —a saber, aquella entre un universal abstracto y un

---

[6] El lector experimentado se sorprenderá al no encontrar aquí, y muy poco en lo que sigue, ninguna mención sobre Filón, Orígenes y los múltiples sentidos de la escritura. Debe recordarse, con todo, que estoy más abocado a explicar un gusto que a dar cuenta de los pasos por los que halló favor en el público. Y que mi tema es la alegoría secular y creativa; no la religiosa y exegética. Si Dante está en lo cierto al volver a los clásicos, y yo también lo estoy al detectar un *nisus* contra la alegoría en el paganismo, se sigue que la tradición exegética es menos importante para la comprensión de la alegoría secular de lo que se ha supuesto. Por cierto, es difícil probar que múltiples sentidos pudieron formar parte en la intención original de cualquier alegoría erótica. Dante, mientras parodia cuatro sentidos (*Conv.* 11, i, y *Ep.* xiii = x en algunas ediciones) singularmente hace poco uso de ellos para explicar su propia obra.

[7] Respecto a la naturaleza de deidades como *Nerio Martis,* &c., *v.* Aulus Gellius citado por W. Warde Fowler (*Religious Experiencie of the Roman People,* p. 150). Para *Fides,* &c., *v.* Cicerón, *De Natura Deorum,* 11, xxiii, 61: «Tum autem res ipsa in qua vis inest maior aliqua sic appellatur ut ea ipsa nominetur deus, ut Fides, ut Mens, quas in Capitolio dedicatas, videmus,» &c. Cp. también Boissier, *La Fin du Paganisme,* tomo ii, p. 259.

espíritu viviente—, en la mentalidad romana estuvo presente solo de un modo vago y esporádico. No desesperemos si, por un momento, nos hacemos de este punto de vista para pensar en la posición extrema y extraña que una noción como «Naturaleza» ocupa hoy en la mente de una persona imaginativa y sin preparación filosófica, que ha leído una buena cantidad de libros de divulgación científica. Se trata de algo que es más que una personificación y menos que un mito; pero que, exigiéndolo la fuerza del argumento, no trepida en ser las dos cosas. La confusión (si lo es) no es igual a la alegoría. Por cierto, está sobradamente aclarada aun antes de que llegue su gran época; pero su presencia en las personificaciones y deidades en tiempos de Augusto la preparó para aquellos cambios que sobrellevó después. Y fue la condición —no la causa— de aquel alud alegórico en la poesía postvirgiliana.

Creo que las primeras manifestaciones de este alud están muy bien ilustradas en la *Tebaida* de Estacio. Ignoro si las personificaciones que contiene son más numerosas que las de la *Eneida*, pues no las he contado. Pero la cuestión no es aritmética. No es el número de personificaciones lo que importa, sino la forma en que se utilizan, y las relaciones cambiantes entre ellas y la mitología. En la *Tebaida* hay un doble proceso en curso. Por una parte, los dioses se acercan cada vez más a la calidad de simples personificaciones; por otra, estas comienzan a traspasar cada vez más allá los límites que Johnson les asigna. El primer proceso se aprecia en el tratamiento de Marte. Estacio tiene mucho que decir acerca de él, pero el lugar que le confiere en el relato no es genuinamente mitológico; como sería, por ejemplo, el de Juno en la *Eneida*. Juno tiene una razón mitológica para desagradar a los troyanos. Todavía cavila en aquello del *spretae injuria formae*. Hay motivos personales que justifican su conducta, explicables en la remota historia presupuesta en el poema. Si a Marte se le introdujese en la guerra tebana con el mismo estilo mitológico, lo veríamos interviniendo en uno y otro bando por un motivo inteligible y personal: ya presa de una vieja inquina contra los troyanos, ya como el ancestro de algún guerrero prominente. Como sea, en la *Tebaida* no posee tal motivo. De hecho, no actúa en forma independiente: solo ha sido emplazado por Júpiter. Y resulta particularmente significativo que Júpiter no le mande a interferir en la guerra, sino simplemente a ponerla en movimiento:

56

Que todos te busquen; que hacia ti impulsen
La mano y el corazón; sacúdelos de su sopor,
Rompe todos sus pactos.[8]

En efecto, esto es precisamente lo que hace: «A sus temblorosas almas enamoró».[9] En otras palabras, no hace nada que la personificación de la *Guerra* (o *Bellona*) no hubiese hecho.

Lo suyo no es influir en las guerras sino inspirarlas. Es, de hecho, «un accidente que ocurre en una sustancia»: el espíritu marcial o belicoso tal y como se da en la mentalidad de una u otra nación bajo las órdenes de Destino. Resulta coherente con la naturaleza alegórica del Marte de Estacio que no sea presentado ante los Consejos de Júpiter aunque sí se le emplace. *Guerra* o *Belicosidad* no son Destino, sino tan solo uno de sus instrumentos, presto a ser convocado a la mente de los hombres cuando el propio Destino así lo requiera. Esto está muy claro en el libro VII, donde Júpiter, percatándose de que el anterior cometido de Marte ha sido insuficiente estímulo para los combatientes —aquella dosis previa de ardor marcial—, envía a Mercurio a provocarlo por segunda vez. Mercurio deberá marchar a Tracia hasta la casa de Marte, donde se nos presentará la más desarrollada «Casa» de un ser alegórico, en el mismo sentido en que decimos la «Casa» de la Fama o del Orgullo:

Contempló aquí la casa de Marte; otoñales bosques
Bajo los acantilados de Hemos; sobrecogido por la visión
De mil Furias rodeando la sombría fortaleza...
Dignos centinelas la protegen; desde la fachada se precipitan
La insana Pasión, el ciego Error, las rojas Iras.[10]

---

[8] Estacio, *Tebaida*:
   Te cupiant, tibi praecipites animasque manusque
   Devoveant! Rape cunctantes et foedera turba! (iii, 232)
[9] Ibid.:
   Trepidantia corda
   Implet amore sui. (423)
[10] Ibid.:
   Hic sterilis delubra notat Mavortia silvas
   Horrescitque tuens, ubi mille Furoribus illi
   Cingitur averso domus immansueta sub Haemo... (vii, 40)
   Digna loco statio; primis salit Impetus amens
   E foribus caecumque Nefas Iraeque rubentes. (47)

Es igualmente característico que Marte, ausente al llegar Mercurio, aparezca de pronto «perfectamente ataviado en sangre hircania»,[11] y con tan terrible aspecto, que hasta Júpiter habría temido su presencia. Cuando Júpiter lo emplazó por primera vez, también estaba «extenuando las ciudades géticas y bistonianas». En otras palabras, Marte es «descubierto furioso» no bien se abren las cortinas y aun antes de que exista razón para su furia. Naturalmente: él no existe si *Guerra* no está enfurecida. Enfurecer es su *esse*, aunque no se trate de la naturaleza de una genuina figura mitológica. El Ares homérico tiene muchos más intereses además de la guerra: Poseidón, aparte su disputa con Odiseo, posee carácter y vida propios; el *esse* de Juno no se agota en su oposición a los troyanos.[12]

Lo mismo nos impresiona en la descripción que hace Estacio de los sirvientes de Baco; y que es todavía más notable si se toma en cuenta que Baco es utilizado permanentemente como alegoría y no como figura romántica. Es el *Ismeno* del poema, que demora con sus encantamientos a la armada invasora. Con todo, y a pesar de esto, cuando el poeta nos lo describe en detalle parece olvidar su romance y los materiales que pudo haber aprovechado de la mitología griega. Esperamos a Asileno y a su asno, pero lo que tenemos es esto:

> No menos irritados sus acólitos, Furia, Cólera,
> Coraje y Miedo y el nunca bien ponderado Ardor
> Avanzan inseguros, con pasos vacilantes, como su señor.[13]

Baco no es más que la Embriaguez personificada, y un poeta medieval hubiese hecho de tales compañías —con la excepción de *Virtus*— parte del séquito de *Gula*. Otro ejemplo en la misma línea —y que además, como ejercicio crítico, resulta útil de comparar con el correspondiente pasaje en la *Ilíada*—[14] es la asombrosa aparición de Palas en el libro II; donde, abiertamente, no es más que un estado en la mente de Tideo.

---

[11] Ibid.:
Hyrcano in Sanguine pulcher. (69,75)
[12] Sin duda, el inicio de este proceso puede fijarse ya en *La Eneida*. Cp. H.W. Garrod, *English Literature and the Classics*, p. 164.
[13] Estacio, *Tebaida*:
Nec comitatus iners. Sunt illic Ira Furorque
Et Metus et Virtus et numquam sobrius Ardor
Succiduique gradus et castra simillima regi. (iv, 661)
[14] *Ilíada*, A, 188ss.; Estacio, *Tebaida*, ii, 682-90.

Pero el ocaso de los dioses es la media mañana de las personificaciones. Quizás el ejemplo más obvio esté en el libro X.[15] Los oráculos han anunciado que Tebas solo podrá salvarse a través del sacrificio humano; y en total consonancia con la tradición épica, somos testigos del descenso a la Tierra de un ser sobrenatural. Este, bajo la apariencia de un conocido mortal, se presenta ante el joven Meneseo —que combate en las puertas— para advertirle del destino heroico que le aguarda y animarle a asumirlo. Sin embargo, ¿quién que solo conociese a Virgilio y a Homero habría esperado que una escena como esta fuera representada por la personificación *Virtus* y no por *Palas, Mercurio* o *Apolo*? Esto no puede llamarse rígido. *Virtus* también tiene sus templos; y si Estacio la prefiere a los olímpicos como la máquina para uno de los pasajes más graves y conmovedores de su poema, se debe a que para él se trata de una deidad más seria y, en cierto sentido, más real que todo el Panteón grecorromano. Ciertamente, si no comprendemos esta gravedad en las personificaciones de Estacio, si no nos damos cuenta de que sus olímpicos se parecen más a unas *meras* maquinarias y sus personificaciones a una real expresión imaginativa, perderemos el significado de su obra. Allí, Juno no es más que una regañona y Baco un mago irrelevante. Solo en *Clementia* encontramos algo parecido a la verdadera emoción religiosa:

> Se erigió un altar en medio de la ciudad;
> Ninguno de los dioses tenía derecho a ruego;
> Hogar de Clemencia, nunca rehúsa la súplica
> De quienes acuden a sus votos.
> Siempre presta oídos a la oración.[16]

Con todo —y el punto es clave—, nadie pretende que *Clementia* sea más que un estado mental. «La mente y el corazón del hombre rondan a sus elegidos», dice Estacio.[17] Lo mismo podrá decirse de todos sus dioses, que son cosas que viven y mueren en el inframundo del alma: «accidentes

---

[15] Estacio, *Tebaida*, x, 632ss.

[16] Ibid.:
Urbe fuit media nulli concessa potentum
Ara deum. Mitis posuit Clementia sedem
Et miseri fecere sacram. Sine supplice numquam
Illa novo, nulla damnavit vota repulsa;
Auditi quicumque rogant. (xii, 481)

[17] Ibid.:
Mentes habitare et pectora gaudet. (494)

que ocurren en una sustancia». Pero aquellos que lo son más radicalmente, aquellos que arrastran tras de sí la pequeña e irrelevante comitiva mitológica, comprometen su más profunda reverencia y evocan su mejor poesía. Si hay algo serio en todo el poema —marcado por el sentido real de la vida del autor— son las palabras con las que *Pietas* inicia su discurso:

> ¿Por qué me creaste? ¿Por qué diste principio a mis días?
> ¿Para oponerme a la cruel voluntad de mortales
> E inmortales, Oh soberana Naturaleza?,[18]

palabras en las que casi puede verse a los marchitos dioses de la mitología sobrepasados por aquellas potentes abstracciones denominadas *Pietas* y *Natura* (Piedad y Bondad, como se las llamó en los siglos siguientes). Pero como a *Pietas* no le basta con quejarse, nos acercamos entonces al meollo del poema de Estacio. Algunos cientos de versos antes de su discurso, Tisífone y Megarea —apenas menos alegóricas que *Pietas*— se han coludido para consumar los horrores de la guerra tebana promoviendo un singular combate entre los hermanos Tisífone y Eteocles. «Debe hacerse», claman las Furias:

> No importa si repugnan a Fe y a Piedad;
> ¡Serán vencidos![19]

Una consideración aislada de esto pasaría por retórica ordinaria; y hasta podría pecar de ridículo el lector que, en este sugerente conflicto entre espíritus malos y virtudes, creyese recordar el tema de la *Psychomachia*. Sin embargo, lo que profetizaron las Furias se cumple: *Pietas* es introducida con el único propósito de descender al campo de batalla, ya no para influenciar a los hermanos —aunque lo hace—, sino para encontrarse cara a cara con Megarea y Tisífone.[20] Es derrotada; y desaparece volando desde las antorchas y las serpientes de sus adversarios. Pero aquí, en este preciso momento, mientras la acción humana (y olímpica) del poema se suspende y las personificaciones del bien y el mal del alma se enfrentan —ya no a través de sus

---

[18] Ibid.:
   Quid me, ait, ut seavis animantum ac saepe deorum
   Obstaturam animis, princeps Natura, creabas? (xi, 465)

[19] Ibid.:
   licet alma Fides Pietasque repugnent
   Vicentur! (98)

[20] Ibid., 482ss.

representaciones humanas sino frente a frente, una contra otra—, reposa el germen de toda la poesía alegórica. Tenemos ya en el poeta pagano, y sin ambigüedades, el tema favorito de la Edad Media: la batalla de las virtudes y los vicios, la psicomaquia, el *bellum intestinum*, la Guerra Santa. Este pasaje no es una decoración simple e irrelevante en la *Tebaida*. El poema alcanza su clímax con la llegada de Teseo y la consiguiente limpieza de toda aquella embrollada porquería de Tebas. Como debe ser, todo se narra muy rápido. Pero no porque el poeta esté cansado y pretenda salvar las apariencias —como piensa un crítico moderno—,[21] sino porque para él es esencial que tengamos la impresión ya no de nuevas guerras continuando las anteriores, sino del despertar de una pesadilla: de una repentina calma después de la tormenta, de un solo toque de espada acabando para siempre con las abominaciones. Con todo, y por breve que sea, Estacio tiene el tiempo suficiente para dejar establecido inequívocamente el significado de su intención: su guerra es una guerra santa, su victoria extirpa la momentánea derrota de *Pietas*. Pues, al igual que ella, Teseo reclama a *Natura* como patrona y considera la contienda una psicomaquia:

> ¡Compañeros defensores de las leyes de la tierra
> Y de los pactos universales!: que vuestro espíritu
> Sea digno de esta empresa bajo cuyo alero
> Natura protectora, los dioses y los hombres sonríen,
> Como también el silente Averno. Del otro lado,
> Camino a Tebas, acechan las hermanas con cabeza de serpiente:
> Llegan los sombríos estandartes de Venganza.[22]

Y este punto de vista, sin duda el del poeta, no es una peculiaridad de Teseo, sino precisamente lo que se espera de él. El intercesor de las viudas de Argive, al invocar por primera vez su asistencia, ha exhortado al *Princeps Natura* con las mismas palabras de *Pietas*.[23]

---

[21] H. E. Butler, *Post-Augustan Poetry from Seneca to Juvenal*, 1909, p. 210. El capítulo relativo a Estacio es tal vez la parte menos simpática de su interesante libro.

[22] Estacio, *Tebaida*:
> Terrarum leges et mundi foedera mecum
> Defensura cohors, dignas insumite mentes
> Coeptibus. Hac omnem divumque hominumque favorem
> Naturamque ducem coetusque silentis Averni
> Stare palam est. Illic Poenarum exercita Thebis
> Agmina et anguicomae ducunt vexilla sorores. (xii, 642)

[23] Ibid., 561.

Obviamente, no estoy diciendo que la *Tebaida* sea un poema tan grave como podrían sugerirlo las citas. En verdad, está a la misma distancia que la *Gerusalemme Liberata* de la verdadera seriedad épica; aunque, indudablemente, el poema latino se aleja mientras el italiano se acerca. Buena parte del encanto de Estacio depende de su deliberado distanciamiento de la tensión heroica, de su búsqueda de la variación graciosa y romántica. Es un pionero en aquel arte del entrelazamiento al que la literatura posterior deberá tantas y tan voluntariosas bellezas, y sus libros IV y V son una especie de primer borrador del *Orlando furioso*. Existen muchas razones para explicar aquella popularidad que a nuestra tradición clásica moderna —una encantadora maestra pero un mal maestro— le resulta tan difícil entender. Pero no hace asunto a nuestro propósito con qué exacta gravedad tomemos la *Tebaida*. Lo importante es que en *aquello en que es* grave tiende a ser alegórica. Lo que hay de grave en ella está en la naturaleza de la psicomaquia. El tema de sus pasajes más nobles casi podría describirse con palabras adaptadas de Dante: *literaliter bellum Thebanum; allegorice Homo*. Sus dioses son solo abstracciones; y sus abstracciones, aunque pertenecen claramente al inframundo, son casi dioses.

III

Hemos considerado ya aquellas características de la religión romana que hicieron posible este doble movimiento. Sin embargo, condiciones no son causas. Nos resta por descubrir, si es que podemos, el proceso a través del cual los dioses se marchitaron y brotó la apoteosis de las abstracciones. No cabe duda de que, hasta cierto punto, un proceso de esta índole debía ocurrir por la simple declinación del poder creativo literario. La retórica es el más pronto sustituto de la poesía; y a su vez, se complace en la personificación. Por otra parte, el uso del Panteón sin mediar inspiración, esto es, utilizado como una mera maquinaria épica, puede traer a la superficie cualquier elemento atractivo que esté latente. Pero una explicación como esta no nos llevará tan lejos de lo que podría suponerse, ya que implica una grave exageración de los errores de la literatura latina posterior a Augusto. No sirve para dar cuenta de la verdadera poesía que respira en alguno de los pasajes más alegóricos de Estacio ni, cosa más conspicua aún, para explicar el encanto que la alegoría continuó ejerciendo durante los siglos siguientes. La verdad es que ninguno de estos desarrollos fue solo un fenómeno literario, y pocos lo son. Ambos brotan de la mentalidad general del período; ambos reflejan el espíritu de aquellos siglos de experimentos morales y religiosos desde los cuales el cristianismo, finalmente, emergió victorioso.

El ocaso de los dioses —para tomar este aspecto primero— no debe suponerse en ningún sentido resultado del cristianismo. Ya está bastante avanzado en Estacio; y él, como poeta, refleja débilmente lo que la filosofía hizo mucho antes. De hecho, representa el *modus vivendi* entre el monoteísmo y la mitología. Pero más que el rival del politeísmo, al monoteísmo debe considerársele su estado de madurez. Allí donde el politeísmo se combina con cualquier poder especulativo u ocio favorable a la especulación, tarde o temprano el monoteísmo aflora como un desarrollo natural. Según entiendo, el principio está bien ilustrado en la historia de la religión india. Detrás de los dioses emerge el Uno; y estos dioses, igual que los hombres, son solo sus sueños.[24] Esa es una de las formas de disponer a los Muchos. El pensamiento europeo no sigue la misma línea pero enfrentó el mismo problema: las mejores mentes abrazaron el monoteísmo. ¿Qué hacer con los dioses de la religión popular? La respuesta —o, cuando menos, aquella forma de la respuesta que más nos concierne— fue dada por los estoicos. «Deus pertinens per naturam cuiusque rei, per terras Ceres, per maria Neptunus, alii per alia, poterunt intelligi»;[25] donde la construcción *Deus poterunt* hace de la descripión de la mentalidad correspondiente una verdadera delicadeza. Los dioses son tomados como aspectos, manifestaciones, encarnaciones temporales o parciales del poder singular. Son, de hecho, personificaciones de los atributos abstractos del Uno. Así, resulta absurdo quejarse de los dioses de Estacio como si fuesen los desatinos arbitrarios de un poeta. Son un estadio necesario en la vida de la antigua religión: el poeta, al retratarlos, solo está dando forma a la más profunda de las experiencias de su época. El tratamiento mitológico que hace de Baco es puramente literario y derivativo: lo vivo es el tratamiento alegórico de él y Marte. La misma pista nos permite entender su *Princeps Natura*, ya que esta «Naturaleza», a quien *Pietas* puede apelar pasando por encima de los hombres y los dioses, no es otra que aquel Uno ante cuya luz los olímpicos comienzan a palidecer. Ella es el Todo de los estoicos (Dios, Naturaleza o

---

[24] Véase el artículo de V. H. Jacobi sobre «Brahmanismo» en la *Encyclopaedya of Religion and Ethics*.
[25] Cicerón, *De Natura Deorum*, 11, xxviii, 71.

Cosmos); la φύσις de Marco Aurelio, la *Natura* de Séneca; los ancestros de la *Natura* de Alain de Lille y la *Kinde* de Chaucer.

Como se ve, la alegorización del Panteón depende de causas que van más allá de la mera historia literaria. Lo mismo puede decirse del floreci-miento de las personificaciones: también dependen de un cambio profun-do en la mente de la Antigüedad. Pero de un cambio de experiencia mo-ral más que de pensamiento. Un buen camino para indicar su naturaleza —pues ya me he excusado de cualquier consideración sobre las causas— será recordarle al estudiante de hoy aquella cuota de sorpresa que proba-blemente sintió al leer por primera vez la Ética de Aristóteles. Para noso-tros, la esencia de la vida moral parece descansar en la antítesis entre deber e inclinación. Ciertas teorías morales particulares considerarán haberla resuelto y algunos de nuestros «fantásticos modernos» intentarán mirarla de soslayo o pasarla por encima. Sin embargo, sigue siendo la experiencia desde la cual todos comenzamos. Toda obra de ficción seria, cuando al-canza la moral, retrata un conflicto. Todos los moralistas prácticos invitan a la batalla o insinúan alguna estrategia apropiada. Quitemos el concepto «tentación» y prácticamente todo lo que decimos o pensamos acerca del bien y del mal se desvanecerá en el aire. Pero cuando abrimos por primera vez nuestro Aristóteles notamos, con sorpresa, que este conflicto interno tuvo para él tan poco que ver con la esencia de la vida moral que lo arrojó a un rincón y lo trató casi como un caso especial: aquel del ἀκρατής. El verdadero buen hombre, según Aristóteles, no es tentado. Si pensamos que eso de que «los buenos vigores se refuerzan con dolores» es más lau-dable que la simple buena disposición, Aristóteles recalca fríamente que el hombre que se modera a un costo es un libertino.[26] El verdadero hombre moderado se abstiene porque gusta de abstenerse. La calma y el placer con los que se realizan los actos buenos, la ausencia de un «esfuerzo» moral, son para él síntoma de virtud.[27]

Ahora bien: todo esto cambia si volvemos la mirada a los moralistas que vivieron bajo el Imperio Romano. Ignoro si fueron mejores o peores

---

[26] Aristóteles, *Ethic. Nicom.*, 1104 B: ὁ μὲν γὰρ ἀπεχόμενος τῶν σωματικῶν ἡδονῶν καὶ αὐτῷ τούτῳ χαίρων σώφρων, ὁ δ' ἀχθόμενος ἀκόλαστος.

[27] Ibid., 1099 A: οὐδ' ἐστὶν ἀγαθὸς ὁ μὴ χαίρων ταῖς καλαῖς πράξεσιν· οὔτε γὰρ δίκαιον οὐθεὶς ἄν εἴπον τὸν μὴ χαίροντα τῷ δικαιοπραγεῖν, etc. 1104 B: Σημεῖον δὲ δεῖ ποιεῖσθαι τῶν ἕξεων τὴν ἐπιγινομένην ἡδονὴν ἤ λύπην τοῖς ἔργοις. El «intelectualismo» del que tanto se acusa a la ética aristotélica, y sobre todo a la platónica, es otro aspecto de la misma tendencia.

que los contemporáneos de Aristóteles, pero es evidente que estuvieron más conscientes de la dificultad que implica el ser bueno. «Dar la pelea»; ¡qué curiosas suenan estas palabras en la Ética! Bajo el Imperio, estaban en boca de todos los moralistas. Tan solo los ejemplos que pueden extraerse de los escritos de san Pablo serían prueba suficiente de un cambio que se buscó profusamente. Pero el fenómeno no es de ningún modo resultado del cristianismo, con todo lo mucho que este pudo haber aportado para profundizarlo y perpetuarlo. Nuevamente, y como en el caso del monoteísmo, estamos frente a una característica ya no solo del cristianismo, sino de todo el período del cual emergió el Imperio Cristiano. No puede atribuirse al vaso precipitado lo que ya estaba en la solución. «La vida de cada hombre es el servicio de un soldado», escribió Epícteto, «y este es largo y variado».[28] «Pues debemos también ser soldados», dice Séneca «y en campaña, donde no hay interrupciones ni descanso».[29] O en palabras que recuerdan mejor el Nuevo Testamento, «conquistémoslo todo. Ya que nuestro premio no es ni una corona ni una palma ni un heraldo pidiendo silencio para proclamar nuestro nombre, sino virtud, fortaleza mental y paz».[30] Para Séneca, estos conflictos, lejos de ser un accidente de la vida moral, constituyen su esencia. Describiendo como nadie el fresco rocío de la época dorada, cierra su relación con un escarmiento. Los niños de entonces no eran santos estoicos (*sapientes*). Eran inocentes, pues no conocían el mal, si bien inocencia no es lo mismo que bondad. Ya que incluso la divina Naturaleza, en la flor de la vida, es incapaz de hacer de la virtud un don: *ars est bonum fieri*.[31]

Así, el primer paso hacia la comprensión del rol que jugaron las abstracciones en Estacio y sus sucesores consiste en recalcar que los hombres de aquella época, si no habían descubierto el conflicto moral, cuando menos habían descubierto en él una importancia nueva. A diferencia de los griegos, estuvieron absolutamente conscientes de la voluntad dividida, del

---

[28] Epícteto, *Diss.*, III, xxiv, 34.

[29] Séneca, *Epist.*, li. 6: «Nobis quoque militandum», &c. La importancia de Séneca para nuestro tema se me evidenció por primera vez en *Roman Society from Nero to Marcus Aurelius*, de S. Dill. Estoy en deuda con él a lo largo de todo este capítulo.

[30] Ibid., lxxviii, 16: «Nos quoque evincamus omnia», &c.

[31] Ibid., xc, 44ss. Toda la epístola es extremadamente bella y se anticipa a Milton en algunos aspectos: *spiritus ac liber inter aperta perflatus — prata sine arte formosa.*

bellum intestinum. La nueva mentalidad puede estudiarse casi tan bien en Séneca, san Pablo, Epícteto, Marco Aurelio o Tertuliano.

Pero para tener tal conciencia de la voluntad dividida es preciso hacer volver la mente sobre sí misma. No es necesario dejar establecido aquí si acaso es la introspección la que revela la división o si es la división, habiéndose revelado ella primero en la experiencia de la falta moral, la que provoca la introspección. Cualquiera sea el orden causal, es obvio que luchar contra la «Tentación» es también explorar el mundo interior. Y al hacerlo, es apenas menos que obvio que nos encontramos al borde de la alegoría. Es difícil hablar y tal vez aún más difícil pensar en un «conflicto interior» sin una metáfora, y cada metáfora es una alegoría en pequeño. Y como el conflicto se hace cada vez más y más importante, es inevitable que estas metáforas se expandan y se unan transformándose finalmente en el más emplumado poema alegórico. Sería un error pensar que existe otro camino —y mejor— para representar aquel mundo interior, y que está en la novela o en el drama. Una mirada fija hacia dentro, con propósito moral, no permite descubrir un *personaje*. Nadie es un «personaje» para sí mismo, y mucho menos cuando piensa en el bien y en el mal. Personaje es lo que debe producirse: dentro, solo se encontrarán los materiales descarnados, las pasiones y las emociones que se disputan el dominio. Aquella «alma» o «personalidad» unitaria que interesa al novelista no es más que la arena para los combatientes. Es a ellos —a esos «accidentes que ocurren en una sustancia»— a quienes debe prestar atención.[32] Aunque no lo hará sin premunirlos de «pies y manos» hegelianos, especialmente si ha tenido un entrenamiento en las escuelas romanas de retórica. Para alguien como él, la alegoría no puede ser una forma rígida. Resulta ocioso explicarle que lo que en las últimas veinticuatro horas lo ha tenido al borde de la muerte es una «abstracción». Y si podemos liberarnos por un momento de nuestra propia *Zeitgeist*, admitiremos que no hay nada más abstracto que el «yo» o la «personalidad»; sobre cuya unidad basal, como sobre una roca,

---

[32] El paralelo obvio es el psicoanálisis moderno y sus sombríos personajes, como el «censor». En otro nivel, puede argumentarse que la aplicación total de los términos psicológicos al inconsciente es en sí misma una especie de alegoría. Así como las Pasiones resultan Personas para el alegorista, así X, en el inconsciente, resultan Pasiones para el analista. O cuando menos puede referirse a ellas *como si fuesen* «deseos», &c.; *la quale cosa secondo la veritade è falsa*. Así como el siglo I se sumergió en lo psicológico gracias a la Personificación, el siglo XX se sumergió en la subalma gracias a la «Pasionificación».

descansamos tan seguros; y respecto de la cual preferiríamos mucho más oírle hablar.

La explicación que acabo de dar acerca de las tendencias alegóricas ciertamente no excluye el reconocimiento de otras causas subsidiarias. Varias de ellas efectivamente ya se trabajaban. El impulso cabal que la maquinaria retórica había reunido durante tantos siglos se desbordaba hacia algo. Además, el hábito de aplicar la interpretación alegórica a los textos antiguos naturalmente favoreció las construcciones alegóricas frescas, método practicado con entera libertad por paganos y cristianos. En un período de controversia religiosa, la manera más obvia de sintonizar con los documentos primitivos es, por cierto, enfrentar las demandas éticas o polémicas del momento. Los estoicos, aparte su doctrina general de los dioses como manifestaciones de lo Uno, estuvieron siempre prontos a explicar los mitos particulares a través de la alegoría. Saturno devorando a sus hijos pudo interpretarse inocentemente como el Tiempo «soportando a sus hijos». Júpiter pudo ser *hoc sublime candens* abarcando el *aer* interior que era Juno.[33] Durante el «revival»* pagano que más tarde provocó el cristianismo en lo más íntimo de su enemigo, se hicieron las mayores exigencias por este método a través de los patrones de la vieja religión. La alegoría pudo resolver todas las dificultades, y se pudo descubrir que el mito antiguo y la filosofía moderna no eran más que dos ropajes distintos para una misma doctrina.[34] Judíos y cristianos usaron un expediente similar. En el siglo I, Filón de Judea tomó de la tradición rabínica el método de interpretación de las Escrituras y la doctrina de los pasajes ocultos de la Biblia pasó de Orígenes y los alejandrinos a Occidente, siendo recepcionada por escritores de la talla de Hilario de Poitiers y Ambrosio.[35] Sin embargo, es más que probable que la ayuda que este método de exégesis brindó a la alegoría original se vio ampliamente recompensada. Cuando la alegoría deviene en un modo natural

---

[33] V. Cicerón, *op. cit*, 11, xxv, 64, 65 (donde *hoc sublime candens* está tomado de Ennio) y xxvi, 66.

* (N. del T. En inglés en el original).

[34] Maximus Tyrius (citado por Dill), *Diss.*, x, i: ποιητικὴν καὶ φιλοσοφίαν χρῆμα διττὸν μὲν κατὰ τὸ ὄνομα ἁπλοῦν δὲ κατὰ τὴν οὐσίαν. Ibid., 5: Πάντα μεστὰ αἰνιγμάτων καὶ παρὰ τοῖς ποιηταῖς καὶ παρὰ τοῖς φιλοσόφοις. Los esfuerzos de los revitalizadores paganos para lograr la reconciliación del Uno con los Muchos a través de la alegoría, el demonismo jerárquico, las emanaciones y muchas otras cosas, son por cierto muy variadas y complejas. Doy solo el marco elemental.

[35] V. A. Ebert, *Allgemeine Geschichte der Literatur des Mittelalters im Abendlande*, 1874, Bd. I, pp. 133, 139.

de expresión, es inevitable para el hombre encontrar cada vez más alegorías en los autores antiguos que le interesan. Lo que no debe pensarse es que la mera práctica de la interpretación alegórica o el mero ímpetu de la retórica, por sí solos, pudieron instaurar un «período alegórico» en la literatura que vino después. Fueron influyentes; pero la pregunta es por qué. Creo que la respuesta radica en aquella necesidad por la alegoría, que es producto de causas mucho más profundas. Como hemos visto, la manifestación de esta necesidad es doble. Por una parte, los dioses se sumergen en las personificaciones; por otra, una revolución moral muy difundida obliga a los hombres a personificar sus pasiones.

En los escritores que conducen a Prudencio podemos apreciar este segundo proceso constantemente en curso: la aparición de los hechos mentales en la alegoría. Algunas páginas atrás cité algunos pasajes de Séneca para mostrar el tipo de experiencia moral que lo separaba de Aristóteles. Pero es imposible escoger pasajes que al mismo tiempo no ilustren con cuánta naturalidad dicha experiencia se expresó en metáforas; y en aquel tipo de metáforas que, extraídas del campo de batalla y de la arena, constituyen la base de la alegoría posterior. La lista podría engrosarse todavía más: los placeres deben ser vencidos (*debellandae*).[36] Debemos ser más cautelosos que soldados en guerra, pues si permitimos que el enemigo (Placer) se libere una sola vez, arrastrará consigo una hueste de otros enemigos.[37] O también: se nos somete a un litigio que deberá proseguir *sine modo* y *sine fine*, ya que nuestro adversario es también inmoderado e infinito.[38] Nuestros apetitos reposan al acecho para estrangularnos como los ladrones de Egipto.[39] La vida es un viaje en el que debemos estar siempre precavidos. En algún lugar perderemos a un compañero de ruta, en otro temeremos.[40] Se nos evoca *El progreso del peregrino* y no hay nada caprichoso en la asociación: basada en una causa común, es una percepción de similitud real. Las

---

[36] Séneca, *Epist.*, li, 6.

[37] Ibid., 7ss.: «Minus nobis quam illis Punica signa sequentibus licet», &c.

[38] Ibid., 13: «Satis diu cum Bais litigavimus, numquam satis cum vitiis», &c.

[39] Ibid.

[40] Ibid., cvii, 2: «Longam viam ingressus es, et labaris oportet et arietes et cadas et lasseris et exclames 'o mors!' id est mentiaris. Alio loco comitem relinques, alio efferes, alio timebis; per eiusmodi offensas emetiendum est confragosum hoc iter». Cp. lxxvii, 3: «Hoc etiam si senex non essem, fuerat sentiendum, nunc vero multo magis, quia quantulumcumque haberem tamen plus iam mihi superesset viatici quam viae».

evidencias de la misma tendencia a la personificación, en una forma aún más avanzada, se nos enfrentan desde un lugar inesperado. Si debe creerse a Apuleyo, la dramaturgia del siglo II ya toleraba personajes como *Terror* y *Metus*.[41] El ingenio de un erudito francés ha recogido para nosotros los pasajes más significativos de Tertuliano.[42] Uno de ellos, bastante notable, representa a Paciencia sentada pacífica y en calma, con su inmaculado semblante libre de pena o rabia, y sin embargo «sacude su cabeza ante el demonio y suelta una amenazante carcajada».[43] Es un comportamiento muy raro para Paciencia; pero la inhabilidad del autor para representar esta virtud moderada, excepto a través de un conflicto, prueba con qué profundidad la idea del *bellum intestinum* ha tomado su mente. El mismo sentimiento inspira el pasaje más famoso hacia el final de *De Spectaculis*: «Si usted necesita gladiadores», dice Tertuliano, «entonces observe a Desvergüenza arrojada fuera por Castidad, a Perfidia asesinada por Lealtad y a Crueldad aplastada por Piedad».[44]

Pero tal vez no exista ningún escritor que nos conduzca con mayor intimidad al corazón de aquella época que Agustín. Algunas veces lo hace por accidente, como cuando comenta el hecho —para él aparentemente notable— de que Ambrosio, cuando leía sus escritos, lo hacía en silencio. Sus ojos se movían, mas no se oía nada.[45] En un pasaje como este uno tiene el solemne privilegio de estar frente al nacimiento de un nuevo mundo. Atrás queda aquel período casi inimaginable, tan implacablemente objetivo, en el que ni siquiera la «lectura» —según la entendemos hoy— existe. El libro era todavía un λόγος, un discurso. Pensar era todavía un διαλέγεσθαι, un hablar. Enfrente se levanta nuestro mundo: el mundo de la página escrita o impresa y del lector solitario acostumbrado a pasar horas en la silenciosa compañía de las imágenes mentales evocadas por los caracteres gráficos. Se trata de una luz nueva, mejor que la que teníamos,

---

[41] Apuleyo, *Metam.*, x, 30ss. La escena de esta obra es Mt. Ida y el *dramatis personae* incluye a Paris, Mercurio, Juno (seguida de Cástor y Pólux), Minerva (seguida por Terror y Metus), Venus (seguida por Cupidos, Horas y Gracias). No es seguro, obviamente, que Apuleyo describa el tipo de actuación que se ejecuta en sus días. Me fue llamada la atención sobre este pasaje por primera vez en A. Puech, *Prudence*, París, 1888.

[42] Puech, *op. cit.*, pp. 244ss.

[43] Tertuliano, *De Patientia*, cap. xv, 4.

[44] Ibid., *De Spectaculis*, cap. xxix.

[45] Agustín, *Confess.*, VI, iii (en la edición de Knöll, p. 116 de *Corp. Script. Eclessiast.*, vol. xxxiii).

respecto a aquel giro hacia adentro que intenté describir. Me atrevería a sugerir que este es el momento preciso de una transición mucho más importante que las que comúnmente se registran en nuestras obras de «historia». Sin embargo, rara vez Agustín es tan inconsciente como en esta declaración. Con frecuencia nos transmite un vívido sentido de la encantada y al mismo tiempo horrorizada maravilla con la que, conscientemente, explora el nuevo mundo interior:

> His ibi me rebus quaedam divina voluptas
> Percipit atque horror.

«Yo mismo no acabo de entender todo lo que soy».[46] Está perdido y confundido. Cada nueva senda en este país excita su curiosidad y su temor. ¿Por qué robó el peral? ¿Por qué la tragedia produce placer? Estos problemas le atormentan como a un perro le atormenta un hueso. Deambula acá y acullá en su mente hablando la lengua de los viajeros:

> «Quiero, pues, sobrepasar también esta fuerza de mi naturaleza, para elevarme progresivamente hasta Aquel que me hizo. Y he aquí que llego a los dominios, a los vastos palacios de la memoria...».[47]*

> «¡Qué fuerza es la memoria! Es algo, no sé qué, digno de inspirar un terror sagrado, Dios mío, por su profundidad y su infinita multiplicidad. Y esto es mi espíritu; ¡y esto es yo mismo! ¿Qué soy yo, por consiguiente, Dios mío? ¿Cuál es mi esencia? Una vida variada, multiforme, de una inmensidad prodigiosa. Ved cómo en mi memoria hay campos, antros, cavernas innumerables, pobladas hasta el infinito con innumerables cosas de todas clases... A través de todo este dominio, corro de aquí y de allá, vuelo de un lado al otro, me hundo tanto como puedo, pero en ninguna parte encuentro límites».[48]*

Este pasaje, que en sí no es alegórico, retrata en forma vivaz las experiencias de la época en que nació la alegoría; experiencias que son extrañamente análogas a aquellas del principiante en psicología moderna. Y aunque Agustín no escriba una alegoría propiamente tal, fuerza su

---

[46] Ibid., x, viii.

[47] Ibid.

* (N. del T. De la edición de Agustín Esclasaus, Editorial Juventud, Barcelona, 1969).

[48] Ibid., x, xvii

* (N. del T. De la edición de Agustín Esclasaus, Editorial Juventud, Barcelona, 1969).

imaginación un poco más allá y en la misma dirección. También deberá hablar de soldados y de un camino;[49] y en la gran escena de su conversión, las tentaciones —que nadie osaría llamar abstracciones— están de pie y a la vista:

> «Lo que me retenía eran aquellas miserias de miserias, aquellas vanidades de vanidades, mis antiguas amigas, que me tiraban suavemente del vestido de carne, y me murmuraban en voz muy queda: "¿Vas a rechazarnos? ¡Cómo! ¿A partir de este momento ya no formaremos jamás parte de ti? ¿Y, a partir de este momento, esto y eso, y de lo de más allá, ya no te será permitido, jamás, jamás?"... Pero yo solo oía su voz a medias, pues ellas no me abordaban en pleno rostro, como por una leal contradicción; cuchicheaban a mis espaldas, y cuando quería alejarme, tiraban de mí furtivamente, para hacerme volver la cabeza. Conseguían retrasarme, pues yo vacilaba en rechazarlas, a librarme de ellas para irme adonde me llamaban; y la todopoderosa costumbre me decía: ¿Te imaginas que podrás vivir sin ellas?».[50]*

IV

El historiador no tiene la libertad para disponer de su fábula según le plazca. Si de hecho las montañas se afanaran y les naciera un ratón, su relato se vería obligado a satisfacer el anticlímax. Nos enfrentaremos a un anticlímax como este al considerar el más emplumado poema alegórico: la *Psychomachia* de Prudencio. No merece las grandes manifestaciones que se la han hecho y que explican su existencia. Sin embargo, si esas manifestaciones no revelan más claramente que el poema la naturaleza de la experiencia implícita, su consiguiente popularidad e influencia podrían ser misteriosas. En sus luces, ambas son inteligibles. Cuando la demanda es poderosa, una pobre provisión termina por envolverse con vehemencia. De ahí que el intenso deseo del siglo XVIII por cierto tipo de literatura le permitiera aceptar el *Ossian* de Mac Pherson. De ahí que sea legítimo suponer que ciertas obras contemporáneas deben su reputación al deseo público por un nuevo movimiento. No dudamos en creer que efectivamente hemos visto lo que durante mucho tiempo esperamos ver. Si existe alguna generalización segura en la historia literaria es esta: que el deseo por cierto

---

[49] Ibid., VII, xxi.

[50] Ibid., VIII, xi.

* (N. del T. De la edición de Agustín Esclasaus, Editorial Juventud, Barcelona, 1969).

producto no necesariamente genera el poder de producirlo, aunque tiende a generar la ilusión de que se ha producido.[51] Desde este punto de vista, es claro que puede exagerarse la importancia de la *Psychomachia*. Si Prudencio no la hubiese escrito, otro lo habría hecho. Se trata de un síntoma más que de una fuente.

Pero no por ello debe malentenderse su génesis. Se ha supuesto que Prudencio escribió como un propagandista, inspirado en motivos totalmente irrelevantes a la poesía. Que su ánimo era dotar a los cristianos educados de algo menos peligroso, en cuanto a contenido, que Virgilio; manteniendo todo el encanto de la forma y la maquinaria épica. Y que por esta misma razón escogió la batalla de las virtudes y los vicios.[52] Es muy probable que, como motivo subsidiario, tuviese en mente una intención como esta. Prudencio es, en verdad, muy virgiliano; y ciertamente se hace de la receta de Tertuliano al «sublimar» el gusto por los gladiadores:

> Fue el azar quien condujo esa piedra a destino:
> Cercenar el aliento; labios, paladar y garganta languideciendo,
> Colmados de sangre; dientes retorcidos, como tristes despojos.[53]

Esto es tan «horrible» como la batalla ovidiana de los centauros y Lapithae. Pero suponer que Prudencio —o cualquiera de sus contemporáneos— necesitó unos motivos tan extraños para introducirse en el tema de la *psicomaquia* es no entender la historia de aquella época. Tampoco pienso que Prudencio tuviera en mente, como único modelo, la fugaz insinuación en *De Spectaculis*. Cuando describe el ataque de *Libido* a *Pudicitia*:

---

[51] Son, por cierto, los χαρίεντες más que los πολλοί quienes son capaces de producir este tipo de error. En algunos cultos veredictos contemporáneos sobre *Gorboduc* y *Gondibert* (agregaríamos, sobre James Joyce o Gertrude Stein) naturalmente está presente.

[52] Véase Puech, *op. cit.*, p. 240.

[53] Prudencio, *Psychomachia*, 421:
Casus agit saxum medii spiramen ut oris
Frangeret et recavo misceret labra palato;
Dentibus introrsum resolutis lingua resectam
Dilaniata gulam frustis cum sanguinis implet.

Guiado por una luminosa antorcha de pino, el enemigo ataca:
Arremete lleno de furia; quemante azufre arroja
A las miradas indefensas, humo y fuego estridente,[54]

no me parece caprichoso suponer que recordase el ataque sufrido por *Pietas* en la *Tebaida*, donde la Furia

en lo alto aparta la vista evitando la mirada;
Aquel rostro sibilante, ante la aparición de la antorcha,
Hiere con todas sus serpientes.[55]

Como he dicho, es cierto que la *Psychomachia* no es un buen poema; no habría podido ser peor como resultado de un propósito puramente no poético. Pero hay muchos caminos por los que la poesía puede equivocarse, siendo la impureza de intención solo uno de ellos. La *Psychomachia* falla, en parte, porque Prudencio es un poeta lírico y reflexivo —hay cierta magnificencia fina y nebulosa en *Hamartigenia*— para quien la forma épica es difícil; pero en parte por una razón muy profunda. Aunque es cierto que el *bellum intestinum* es la raíz de la alegoría, no es menos cierto que solo la más cruda alegoría podría representarlo como una batalla campal. Las abstracciones deben su vida al conflicto interior; pero una vez alcanzado, el poeta debe procurar un compás y, si pretende triunfar, disponer la ficción de la manera más artificiosa posible. Séneca, que imaginaba la vida como un viaje, estuvo más cerca de lograrlo que Prudencio: trazó el tema de *El progreso del peregrino* y este es un libro mucho mejor que *La Guerra Santa*. No es difícil darse cuenta por qué. El viaje tiene sus altos y sus bajos: agradables lugares de descanso que se disfrutan por una sola noche y luego se abandonan; encuentros inesperados; rumores sobre peligros que acechan más allá; y, sobre todo, aquel sentido de prisión que al principio aparece distante y vago, pero que va aumentando a cada recodo del camino. Ahora

---

[54] Ibid., 43:
      Adgreditur piceamque ardenti sulphure pinum
      Ingerit in faciem pudibundaque lumina flammis
      Adpetit et taetro temptat subfundere fumo.

[55] Estacio, *Tebaida*, xi, 492-5:
      Urget et ultro
      Vitantem aspectus etiam pudibundaque longe
      Ora reducentem premit astridentibus hydris
      Intentatque faces.

bien, esto representa más verdaderamente que cualquier combate en un *champ clos* el desarraigo perenne, la temeridad y el avance sinuoso de la vida interior. Se requiere del largo camino y de los montañosos prospectos de las fábulas para compartir lo ἄπειρον al interior. Sin embargo, hay otro defecto en la batalla campal que es más mecánico y que aparece en la descripción de Tertuliano sobre la paciencia. Luchar es una actividad impropia para la mayoría de las virtudes. Coraje puede luchar y tal vez conseguir un trueque con Lealtad; mas, ¿cómo hará Paciencia para enfurecerse en la batalla? ¿Cómo hará Clemencia para derrotar a sus enemigos, o Humildad para triunfar estando ellos en el suelo? Debido a este problema, la perplejidad de Prudencio está presente prácticamente en todo momento, y sus intentos por resolverlo fallan, pues traicionan su falta de humor. Cuando *Patientia* se ha provisto de una estupenda armadura (*provida nam virtus*)[56] y se yergue demudada en medio de un furioso choque permitiendo que los dardos de *Ira* le azoten el peto y su espada le parta el casco, convendremos en aprobar la moral envuelta mas no sonreiremos ante el cuadro. Por su parte, cuando *Ira* ha usado todas sus armas y se suicida víctima de un capricho, resulta irresistible recordar el *Tale of a Tub*. El encuentro entre *Superbia* y *Mens Humilis* es casi tan infeliz.[57] *Superbia*, sobre su caballo, «quem pelle leonis texerat et validos villis oneraverat armos», embiste a la virtud que vilipendió en vano durante casi cincuenta líneas, cayendo temerariamente en la trampa que *Fraus*, su aliada, cavara poco antes del choque de los ejércitos. Ha llegado el momento en que Humildad debe triunfar, mas permanecer humillada. El infeliz poeta, desgarrado entre la fórmula épica y el significado alegórico, solo puede explicar un modesto triunfo:

> Asciende el rostro
> Con discreto regocijo; la gentileza del semblante
> Atenúa la sonrisa.[58]

Os quoque parce erigit: nada puede sugerir con mayor vivacidad la boba sonrisa de una tenaz institutriz que logra, por fin, poner al hijo contra su padre. Hacia el final, *Spes* llega a asistir a *Mens Humilis* para rematar

---

[56] Prudencio, *Psychiomachia*, 125ss.
[57] Ibid., 178ss.
[58] Ibid., 276:
> Os quoque parce
> Erigit et comi moderatur gaudia vultu.

al enemigo caído y, según lo exige la usanza épica, alzar la *bèotword* sobre su cuerpo.

De los siete combates descritos, tal vez el mejor sea el de *Luxuria* y *Sobrietas*.[59] Se notará que los siete paladines de Prudencio no corresponden exactamente a la típica lista de los Siete Pecados Capitales de los escritores posteriores.[60] *Luxuria*, en el sentido medieval, no aparece —*Libido*, para Prudencio, es un vicio *antinatural*— y el pecado que aquí lleva su nombre es una mezcla entre *Gula* y *Superbia*. De hecho, es algo bastante parecido al «lujo» en el sentido actual —el pecado del usurero— y *Amor*, con *Jocus* y *Petulantia*, todavía es un irrelevante miembro de su séquito. Con todo, de entre los enemigos quien más se acerca al triunfo es Lujuria; dejando en el combate un desvaído color de interés dramático. El ataque del paladín borracho, que despierta a las virtudes con la fragancia que despide su carro, está descrito con mucho sentimiento.[61] También hay mérito —mérito que escapará a la atención del lector de hoy—, en la δολωνεία de *Avaritia* que, disfrazada de *Frugalidad*, roba entre las virtudes:

> para que las blancas y fingidas vestiduras
> Oculten las acometidas de la furia, el robo
> Y la rapiña, congregados junto al botín,
> Disimulados bajo el honroso título de «la solicitud por los hijos».[62]

Esta psicología puede parecer simple y poco profunda. Sin embargo, estas cosas deben leerse como si la novedad todavía estuviese en ellas; teniendo siempre presente lo raro que es encontrar en la literatura clásica un reconocimiento adecuado del hecho vital de la decepción personal. Una época como la nuestra, que se irrita consigo misma al percatarse del velado

---

[59] Ibid., 310ss.

[60] La lista tomó algún tiempo en asentarse en su forma medieval. Los siete enemigos de Prudencio eran: (1) *Veterum Cultura Deorum*, (2) *Sodomita Libido*, (3) *Ira*, (4) *Superbia*, (5) *Luxuria* (= Gula), (6) *Avaritia*, (7) *Discordia* (*cognomento heresis*). Cassianus (360-435, a. C)., en su *De Institutis Coenobiorum* (Libros V-XII) da una lista de ocho: (1) *Gastrimargia*, (2) *Fornicatio*, (3) *Philargyria*, (4) *Ira*, (5) *Tristitia*, (6) *Acedia*, (7) *Cenodoxia*, (8) *Superbia*. Se refiere, por cierto, a vicios monásticos.

[61] Ibid., 320ss.

[62] Ibid., 560:
> ut candida palla latentem
> Dissimulet rabiem diroque obtenta furori,
> Quod rapere et clepere est avideque abscondere parta,
> «Natorum curam» dulci sub nomine iactet.

egoísmo que yace en lo más hondo de las suaves máscaras de sus virtudes convencionales, no trepidará en elogiar el trabajo admirable y pionero que a este respecto realizaron los alegoristas.

Pero solo cuando Prudencio abandona el combate la alegoría empieza a convencer. Cerca del final de la *Psychomachia* hay dos pasajes que son más valiosos que todo el resto. El primero es cuando el ejército celestial regresa a sus líneas tras derrotar a Avaricia. Hay un afloje de cinturones, un repentino acallar de trompetas, las espadas vuelven a sus vainas; y mientras el polvo de la batalla se posa sobre el llano, el cielo azul se hace visible otra vez:

> La sagrada Concordia pronuncia la voz y ordena
> A las victoriosas águilas recogerse en sus tiendas.[63]

Los generales levantan el *tribunal* al centro del campo, preparándose para arengar a las tropas. La palabra pasa a través de las filas:

> Las huestes se congregan presurosas, fila por fila,
> Abriendo las tiendas,
> Saltando todos a la vista
> Sin que ninguno quede atrás, en lo oscuro, durmiendo.[64]

Esto pertenece a un mundo muy distinto del de los harapos y andrajos de la tradición heroica. Se presenta con la vitalidad de lo que se ha visto. Podemos oír las voces gritando: «¡Muestra una pierna, muestra una pierna!». Aquí, como en todas las otras metáforas militares de los moralistas cristianos o paganos, recordamos la última impresión que la disciplina y las circunstancias de las legiones dejaron sobre las naciones del Imperio. Y, si somos sagaces, podremos ponderar sin mayores problemas las graves consecuencias que tuvo para la imaginación. No hay que olvidar nunca que la palabra latina medieval[65] para caballero es *miles*; que la concepción de la

---

[63] Ibid., 644:
Dat signum felix Concordia reddere castris
Victrices aquilas atque in tentoria cogi.

[64] Ibid., 740ss:
Concurrent alacres castris ex omnibus omnes...
tentoria apertis
Cuncta patent velis, reserantur carbasa, ne quis
Marceat obscuro stertens habitator operto.

[65] Cp. *Piers Plowman*, A, i, 103ss.; v. también D'Ancona, *I Precursori di Dante*, Florencia, 1874, p. 105.

caballería sin tierra y de la caballería angélica (*militia*) a veces se conectan; y que ambas presuponen la disciplina de un ejército romano. La existencia del mundo ideal de la caballería es dudosa sin la existencia previa de las legiones, ya que gracias a ellas el *comitatus* germano y el Dios hebreo «de las huestes» se aproximaron a resultados nuevos.

El segundo pasaje es solo una sentencia singular, pero proviene del corazón; y revela como un haz de luz la verdadera génesis del poema:

> Estalla la guerra infernal, sombría
> Hasta lo más profundo; la discordia de las armas
> Resuena en la doble naturaleza humana.[66]

Lo que motivó a Prudencio a escribir la *Psychomachia* —y a sus contemporáneos a leerla— no fue el deseo prosaico por la épica inocente, sino su diaria y permanente experiencia de la *non simplex natura*.

Lo que sigue de la historia del *genre* que inventara Prudencio no es parte pequeña en la historia de la literatura medieval. Mas, por el momento, es hora de volver al otro aspecto del tema: el siempre pronunciado ocaso de los dioses. La constante caída de la mitología hacia la alegoría puede ejemplificarse en tres escritores. El primero de ellos, Claudiano, fue contemporáneo de Prudencio. En verdad, a Claudiano puede citársele con la misma propiedad para ilustrar el tema del *bellum intestinum*, y el tumulto de personificaciones que hay en su obra es una respuesta a toda teoría que atribuya la *Psychomachia* a propósitos cristianos individuales y específicos en Prudencio. Como para el poeta religioso, para Claudiano el conflicto alegórico es el método natural de tratar con la psicología. Así, cuando describe las excelencias morales de Estilicón solo puede hacerlo contándonos que, en él, las virtudes han derrotado a los vicios:

> Los inoportunos espíritus se lanzan a la fuga,
> Que el Averno, desde el umbral,
> Los acecha con sus monstruos pestilentes.[67]

---

[66] Prudencio, *Pychomachia*, 902:
Fervent bella horrida, fervent
Ossibus inclusa fremit et discordibus armis
Non simplex natura hominis.
Cp. *Hamartigenia*, 393ss.
[67] Claudiano, *De Cons. Stilichonis*, ii, 109:
procul importuna fugantur
Numina monstriferis quae Tartarus edidit antris.

Por cierto, estamos muy lejos de la clásica serenidad de Aristóteles. Ahora, un hombre bueno, incluso en un panegírico, puede serlo simplemente como resultado de una psicomaquia exitosa. La visita de Astraea a Manlio Teodoro y la fuga de Megaera y *Justicia* pertenecen al mismo tipo.[68] Pero sería absurdo enfatizar este aspecto de Claudiano. No le suponemos ninguna gran profundidad de experiencia moral. En esto es meramente sintomático y sigue, como lo haría cualquier poeta cortés, las modas del momento. Sin embargo, la misma liviandad y la misma superficialidad le permiten, en otros aspectos, ser un heraldo y un pionero. Hay dos pasajes en su poesía que rebosan la promesa de la Edad Media. El primero aparece en *El consulado de Estilicón*.[69] Durante un buen tiempo se nos ha sumido en las virtudes y los vicios del héroe, y en la retórica de las naciones personificadas. De pronto, al final del libro, la escena cambia. Aparece la caverna de todos los años, *anorum squalida mater*, casi imposible de abordar por dios u hombre. En el suelo, la serpiente de la eternidad yace durmiendo con la cola en la boca. A la entrada se sienta Naturaleza, *vultu longaeva decoro*, mientras las almas de los nonatos revolotean a su alrededor. Junto a ella, un viejo transcribe sus decretos a un libro. Al umbral de esta cueva llega Sol; y mientras alumbra, Naturaleza se apresta a saludarlo. No hay diálogo entre ellos; y juntos los vemos volverse hacia unas diamantinas puertas que se abren de par en par. Pasan entonces hacia lo más recóndito de la cueva, donde las edades de oro, plata y bronce están apiladas. La de oro es escogida para agraciar al Consulado de Estilicón y Sol regresa con ella a su jardín. Allí, rocíos de fuego bañan los pastizales y los caballos, desensillados, mascan el césped húmedo de flamas líquidas. En este caso, la alegoría es vulgar y no resiste el espacio que se le ha asignado. La intención del poeta es decorar. Pero por lo mismo, porque solo está decorando, puede descansar del grave propósito de su poema y darse el lujo de las descripciones. La somnolienta caverna y las figuras silenciosas apostadas en su umbral existen, un instante, por derecho propio: la alegoría es solo el pretexto. El segundo pasaje aparece en el *Epitalamio para Honorio*.[70] En poemas de este tipo es natural invocar a Venus e Himeneo, pero Claudiano no se contenta con ello. Dando la espalda al tema nominal de su obra nos aleja hacia una montaña en Chipre que nunca blanquean las escarchas ni embisten los

---

[68] Claudiano, *In Rufinum*, i, 354ss.
[69] Claudiano, *De Cons. Stilichonis*, ii, 424ss.
[70] Claudiano, *Epithal. de Nuptiis Honorii Augusti*, 49ss.

vientos. En la cima hay una pradera protegida por un zarzal dorado donde todo germina sin necesidad de siembra, *zephyro contenta colono*. Solo los más dulces pájaros cantores viven en sus matorrales:

> Dichosos los árboles que aman y son amados.
> Sus copas intercambian juramentos en las alturas.
> El álamo suspira de amor por el álamo.
> El plátano susurra amorosas palabras al plátano
> Cuando entre las matas de alisos va.[71]

Existen dos fuentes, una dulce y otra amarga, donde viven *Amores, Metus* y *Voluptas. Juventas* también está presente y ha arrojado a *Senium* fuera.[72] El estudioso de la alegoría medieval encontrará aquí el primer esbozo de aquello que le es tan familiar. Puede establecerse un paralelo entre estas dos fuentes y la de Andrés el Capellán, que es dulce y graciosa en su origen, mas gélida y funesta cuando se escurre por la región de *Humilitas*. El jardín enzarzado o parque anticipa ya el escenario de *El libro de la rosa*. Y como en aquel, Juventud está dentro y Vejez fuera. Pero no solo por esto he citado el pasaje: deseo mostrar lo más pronto posible que la caída de los dioses —de deidades a hipóstasis y de hipóstasis a decoración— no fue, ni para ellos ni para nosotros, la historia de una pérdida cabal, ya que la decoración también permite el romance. Según los límites de lo posible, el poeta es libre para inventar regiones extrañas y hermosas. No me refiero, necesariamente, a que Claudiano haya sido un romántico. La cuestión no es tanto lo que estas cosas significaron para él mientras escribía, sino lo que significaron para las generaciones posteriores, y cómo les pavimentaron el camino. Bajo el pretexto de la alegoría se ha deslizado algo más; algo tan importante que el jardín en *El libro de la rosa* será solo una de sus encarnaciones temporales. Algo que, bajo distintos nombres, se mantendrá al acecho de buena parte de la poesía romántica. No me refiero al «otro mundo» de la religión, sino al de la imaginación; la tierra del anhelo, el Paraíso Terrenal, el jardín al este del sol y al oeste de la luna. Así como los dioses —y sus hogares— se desvanecen en simples decoraciones en la obra de los

---

[71] Ibid., 65:
> Omnisque vicissim
> Felix arbor amat; nutant ad mutua palmae
> Foedera, populeo suspirat populus ictu
> Et platani platanis alnoque adsibilat alnus.

[72] Ibid., 77ss.

poetas mitológicos de la época, podemos captar el fugaz resplandor de la nueva vida y las nuevas moradas que la poesía encontrará para ellos.

Confío en que el punto —que nunca se dilucidará al nivel de una «prueba segura»— llegue a ser un poco más claro antes de terminar el capítulo. Consideremos ahora al sucesor de Claudiano en el siglo V, Sidonio Apolinario. Aquí, nuevamente encontramos el lujo en la descripción mitológica como un fin en sí mismo; y, nuevamente, el pretexto —sin el cual difícilmente podría admitirse la mitología— es alegórico. En muchos sentidos, Sidonio es más medieval que Claudiano. Las gracias de su estilo, o lo que él concibe como tales, están muy lejos del modelo clásico. A veces no son más que juegos de palabras (*glaucus, glauce, venis-Phoebus ephebus*),[73] a veces repeticiones de mal gusto que se anticipan a los peores pasajes de Alain de Lille.[74] La cueva que asigna a Venus (en un *Epitalamio* por supuesto) resulta intolerablemente brillante de joyas, anticipándose a moradas similares en Gavin Douglas y otros.[75] Incluso tenemos el típico tema medieval del joven orgulloso (Boyardo-Troilo) domado por Venus. «Gaudemus, nate», dice la diosa, «rebellem quod vincis».[76] Están las «casas» alegóricas. Pallas, en el *Epitalamio para Polemio y Araneola*, posee dos: una como patrona de la sabiduría y otra como patrona de la costura. La primera está descrita en una forma que bien podría haber usado Lydgate:

> Aquí se erigen los siete sabios,
> En el manantial eterno de filósofos que no puedo contar...
> Cerrados los portales, afuera han quedado los cínicos;
> Oh Epicuro, cuán lejos de ti se aparta Virtud.[77]

---

[73] Sidonius Apollinaris (ed. Luetjohann, *Mon. Germaniae Hist.*, tomo viii, p. 204), *Carm.*, vii, 27, 32.

[74] Ibid., *Carm.*, xi, 65ss. (p. 229): «Impenderet illi Lemnias imperium, Cressa stamen labyrinthi, Alceste vitam, Circe herbas, poma Calypso, Scylla comas, Atlanta pedes», &c. Cp. Alain de Lille, *Anticlaudiano*, Dist. ii, cap.vi, 34: «Ut Xeuxis pingit chorus hic, ut Milo figurat. Ut Fabius loquitur, Ut Tullius ipse perorat, Ut Samius sentit, sapit ut Plato», &c. Hay exactamente 20 líneas acerca de esto.

[75] Ibid., xi, 14ss (pp. 227, 228).

[76] Ibid., 72 (p. 229); cp. más arriba, 61ss. (Amor está hablando): «Nova gaudia porto Felicis praedae, genetrix; calet ille superbus Ruricius».

[77] Ibid., xv:
Illicet hic summi resident septem Sapientes
Innumerabilium primordia philosophorum... (42)
Exclusi prope iam Cynici sed limine restant
Ast Epicureos eliminat undique Virtus. (124)

Pero, una vez más, la poesía de Sidonio no descansa en la *significatio* de estas ficciones. Lo que quiere es describir lugares extraños y luminosos, y no realidades morales. Su mejor obra —minuciosa, exótica, miniaturista— se pierde con los adornos de la alegoría; en el efecto de luz y agua del *Epithalamium Ruricio et Iberiae* y en el Tritón, algunas líneas después.[78]

El epitalamio tardío, en verdad, jugó un papel importante para la poesía cristiana en el rescate de la ciencia amorosa y la mitología del paganismo. Esto, aunque de manera incipiente, está ilustrado en la obra de Enodio, que vivió entre los siglos V y VI. Enodio fue obispo, autor de una autobiografía devocional y de algunos himnos; pero cuando escribió un epitalamio siguió el ejemplo de Claudiano y Sidonio, prefiriéndolos al casto modelo de Paulino de Nola. Como sea, fue más allá que sus maestros alegorizando con una audacia y un gusto que, de alguna manera, resultaron sorprendentes. Comienza llamando la atención con la genuina nota de la mañana de mayo de los poetas posteriores:

> Cuando la brisa corre suavemente y Natura
> En su glorieta se apresta a trabajar, el mundo se entibia;
> Y cuando el sol va pintando la tierra con todas las flores
> Su sonrisa trasluce amor, belleza y esplendor.[79]

De aquí pasamos al retrato de Venus retozando entre las flores, *orbe captivo*, y se nos describe, «Proditum risit sine nube corpus», su desnuda belleza.[80] Cupido se le acerca con una queja. «Hemos perdido nuestro viejo imperio. La fría virginidad posee al mundo. ¡Álzate! ¡Sacude tu sueño!». La madre replica: «Seremos fuertes gracias al descanso. Dejemos que las naciones aprendan que una diosa crece en poder cuando nadie piensa en ella». Aunque su consiguiente expedición contra el joven orgulloso —esto es, el novio— y su captura, siguen líneas convencionales, ningún comentario puede agregar nada al sobrecogedor significado de este pequeño poema. Si los dioses hubiesen muerto en la alegoría, el obispo no habría osado emplearlos.

---

[78] Ibid., xi, 10, 34 (pp. 227, 228).

[79] Ennodius, *Carm.*, lib. 1, iv, 1-4 (ed. Hartel en *Corp. Script. Ecclesiast.*, vol. vi, pp. 512ss.):

> Annus sole novo teneras dum format aristas
> Natura in thalamis orbe tepente sedet.
> Pingitur et vario mundus discrimine florum;
> Una soli facies; gratia, cultus, amor.

[80] Ibid., lib, 1, iv, 29-52.

Y a la inversa: si no hubiese podido echar mano de dioses alegóricos como portavoces, difícilmente habría puesto el «caso» de Venus contra el ascetismo, y de manera tan firme. No quiero decir que su intención fuese disponer así las cosas, pues probablemente quiso decorar una copia ocasional de versos de acuerdo a los mejores modelos. Sin embargo, al hacerlo tropezó con la libertad; libertad para vagar por el país de la fantasía y también para anticipar la reacción del siglo XI contra el ascetismo. En una de las líneas que he traducido,

> Discant populi tunc crescere divam
> Cum neglecta iacet,[81]

pareciera que un espíritu profético y malévolo le arrancase la pluma de las manos y escribiese para nosotros la historia de la alegoría y del amor cortés.

A la misma clase de alegoría mitológica asignaría la obra de otro escritor, si tuviese la certeza de que alguna clasificación le calza. Pues este universo, que ha producido la orquídea y la jirafa, no ha producido nada tan extraño como Marciano Capella. Sugerentemente, sabemos muy poco de él. Vivió en la «bendita ciudad de Elisa» (se refiere a Cartago) y escribió de viejo.[82] No está claro si fue cristiano o pagano; de hecho, la distinción es difícil, pues hombres como él no tienen creencias. He oído definir al erudito como aquel que es propenso a recolectar información inútil. Pues bien: en este sentido, Marciano es un perfecto erudito. Las filosofías de otros, las religiones de otros —llegando incluso hasta el ocaso de la Roma prerrepublicana—, todo cabe en el anticuario de su mente. El punto no está en creer en ellas o no; el viejo escrupuloso y malvado conoce un truco a su medida. En medio de la oscuridad del anticuario las apila en derredor hasta que apenas le queda espacio para sentarse; y allí, glosa y cataloga sin quitar el polvo pues hasta el polvo le resulta precioso. Formalmente considerado, su libro *De Nuptiis Philologiae et Mercurii* (*Bodas de Mercurio y la Filología*) es un tratado sobre las siete artes liberales[83] en el contexto

---

[81] Ibid., 84.

[82] Martianus Capella, *De Nuptiis Philologiae et Mercurii*, ix, 336G (ed. Eyssenhardt, Teubner, pp. 374, 375).

[83] La distribución es la siguiente: Libros I al II, preparativos para la contienda y la apoteosis de Filología; Libros III al VIII, Gramática, Dialéctica, Geometría, Aritmética, Astronomía; Libro IX, Música y regreso al relato que concluye con las nupcias.

de un matrimonio alegórico entre Elocuencia (Mercurio) y Saber (*Philologia*). El autor se engañó a sí mismo si pensó que con una trama como esta le doraba la píldora a sus alumnos. Muy por el contrario: la fábula le fue un necesario desagüe, un receptáculo donde ubicar cada astilla del armatoste de la erudición y cada penoso recoveco del eufemismo legado por las siete artes. En verdad, lo habilitó para conducirnos adonde deseara. Y lo hizo por un caos tal que, comparadas con la suya, la obra de Rabelais es unitaria y la de Mandeville creíble. Vemos a Mercurio y a Virtud visitando la cueva cirreana. En un melodioso bosquecillo encuentran a las Fortunas. Allí, las distintas funciones musicales de las ramas —altas y bajas— son descritas exhaustivamente. El pasaje parece volver la mirada hacia el *Amnis ibat* de Tiberiano y proyectarse hacia la Glorieta de la Bienaventuranza.[84] Cerca están los ríos *caelitus defluentes*, cada uno de diferente color, y por los que, a menudo, son conducidas las Fortunas en una compleja significación alegórica. De aquí, habiendo encontrado primero a Apolo con sus velas de hierro, plata, plomo y cristal, ascienden al cielo (como Escipión, Dante y Chaucer), acelerándose el vuelo gracias al regocijo universal de la naturaleza: *conspiceres totius mundi gaudia convenire*[85] (este pasaje habría ayudado a Alain de Lille en una de sus mejores escenas). Ya en el cielo, divisan el globo en el que los dioses tienen retratado al universo *tam in specie quam in genere*, recordándosenos el espejo de Venus en el *Palacio del honor*.[86] Desde estas regiones descendemos otra vez a la tierra para visitar a Filología. Las dudas y temores de la novia respecto al compromiso propuesto le permiten al autor desplegar todo su curioso conocimiento de las más variadas y oscuras especies de augurios, hasta que Filología es interrumpida por la llegada de las Musas, las Virtudes y Atanasia. Esta última

---

[84] Ibid., i, 6G (p. 6). La comparación con la *stanza* de Tasso (G.L. xvi, 12) o de Spenser (F.Q. 11, xii, 71) es un ejemplo muy ilustrativo del elemento común que puede existir en un pasaje sencillamente vanidoso y genuinamente poético. Marciano dice: «Nemorum etiam sussurrantibus flabris canora modulatio melico quodam crepitabat appulsu. Nam eminentiora prolixarum arborum culmina perindeque distenta acuto sonitu resultabant. Quicquid vero terrae confine ac propinquum ramis adclinibus fuerat gravitas rauca quatiebat. At media ratis per annexa succentibus duplis ac sesquialteris nec non etiam sesquitertiis, sesquioctavis etiam sine discretione iuncturis, licet intervenirent limmata, concinebant. Ita fiebat ut nemus illud harmoniam, totam superumque carmen modulationum congruentia personaret».

[85] Ibid., i, 11G (p. 12); cp. Alain de Lille, *De Planctu Naturae*, Prosa II (pp. 445ss. en *Anglo-Latin Satirical Poets*, de Wright, 1872, vol. ii).

[86] Ibid., i, 18G (p. 20); cp. Gavin Douglas, *Palice of Honour*, iii, estrofas 24ss.

la compele a vomitar libros (como Error en *La reina de las hadas*) antes de permitirle probar la copa de la inmortalidad.[87] Culminados los preparativos, un segundo ascenso a los cielos brinda la oportunidad para catalogar, asignándola a sus lugares correspondientes, toda la fauna del universo de Marciano: *Di, Caelites, Medioxumi* o *Daimones* (*Graeci dicunt* ἀπὸ τοῦ δαήμονας εἶναι), *Semidei, Longaevi* (como los sátiros) y demás. Un poco más tarde nos encontramos observando la barca solar, con su respectivo gato, cocodrilo, león y la tripulación de siete marineros. Al término del viaje, la novia salta desde su litera flotante y observa «las inmensas llanuras de luz y la primavera de la paz etérea». Mas sabiendo que el Dios verdadero está más allá del conocimiento de los dioses —palabras que podrían ser objeto de una interpretación neoplatónica o cristiana—, ruega en silencio al morador de aquel mundo inteligible mientras propicia —en forma bastante misteriosa— una *fontana virgo*.[88]

Como es bien sabido, *De Nuptiis* fue un libro de texto en la Edad Media. Su carácter enciclopédico lo hizo invaluable para quienes aspiraban a una universalidad en el saber sin ser capaces —o, tal vez, deseando no ser capaces— de volver a las altas autoridades. Se admiraron los fantásticos ornamentos «babu» del estilo. La mezcla de fábula con doctrina gramática o científica fue una *damnosa hereditas* transmitida a las centurias siguientes. A Marciano se debe, así lo creo, la primera responsabilidad por la Torre de la Doctrina de Hawes y la Casa del Alma de Spenser. Aunque estableció un desastroso precedente para el trabajo informe e interminable en literatura, no me convence que la Edad Media estuviese completamente insatisfecha con la elección de su maestro. Marciano pudo haber sido un mal hado, pero creo que la sangre de las hadas corría por sus venas. Su construcción resultó un palacio sin diseño: pasajes tortuosos, habitaciones desfiguradas por doraduras sin sentido, mal ventiladas y horriblemente atiborradas de chucherías. Pero chucherías muy curiosas, muy extrañas. Y, ¿quién podría determinar en qué momento lo extraño comienza a transformarse en bello? Debo confesar, también, que me siento bastante cerca del temperamento del autor como para disfrutar del lánguido aliento de polvo secular que posa sobre ellas. A cada momento se nos recuerda algo del pasado o algo de lo que está por venir. Lo que tenemos a mano puede parecer insulso, mas nunca perdemos la fe en la riqueza de la colección como un todo. Cualquier cosa

---

[87] Ibid., ii, 34G (p. 39); cp. Spenser, F.Q.1, i, 20.
[88] Ibid., ii, 45G (p. 50).

puede suceder a continuación. Estamos «gustosos, cual viajeros, de ver más» y la desilusión nunca es total. En medio de aquellos bosques y remansos figurativos, de aquellos polos giratorios y rituales pedantes, de aquellas solemnes procesiones y concilios de dioses —que no parecen más que marionetas tiesas por el oro y esculpidas cual curiosidades chinas—, en medio de todo esto, digo, algunos de ellos, como sea, nos hacen olvidar el verdadero propósito doctrinal con el aire del País de las Maravillas. Creo que si Lamb hubiese sabido suficiente latín como para leerlo, este libro sería hoy mucho más estimado.

Pero para la historia de la imaginación la consecuencia perdurable de estos escritores es mucho más certera que cualquier consideración sobre sus méritos individuales. Como insinué más arriba, es posible apreciar en ellos el comienzo de la libre creación de lo maravilloso, que en una primera etapa se disfrazó de alegoría. Para el hombre de letras moderno resulta difícil valorar esta silenciosa revolución tal y como lo merece. Damos por sentado que un poeta tiene bajo su control, junto al mundo en que vive y su religión, al mundo del mito y la fantasía. Lo probable, lo maravilloso como un hecho, lo maravilloso entendido como ficción, es el triple equipamiento del poeta postrenacentista. Esos fueron los tres mundos a los que nacieron Spenser, Shakespeare y Milton: Londres y Warwyck, la Tierra de las Hadas y la Isla de Próspero, Cielo e Infierno; cada uno con sus leyes propias y su propia poesía. Pero esta triple herencia es una conquista tardía. Remóntense los comienzos de cualquier literatura y no se la encontrará. En un principio, las únicas maravillas son las que se toman como hechos: el poeta no posee más que dos de los tres mundos. Solo en la plenitud de los tiempos se deslizará dentro el tercero, y casi accidentalmente. Los viejos dioses, una vez que dejan de ser considerados como tales, se transformaron fácilmente en demonios. Sabemos, para nuestra incalculable desgracia, que esto fue lo que ocurrió en la historia de la poesía anglosajona. Solo su uso alegórico —consecuencia de lentos desarrollos al interior del paganismo— los mantuvo a salvo en una tumba temporal hasta el día en que pudieron despertar otra vez a la belleza del mito y proveer así, a la Europa moderna, ese «tercer mundo» del imaginario romántico. Pero cuando afloraron ya habían cambiado, por lo que le dieron a la poesía aquello que la poesía apenas había tenido. No dudemos de este cambio: los dioses —y, por cierto, incluyo bajo el título a aquel completo «hemisferio de ficción mágica» que fluye indirectamente desde ellos— no fueron para el paganismo lo que son para nosotros. En la poesía clásica oímos cómo muchos de ellos son objeto de adoración, miedo u odio; e incluso caracteres cómicos. Pero la pura contemplación estética de su eternidad, de su lejanía y de su paz, en sí, es curiosamente rara. Creo que no hay más que un pasaje en todo Homero y que solo tiene ecos en Lucrecio.[89] Pero Lucrecio era ateo; y precisamente por eso fue capaz de ver la belleza de los dioses. Él mismo, en otro lugar, puso el dedo en la llaga: es la *religio* quien los oculta.[90] Ninguna religión, por más que se crea en ella, posee la belleza de los dioses de Tiziano, Botticelli o nuestros poetas románticos. Hoy no se puede hacer poesía *de ese tipo* fuera del cielo y del infierno cristianos. Los dioses deben estar, como estuvieron, desinfectados de la creencia: antes que otra divinidad ilumine la imaginación, habrá de lavarse la última mancha de sacrificio e interés práctico urgente, de ruego egoísta. Para que la poesía despliegue completamente sus alas deberá existir, junto a la religión en que se cree, una maravilla que se sabe a sí misma un mito. Y para que esto ocurra, la vieja maravilla —que alguna vez fue tomada como un hecho— deberá almacenarse en algún lugar; no del todo muerta, sino hibernando, aguardando el momento. Si así no se hiciese, si se le permitiese perecer, la imaginación se vería empobrecida. Un dormitorio como este fue el que la alegoría proveyó a los dioses. En principio, puede parecer que los mató. Sin embargo, solo como habría matado un sembrador: los dioses, como otras criaturas, deben morir para vivir.

V

En las secciones precedentes traté de explicar y caracterizar el legado alegórico que el mundo antiguo, en su lecho de muerte, proporcionó a la Época Oscura. Mi propósito no es seguir en detalle la historia de aquel legado desde Marciano Capella hasta *El libro de la rosa*. Aunque haya sido necesario algún conocimiento de la semilla para apreciar la flor, no

---

[89] *Odisea*, vi, 41ss. Lucrecio, *De Rerum Nat.*, iii, 18. Sin duda, un buen erudito clásico podría inferir otros; pero la rareza de este aspecto en toda la literatura antigua difícilmente podría disputarse. Por supuesto que el número podría incrementarse interminablemente gracias a hábiles traducciones en estilo romántico.

[90] Lucrecio, vi, 68ss. Lucrecio describe con extraña precisión la más alta función de lo sobrenatural en la poesía romántica:

«Nec de corpore quae sancto simulacra feruntur
In mentis hominum divinae nuntia formae,
Suscipere haec animi tranquilla pace valebis».

es imprescindible seguir cada recoveco del tallo. Como sea, el lector inexperto deberá cuidarse de la falsa interpretación a la que nuestra discusión
naturalmente invita. No debe suponer que, al pasar a través de los siglos
que corren entre el VI y el XII, dejamos de lado a una serie de largos
poemas alegóricos donde es posible trazar la continuidad desde la *Psychomachia* o el *De Nuptiis* hasta la alegoría romántica de la Edad Media. La
alegoría tardía, con su trama libre y a veces ingeniosa, con su exuberante
poesía, es, sin lugar a dudas, una creación nueva. A la Antigüedad o la
Época Oscura no debe tanto su procedencia como la preservación de la
atmósfera donde resultó un método natural. La Época Oscura produjo
muy pocos poemas alegóricos originales a gran escala, pero mantuvo viva
la moda que más tarde los engendró: admiró y leyó a los viejos alegoristas,
y utilizó constantemente la alegoría en partes —si no en la estructura—
de sus obras. Así las cosas, sería extraño clasificar a Boecio de alegorista.
Por otro lado, el uso que hizo de la personificación, en la figura de *Phi-
losophia*, la elevó a una dignidad nueva que merece ubicarse junto a la
literatura sapiencial de los judíos. Él mismo no alegorizó demasiado, pero
algo dejó. Y algo potente, listo para los escritores que vinieron después.
Fulgencio, contemporáneo suyo, tampoco escribió ni un solo poema alegórico; pero realizó algo tal vez más importante. En su famosa —o co-
mentada— *Continentia Vergiliana* vemos por primera vez el método de
una explicación alegórica, según la moda del momento, aplicado por un
gramático cristiano a un poema pagano. La historia de la *Eneida* se interpreta como una alegoría de la vida del hombre. A veces, Fulgencio no hace
más que endurecer y volver explícito lo que está vagamente presente en la
mentalidad de cualquier lector de Virgilio y en cualquier época. Cuando
el encuentro de Eneas y Dido en las sombras no sirve más que para tipi-
ficar al alma conversa y corregida que recuerda las pasiones de la desa-
parecida juventud, pocos disputaremos con el comentarista; aunque nos
agrada bastante menos que al libro primero se le trate como a un retrato de
infancia y que se iguale la canción de Iopas a una canción de cuna.[91] Pero
la importancia de Fulgencio es evidente. Una vez que los antiguos han sido
leídos de esta forma, imitarlos significa escribir alegoría. Aunque él mismo no alegorizó, creó modelos para los alegoristas posteriores. Por una
suerte de magia retrospectiva, Fulgencio logró pautas que permanecieron

---

[91] V. Comparetti, *Vergil in the Middle Ages*, trad. Benecke (London, 1895),
pt. i, ch. viii, pp. 107ss.

durante muchos siglos. Es cierto que la Época Oscura ofrece a veces ejemplos de emplumada alegoría. Fortunato Venancio, en el siglo VI, continúa en su *Epitalamio para Brunilda* la alegoría mítico-erótica de Claudiano, Sidonio y Enodio. Allí están la mañana de mayo, las flechas de Cupido y el alarde ante su madre: «Mihi vincitur alter Achilles».[92] Una pura alegoría religiosa de un tipo más desarrollado que la *Psychomachia* se encontrará en el hermoso pero desesperadamente difícil poema llamado *El pozo de la vida*, escrito por Audrado en el siglo IX.[93] El uso alegórico de la fábula de la bestia fue practicado, quizás por primera vez, por un poeta desconocido del siglo X. Pero, para el medievalista, lo más gravitante en todo esto es el comienzo del simbolismo floral y del *débat* alegórico, que fueron claves para la poesía posterior. Se les encontrará unidos en la simpatiquísima *Contienda del lirio y la rosa*, de Sedulio Scoto (siglo IX). Su disputa concluye con la llegada de Primavera: «Tunc Ver florigera iuvenis pausabat in herba». Los clamores de ambos contrincantes terminan de la siguiente manera:

> O rosa pulchra tace, tua gloria claret in herba
> Regia sed nitidis dominentur lilia sceptris-
> Tu Rosa martyribus rutilam das stemmate palmam,
> Lilia virgineas turbas decorate stolatas.[94]

Es un ejemplo que apela a esa frágil aunque torpe gracia que, a pesar de nuestras preconcepciones heroicas, permanece como una de las características más predominantes de la Época Oscura y la Edad Media.

Sin embargo, y aunque sea natural prestarle atención a estas cosas, no conciernen directamente a nuestro tema. No constituyen obras de transición a medio camino entre la alegoría antigua y la medieval. En esto, como he dicho, la Época Oscura soporta el epítome de expectante. Lo importante no son tanto sus alegorías como el reiterado aunque incidental uso que se hace de ellas en tratados y sermones; y la repetitiva aparición de virtudes y vicios en el arte, que inclinó la mente de Europa hacia esta moda, preparando el camino a

---

[92] Venantius Fortunatus (ed. Leo, Mon. Germ. Hist., tomo iv), lib.vi, c. 1, (pp. 125ss.).
[93] Audradus Modicus, Carm, I (ed. Traude, *Mon. Germ. Hist., Poet.Lat. Med. Aev.*, tomo iii, p. 73).
[94] Sedulius Scotus, *Mon. Ger. Hist.* (*Poet. Lat. Med. Aev.*, tomo iii, p. 231). Un ejemplo temprano del *débat* puede encontrarse en Alcuin (?), *Conflictus Veris et Hiemis* (Ibid., ed. Duemmler, tomo i, p. 270).

Alain de Lille y Guillaume de Lorris. Con la caída de la civilización se perdieron las sutilezas de san Agustín: el vívido interés por el mundo interior,
estimulado por los horrores y las esperanzas de la escatología cristiana, hizo
de las suyas y condujo a los hombres, como siempre, a la personificación.
Los siete (u ocho) pecados capitales —imaginados como personas— llegaron a ser tan familiares que en definitiva el creyente perdió la capacidad de
distinguir entre alegoría y pneumatología. Las Virtudes y los Vicios llegaron
a ser tan reales como los ángeles y los espíritus malignos. Esto, al menos,
es lo que infiero de la visión de un monje inglés del siglo VII u VIII; y los
sueños, en estas materias, no son la peor evidencia. Este monje —uno de
los cientos de sucesores de Er y precursores de Dante—, cuando abandonó
el cuerpo pudo ver todo lo que le rodeaba, y cómo ángeles y demonios
se disputaban su alma. Pero también pudo ver sus pecados mezclados con
aquellas formas, reconocibles por voces que gritaban: «Ego sum cupiditas
tua, Ego sum vana gloria» y otras cosas por el estilo. A su vez, y aunque
en pequeño —*parvae virtutes*—, sus Ayunos y Obediencia llegan a ofre-
cerle ayuda. Desde aquí se dirigirá al llameante río de puente estrecho para
contemplar a las almas buenas apretujándose en el intento de atravesar el
desiderio alterius ripaei.[95] Los actores y la escena están en un mismo plano
de realidad; y el relato, como muchos otros de su especie, recuerda perfectamente un sueño. Tal fue, alguna vez, la concreción de las figuras que nuestra
crítica considera «abstracciones».

El ocaso de la Antigüedad Clásica y la Época Oscura, entonces, ha
preparado de diversas maneras la llegada de la gran edad de la alegoría.
La Antigüedad creó primero la necesidad y luego, en parte, la proveyó.
La Época Oscura, aunque no añadió nada notable a esta provisión, mantuvo viva, incluso de manera crónica, aquella necesidad. Pero los poetas
del amor cortés no fueron los pioneros de la alegoría medieval. Llegó a
sus manos ya revivificada por autores de una estampa diferente, aunque
con algo en común. A estos autores —los grandes poetas filosóficos del
siglo XII— debemos dirigirnos antes de concluir el capítulo. Son lo suficientemente notables en sí mismos; y puedo prometerle al lector que
constituyen la última digresión que todavía nos separa de nuestro tema
principal.

---

[95] *Mon. Germ. Hist.* (*Epist. Merowingici et Karolini Aevi,* tomo i,
pp. 252ss.).

VI

Estos escritores pueden denominarse los poetas de la Escuela de Chartres. El líder, Bernardo Silvestre, fue uno de sus eruditos[96] y probablemente canciller. Todos están conectados por claras líneas de descendencia intelectual. Una breve caracterización de la escuela bastará al lector —y aún más al escritor— no instruido en la filosofía medieval. Al tratar con la Edad Media, nuestra imaginación suele embaucarnos: pensamos en armaduras de plata y aristotelismo. Sin embargo, cuando aparecen estas atracciones, el fin de la Edad Media ya está a la vista. Y así como la coraza de hierro brinda al guerrero, además de seguridad, algo de la inercia del crustáceo, es posible, sin faltar el respeto a aquella gran panoplia filosófica en la que anduvieron Dante y Aquino, insinuar que aquellos que la calzaron perdieron, necesariamente, algo de la gracia y la libertad de sus antepasados. La recuperación de los textos de Aristóteles data de la segunda mitad del siglo XII. El dominio de su doctrina no tardó en llegar. Aristóteles es, ante todo, el filósofo de las divisiones. Como ha señalado Gilson, el efecto que produjo sobre su mayor discípulo fue cavar nuevos abismos entre Dios y el mundo, entre el conocimiento humano y la realidad, entre fe y razón. En este sentido, el cielo pareció quedar más lejos. El peligro del panteísmo decreció, pero el peligro de un deísmo mecanicista quedó un paso más cerca. Es como si la primera y lánguida sombra de Descartes, o incluso de «nuestros actuales descontentos», hubiese aparecido en escena. Ciertamente, lo fresco y aventurero del movimiento inicial desapareció. De él, la Escuela de Chartres —en la primera mitad del siglo XII— tal vez pueda considerarse su punto culminante. Fue platónica tal y como se entendió al platonismo por aquellos días; cuando la traducción del *Timeo* por Calcidio y el Pseudo-Dionisio eran los textos más importantes. Fue humanitaria, y en ambos sentidos de la palabra. Fue una escuela del naturalismo y esto, nuevamente, en el doble sentido de estudiar y reverenciar la naturaleza. Así, mientras Thierry de Chartres —como sus descendientes platónicos del Renacimiento— reconciliará al *Génesis* con el *Timeo*, en los poetas de la escuela, Naturaleza no aparece corregida por la Gracia, sino como la diosa y la *vicaria* de Dios que corrige lo antinatural. Se sigue —sin necesidad de decirlo— que, desde el punto de vista teológico, en una escuela como esta

---

[96] Ver Raby, *Secular Latin Poetry*, Oxford, 1934, vol. ii, p. 8; también Helen Waddell, *The Wandering Scholars*, London, 1927, p. 115, n. 1.

la inmanencia posee más entidad que la trascendencia; y he leído que en dos de sus filósofos —Thierry y William de Conches— el Espíritu Santo se identifica con el *Anima Mundi* de los platonistas.

Me aventuré a usar el término «grande» para los poetas que derivaron de esta escuela. Ciertamente lo son según la «estimación histórica»; mas en su influencia, de modo indiscutible. Pero si me empeño en alcanzar cualquier estándar absoluto de crítica tengo claro que el epíteto es insostenible. Ya que, en verdad, su posición literaria es bastante peculiar. Si fuese legítimo hablar del genio trabado por falta o mala dirección del talento, sería para el caso de Bernardo y sus sucesores. Pero aunque una descripción como esta sea casi un sinsentido, a veces un disparo errado puede indicar aproximadamente dónde está el blanco. Porque estos poetas, en su intención, en la originalidad de su punto de vista, sobre todo en su fresca y gozosa apreciación de la belleza natural, poseen méritos que casi los hacen merecedores del nombre de genios. Pero, ¡ay!, en ciertos períodos escoger el medio es casi sellar la suerte de la obra. Si hubiesen escrito en lengua vernácula —obligados a inventar un estilo propio— habrían sido dignos predecesores de Dante. Si hubiesen escrito en verso latino rimado o en la prosa simple de la crónica, habrían tenido vigor y dulzura. Pero al escribir, como lo hicieron, en verso cuantitativo y en prosa conscientemente artística siguieron los modelos aprobados para aquellas formas. El gran modelo fue Marciano Capella. Lo he llamado un mal hado; pero en cuanto al estilo, lo característico en él no es su fantasía sino su maldad. De aquí que sobre las cualidades verdaderamente finas de estos poetas se halle el repugnante sendero del retórico: el irritante desbarajuste de cada sentencia con respecto a su orden natural, la fantástica elección del vocabulario, la *anadiplosis*, la *sententia* y la *amplificatio*. Resultan terriblemente obedientes al precepto del retórico: *varius sis et tamen idem.*[97] Quien los lea deberá tener una paciencia infinita y cavar muy hondo si pretende encontrar los méritos que yacen sepultados bajo los «términos curiosos», los «frescos colores», la «azucarada retórica» y todas las demás necedades de mal gusto que corrompieron el latín «escrito» de entonces como más tarde corrompieron lo vernáculo. Con todo, el punto es digno de atención. ¿Acaso el primer movimiento que podemos dar fuera de la prisión del *Zeitgeist* es ser indulgentes con la moda de otros períodos, y despiadados con la del propio?

---

[97] Geoffroi de Vinsauf, *Poetria Nova*, iii, A 225 (Faral, *Les Arts Poétiques du XIIe et du XIIIe Siècles*).

La obra de Bernardo Silvestre se titula *De Mundi Universitate sive Megacosmus et Microcosmus*.[98] Fue escrita usando la métrica y la prosa alternada de Boecio, y su tema es la creación del mundo y el hombre. El lector clásico descubre fácilmente la influencia del *Timeo*; pero hay otras que deberá determinar un medievalista competente. Se trata del relato de la creación desde el punto de vista de la criatura. Aun cuando resulta un curioso pendiente en el manejo que hace Milton del mismo tema, la pasión que mueve la obra es el anhelo de la hembra por la materia que le permita alcanzar la forma, y no el impulso creativo de la Deidad. Es claro que al adoptar este punto de partida el autor corre ciertos riesgos. Necesariamente se acerca, y de manera peligrosa, a representar a los no-existentes como peticionarios de su propia existencia; aunque en su calidad de filósofo puede argumentar que está tratando con procesos que no se ubican en el tiempo y que, por lo mismo, una presentación así no es menos adecuada que cualquier otra. Desde un punto de vista puramente literario, podemos alegar en su defensa que nosotros, después de todo, pertenecemos a las criaturas y que la respuesta de la obra a su creador es precisamente aquel aspecto de la creación que resulta, por remota analogía, al interior de nuestra experiencia y que constituye un objeto apropiado para la imaginación. Tampoco sería ajena a la mente del autor una analogía de esta especie, ya que las mismas palabras con las que describe el anhelo de la materia por «renacer» al recepcionar la forma podrían haber sugerido, entonces como ahora, una experiencia individual y específicamente cristiana:

> ¡Contemplad! La materia, origen primigenio de las cosas,
> Gustosa se limitaría a la forma para nacer nuevamente.[99]

He citado estas palabras del discurso de Naturaleza con que se abre el libro. La diosa se dirige a Nous (νοῦς) alegando la causa de la materia. El resto del libro relata en detalle la respuesta a su ruego. Es inevitable que Nous responda favorablemente. Un aspecto de la naturaleza de Razón es poder dar forma, hasta hacerlas lo más semejantes a sí, a las más bajas y remotas emanaciones de su productividad. No obstante, Nous replica advirtiendo

---

[98] Ed. Barach y Wrobel, *Bibliotheca Philosophorum Mediae Aetatis*, i, Innsbruck, 1876.
[99] Bernardo Silvestre, *De Mundi Universitate*, I, i, 35:
Rursus et ecce cupit res antiquissima nasci
Ortu silva novo circumscribique figuris.
(Ed. Barach y Wrobel, Bibliotheca Philosophorum Mediae Aetatis).

que la prístina escualidez de la *silva* no puede reformarse a la perfección. La materia es el grado más bajo de la apariencia: el radio de la circunferencia muy lejos del divino centro. Si pudiese recibir la forma a la perfección no sería materia. En algún lugar del descenso de las emanaciones de la virtud divina debe existir un punto inferior; y esta necesidad metafísica se representa alegóricamente con referencias a la *malignitas* y al *malum* de la *silva*.[100] Pero el autor no es un maniqueo o un asceta; y forzar estas expresiones más allá de su sentido metafórico es leer mal el libro. Por lo mismo, las *aeternae notiones* no pueden imprimirse directamente sobre el mundo material; y el primer acto de Nous es modelar la materia con *species* que en sí mismas son copias de las Ideas eternas. De ahí que Bernardo, siguiendo a Platón, encuentre un lugar al modelo de universal platónico y aristotélico. El siguiente paso consiste en separar los elementos. Hecho esto, Nous procede a generar el alma. El Macrocosmos, aquí como en Platón, es un animal vivaz y razonable cuyo espíritu errante le conforta y protege contra las catástrofes elementales que, de otra manera, podrían rápidamente volverlo a deshacer. Habiendo conducido al mundo a su nacimiento, y luego de un largo y tortuoso capítulo en prosa, el autor se sacude de sus metafísicas regocijándose —durante casi quinientos versos elegíacos— con lo visible y lo tangible. Las Jerarquías Angélicas se inclinan por un momento. Las estrellas son descritas en un pasaje que fatiga a la mayoría de los lectores actuales; aunque nos fatigaría menos si nuestra educación no nos hubiese hecho tan ignorantes en astronomía. La descripción de los planetas es mejor y la de las montañas todavía más; pero es entre las bestias, los árboles, las especias y los bosques donde el autor está realmente a gusto. Entre estos últimos resulta agradable encontrar, además de Academe y la *Aonium nemus*, bosques emparentados con la fantasía del norte:

> Briscelim sinus Armoricus, Turonia vastem,
> Ardaniam silvam Gallicus orbis habet.[101]

El Paraíso Terrenal está agradablemente descrito:

> Cruzando los bosques por zigzagueantes meandros
> Fluye el cambiante sendero del río;
> Ora platicando con guijarros, ora encorvando

---

[100] Ed. Barach y Wrobel, Bibliotheca Philosophorum Mediae Aetatis, I, ii, 20ss.

[101] Ibid., I, iii, 351.

Las raíces de los árboles, se precipita susurrando.
Landa de arroyos y de flores poseída por el hombre de vida fugaz,
A quien difícilmente podría llamar su huésped.[102]

La «procesión» de las bestias es de un arcaísmo incurable y exquisito.
Resulta difícil entender cómo el poeta pretendió conmovernos con una copla como la que sigue:

Ancho es el corazón del caballo; el asno, en cambio,
Doblega su alma bajo el peso de las orejas.[103]

Aunque esta candidez —por cierto, solo compatible con una astucia
estilística extremadamente engreída— le permite brindar una nota de frescura y delicia que, en cierto sentido, se ajusta mejor al tema que la solemnidad clásica. No puedo sino pensar que la maravilla de la creación, el
momento en el que es posible imaginar a cada bestia apareciendo como
un nuevo *tour de force* de la Deidad, está muy bien expresada en la copla
del lince:

El lince se adelanta; desea cobijarse bajo la miríada de rayos
Que convergen dentro de la luz; son el milagro de la vista.[104]

Antes de concluir el primer libro, y habiendo refrescado a sus lectores,
Bernardo, con instinto seguro, los conduce nuevamente a la metafísica. El
tiempo se introduce a aquel mundo brillante y colorido que hemos venido hojeando. Pero el mundo es sempiterno en el tiempo pues sus causas
son eternas: desde ellas desciende con continuidad jerárquica. Y porque es
vivaz y razonable, sabe muy bien cómo protegerse del daño. De aquí, y

---

[102] Ibid., I, iii, 330:
Inter felices silvas sinuosus oberrat
    Inflexo totiens tramite rivus aquae.
Arboribusque strepens et conflictata lapillis
    Labitur in pronum murmure lympha fugax.
Hos, reor, incoluit riguos pictosque recessus
    Hospes sed brevior hospite primus homo.
[103] Ibid., I, iii, 213:
Cor fervens erexit equum, deiecit asellum
    Segnities, animos praegravat auris onus.
[104] Ibid., I, iii, 225:
Prodit ut ignoti faciat miracula visus
    Lynx liquidi fontem luminis instar habens.

gracias a una transición natural, el autor deriva a altas especulaciones sobre lo sempiterno y lo eterno, que son lo mismo y a la vez cosas distintas («Pues el tiempo en sus inicios salió de la eternidad y a la redondez de la eternidad volvió de nuevo fatigado después de un largo circuito»).[105] Así termina el libro primero. El libro segundo se abre con un discurso de Nous. El mundo está hecho y es muy bueno. Solo resta crear el pequeño mundo del Hombre, para lo cual deberán invocarse nuevos poderes. Aquí comienza, precisamente, la dificultad en la concepción bernardiana de la Naturaleza. Junto a Natura está Physis, quien, a diferencia de aquella, no tiene acceso a la corte de Nous: «La encontrarán», dice Nous, «*in inferioribus conversantem*».[106] Sus hijas son *Theorica* y *Practica*. El pasaje crucial, en el que se determinan las respectivas partes de Natura y Physis, es la escena en la que se crea al Hombre.[107] Para este propósito, Natura está equipada con la *Tabula Fati*, que contiene «eorum quae geruntur series decretis fatalibus circumscripta». Physis, a su vez, recibe el *Liber Recordationis*; tratado de materias especulativas que abarca buena parte de lo que entendemos hoy por «historia natural». Sirve para averiguar por qué los leones son fieros y por qué algunas plantas poseen la virtud en la raíz y otras en la semilla. Por su parte, la *Tabula Fati* dada a Natura despista al lector de hoy que no recuerda que el curso de la historia está escrito en las estrellas;[108] y que el genio de la naturaleza inorgánica, el espíritu que guía a las estrellas en sus cursos, puede ser también, para el escritor medieval, el espíritu del destino. De hecho, Natura es una personificación del orden general de las cosas en el más amplio sentido; y posee un campo de acción mucho más vasto que el que ordinariamente atribuimos a la «naturaleza». Entender a Physis es más complejo. Quizás la clave de su misterio pueda encontrarse en Thierry o algún otro. Sin embargo, un intento de esta envergadura, a cualquier nivel, escapa a mi empresa. Para una comprensión meramente *literaria* de Bernardo bastará con una vaga «sensación» del carácter de Physis. Ella es casi la «naturaleza orgánica», el objeto de la biología, el reservorio de las posibilidades vitales en el que se dibuja el orden general de Natura. Vive en la tierra; y cuando Natura visita su frondoso jardín lo que hace en verdad es descender a «las Madres». Sus hijas —Teoría y Práctica— pueden

---

[105] Ibid., I, iv, 97.
[106] Ibid., II, iii, 24.
[107] Ibid., II, xi.
[108] Ibid., I, iii, 33ss.

sugerir, momentáneamente, que Physis es también la «naturaleza humana» que se desarrolla tanto en la vida activa como en la contemplativa. Sin embargo, no creo que esta haya sido la intención y me parece que ambas representan más bien los lados teoréticos y terapéuticos de la profesión del Physicus. Vemos a Physis en su jardín meditando sobre los orígenes y poderes de las variadas «naturalezas» y, también, sobre los remedios para las enfermedades. Tal es, entonces, uno de los nuevos poderes invocados para la creación del hombre. Para fabricar el organismo que habitará la mente humana el espíritu ordenador de Natura deberá apelar a aquellas posibilidades todavía inagotables de la fuerza vital simbolizadas por Physis, la habitante de la tierra. Pero esto no es todo. El Hombre deberá poseer algo más que la interpósita huella de la idea divina que descansa sobre toda la creación. En él, habitar es algo de divinidad instantánea. Por lo mismo, Urania —el espíritu del cielo—, será convocada junto a Physis; y Natura viajará a su morada. Urania, demasiado brillante para los ojos de aquella, se levanta a recibirla y profetiza los altos destinos del Hombre; a cuya alma, antes del nacimiento, se le darán a conocer todas las influencias de aquel cielo al que algún día volverá:

> Conmigo ha de ir el alma del hombre,
> Atravesando los vastos espacios siderales,
> Pues yo le daré a conocer los ineludibles designios de Destino,
> La inalterable rueda de Fortuna...
> Con la muerte del cuerpo, su esencia divina
> Retornará nuevamente a sus ancestros celestes.[109]

Ambas diosas descienden juntas a la tierra en procura de Physis. El viaje que realizan a través de los distintos niveles planetarios está bien descrito; y una vez que traspasan la frontera lunar de éter y aire —donde se extiende el reino de Summanus— nos encontramos en el mundo de la sabiduría popular. Entre la Tierra y la Luna habita el pueblo «etéreo», y sobre la superficie de la Tierra los seres de larga vida, que son hados disfrazados, a pesar de sus clásicos nombres.

---

[109] Ibid., II, iv, 31:
Mens humana mihi tractus ducenda per omnes
Aethereos ut sit prudentior
Parcarum leges et ineluctabile fatum
Fortunaeque vices variabilis...
Corpore iam posito cognata redibit ad astra
Additus in numero superum deus.

«... allí donde más encanto tiene la tierra, ya por los prados y las alturas cubiertas de flores, en cualquier lugar en que la adornen los arroyos o la vistan los verdes bosques, allí, Silvos, Panes y Nereidas, puros de habla, traspasan el largo devenir de la vida. Sus cuerpos son de la misma pureza elemental: Pero ellos, llegada la hora del desvanecimiento, también mueren; aunque más lento.[110]

Las viajeras se acercan al jardín de Granusión donde el aire está temperado por la «puericia del sol». Al llegar Natura, el césped crece y los bosquecillos despiden nuevos olores. Physis, que está allí con sus hijas en profunda contemplación de las potencias secretas de la vida, despierta por el rostro de Urania, que no ve directamente sino a través del reflejo en un pozo. Las tres diosas están listas para construir al hombre. Sin embargo, y aunque haya delegado sus funciones, la Mente Suprema no está ausente y trabaja con sus agentes de nivel inferior: «Tales privilegios tiene la omnipresencia». De esta manera, Nous se hace visible repentinamente ante ellos en el jardín mientras proclama la naturaleza del Hombre en unas líneas que dan cuenta de la alta expresión del humanismo de Chartres; líneas que, de haberse escrito en verso blanco inglés, habrían sido aclamados universalmente como típicas del Renacimiento.

> Del cielo y de la tierra ha de ser, sus dos patrias;
> Con bondad ha de gobernar el mundo;
> En la oración ha de alcanzar el cielo.
> El doble manantial de su ser
> Ha de transfigurar su naturaleza...
> Desgarrando espesas tinieblas
> A la luz devolverá las causas últimas,
> Aunque el hado desde inmemorial tiempo lo prohibiera...
> A él, sobre la vasta extensión de la tierra,
> Concederé supremo poder y sacerdocio.[111]

Obedientes a la palabra de Nous, los tres poderes ponen manos a la obra. Con los restos de los elementos que quedaron tras el adorno del

---

[110] Ibid., II, vii, 111.

[111] Ibid., II, ix:
Divus erit, terrenus erit, curabit utrumque
   Consiliis mundum, religione deos;
Naturis poterit sic respondere duabus
   Et sic principiis congruus esse suis. (II, x, 19)
Viderit in lucem mersas caligine causas
   Ut Natura nihil occuluisse queat. (35)
Omnia subiiciat, terras regat, imperet orbi,
   Primatem rebus pontificemque dedi. (49)

macrocosmos se crean las cuatro complexiones; se hace al Hombre Total como una trinidad compuesta de cabeza, pecho y espalda, para que sea una imagen del poderoso mundo que Dios gobierna en el Cielo y en el que la Tierra yace debajo dividida por las regiones aéreas y etéreas. Y para que nada falte a la correspondencia perfecta —no solo entre los dos espacios, sino entre las partes gobernantes de cada uno—, la cabeza posee a su vez una triple división. Finalmente se fabrican los cinco sentidos y el Hombre queda listo. La Vista viene primero en orden y dignidad:

> Así como el sol, ojo del mundo,
> Por sobre las débiles estrellas,
> Reclama los cielos por suyos,
> El universo del hombre fulgura en la vista,
> Que a todos los otros sentidos aventaja.[112]

Tacto es el último en llegar; como entre los órganos, los de la reproducción son los últimos. Con todo, una de las características del autor es que no manifiesta ningún rasgo de desdén ascético por la sexualidad, como tampoco una glorificación «romántica» por ella. Cada hecho se ordena según el principio jerárquico: hay un lugar para cada cosa y cada cosa está en su lugar correcto. Todo es menos noble que aquello que se ubica encima, y más que lo que está debajo. Solo la escala completa de la existencia es absolutamente justa y buena. La cordura con la que Bernardo puede hablar de aquellos órganos es consecuencia de lo mismo; y no existe mejor camino para probar su calidad universal y «clásica» como pensador que comparar, con las bobas sonrisas de Ovidio o algunos delirios modernos sobre el particular, las siguientes líneas de la conclusión de su alegoría:

> Grato y justo su uso ha de ser,
> Cuando tiempo, modo y medida de acuerdo estén;
> Que la vida no perezca corrompida en su raíz
> Y Caos siembre su señorío sobre los despojos;
> ¡Vencedores que doblegáis a Muerte,

---

[112] Ibid., II, xiv, 41:
Sol oculus mundi quantum communibus astris
    Praeminet et caelum vendicat usque suum,
Non aliter sensus alios obscurat honore
    Visus et in solo lumine totus homo est.

Que al vacío de Naturaleza colmáis:
Perpetuadores de la estirpe del hombre![113]

Respecto al mérito literario de Bernardo, el lector podrá juzgar mejor si compara mis consideraciones con las de la señorita Waddell —que no toca nada sin adornarlo—, igualmente favorables pero dirigidas de distinto modo. A estas alturas resulta bastante obvio que un escritor que describe el *Timeo* como «el más seco de los diálogos platónicos»[114] no parte de una posición o de un temperamento cercano al mío; y es difícil que un libro capaz de agradar a dos críticos tan dispares —pues si nos equivocamos lo hacemos precisamente en direcciones opuestas— no posea algún mérito. Para la mayoría, la importancia histórica y su relevancia en nuestro tema ha quedado clara; sin embargo, será mejor dejar en suspenso el intento de definir ambas cuestiones hasta no echar un vistazo a sus sucesores. Baste con decir por ahora que Bernardo, a pesar de las faltas estilísticas que comparte con sus contemporáneos —aunque en menor grado—, posee, en algunas de sus descripciones, una frescura real y mordaz. Puede ser elevado cuando el tema sobresale, mas nunca por muchas líneas sucesivas sin que antes algún ruinoso engreimiento o «niñería» lo eche todo a perder. Puede responder a las más sublimes sugestiones —ciertamente no pudo haberlas creado— del más sublime y sugerente de los trabajos de Platón. Y, por sobre todo, su mente es íntegra y balanceada. La teología ascética no le hará olvidar que el mundo material es una imagen de las ideas eternas; pero tampoco su deleite en el mundo le hará olvidar que es solo una imagen. Ni la testarudez del monacato exacerbado ni la testarudez análoga de Chrétien pueden tocarle. El mundo de Andreas Capellanus estaba partido en dos: por un lado, *omnis curialitas*; del otro, la ira de Dios. No así el de Bernardo. Al fin encontramos a todo un hombre. Al fin existe aquí sentido y pensamiento, y posibilidad de desarrollo.

---

[113]   Ibid., II, xiv, 155:
   Iocundusque tamen et eorum commodus usus
      Si quando, qualis, quantus oportet, erit.
   Saecula ne pereant decisaque cesset origo
      Et repetat primum massa soluta chaos;
   Cum morte invicti pugnant genialibus armis,
      Naturam reparant perpetuantque genus.
[114]   Hellen Waddell, *op. cit.* (Londres, 1927), p. 118.

El *Anticlaudianus* (*Anticlaudiano*)[115] de Alain de Lille es una obra en todo sentido inferior al *De Mundi Universitate* y puede describírsele como casi tan inútil; excepto desde el punto de vista histórico, donde sí es importante. Fue escrita como una especie de apéndice al *In Rufinum* de Claudiano. En aquel glorioso pasquín, Claudiano trató de dar un giro original a la injuria contra un enemigo poniendo en escena la mitología alegórica agradable a su época. Al inicio del libro primero, Alecto lamenta el regreso de la Época de Oro y la consiguiente disminución, bajo Teodosio, de su viejo imperio. Se convoca un concilio infernal en el que Megaera propone confiar a su pequeño hijo Rufino el liderazgo de la causa del mal. Alain invierte la idea y describe la creación, por Natura, de un hombre perfecto y como su campeón contra Alecto. De ahí el título *anti-Claudiano*. En la medida en que el hombre perfecto, al final del poema, prueba su brío en el combate contra los vicios, el poema puede ser descrito como una *Psychomachia* precedida de una larga introducción; y Alain, como Prudencio, probablemente creyó que componía una épica. La obra está escrita en hexámetros y se expresa siempre en la misma retórica monótona. Para Alain constituye un principio que todo lo que merece ser dicho una vez merece ser dicho muchas veces. Así, «ella piensa acerca del camino al cielo», viene a ser:

> Medita, busca, indaga y escoge qué vía o sendero
> Ha de guiar sus pasos hacia las altas esferas del cielo,
> Allí donde se alza el trono del Todopoderoso.[116]

«Ella les ordena construir un carro», resulta:

> Ordena, exige e insta a la corte del saber,
> Con corazón, voluntad y fe,
> Para que su celo, esfuerzo e ilusión
> Puedan conducir el carruaje a su ser.[117]

---

[115] Utilicé el texto impreso por Wright en su *Satirical Poets of the Twelfth Century* anglo-latina. El poema está también en Migne, *Patrologia*.

[116] *Anticlaudianus*, Dist. II, cap. vi, 6 (Wright, p. 303):
> Cogitat, exquirit, studet, invenit, eligit ergo
> Quae via, quis callis, quae semita, rectius ipsam
> Deferet ad superos arcanaque regna Tonantis.

[117] Ibid., Dist. II, cap. vii, 3:
> Ordinat, injungit, jubet, imperat, orat ut instans
> Quaelibet illarum comitum, comitante Sophia
> Corpore, mente, fide, studeat, desudet, anhelet,
> Instet et efficiat ut currus currat ad esse. (Wright, p. 304)

Sin embargo, ninguna cita puede hacer justicia al efecto total del libro. Aquellos que lo han leído hasta el final —pocos— y solo aquellos, podrán entender cuán rápidamente un desdén entretenido se transforma en un desdén fastidioso; y cómo incluso el desdén, en definitiva, deviene en algo no muy distinto a un fértil odio personal del autor. Tampoco se redimen los vicios del estilo —como sí lo hacen las perdonables contrapartes en Bernardo— por ninguna profundidad o frescura en la materia. Una o dos veces, cuando describe la naturaleza exterior, el autor da señales de un sentimiento real; una o dos veces, en episodios de carácter moral, guarda una cierta dignidad. Pero el resto del libro es de aquel género melancólico que solo merece nuestra atención como influencia y ejemplo de una tendencia.

Cuenta la historia que, cierta vez, Natura resolvió reunir en una sola y sublime obra todas las bondades que yacían dispersas entre las criaturas. Pero su viejo yunque estaba gastado y el asunto era superior a sus poderes. Así, resolvió llamar a sus hermanas a un concilio secreto. Hacia allá se dirigieron Concordia y Juventud, Risa —que aclara las nubes de la mente— y Razón, que es la medida del bien: Honestidad, Prudencia, Buena Fe y aquella Virtud *par excellence* llamada simplemente *Virtus*:

> Sus riquezas y dones entrega al mundo;
> No permite que sus tesoros queden ignorados.[118]

Detrás llegó Nobleza. Natura abrió a todas su corazón: En sus obras no veía nada completamente bendito, pues la vieja mácula era imborrable. Sin embargo, aún cabía la posibilidad de crear algo capaz de redimir el todo y constituirse en el espejo de sí mismas. Las Virtudes, por su parte, sabiendo que los mortales despreciaban sus decretos y que Tisífone triunfaba en la tierra, replicaron diciendo que, si bien un proyecto así reflejaba la divina sabiduría de quien lo expusiera, no existía entre ellas el poder para ejecutarlo. Acuerdan entonces que Prudencia y Razón se dirijan al cielo a pedirle a Dios un alma para el hombre perfecto. En un principio, Prudencia se muestra recatada («Fluctuat haec, se nolle negat nec velle fatetur»);[119] pero es vencida por Concordia. Construyen un carro al que se enganchan cinco caballos llamados Vista, Oído, Olfato, Gusto y Tacto, y sobre el que

---

[118] Ibid., Dist. I, cap. ii, 11:
Quae spargit opes, quae munera fundit,
Quam penes ignorat ignavam gaza quietem. (Wright, p. 274)
[119] Ibid., Dist. II, cap. iv, 6 (Wright, p. 297).

ambas virtudes ascienden al cielo; atravesando, mientras viajan, los *aerios cives quibus aer carcer*.[120] En la cima del mundo encuentran a Teología, quien desengancha a Oído y, montando a Prudencia en él —Razón no podía ir más allá—, la conduce al trono del Todopoderoso. Elevando una plegaria le representa el trato dañino que ella y sus hermanas sufrían en la tierra, reforzando todo con el convincente argumento:

Incendio en casa de tu vecino hace peligrar la tuya.[121]

Dios pidió entonces a Nous que trajese un molde del tesoro para grabar allí su semejanza sobre la nueva alma que entrega a Prudencia. Esta vuelve a reunirse con su hermana Razón, que la espera en las fronteras del cielo, y ambas regresan a la casa de Natura. Un cuerpo perfecto es adornado y unido al alma *gumphis subtilibus*,[122] y las Virtudes, por turnos, dotan al hombre con sus dones más selectos. Solo Nobleza no puede hacer nada hasta no visitar a su madre Fortuna, asegurándose de su buena voluntad. En el intertanto, Fama ha llevado hasta el Infierno las nuevas de esta creación. Alecto convoca a los pares infernales, cuyas deliberaciones son tan efectivas que el nuevo hombre apenas vive cuando un ejército de vicios avanza ya para atacarlo. Todo concluye con la psicomaquia y la victoria del hombre perfecto haciendo su ingreso en la Edad de Oro.

La importancia de esta obra, cuyos méritos literarios ya negué, es doble. En primer lugar confirió un nuevo prestigio al método alegórico; del cual fue, para aquella época, un ejemplo mucho más atractivo que los anteriores. Fue la última palabra en cuanto a estilo poético según se le entendía entonces: mucho más extensa y enciclopédica que la *Psychomachia*, bastante más fácil y popular que Bernardo. En segundo lugar, es significativa en razón de su contenido moral: como documento del «humanismo» de Chartres, como celebración del *tertium quid* entre las concepciones corteses y religiosas de la vida buena, es tal vez más importante que el *De Mundi Universitate*. Pues si se examina en detalle al hombre perfecto presentado por Alain, hay mucho que no concuerda —según cualquier estándar estricto— con el

---

[120]   Ibid., Dist. IV, cap. v, 4 (Wright, p. 338); cp. Chaucer, *Hous of Fame*, ii, 930, 986.

[121]   Ibid., Dist. VI, cap. vi, 19: «Nam tua res agitur paries dum proximus ardet» (Wright, p. 375). Al poeta jamás se le pasó por la mente esta atrevida teología. Un proverbio se utilizaba como belleza retórica.

[122]   Ibid., Dist. VII, cap. ii, 4 (Wright, p. 384).

entramado teológico del poema. Las Virtudes convocadas para su creación no son más que virtudes seculares. Si aparece *Fides*, es evidente que significa «buena fe» —la virtud que guarda las promesas y juega limpio en la amistad— y no «Fe» en el sentido cristiano.[123] *Pietas* significa «Compasión» y no piedad.[124] Incluso hay algunas que ni el ascetismo más moderado les daría el título de virtud; así *Favor* (popularidad), *Risus* y *Decus*.[125] Y otras a las que ninguna filosofía podría considerar como tales, como *Copia, Juventus* y *Nobilitas*.[126] Por su parte, en el ejército de los vicios —durante la psicomaquia con la que concluye todo— hay campeones tan inesperados como *Pauperies, Infamia* y *Senectus*:[127] personajes perfectos para excluir del jardín de *Amor* —como «Pobreza» y «Vejez» en *El libro de la rosa*— pero muy extraños para incluir entre los «vicios» desde el punto de vista teológico. Así las cosas, ¿no es evidente que Alain está describiendo a un hombre perfecto no tanto según los estándares de la Iglesia, sino como un «gentilhombre noble y virtuoso» de acuerdo al estándar de la caballería? ¿No debería, entonces, ubicársele entre los predecesores de Castiglione, Elyot y Spenser, y no tanto entre los seguidores de Prudencio? Hemos visto ya que asigna el nombre común de *Virtus* a la virtud típicamente cortés de Largueza; y la escena en que las Virtudes adornan al hombre nuevo pone la cuestión lejos de toda duda. No está completo sin *Nobilitas*; aunque *Nobilitas* depende claramente de *Fortuna*.[128] *Fides*, en palabras que más tarde repetirá Guillaume de Lorris, le recomienda tomar un confidente:

> Aquel a quien pueda confiarse el pensamiento,
> O franquear los misteriosos deseos del alma
> Que dejen al descubierto los deseos del corazón,[129]

[123] Ibid., Dist. VII, cap. vii (Wright, pp. 394, 395).
[124] Ibid., Dist. VII, cap. vi, 69ss. (Wright, p. 393, *Succedens Pietas*, &c.).
[125] Ibid., Dist. I, cap. ii (Wright, p. 274).
[126] Ibid.
[127] Ibid., Dist. IX, *Pauperies*, cap. ii; *Infamia*, cap. 3; *Senectus*, cap. 4 (Wright, pp. 414, 416, 417).
[128] Ibid., Dist. VIII, cap. viii, ix; Dist. VIII, cap.i, 2 (Wright, pp. 396-403).
[129] Ibid., Dist. VII, cap. vii, 28:
Quaerat cui possit se totum credere, velle
Declarare suum, totamque exponere mentem,
Cui sua committat animi secreta latentis. (Wright, p. 395)

consejo mucho más útil a un caballero que a un santo. *Ratio*, respecto al deseo de gloria y en franco desafío a las enseñanzas del Evangelio, le recomienda moderación y no abstinencia:

> No dejarse seducir por el aplauso del pueblo;
> Tampoco despreciarlo, a menos que su sello
> Sea la lisonja o la palabra trastocada en mercancía;
> Sabe demasiado a amarga austeridad:
> El desprecio por la fama.[130]

Modestia, que no es más que la vieja virtud helénica y provenzal de la *mesura*, le da lecciones de comportamiento y hasta de peinado:

> Que el cabello no sea demasiado atildado,
> Ocultando al hombre bajo la sombra femenina;
> Que tampoco se presente desgreñado,
> Carente de pulcritud,
> Como el de los filósofos en sus tiempos mozos.[131]

Sería un error reírse ante el pasaje. Una vez que se ha decidido describir al caballero perfecto y no al hombre perfecto, no tiene ningún sentido detenerse bruscamente en exteriores que, de hecho, forman parte del carácter. Un tratado de música realmente exhaustivo debe ocuparse tanto de la filosofía estética como de los métodos de dicción; defensa que sirve muy bien a Castiglione cuando interpreta al mismo tiempo los papeles de filósofo platónico y maestro de danza. Pero mientras Alain se ubique así, codo con codo, con Castiglione y en verdad componga el concepto de virtud con meras excelencias seculares y corteses, es de la esencia de su obra que lo haga sin siquiera el más ligero sentido de rebelión o desafío. La cortesía de los trovadores —de Andreas o Chrétien— fue una holgazanería picaresca.

---

[130] Ibid., Dist. VII, cap. iv, 26:
Nec petat impelli populari laude, nec ipsam
Respuat oblatam nisi sit velata colore
Hypocrisis verbo querens emungere lucrum:
Nam nimis austerum redolet qui despicit omnem
Famam. (Wright, p. 338)

[131] Ibid., Dist.VII, cap. iii, 32 (Wright, p. 387):
Ne cultu nimio crinis lascivus adaequet
Femineos luxus sexusque recidat honorem,
Aut nimis incomptus iaceat, squalore profundo
Degener et iuvenem proprii neglectus honoris
Philosophorum nimis esse probet.

Detrás de la escala de valores cortés aflora el inaplacable clamor por un mundo totalmente diferente e irreconciliable. A esta holgazanería y a esta inseguridad debió la vida cortés la mitad de su obstinada belleza y su patetismo. Pero Alain es igualmente serio en sus pasajes teológicos y en sus notas sobre comportamiento. No reconoce ninguna brecha; ya que el naturalismo de Chartres le ha dado un *tertium quid* capaz de moderar tanto el rigor de la teología como el desenfreno de la corte. Bondad no significa ascetismo; caballería no significa adulterio. Ambos están sometidos a la ley de Natura, que es esencialmente buena y la vicaria de Dios. No se trata de la gracia que redime a la Naturaleza, sino del pecado que se desvía de ella. La posición queda resumida en la advertencia dada por *Honestas* al hombre perfecto:

> Ame Natura a quien del vicio huyere.
> Que el hombre, soslayando culpas y males,
> Abrace los dictados de aquella.[132]

En esto consiste, precisamente, el verdadero valor de Alain de Lille. No digo que haya realizado una reconciliación efectiva entre los dos ideales de la Edad Media. La hendidura fue más profunda de lo que él pensó. Alain asume más que logra un tratado de paz. Pero, cuando menos, intenta ser un hombre cabal; y aunque los elementos de su síntesis se dispersen, retendrán cierta marca de aquella efímera unión. Como habría dicho Arnold, el ideal cortés está llegando a ser más «posible» y por lo mismo más potente. Si se quiere, más insidioso. Están aseguradas ya la larga observancia que tendrá en la poesía vernácula y la adaptabilidad a cualquier compromiso futuro.

Es un alivio pasar del *Anticlaudiano* a la obra más famosa del autor: *De Planctu Naturae*, la «Lamentación de la Naturaleza».[133] Aquí volvemos a la métrica y a la prosa de Boecio; y al alejarse de las pretensiones de la forma épica, Alain se aleja de los vicios más insoportables de su estilo. Todavía es un escritor fantástico y sobredecorado; pero mientras en el *Anticlaudiano* apuntaba a la magnificencia, aquí apunta, principalmente, a la dulzura y a la riqueza del efecto. Sin embargo, la dulzura tolera el

---

[132] Ibid., Dist. VII, cap. v, 7:
    Ut vitium fugiat Naturam diligat, illud
    Quod facinus peperit damnans, quod prava voluntas
    Edidit, amplectens quidquid Natura creavit. (Wright, p. 389)
[133] También en Wright, *op. cit.*

barbarismo como no lo hace la magnificencia. Puede existir el lujo grotesco, pero no existe la magnificencia grotesca. Es la misma diferencia que existe entre el exceso de un decorado falsamente gótico en un motel carretero y el exceso en un invernadero: todos sabemos que, mientras el primero incomoda, el segundo resulta tolerable; e incluso, bajo cierto ánimo, no desagradable del todo. Además, la *Lamentación* posee la enorme ventaja de ser comparativamente más breve. La historia podría contarse en unas pocas líneas. Natura se aparece al autor lamentando los vicios antinaturales de la humanidad; las Virtudes comparten la queja y a Genio se le ordena pronunciar un anatema contra los ofensores.[134] Ese es todo el asunto. Para nuestro propósito, la importancia del tema radica claramente en la ventaja con que Natura aparece en este tinglado; y, con ella, el amor natural. El Cupido terrestre, después de habérsele contrastado durante siglos con el Cupido celestial, de pronto es contrastado con un Cupido infernal. Ahora es su turno como personaje respetable: la justa indignación está de su lado. Este es el resultado inevitable del tema escogido por Alain, y el único. El lector que espere excesos o una denuncia profética quedará defraudado. No existe nada más frío ni más desinteresado que el corazón de un estilista. Y creo que a Alain le tentó este tema por las infinitas oportunidades que ofrecía para fantásticas metáforas gramaticales sobre las relaciones apropiadas entre lo *masculino* y lo *femenino* o, en la gramática venusiana, *sujeto* y *predicado*.[135] Conforme al modo que tiene el tiempo de castigar, estas presunciones son hoy la mayor desgracia del autor. Pero, ya que después de todo tras el retórico existía un verdadero aunque descarriado amante de la naturaleza, la *Lamentación* todavía exige nuestra atención más allá de su significado histórico. Como el libro es difícil de leer —y bastante más difícil de comprar—, me he aventurado a traducir dos pasajes, ambos elaborados a partir de insinuaciones adornadas por Bernardo. El primero describe la llegada de Natura y el ἱερὸς γάμος del mundo ante su cercanía:

> Según signifiqué antes, al salir la virgen de las costas del reino celeste para entrar en el cobertizo del pasible mundo, fue conducida en un carro de cristal arrastrado por los pájaros de Juno, que no estaban sujetos al yugo, sino unidos a él por elección propia y libre. Cierto hombre, que con su altura superaba a la virgen y al carro, cuyo talante no reflejaba la villanía terrena, sino la confidencia divina, como si fuera a socorrerla en la insuficiencia de su sexo femenino, guiaba el curso con moderada contención. Para la contemplación de su belleza

---

[134] Ver Apéndice I.
[135] *De Planctu*, Prosa V, 40ss. (Wright, pp. 475ss.).

La alegoría

había yo reunido, como si dijéramos, a todos los soldados de mis ojos, esto es, a los rayos visuales; mas ellos, no osando descubrirse frente al rostro de tan gran majestuosidad, y cegados por los destellos de su esplendor, se retiraron temerosos hacia los pabellones de mis párpados. Ante la llegada de la mencionada virgen podría haberse pensado que todos los elementos, como si hubiesen renovado su género, hacían un festival. El cielo, como si alumbrase el sendero de la doncella con velas, ordenó a sus estrellas brillar como nunca antes; por lo que pensé que el día se maravillaba del atrevimiento de quienes tan insolentemente se dejaban ver en su presencia. Febo también, mostrando un talante más jovial que de costumbre, derramaba toda la riqueza de su luz, haciendo gala de ella para recibirla; y a su hermana (de quien había tomado prestados los pendientes de sus ropajes), devolviéndole los hábitos de jovialidad, le pidió que corriera a recibir a tan singular reina que entonces llegaba hasta ellos. El aire, despojándose de sus plañideras nubes, con alegría serena y cordial le sonrió al llegar, y en lugar de apenarse como antes por la furia de Aquilón se refugió sin miramientos en el pecho de Fabonio. Los pájaros, movidos por cierta dulce inspiración, gozando del agradable juguetear de sus alas, mostraban a la virgen un talante lleno de adoración. Juno, que en verdad se había mostrado esquiva a los besos de Júpiter, estaba ahora tan embriagada de alegría que, con las flechantes insinuaciones de sus miradas, encendía los deseos de su esposo por placenteros momentos de amor. También el mar, antes tan embravecido de tormentosas olas, hizo, a la llegada de la doncella, una tregua de paz y juró calma sempiterna; ya que Eolo, temiendo que se desatasen sus guerras (más que civiles) ante la presencia de la virgen, arrojó los tempestuosos vientos a sus prisiones. Hasta los peces, nadando hacia las crestas de las olas tanto como se lo permitía el macizo género de su sensualidad, anunciaban con gozosa alegría la llegada de su dama; y Tetis, mientras jugueteaba con Nereo, pensó que era llegado el tiempo de concebir otro Aquiles. Más aún, algunas doncellas cuya grandiosa belleza no solo hacía perder la razón a un hombre, sino hasta olvidar su divinidad a aquellos en los cielos, saliendo del lugar del que manan los arroyos, vinieron a ofrecer a la virgen sus dones de néctar e hidromiel, como quien ofrece diezmos a una reina recién coronada. Y en verdad la tierra, que yacía desnuda por el robo que el invierno había hecho de sus ornamentos, no tardó en tomar prestada de la largueza de la primavera una camisa encarnada de flores; no fuera que en el deshonor de sus viejos vestidos apareciese indecente ante la virgen.[136]

---

[136] Ibid., II, 11 y ss. (Wright, pp. 445ss.). Un tenue sabor al siglo XVI me parece el único método posible de representar, en inglés, la calidad del original; ya que ni la prosa de Chaucer ni la moderna pueden hacerlo. Si se exige una justificación histórica a mi opción, puedo señalar que ciertas características del eufismo están presentes ya en Alain de Lille. La antítesis y el juguetas con las palabras en el texto que sigue son notables: «Eius opus sufficiens, meum opus deficiens. Eius opus mirabile, meum opus mutabile. Ille mei opifex operis, ego opus opificis. Ille operatur ex nihilo, ego mendico ex aliquo. Ille suo operatur numine, ego operor illius sub nomine» (Prosa III, Wright, p. 445). Una traducción íntegra de la *Lamentación* ha sido publicada en inglés por Moffat (*Yale Studies in English*, 1908); es muy lamentable que los límites del libro no permitieran al autor acompañarla con un texto y un comentario.

Todo aquí es sofisticado, «clásico» y pedante; pero las decoraciones no oscurecen del todo la nota de encanto. El autor no solo está intoxicado con su estilo, sino también con su tema; sus peores excesos solo sirven para mostrar cómo el nuevo amor del mundo visible «se desenfrenó en su inicio» salvajemente; y si hay tosquedad se trata de una «tosquedad de dulzuras». El pasaje puede compararse con uno de esos viejos tapices en los que la riqueza de los materiales sugiere lujo interior; pero en los que si las formas se observan de cerca revelan, aunque débilmente, la agitación y los aires matutinos de una escena de caza. Con todo, la *Lamentación* tiene pasajes de belleza más viril, como lo demuestra mi siguiente cita:

Consideren, dijo ella, cómo en este mundo, como en cierta noble ciudad, Razón es erigida y sancionada por la moderada autoridad del bien público de su majestad. En el cielo, como en el castillo de una ciudad terrena, el Emperador eterno posee su trono eternamente, desde el cual eternamente pronuncia su edicto de que las nociones de las cosas singulares estén escritas en el libro de su providencia. En el Aire, esto es, en las partes medias de la ciudad, viven en armas las celestiales huestes de los ángeles, quienes por delegado servicio aplican diligentemente sus miradas sobre los hombres. Y el hombre, en verdad, como extranjero que mora fuera de los muros de la ciudad, no rehúsa su obediencia a aquellos angélicos caballeros. Entonces, en esta comunidad Dios manda, los ángeles operan y el hombre obedece. Dios por mandamiento hace al hombre, el ángel por operación lo trae a la vida y el hombre por obediencia se rehace a sí mismo... de cuya recta y ordenada comunidad su semejanza se refleja en el hombre. En el castillo de cuya cabeza se aposenta Sapiencia y descansa cual emperatriz, y a quien, como a una diosa, el resto de sus poderes como semidiosa obedecen. Porque su poder de máquina y su fuerza lógica, y su virtuosa memoria de las cosas pasadas, poseyendo habitaciones en diversas recámaras de su cabeza, están siempre ocupadas en obediencia a ella. Por cierto, en el corazón —esto es, en las partes medias de la ciudad— Magnanimidad tiene su casa; quien habiendo recibido la orden de la caballería bajo el reinado de Sabiduría, dota de plena operación toda tarea que el gobierno delibera. Mas las riendas, que es tanto como mencionar a las partes sin el muro, permiten una morada en la región extrema del cuerpo para los placeres sensuales, que sirven la voluntad de Magnanimidad, mas no revelarse contra su mandamiento. De modo que en esta comunidad Sapiencia ejerce la función de quien manda; Magnanimidad semeja la función de quien opera y Lujuria muestra la imagen de quien obedece.[137]

Las ideas derivan, por cierto, de Bernardo. Y finalmente de Platón. Mas funcionan con convicción y dignidad; y en ellas, cuando menos la grandeza

---

[137] Ibid., Prosa III, 108ss. (Wright, pp. 452ss.).

del tema mantiene al retórico en los límites de la *mesura*. Un pasaje como este prueba que Alain pudo haber escrito correctamente de haber tenido la fortuna de tropezar con mejores modelos o la personalidad para resistir a los malos. Tal y como está resulta un autor en quien hay mucho más de reprobable que de encomiable; pero nadie que se haya afanado tenazmente con su obra sentirá que ha perdido el tiempo.

Antes de abandonar a los poetas naturalistas de la Escuela de Chartes, existe otro poema digno de atención. Se trata del *Architrenius* (*Arquitrenio*) de Johannes de Altavilla.[138] Esta larga narración, escrita en hexámetros, cuenta la historia del «gran doliente», el joven Arquitrenio, quien, presa de la mayor desesperación debido a su propia iniquidad y la que le rodea, decide buscar a su madre Naturaleza y ser curado. Sus viajes le llevan a muchos lugares, incluyendo la Universidad de París y la isla de Tule, que brindan al autor la oportunidad para profusas y satíricas descripciones antes que el errante encuentra finalmente a Natura. La consideración acerca de la universidad se dice ser de gran interés para el historiador social; pero la obra en sí tiene poca relevancia para nuestro estudio, excepto en cuanto ilustra la popularidad de la personificación de Natura[139] y nos entrega un ejemplo temprano de la alegoría en forma de viaje; esto es, en su mejor forma. Pero lo que realmente importa en el poema es la inusual energía con la que se presenta el motivo del errante. Más tarde, sin duda, el autor se perderá en pura charlatanería; pero el retrato que hace de la búsqueda de Arquitrenio aventaja largamente al de cualquiera de sus colegas. De pronto, en medio de la rigidez de los hexámetros, una voz viviente comienza a hablar. Olvidamos nuestros intereses históricos. Las fechas ya no nos conciernen. Hay un anhelo humano universal expresándose y, salvo por el lenguaje, las líneas podrían haberse escrito en cualquier época:

> Esto he de hacer; vagar prófugo por esta tierra
> En busca de Natura, hasta encontrar lejos de aquí
> Su secreta morada; allí, a la luz he de llevar
> Los oscuros resortes de tanta disputa; y del amor,
> Tiempo ha desgarrado, los nudos restituiré.[140]

---

[138] También en Wright, *op. cit.*

[139] Cp. también el interesante poema anónimo citado por Raby, *op. cit.*, vol. ii, pp. 22, 23.

[140] *Architrenius*, lib. i (Wright, vol. I, p. 251):
Quid faciam, novi: profugo Natura pero orbem
Est quaerenda mihi. Veniam quacumque remotos

Hemos dado un vistazo a los principales escritores de la Escuela de Chartres. Confío en que su significado haya ido quedando más claro a medida que avanzamos y que un resumen muy breve sea suficiente. En cuanto al contenido, la mayor empresa que acometieron fue reunir los ideales corteses y los religiosos. En una época de voluntarioso ascetismo y de voluntariosa *Frauendienst*, aseguraron la integridad de la naturaleza del hombre. Es esto, más que el haber proseguido los estudios clásicos, lo que les granjea el nombre de humanistas. No lograron lo que buscaban. Un nuevo sistema de pensamiento estaba ya a la puerta: «los nudos del amor ya desatados» que hicieron lo posible por reanudar, rápidamente se deshicieron en manos de sus seguidores. Pero aunque fracasaron rotundamente en reconciliar cortesía con religión, dejaron a aquella en una situación más reputable y menos precaria. Pues la cortesía logró una nueva solidez y un nuevo prestigio; y si bien no pudo mantener sus bases en las alturas filosóficas, continuó, en la poesía vernácula, sacando provecho de su breve permanencia en aquellos niveles. Respecto a la forma, la Escuela de Chartres estableció el ejemplo de la alegoría a gran escala y logró un genuino avance con relación a los viejos modelos; se ensanchó respecto al delgado plan ético de Prudencio y fue capaz de tratar cualquier tema que el autor tuviese el cuidado de considerar. Finalmente, enriqueció el surtido poético con toda una línea de nuevas figuras y de ideas prolíficas. La *Natura* de Estacio y de Claudiano, bajo la influencia de la filosofía naturalista, se rehízo deviniendo en un nuevo personaje que despertó aprobación. Ella y Genio, su acompañante, continuaron fascinando a los poetas vernáculos por muchos años. Ya en vida de Alain de Lille, el *Anticlaudiano* se reescribía en octosílabos franceses. En el siglo siguiente, la huella de la Escuela de Chartres puede rastrearse casi en cada episodio de la poesía amorosa alegórica.

Abscondat sacreta lares, odiique latentes
Eliciam causas et rupti forsan amoris
Restituam nodos.

III. *EL LIBRO DE LA ROSA*

I

Si algún lector siguió mis dos primeros capítulos sentirá, con justicia, que fue llevado en un largo viaje por paisajes más variados que agradables; y se preguntará, con razón, por qué fue necesario un acercamiento tan tortuoso a nuestro tema. Sin embargo, y en lo que a mí respecta, estoy cierto que nada menos habría bastado para permitirme un acercamiento comprensible al *Roman de la Rose (El libro de la rosa)*. El poema amoroso alegórico, como señalé al comienzo, no encuentra una aprobación natural en el lector actual. Es extraño no solo en su sentimiento, sino, y más radicalmente, en su forma. Para leerlo con justicia —para darle al poeta su oportunidad y, con él, la *suya* a buena parte de la literatura del siglo XV— primero fue necesario «remontar el curso del tiempo» para reconstruir imaginativamente, tanto como nuestro conocimiento nos lo permitió, el desarrollo y la cualidad de aquel sentimiento y de aquella forma. En lo personal, dicho experimento, en cierta medida, dio sus frutos. Jamás volveré a mirar al *Roman* como a un poema «artificial», a llamar «sombrías» a sus personificaciones o a considerar a sus mecanismos una moda arbitraria.

Por cierto, no he logrado explicar el sentimiento en cuanto verdadera novedad. Pero tales cosas no se «explican», o al menos no en ese sentido. Como el biólogo, nos bastará explicar el funcionamiento del organismo y dar por sentado aquello que lo hace ser, en definitiva, un organismo. Las «formas seminales» y otras cosas por el estilo quedan para los metafísicos. Con todo, esta limitante en nuestra consideración resulta menos desastrosa si tomamos en cuenta que todavía vivimos bastante influidos

111

por el amor cortés y podemos experimentar entonces, imaginativamente y desde dentro, lo que en vano tratamos de entender discursivamente desde fuera. Una vez establecido el germen, la historia de su desarrollo no nos es ni misteriosa ni desnaturalizada. Hemos visto cómo las condiciones sociales hicieron que el nuevo sentimiento se inclinase hacia la humildad y el adulterio; cómo las condiciones literarias lo implicaron con la tradición ovidiana preexistente, aunque se vio forzado a modificarla e incluso a malentenderla; cómo los relatos artúricos lo proveyeron de materia; y cómo, en manos de un gran poeta, aquellos, bajo el tratamiento del amor cortés, produjeron los primeros y notables ejemplos de ficción psicológica o sentimental.

Considerar los orígenes del método alegórico resultó una larga historia. Vimos que la alegoría no fue, en sentido alguno, un mero artilugio, una figura retórica o una moda. No fue, simplemente, una forma mejor o peor de contar una historia. Por el contrario: originalmente, se vio forzada a existir por una profunda revolución moral que ocurrió hacia los últimos días del paganismo. Por razones que desconocemos —aquí, otra vez, la historia es incapaz de explicar la «forma seminal»—, la mirada penetrante del hombre se volcó hacia adentro. Sin embargo, no vio al «personaje» compacto de la ficción moderna, sino a las fuerzas en tensión, indescriptibles a no ser por la alegoría. De ahí que su desarrollo, para dotar a la literatura del elemento subjetivo y retratar así el mundo interior, continuara de manera inevitable.

Los dos hilos de nuestra historia se unen en Chrétien de Troyes. Vimos que Chrétien fue psicológico, lo que puede explicarse a través de la historia del amor cortés. Pero vimos también que cada vez que lo fue resultó, al mismo tiempo, alegórico; lo que asimismo es explicable, pues hemos visto a la alegoría nacer y perfeccionarse precisamente para el propósito con que Chrétien la utilizó. Chrétien combinó en su obra dos métodos, pues combinó dos intereses distintos. Quiso satisfacer el gusto por la aventura maravillosa y lo logró escribiendo miles de pareados (apenas mencionados en las historias de la literatura) sobre probas hazañas caballerescas y encantamientos; no distintos, en esencia, a cualquier otro romance en verso. Pero también quiso satisfacer el gusto por la emoción refinada y lo logró interrumpiendo de vez en cuando el relato objetivo con largos soliloquios o análisis donde, como apreciamos, se entrometió permanentemente en la alegoría. El defecto radical de su poesía es que ambos intereses subyacen de la mano sin llegar nunca a fusionarse. En realidad, y salvo en un sentido muy somero, las emociones de Lancelot y Ginebra no quedan ilustradas en sus aventuras, ni estas se explican en sus emociones. Así las cosas, fue inevitable que un relato de Chrétien apareciese bajo diferentes tonalidades según los diferentes miembros de su público. Para algunos, una buena historia, del tipo correcto, sobre lanzas hechas astillas y castillos peligrosos, se sostenía constante y tediosamente a través del simple diálogo entre el héroe y la heroína. Estos lectores contaron pronto con los romances en prosa que, tomando el mero aspecto aventurero de la obra de Chrétien, lo hicieron valerse por sí mismo. Pero debió de existir una segunda clase de lectores —la historia ha probado que fueron la clase más amplia e influyente— que leyó a Chrétien al revés. Para ellos, sus poemas eran historias de amor muy serias, que reflejaban la naturaleza tal y como ocurría en los círculos corteses de la época; aun cuando, y desafortunadamente, se viesen interrumpidas a cada tanto por excursiones a la tierra de las hadas que no tenían ningún sentido.

II

De los que escribieron para esta segunda clase de lectores, el más importante fue Guillaume de Lorris. Al ubicarlo así no estoy asumiendo, por cierto, que Chrétien fuese la única influencia —o la más cercana— en su obra. Quienes deseen determinar con exactitud a los predecesores inmediatos de *El libro de la rosa* deberán procurarse guías más idóneos que quien ahora escribe.[1] Solo estoy insistiendo en una relación literaria general que, por lo demás, suele entenderse mal. Mucha gente, despistada por culpa de la insípida alegoría producida en épocas para las que no fue más que un juguete —la alegoría de Maeterlinck o Addison—, tiende a pensar que al referirnos a Guillaume de Lorris retrocedemos desde el mundo real a un mundo de sombrías abstracciones. Sin embargo, y hasta no apreciar que Guillaume es más realista que Chrétien, no sabremos toda la verdad acerca de él. De las dos cosas que aprendió de Chrétien desechó lo fantástico y utilizó lo natural. No nos engañemos por la forma alegórica. Según hemos visto, esto último no significa que el autor se esté refiriendo a no-entidades, sino al mundo interior. De hecho, está hablando de las realidades que mejor conoce. Desde un punto de vista lógico o gramático, la tierra de

---

[1] V. Langlois, *Origines et sources du Roman de la Rose*, 1890.

Gorre en el *Lancelot* es, sin duda, «concreta»; y Peligro, en *El libro de la rosa*, siendo una personificación, es «abstracto». Pero nadie, y mucho menos Chrétien, ha estado alguna vez en la tierra de Gorre; mientras que Guillaume o cualquier otro amante cortés del período —o, de acuerdo a la materia, cualquier amante en cualquier período posterior— sí ha conocido, al menos una vez, a Peligro. En otras palabras, los lugares y personas «concretas» en Chrétien no son más que suposiciones románticas: los lugares y personas «abstractas» en *El libro de la rosa* son presentaciones de la vida real. La biografía de un poeta tiene poca relevancia para la crítica, y no existen datos que nos permitan construir la de Guillaume de Lorris. Pero no hay nada más inverosímil que la teoría que sostiene que su poema es autobiográfico. Todo lo que ocurre pudo haberle ocurrido al autor en la vida real, pero también a una docena de sus contemporáneos, y no poco de ello podría ocurrirle a un hombre de nuestros días.

Así, esta es la primera condición para entender *El libro de la rosa*; y, en tal sentido, Guillaume de Lorris es el mayor representante de uno de los dos grupos en que dividí a los sucesores de Chrétien. Guillaume de Lorris encontró en Chrétien, por una parte, la aventura fantástica; por otra, un relato realista de la pasión imaginativa tal y como existía, o se creía existir (la distinción es una sutileza inútil) en el mundo que le rodeaba. Esto último fue lo que le interesó; y pensó que, en cuanto tal y despejado de sus soportes artúricos, podía sostenerse solo y ser el tema de un poema. Y como un poema de esta naturaleza debía referirse, exclusivamente, a lo sentido por el amante, ciertamente podía ser alegórico. Por aquella época no se le ocurrió, ni pudo ocurrírsele, el artificio nunca feliz de forjar meros esqueletos o sucedáneos de sucesos externos para un relato cuyo real interés es subjetivo. En honor a la brevedad, dije que quien concibió y llevó a cabo todo esto fue Guillaume. No me interesa establecer a sus predecesores en el tiempo; lo que debió a la *Altercatio Phyllidis et Florae* —cuando *Li Fablel dou Dieu d'Amours* fue escrito—[2] son cuestiones que no deben hacernos perder el tiempo. La transición desde el romance amatorio a la alegoría amatoria, y las razones de aquella transición, ocurrieron tal y como las describí; y de los poetas que se constituyeron en sus instrumentos Guillaume, sin lugar a dudas, es el más importante.

---

[2] Para la *Altercatio* véase *The Oxford Book of Medieval Latin Verse*, ed. Gaselee, 1928. Para la visión final de Langlois acerca del *Li Fablel* véase su edición de *Le Roman de la Rose*, Société des Anciens Textes Français, 1914, tomo i, p. 4ss.

De esta manera, entonces, y a pesar de su forma alegórica, lo que tenemos en *El libro de la rosa* es un relato de la vida real. Aquí, por fin la musa del amor cortés «desciende a la verdad con desencantada ala», hecho que explica con creces el atractivo que tuvo para su época y la siguiente. El método alegórico en general, así como el mecanismo particular del *Roman*, fueron familiares a los lectores del siglo XIII. No tuvieron que investigar para encontrar la *significatio*. El poema se avino inmediatamente a sus intereses y a sus corazones. Jóvenes lectores presas de los nobles ardores del amor púber y viejos lectores en ánimo de reminiscencia —ávida o irónica—, encontraron en él una reflexión acerca de su propia experiencia. Pero nosotros no estamos en una posición tan afortunada: nos enfrentamos no solo a la poco familiar psicología erótica, sino a la poca familiaridad de la alegoría en general; y, para hablar francamente, el arte de leer alegoría está hoy tan muerto como el arte de escribirla, y más urgido de restauración si queremos hacerle justicia a la Edad Media. Me dolió oírle decir a un hombre bastante sensible que *El libro de la rosa* «tiene, por cierto, una suerte de significado místico»; donde las palabras «una suerte» suenan a desesperanza y la palabra «místico» a algo todavía peor. He conocido lectores largamente familiarizados con la versión fragmentaria de *El libro de la rosa* en el inglés medio que jamás notaron que la fuente de Narciso representaba los ojos de la heroína. Incluso Saintsbury sugirió una vez que Peligro era el esposo de la heroína.[3] Frente a todo esto, no se me acusará de dar palos de ciego si ofrezco algunas explicaciones.

La mejor preparación para estudiar a Guillaume de Lorris es leer un curioso y pequeño diálogo en el que Aldous Huxley, consciente o no, ha revivido el método.[4] Un hombre y una muchacha hablan en un invernadero. En vez de reproducir su conversación en forma directa, el autor prefirió distribuirla entre una serie de ayudantes asignados a cada parte. Estos representan las variadas personas, o facetas de la personalidad, que posee cada amante. Así, cuando empiezan a hablar y todavía no pasan de las cortesías formales, utilizan dos pequeños muñecos que hacen las veces de sus personas convencionales y «sociales». Los humanos tiran de las cuerdas y los muñecos dicen aquello que la urbanidad exige. Guillaume de Lorris los habría llamado *Courtesye* y *Bialacoil*; aunque, y a diferencia del vívido señor Huxley, indudablemente no los habría hecho títeres. Entre los ayudantes del joven está,

---

[3] Saintsbury, *The Flourishing of Romance and Rise of Allegory*, 1897, p. 307.
[4] *Happy Families* (en *Limbo*, 1920).

además, el negro corpulento que mira por sobre su hombro y besa a la muchacha ante el resto de los atónitos ayudantes del joven, con desagradables resultados. Guillaume habría llamado al negro *Vilanie* y lo habría dejado fuera del invernadero. Asimismo, y del lado de la joven, hay dos ayudantes: una mojigata que presiente el beso y que lo habría evitado de no estar grácilmente dormida, y otra que considera estremecedor ser besada por un negro y que se lamenta cuando su compañera despierta. Sus nombres, en Guillaume, son *Honte* y *Venus*.

Este pequeño *jeu d'esprit* nos da, en principio, el procedimiento completo de *El libro de la rosa*. Pero Guillaume de Lorris difiere de su sucesor moderno en algunos aspectos importantes. En primer lugar prácticamente elimina, como a uno de sus *dramatis personae*, al héroe; reduciéndolo al descolorido narrador del cuento. Aunque el poema está en primera persona, no vemos al amante, sino a través de sus ojos. En segundo lugar, la heroína está completamente desplazada: su personaje se distribuye entre las personificaciones. A primera vista esto parece un recurso de principiante, pero Guillaume sabe lo que hace. No se puede ubicar a la dama y, digamos, al orgullo de la dama caminando sobre el mismo escenario como entidades de un mismo plano. Tampoco resulta antinatural para un amante considerar su cortejo como una aventura; ya no con una persona singular, sino con los variados humores de esa persona, algunos de los cuales son amigos y otros enemigos. Un hombre no necesita ir a la Edad Media para descubrir que su dama es una y a la vez muchas mujeres; y que a veces aquella que esperó encontrar fue reemplazada por otra muy diferente. De la misma manera, al amante del *Roman* no le concierne una «dama» singular, sino un número de «ánimos» o «aspectos» de ella que, sucesivamente, le favorecen y estorban en los intentos por conquistar su amor, simbolizado en la Rosa. Más adelante espero demostrar que, para un lector atento, este ostensible destierro de la escena que sufre la heroína no la inhabilita para estar vívidamente presente; y que más bien le otorga un lugar en el poema que solo un gran novelista, con otros medios, le habría dado. Si no toma parte en la acción es porque, con frecuencia, su corazón es el escenario. Cualquier galanteo prolongado importa un conflicto; ya no tan solo del hombre con la mujer, sino de la mujer consigo misma. Es este segundo conflicto el que ocupa los episodios más importantes del *Roman*.

Si Guillaume se hubiese detenido aquí, su método habría sido impecable. Sin embargo —y desafortunadamente—, los amigos y enemigos del amante no están contenidos ni en su corazón ni en el de su dama. Hay que tener en cuenta la oposición de los parientes, que fuerza al poeta a introducir el personaje *Celosía*, personificación no muy acorde con los ánimos personificados de la heroína. Además, el amante recibe las advertencias y consejos de otros jóvenes galantes: de ahí el personaje *Amis*, el típico Amigo, que difícilmente es una personificación. Finalmente está la Nodriza o Dueña de la heroína, portadora de las instrucciones de *Celosía* y que como parte de su persona constituye, en cierto sentido, un desbarajuste completo de la alegoría. Es cierto que estas fracturas en la regla alegórica no nos confunden mientras leemos; pero percibimos que una dificultad técnica no ha sido resuelta con nitidez, lo que le da al poema un defecto serio aunque no fatal. Una vez comprendido el plan, nuestro paso siguiente será dominar, con algún detalle, la escena y los *dramatis personae*. Y como lo que sigue no pretende ser exhaustivo, buena parte se irá aclarando a medida que nos adentremos en el poema mismo.

1. *La escena. Literaliter* la escena es «al principio, las orillas de un río en las afueras de un jardín amurallado; más tarde, el interior del jardín; y luego, un rosedal rodeado de zarzas en medio del gran jardín». Todos estos lugares, como supuso mi pobre amigo, tienen «una suerte de significado místico». *Allegorice*, por tanto, la escena es «al principio, el río de la vida en general, en la primera juventud del amante; más tarde, el mundo de la sociedad cortés; y luego, la mente de una muchacha joven viviendo en el mundo de la sociedad cortés». Obviamente, no puede suponerse que este jardín alegórico sea una invención de Guillaume. Se trata del mismo jardín que hemos visto en Andreas y, antes que en él, en Claudiano. En algunos escritores significa Amor; en Guillaume transmuta suavemente haciéndosele significar la vida de la corte cual esfera o campo necesario para las operaciones de amor. Pero, por cierto, sus modelos eróticos clásicos solo dan cuenta parcial de él. En lo más profundo yace el sueño humano por el jardín de la felicidad: la isla de las hespérides, el paraíso terrenal, Tirnanogue. Si se quiere, la maquinaria de la alegoría siempre podrá considerarse como un sistema de vasos comunicantes que conectan las profundas e inagotables fuentes de la poesía en la mente del pueblo, transmitiendo su frescura a labios que de otra manera no habrían podido encontrarla.

2. *Los personajes*. Pueden dividirse apropiadamente en tres grupos, según se trate de atributos neutros que pueden dar cuenta de la mente del héroe o de la heroína; de aquellos que pertenecen solo al héroe; o de aquellos que, en

fin, son propios solo de la heroína. Este último grupo es el más amplio e interesante.

De los personajes neutrales solamente hay dos que requieren comentario: el dios del Amor y su madre Venus. Un lector instruido en los clásicos esperaría verlos juntos al inicio del poema. Pero la tendencia más lógica de la poesía amorosa medieval fue sustituir a Venus y a su hijo por el Rey y la Reina del Amor, quienes son, a su vez, indudablemente un par de amantes.[5] En el *Roman*, no bien entramos en el jardín, el dios del Amor está acompañado de *Biautez*, su querida. Venus aparece en una escena muy posterior. Probablemente más de una causa contribuyó a este cambio en la mitología. Un Rey y una Reina proveyeron un mejor paralelo a las verdaderas cortes feudales, respecto de las cuales una corte de Amor fue, en cierto sentido, una copia. Mas si se reflexiona un momento en la constante conexión entre el dios del Amor y el mes de Mayo, puede sospecharse una razón más profunda. Todavía hoy tenemos una Reina de Mayo y sabemos que alguna vez tuvo un Rey. En los olvidados ritos de la fertilidad del *ludus de rege et regina* es muy probable encontrar uno de los orígenes del Rey y la Reina del Amor medievales y la explicación de su continuo encanto.[6] El mito es más fuerte que la literatura formal; pero así como la literatura cortés se refresca por el mito desde abajo, desde arriba lo hace con las más amplias concepciones filosóficas. Y fueron precisamente concepciones filosóficas las que dieron un tercer motivo para remover a Cupido de la tutela de su madre. Venus es un personaje que pertenece a un reino totalmente distinto al de Cupido. Como verdadera olímpica heredó, desde tiempos antiguos, una gravedad que nunca tuvo. Pero, junto con ser diosa, fue planeta; y como tal entonces una fuente real de «influencia» ya no de acuerdo a alguna convención poética, sino a la ciencia del momento. Cuando un poeta escribía sobre el *Amor* sabía que solo personificaba un «accidente», cuya personificación, según Dante, «de acuerdo a la verdad es falsa». Sin embargo, en cuanto a Venus no pudo haber estado tan seguro. Quizás Venus fuese solo un «accidente»; pero entonces quizás también el nombre de una fuerza real en la naturaleza o incluso el nombre de la inteligencia del tercer cielo. En *El libro de la rosa* es el apetito sexual: el mero hecho natural en contraste con el dios del Amor como sentimiento

---

[5] Cp. el pasaje citado de Andreas, más arriba, p. 38.

[6] Cp. E. K. Chambers, *Medieval Stage*, vol. i, pp. 91, 172; también Frazer, *Golden Bough*, «The Scapegoat», p. 406 *et passim*.

refinado. Es la fuerza generativa en la naturaleza que la Escuela de Chartres enseñó a los hombres a contemplar filosóficamente; a verla con los ojos de Lucrecio y no con los de Ovidio o Jerónimo. Esta distinción entre Venus y su hijo, explícita en Jean de Meun,[7] solo está implícita en Guillaume de Lorris; pero es necesaria para comprender su relato.

El resto de los personajes neutrales carece de importancia. *Deduit* es el señor del jardín; o sea, la vida cortés es una vida de placer y de solaz. *Oiseuse* es su portero, ya que ningún hombre ocupado podría soportar esa vida. Los alegres danzarines que encontramos gorjeando en presencia de *Deduit* se llaman *Alegría, Largueza, Cortesía* y demás, lo que es suficientemente obvio.

Los personajes que pertenecen al héroe son simples títeres de hombres (*Esperanza, Dulce Pensamiento*, etc.), con la sola excepción de *Razón*. Es casi el único personaje del poema que permanece en la continuación de Jean de Meun tal y como estaba en el original de Guillaume. En ambos escritores, algunos de los mejores pasajes son puestos en su boca y habla para increpar al amante por la empresa asumida. En Jean de Meun hay una disputa algo confusa —como explicaré luego— para seguir a los poetas de Chartres en su intento por encontrar una solución al conflicto entre los ideales corteses y cristianos. Pero en Guillaume de Lorris no hay conflicto. Su héroe no tiene más respuesta a *Razón* que un pertinaz *sic volo sic iubeo*. En otras palabras, el relato se refiere a un amante cuyas más profundas convicciones permanecieron opuestas a su amor, y que supo que no había actuado ni bien ni sabiamente. Así, y por implicación, el autor condena lo que narra. De haber terminado el poema, probablemente lo habría cerrado con la típica palinodia. Da a *Razón* exactamente la función que tuvo en el *Lancelot*:[8] decir la verdad sin ser oída.

En el tercer grupo tenemos a los personajes que pertenecen a la heroína. Se trata de los actores más importantes del drama y si no los comprendemos acabarán por confundirnos. Entre ellos, tal vez *Bialacoil* ocupe el primer lugar. Su nombre, por supuesto, significa «dulce albergue»: el *belh aculhir* de los provenzales.[9] Si nos preguntamos qué representa, creo que la respuesta sería la siguiente: una cosa es tener éxito o fracasar en una

---

[7] Cp. especialmente *Roman de la Rose*, 12749ss.

[8] V. *Lancelot*, 369-81.

[9] Cp. Guilhem de Peitieu, «... *Midons per son belh aculhir E per son belh plazent esguar*», Appel, *Prov. Chrestomathie*, p. 52.

simple conversación con la querida, pero otra muy distinta es tener éxito o fracasar como amante. Al primer encuentro la dama será, como diría un inglés actual, «delicada contigo» o no lo será. Si ha sido «delicada contigo» has conocido a *Bialacoil*. Cuando Pándaro obtuvo de Criseida la promesa de mostrar a Troilo «mejor acogida y más alegría»,[10] obtenía a la fuerza la promesa de que ella mostraría a *Bialacoil*. No es lo mismo que Cortesía, pero es su hijo.[11] Es algo más que la mera urbanidad o aquello que una mujer gentil y bien educada encontraría difícil de rehusar a cualquier conocido, a menos que fuese deshonroso o vulgar. Es un falso amigo para una doncella virgen. No obstante, cuando todo se ha consumado puede decir en verdad —o casi en verdad— que no pretendía ningún daño. Sus principales aliados son la *Franqueza* de la dama y su *Piedad*. Esta última no necesita comentario. Aquella es la cualidad de la bien nacida:[12] la inocente seguridad de una gran dama que, a diferencia de sus damiselas, no ve un violador en cada esquina ni un amante en cada amigo: que acepta —con bastante lástima en este relato—

> La creencia en la ley cristiana
> De que todos los hombres, por naturaleza, honrados son.

Pero *Bialacoil* y sus aliados no siempre dominan el corazón de la dama. Si se da un paso en falso, *Miedo* saldrá a la superficie y *Bialacoil* se desvanecerá durante horas. Si se arriesga la reputación de *Bialacoil*, deberá enfrentarse a *Vergüenza*: espíritu incierto que tratará de defenderlo aunque estropee todo con su tonta gazmoñería. Sin embargo, estos no son los enemigos más serios. Un amante puede manejar siempre a Miedo y a Vergüenza que, por lo demás, resultan inútiles si Venus llega en su ayuda. El verdadero enemigo, al que no se puede adular ni domar, al que deberá mantenerse dormido, pues si despierta la única alternativa será asirse de los tobillos, el siempre presente horror de los amantes y el resuelto defensor de las vírgenes, es *Peligro*. No resulta fácil determinar quién es este Peligro. Ciertamente, no se trata del esposo de la dama. Si lo fuese, el hecho de que los amantes viviesen en perpetuo horror de él reduciría toda la situación

---

[10] V. Chaucer, *Troilus*, ii, 360-1.

[11] *Roman de la Rose*, 3527.

[12] El desarrollo semántico desde *Franc* (= un invasor Franco > un hombre libre (*freeman*), como opuesto a un *villanus* galo-romano) hasta *Franchise* como cualidad ética, es casi exactamente lo mismo que en el griego ἐλευθερία.

a una burda comedia. En la poesía seria no cabe un Tristán diciendo: «No me importa abandonar la corte y andar a la sombra de los bosques, y no me importa el temperamento de Isolda. Pero no puedo soportar la idea de Marcos y su alabarda». Sería hacer de los buenos caballeros unos simples Bobadillos. Si se requiere otra refutación, recordemos que el esposo (si es que existe un esposo en el *Roman*) ya está en el personaje *Celosía*. El difunto señor Langlois pensó que *Peligro* correspondía al *Pudor* de Ovidio.[13] No digo que la vergüenza, como personaje aparte, pueda oponerse a esta idea, ya que Vergüenza parece representar no tanto la modestia sexual como la vergüenza pública o social que sigue al escándalo. Pero considero que la visión de Langlois es difícil de reconciliar tanto con la historia de la palabra «peligro» como con el comportamiento y atributos de Peligro como personificación. La palabra, sabemos, viene de *Dominus* a través de *Dominiarium*; y del significado de «dominio» y «dominación» puede explicarse el resto de su historia semántica. Entiendo perfectamente cómo una palabra de este origen puede adquirir el sentido de «arrogante» o, en el lenguaje coloquial de hoy, «arisco» o «tardo en consentir». Que pueda significar *Pudor*, aparte cosa única, sería una grave dificultad semántica. Además, si volvemos a *El libro de la rosa* notamos que Peligro es un *vilains*; que es grande, negro y peludo; que sus ojos queman como fuego y que grita como un loco.[14] Aun si Ovidio llamase a *Pudor* «rustice» y un rústico sea un *vilains*, no puedo sino sentir que este ogro es una descripción muy extraña de la modestia femenina. El rasgo más obvio de Peligro es que está convencido de que el ataque es la mejor defensa. ¿Es este el personaje *Pudor*? ¿Acaso no usa en el combate erótico algo más que la estrategia de Fabio? No me agrada estar en contra de un gran crítico; pero me es imposible dejar de pensar que Peligro significa algo muy diferente a *Pudor*. Creo que significa más bien el desaire directo, el «desprecio» de una dama arrojado desde la altura de su señorío; el orgullo que de pronto la envuelve como un vestido, y tal vez su ira y su desdén.[15*]

---

[13] Langlois, *Origines et sources*, pp. 29, 30.

[14] *Roman de la Rose*, 2920-4.

[15] Ver Apéndice.

* (N. del T. Como se verá más adelante, y en consonancia con las explicaciones de Lewis en el Apéndice I, los traductores españoles modernos han preferido, correctamente a nuestro juicio, llamar Rechazo a esta personificación. Véase Guillaume de Lorris, Jean de Meun, *El libro de la rosa*, traducción de Carlos Alvar y Julián Muela, Ediciones Siruela, Madrid, 1986).

Tal es entonces la escena y tales los personajes. Pero cuando un lector los ha entendido, logrando captar el verdadero relato del poeta, siempre es posible caer en el riesgo contrario. Visto ya lo que significa una alegoría, nos inclinamos a considerar el significado de lo abstracto dejando de lado la imaginería alegórica como algo que cumplió su cometido. Este no es el camino para leer una alegoría. Después de todo, aquella es una visión símil desde el otro extremo: una vez visto el punto de similitud no se le arroja a un lado. Le damos vueltas a eso del «amanecer» caminando «en manta bermeja» aun sabiendo que la referencia es a los colores del cielo y no a una figura humana que camina envuelta en una capa; es más, imaginamos aquel amanecer precisamente porque mantenemos en mente la imagen «falsa». Lo mismo debe hacerse al leer la alegoría. No basta con que el soñador que clava la mirada en la fuente signifique la primera mirada que hace el amante a los ojos de la dama. Debemos sentir que la escena, en lo que respecta a la fuente, es un parecido imaginario a la experiencia del amante. De ocurrir en un símil, ningún lector lo encontraría difícil. Leer una alegoría como un símil continuo, pero un símil que retrocede, resulta difícil solo porque hemos perdido el hábito, hábito que es posible adquirir y que deberá adquirirse para poder decir con propiedad, más allá de los simples comentarios sin fundamento, cuáles de las viejas alegorías son buenas y cuáles malas. Esto último no podrá determinarse a menos que se lean tal y como se pretendió que fuesen leídas: manteniendo constantemente presentes el sentido literal y el alegórico sin tratar al uno como al mero significado del otro, sino como su interpretación imaginativa; y comprobando, directamente, hasta dónde el concepto informa en realidad a la imagen y hasta dónde, en realidad, la imagen prestó vida poética al concepto.

III

Suponga entonces que usted es un joven nacido en los rangos más altos de la sociedad feudal. Acaba de abandonar las limitaciones de la niñez. Está en la primavera de la vida y el mundo entero se abre ante sus ojos. Con todo, todavía no tiene determinadas ambiciones. La vida de la corte, aún no considerada como el fundamento de la ascensión social, sino como una mera forma de vida, como un paraíso de talento, amor y jolgorio que se basta a sí mismo, ha hecho carne todos sus deseos. Es un jardín encantado «de cuyas murallas vuela lejos el pesar»: un mundo que se alza casi por sobre la naturaleza[16] y del que las incapacidades de la niñez lo han excluido durante mucho tiempo. Por fin ahora las puertas se abren y la entrada se hace fácil, al menos para alguien como usted. Pobreza, vulgaridad y vejez son las cualidades que inhabilitan a un candidato; usted no es culpable de ninguna. Todo lo que se le pide es nadar según la corriente, envolver su persona en voluptuosa pereza y arrancar capullos de rosas cada vez que lo desee.

Esta es la situación que presenta Guillaume de Lorris al inicio de *El libro de la rosa*. El soñador divaga en una mañana de mayo, a la ventura en un principio, junto al río de la Vida; pero el designio y el propósito acuden a él apenas ve el jardín cuyos cuatro costados rodea un muro alto y almenado. En su exterior observa las imágenes de los que están excluidos para siempre. A primera vista parecen una curiosa colección en la que vicios como Avaricia y Envidia se mezclan con infortunios como Pobreza, Vejez o Tristeza. Pero la exactitud de la lista queda de manifiesto no bien recordamos la intención alegórica. La vida cortés, simbolizada por el jardín, no es una entidad puramente moral —como habría sido la aristocracia de Platón—, ni puramente animal —como la aristocracia de una escuela—, o puramente económica —como la «sociedad» de nuestros tiempos—. Para ingresar a su desbordante gozo un hombre requiere, junto a algunos dones naturales y suficiente fortuna, ciertas cualidades morales genuinas. Es por esta razón que Odio, Codicia y Envidia están junto a Pobreza y Vejez en el exterior del muro. La única figura de la galería que requiere alguna atención es *Papelardie* (Felonía). Sin duda, se trata de la personificación de la hipocresía religiosa; un vicio que, bajo diferentes nombres, representará un papel importante en la continuación del *Roman* por Jean de Meun. Sin embargo, en aquella continuación Hipocresía no está al otro lado del muro y no existen razones como para suponer que Guillaume de Lorris pudiera usarla en el curso del relato. ¿Cuál es entonces su relevancia? La respuesta se verá en una sola línea:

Ni alegre, ni ligera, ni hermosa.[17]

Felonía es aquella cualidad que los padres llaman Castidad y los amantes corteses Gazmoñería. En el mundo cortés las damas que justificaban su poca

---

[16] Cp. *Roman de la Rose*, 637, 638.

[17] Ibid., 427 (435 en la versión en inglés del *Chaucer* de Skeat, vol. I).

gentileza con pretensiones morales o religiosas eran acusadas de hipócritas. En el mismo espíritu, y por las mismas razones, a los niños de nuestras escuelas se les tilda de mariquitas. Así, resulta muy natural que *Felonía* esté entre los impedimentos de la vida cortés.

Pero, y como al soñador en el poema, todo este tiempo se nos demora en el exterior del muro; y en la inevitable aridez de la interpretación perdemos lo que constituye la vida de la alegoría: el seductor secreto del recinto, las copas de los árboles que se ven sobre las almenas, el canto de los pájaros que se hallan dentro y el largo rodeo para encontrar la puerta. Cuando al fin la descubre, el soñador se topa con Ociosa, la portera, que está muy bien descrita:

> Cuando húbose arreglado los cabellos
> Y los bellos y ricos atavíos,
> Entonces finalizó su jornada.[18]

Ella le dice que este es el jardín de Solaz, quien con su gente goza del placer que prodiga bajo la sombra de unos árboles traídos desde la tierra de los sarracenos. Y lo invita a entrar.

El joven ha sido estrenado en sociedad. Y durante los primeros meses no se ocupará más que del delicioso aprendizaje de las maneras cortesanas. En la alegoría conoce las variadas personificaciones corteses cuyos opuestos descorteses ya ha visto en el exterior. Luego deambula lejos de ellas, solo, admirando los árboles, los animales, los manantiales y las flores del jardín. Mas todo esto ocurre mientras el dios del Amor lo sigue sin ser visto. Un ejemplo admirable de la calidad del poeta es la naturalidad y sencillez con que fluye la descripción de este pasaje: nunca olvida el sentido alegórico —sin corromperse por ello— y sugiere con frecuencia al lector moderno un simbolismo menos explícito y mucho más profundo.[19]

Pero aun cuando el joven no hubiese podido predecir que la vida de la corte, como simple modo de vivir, le iba a satisfacer por poco tiempo —no hay que olvidar que el dios lo ha venido siguiendo en lo oculto—, sus mayores podrían haberlo hecho fácilmente. Sabemos que «Amor» se «aprende por primera vez en los ojos de la dama», y entre las muchas

---

[18] Ibid., 568 (versión en inglés 567).

[19] No solo a un lector moderno. La Edad Media tuvo el mismo sentimiento; y una expresión cruda de él podrá encontrarse en la versión «moralizada» del *Roman*, de Jean Molinet, en el siglo XV. v. en la edición de Langlois, tomo i, pp. 32ss.

que conoce hay una cuyos ojos observa de cerca largamente. Estos ojos le parecen contener, o resumir, toda aquella vaga delicia en la que ha vivido durante los últimos meses. Pero contienen algo más: en ellos ve la promesa del amor.

Este importante paso en la narración está alegorizado de tal manera que ha sido malentendido o pasado por encima incluso por lectores inteligentes.[20] Sin embargo, las equivalencias son muy simples y hasta se acercan peligrosamente a aquella alegoría fisiológica que agobia la *Casa del alma* de Spenser. El soñador, en sus vagabundeos, llega a una fuente. Sobre ella, en pequeñas letras, lee que es la misma donde Narciso vio reflejada su imagen y por cuyo amor murió. El soñador teme y se aleja; pero su curiosidad es más fuerte y también mira. Alrededor de la fuente, en invierno como en verano, el césped crece tupido y delicioso. En el fondo yacen dos cristales en los que se refleja el jardín. Este es el espejo peligroso y la fuente del amor de la que tantos han hablado «en romanceros y libros». No bien posa sus ojos sobre los cristales ve, poco más allá, un rosedal; y, entre las rosas, un capullo aún cerrado. Hinchado de deseo, abandona sus cavilaciones y se acerca para tomarlo.

De este pasaje observaría dos cosas. En primer lugar, que basta para desterrar para siempre la desastrosa confusión que identificaría a la Rosa con la Dama. La Rosa, en Guillaume, es claramente el amor de la Dama. Y aunque en Jean de Meun tenga un significado distinto, en ninguna parte representa a la Dama misma. En segundo lugar, preguntaría al lector si acaso este pasaje, a pesar de una pequeña sobreelaboración, no está muy bien manejado por el poeta. Descripciones del acto (o pasión) de «enamorarse» tienden a ser episodios muy banales en la ficción; pero me parece que Guillaume, con sus cristales y su fuente, nos entrega algo de la verdadera magia de los ojos (y de los espejos) como si realmente existiese; por cierto, no tan solo fuera de la mente humana, sino fuera de cualquier escuela poética.

En los versos que siguen, el sentido es muy simple y no necesita interpretación. Mientras el soñador estira la mano para agarrar la Rosa, súbitamente es herido por una flecha. El dios del Amor, que lo ha estado

---

[20] La interpretación correcta queda fuera de toda duda en las siguientes líneas de Bernart de Ventadorn (*v.* Bartsch, *Chrestomathie Provençale*, 1904, 69), que sería la fuente indirecta. «Anc non agui de mi poder Ni no fui meus des l'or' en sai Que·m laisset en sos olhs vezer, En un miralh que mout mi plai. Miralhs, pos me mirei en te M'an mort li sospir de preon, Qu'aissi·m perdei cum perdet se Lo bels Narcisus en la fon».

siguiendo, comienza a disparar. Es aquí, por única vez, cuando la alegoría del sueño sabe en algo a un sueño real. *In mediis conatibus aegri succidimus!* Aunque no puede alcanzar la Rosa, el Soñador no se deja detener por las cinco flechas que, sucesivamente, le hieren en su intento. Finalmente, el dios lo conmina a rendirse. El joven lo hace; y honrando al dios se convierte en un vasallo de Amor. En otras palabras, el joven se sabe inequívocamente enamorado y acepta la situación.

En los trescientos versos que siguen encontramos uno de aquellos episodios en los que la obra del veterano poeta ha «envejecido». El dios del Amor instruye a su nuevo vasallo en los deberes y dolores que, respectivamente, habrá de cumplir y sufrir. Por una ironía no poco común en la historia literaria, Guillaume abre este discurso con la siguiente promesa:

El romance halla aquí su enmienda.[21]

Se aproxima a la parte doctrinal de su obra, reclamando un lugar junto a Ovidio y Andreas Capellanus. Claramente espera que el pasaje sea leído con mayor frecuencia y ansiedad que cualquier otro. Por cierto, no podemos decir que en este punto la alegoría no corresponda a nada real (v. gr., psicológico) del relato. Incluso en nuestros tiempos, cuando un joven reconoce que está «enamorado», sabe muy bien que ha llegado a un lugar donde otros ya estuvieron; un lugar con leyes propias que existen antes que él tenga noción de ellas; y en el cual ciertas cosas, no desconocidas de la literatura y la tradición, deberán emprenderse y sufrirse. En el siglo XIII, la institucionalidad erótica que ensayé en el primer capítulo debió de incrementar fuertemente tal sentimiento: pues no hay nada en literatura que, en algún grado, no se filtre a la vida. Y así, detrás del largo discurso de Amor podemos y debemos suponer cierta experiencia que pudo ocurrirle realmente a un amante del período. Si bien, y cuando ya todo ha sido dicho, resulta un pasaje más para historiadores que para poetas.

En la línea 2767 Amor se esfuma. Ha pasado la primera impresión fuerte del enamoramiento y el joven debe considerar qué hará ahora. No puede requerir de amores a la Dama inmediatamente: hay un espinoso seto alrededor del rosedal. Puede hacerse digno de sus favores a través del simple roce social; y en un principio hará progresos. La Dama está dispuesta a ser amistosa y muy pronto se dan las condiciones para pensar en la cuestión del

---

[21] *Roman de la Rose*, 2062 (versión en inglés 2154).

amor. La amistad de la Dama —o «buena acogida»— es personificada por el hermoso y elegante muchacho Bialacoil, quien conduce al soñador más allá del seto, al rosedal. Pero mientras se acercan a la Rosa deben atravesar el cubil que habitan Peligro, Mala Lengua, Vergüenza, Miedo y Celos. Uno de los rasgos más exquisitos de la alegoría es que una cualidad propia de la Dama —su «graciosa bienvenida»— sea desde un comienzo cómplice del amante contra ciertas otras cualidades —también presentes en ella— que ambos conspiradores temen excitar: su «peligro» y su modestia; enemigos que deben mantenerse tan cuidadosamente a cubierto como los chismes de la corte (Mala Lengua) y las suspicacias de los parientes (Celos). Bialacoil está siempre distraído entre su dulzura natural y su temor a estos enemigos. De ahí que, por propia voluntad, ofrezca al soñador una hoja que ha crecido cerca de la Rosa; y se sobresalte y tema cuando se le pide la Rosa misma. No bien la súplica ha escapado de labios del Soñador, Peligro, saltando de su escondite, impele al intruso a alejarse al otro lado del seto e increpa a Bialacoil, quien emprende la retirada.

El amante ha hecho su primer intento y ha fracasado. Todavía no es un cínico ni tiene la suficiente vanidad o experiencia como para saber que tales reveses no siempre son definitivos. Solo tiene claro que ha perdido la intimidad conseguida y que «bial acoil» se ha esfumado del rostro y maneras de su Dama. El aguijón del desconsuelo lo impele a reflexionar. O, y como aparece en la alegoría, Razón escoge este momento para descender desde su torre y hablarle.

> Puros y diáfanos, como estrellas,
> Brillan sus ojos;
> Una corona de ricas piedras
> Le ciñe la cabeza
> Engalanándola de majestad.
> Por su rostro y su talle
> Solo del Paraíso pudo venir;
> Gracia bastante no tuviera Natura
> Para un fruto tan grande.[22]

Ella le dice:

> Caro ha sido el precio del tiempo de Mayo.[23]

---

[22] Ibid., 2981 (versión en inglés 3199).
[23] Ibid., 3000 (inglés 3222).

En mala hora Ociosa le abrió la puerta del jardín. Los enemigos son demasiado poderosos. Mejor será renunciar a las tonterías del amor y refrenar el corazón:

> Quien al deseo del corazón siempre acoja,
> Abrazado será por el sombrío manto de la congoja.[24]

El caso no podría haberse puesto mejor. Pero, y de acuerdo a la naturaleza, es cierto que el amante podrá oír y entender y aun así renunciar a todo este sentido común; no como algo demasiado alto y difícil, sino como algo que está por debajo de él: como una deslealtad a Amor. Como dice el poeta moderno:

> No puede la bondad ser impulso de enamorados;
> Toda pugna los hace sentir víctimas.

Razón —y esto también es cierto— no insiste demasiado. El amante queda libre para consolarse con la conversación de Amigo, quien da por hecho sus designios con la Rosa y se hace cargo del aspecto práctico del negocio. Resultado de su consejo es que el soñador se atreva a acercarse una vez más al seto y hasta a parlamentar con Peligro.

Aquí el interés del relato comienza a trasladarse a la heroína. La muchacha ya se recobra de la primera impresión que le provocara la demanda del amante. Peligro todavía guarda el rosedal, pero se trata ahora de un Peligro más hosco que violento; y cuando el amante solicita tan solo mantenerse lejos del seto y amar a la Rosa en la distancia, aquel se aviene de mala gana a un áspero permiso:

> Ama, si quieres. ¿Crees que acaso puede importarme?
> Pero mantente lejos de mis rosas.[25]

La muchacha, sin embargo, tiene enemigos dentro y fuera. Ahí está su *Franqueza*, renuente a la aversión o la suspicacia. Ahí está también *Piedad*; después de todo, el joven parece tan miserable. ¿Qué ha hecho el pobre Bialacoil para que se le trate así? Bialacoil no quiso hacerle daño; no puede haber daño en ser civilizado y agradable. Con estos argumentos, Piedad y Franqueza exhortan a Peligro a consentir en el regreso de Bialacoil. «Dulce

---

[24] Ibid., 3071 (inglés 3303).
[25] Ibid., 3199 (inglés 3477).

Albergue» se muestra nuevamente en el rostro de la dama. Y no transcurre mucho tiempo antes de que el amante se encuentre otra vez dentro del seto. El joven ha sacado provecho de la experiencia. Ahora suplica con mayor moderación. Ya no solicita agarrar a la Rosa, sino solo besarla. Bialacoil responde con perfecta sinceridad:

> No es a mí a quien por consejo debes acudir;
> Castidad me impide nuevamente fallar.[26]

Naturalmente, el amante no tiene respuesta para esto. Sus lances han quedado en un punto muerto. El relato ha alcanzado el momento culminante. Todo lo que podría esperarse que Bialacoil hiciese por él ya ha sido hecho. Las cualidades intrínsecas de la dama —sinceridad, amistad y misericordia— la llevaron hasta allí y no más lejos. Si todo estuviese en sus manos, el contratiempo resultaría definitivo. Pero no es así. El amante posee aliados más poderosos que cualesquiera de las cualidades personales de su querida, capaces de transformarla en un títere. La pasión natural le caerá encima despertando en ella deseos que jamás sospechó. En este momento, Venus hace su aparición en el poema. Venus, que es apasionada, licenciosa y natural, que a veces trabaja de la mano con el amor cortés mas sin requerir su ayuda, y que hasta suele trabajar sin él. Venus es aquel elemento de la situación que Bialacoil no tomó en cuenta cuando permitió al amante ingresar al seto por segunda vez. La dama tuvo lástima de la pasión del joven y lo admitió de nuevo en su intimidad; pero olvidó sus propios sentimientos. Inocencia es seducida por lo imprevisto. Al contacto con la antorcha de Venus, Bialacoil cede a la súplica y el amante besa la Rosa.

Después todo es confusión. Los soplones van tras la huella del amante. Celos, requerido por Mala Lengua, acude al instante a la escena y regaña a Bialacoil, quien no tiene nada que decir en su defensa. Vergüenza responde por él en forma tímida y balbuceante. Es conmovedor —y natural— que en el largo discurso asignado a Vergüenza no se pronuncie ninguna palabra a favor o en contra del amante. Es Bialacoil quien ha cometido traición: Bialacoil es quien debe ser defendido aunque no haya hecho más de lo que su madre Cortesía le enseñó, y por mejor. La muchacha no puede creer que su costumbre de «ser agradable con las personas» —a la luz de nuestro idioma vernáculo— sea una falta. Tal vez sepa, inconscientemente, que

---

[26] Ibid., 3397 (inglés 3669).

Bialacoil, aunque en desgracia por ahora, es el más idóneo de su séquito para servirla. Vergüenza prometerá vigilarlo con más cuidado en el futuro.

Este convenio satisface a la dama mas no a sus guardianes, simbolizados por Celos. Lo único que los dejará contentos es que Bialacoil sea arrojado a prisión. Vergüenza y Miedo son enviados a despertar a Peligro y a reprenderlo por su negligencia. Se reparan las brechas del seto. Se cava un foso y dentro de él se levanta un castillo. Vergüenza, Peligro, Miedo y Mala Lengua son apostados como centinelas en cada una de las cuatro puertas. Dentro, Bialacoil es dejado prisionero y se le asigna una vieja como carcelera, que en nuestro texto inglés se llama Vekke. El amante, expulsado, no puede sino llorar a las afueras del castillo y lanzar una desesperada súplica a Bialacoil:

> Aunque prisionero ahora estés,
> Reserva para mí tu corazón.[27]

Aquí se produce un quiebre en la obra de Guillaume. A la dama le ha sido asignada una Dueña que en adelante supervisará estrictamente su «bial acoil». Esta peligrosa disposición suya a la amistad debe ser vigilada. Y la Dama misma resulta más del lado de la Dueña y sus parientes. Su modestia, sus miedos y su «peligro» cooperan con los chismosos de la corte y los celos de la familia para acallar y suspender de cualquier acción a ese «dulce albergue» que, a pesar de todo, no puede extirpar de su corazón. Así las cosas, y en apariencia, todo ha terminado para la súplica del amante. Nada hay en el hostil comportamiento de su querida que le dé esperanzas. Sin embargo, y sobreponiéndose, apela a ese elemento en ella que, aun cuando lo vio solo una vez y ahora está bajo llave y candado, cree todavía vivo.

Esta es la primera parte del *El libro de la rosa*. Tenemos la fortuna de contar con un texto completo en el inglés del siglo XIV, en parte gracias a Chaucer; aunque se trata de una versión que, en cierto sentido, adolece de la equilibrada fluidez del original y en algunos lugares hace al poema algo más chispeante y mordaz —y menos gentil y uniforme— de lo que es realmente. Existe una cualidad en el viejo francés a la que solo Gower, entre los ingleses, se ha acercado. Ninguna poesía pudo haber sido más apacible y diáfana. Su forma posee un encanto y un recato tales que el estilo golpeado y la voz torácica de la lengua inglesa no pueden reproducir. El nuestro es «todo

---

[27] Ibid., 4004 (inglés 4378).

instrumentos», el de ellos la «flauta solitaria». Destaco el punto porque es precisamente este aspecto del poema original el que inevitablemente escapa a mi análisis. Mientras hablamos de psicología y de la conducción del relato, el lector debe tratar de recordar que todo se da a entender en un medio casi perfecto; que la brillante belleza de las escenas y la avidez (difícilmente patetismo) de muchos discursos merecerían una lectura por sí mismos. Y muy pocos poetas han dado mejor que Guillaume de Lorris aquella nota que es el encanto peculiar de la poesía amorosa medieval: la mezcla casi infantil (al menos así parece) de inocencia y sensualidad que nos permite creer por un momento que el paraíso nunca estuvo perdido.

Los méritos de Guillaume se aprecian con mayor facilidad desde el punto de vista psicológico; y espero que ya sean evidentes. Merece —incluso más que Chrétien— ser llamado el fundador de la novela sentimental. En el *Roman* subyace una verdadera historia de amor de considerable sutileza. Despojar al poema de la alegoría, contando la historia de nuevo como una novela, sería cuestión de pura y simple destreza y no un trabajo de creación; y además, tampoco constituiría una mejora. Que la forma alegórica le acomode tanto al novelista que hay en Guillaume se aprecia en el hecho de que, una vez terminado el poema, poseemos un conocimiento íntimo de la heroína aunque jamás haya aparecido. En sus miedos y en sus dudas, en la permanente traición que sufre a manos de Bialacoil (quien no pretende ningún daño), en nuestra certeza de que acabará consintiendo aunque clame, en cierto sentido honestamente, que ha sido vencida contra su voluntad, apreciamos los perfiles del personaje legado por Chaucer en su Criseida. Pues la Criseida de Chaucer está tomada de Guillaume de Lorris y no de Boccaccio.

La historia, tal y como se cuenta en la primera parte del *Roman*, es lo suficientemente interesante como para incitar especulaciones. ¿Cómo la habría concluido el poeta si hubiese tenido tiempo? El difunto señor Langlois, de quien resulta temerario diferir en un punto como este, opinó que ya estaba cerca del fin cuando se interrumpió y que el Soñador pronto conquistaría la Rosa.[28] Por mi parte, no tengo ninguna seguridad de que hubiese

---

[28] *V.* en la edición de Langlois, tomo i, p. 3. Su argumento de que, al momento en que Guillaume realiza el quiebre, la heroína «n' est plus séparée de lui (*sc.* l'amant) que par l'étroite surveillance de ses parents» me parece falsa. Sus parientes (v. gr. *Celos*) ciertamente han construido el castillo, pero enlistaron a *Peligro*, *Vergüenza* y *Miedo* entre sus celadores. En otras palabras, la muchacha ha dado muestras de gran docilidad ante las reprimendas de sus parientes y ahora está completamente de su lado.

concluido de esa manera. Dudo que un poeta tan lejos del cinismo como Guillaume hubiese introducido a Razón con esa gravedad si, finalmente, iba a ser derrotada. El discurso de Razón bien pudo haberse escrito para preparar el camino a una especie de palinodia que, como sabemos, no es para nada extraña a la ciencia amorosa medieval. El *Roman* pudo concluir con la derrota y refutación de Amor.

Especulaciones como estas surgieron tras la muerte de Guillaume. La gigantesca continuación de Jean de Meun, que nos ocupará en la próxima sección, no fue la única. La precedió (probablemente) un intento mucho más corto en la obra de un poeta anónimo.[29] Allí, Bialacoil y el resto de los poderes proclives al amante escapan del castillo para reunirlo con la Rosa mientras Celos duerme. Esta conclusión resulta absolutamente inconsistente con el carácter de la heroína en la obra de Guillaume. El querer desatar nudos lo más rápido posible para lograr cierta conclusión parece más bien fruto de la ansiedad que una profunda afinidad con el poema original. Es indudable que respecto a esta afinidad Jean de Meun fue cuando menos tan defectuoso; pero ocurre que no escribió una simple conclusión, sino que hizo del *Roman* original un pretexto para un nuevo poema —que empequeñeció completamente al primero— y que ahora vamos a considerar según sus méritos particulares.

IV

«No dejes que nadie te diga qué hay en la *Crítica de la razón pura*», dijo Schopenhauer. La misma advertencia podría hacerse respecto a la segunda parte de *El libro de la rosa*. Con la misma desesperanza y «asombro» que Lydgate sintió alguna vez, asumo la tarea de transmitir a quienes no la han leído, o de recordar a aquellos que sí lo han hecho, cierta idea de este enorme, desgreñado y violento poema de dieciocho mil versos. La tradición literaria ha establecido, como hilo conductor, el principio de que Jean fue un satírico: como si no hubiese sido una docena de cosas más. Como si no tuviese méritos suficientes para ser clasificado al mismo tiempo de polemista, filósofo, científico, poeta de la naturaleza, poeta religioso cabal y serio o poeta de la Escuela de Chartres. Jean de Meun es todo menos un alegorista. Con respecto a las refinadas equivalencias de Guillaume

---

[29] *V.* Ibid., pp. 3ss.

de Lorris resulta tan inútil como el doctor Johnson respecto a los gnomos y sílfides de Pope. Adolece completamente —y tal vez hasta la desprecie— de la arquitectura y el sentido de proporción que hay en Guillaume. Nunca llegamos a saber, en una página, lo que leeremos en la siguiente. Es incapaz, como lo fueron Langland y Dryden, de producir un poema, un ποίημα, una *cosa hecha*. Lo que, con todo, no significa que sea incapaz de hacer poesía; incluso una poesía que, a veces, se acerca mucho a la grandeza de la de Guillaume de Lorris.

En aras a dejar esto en claro desde el principio, conviene señalar que la obra de Jean es una continuación de la de Guillaume solo en un sentido muy superficial. No es la narración alegórica lo que abulta su prodigiosa extensión, sino sus digresiones. La historia de la segunda parte de *El libro de la rosa* puede relatarse muy brevemente. Y dado que el libro tal vez no se lea con frecuencia en Inglaterra, me aventuraré a contarla. No me detendré a indicar el curso de la historia de amor que encubre la alegoría: Jean de Meun no ocupa ningún sitio entre los fundadores de la novela y difícilmente vale la pena encontrar su *significatio*.

El Soñador, abandonado fuera del castillo, lamenta su destino y vacila en su lealtad a Amor. Razón vuelve a descender para aconsejarlo (la conversación entre ambos, que se extiende por una gran variedad de temas y ocupa tres mil versos, constituye la *Primera digresión*). Una vez desembarazado de Razón, vuelve a Amigo, quien le asegura que Peligro ladra más de lo que muerde, dándole además un consejo ovidiano sobre cómo engañar a los guardianes de la Rosa y corromper a sus sirvientes (entonces Amigo, insensiblemente, se desliza hacia otros tópicos por casi mil versos. Esta es la *Segunda digresión*). El Soñador, siguiendo los consejos de Amigo, intenta acercarse al castillo a través de Dádiva; mas lo encuentra custodiado por la dama Riqueza, que solo admite a sus amigos. De nuevo se le aparece el dios Amor para catequizarlo. Más adelante, el mismo dios reúne a sus barones para tomar parte en el asalto al castillo. Les profetiza que la vida y obra de Jean de Meun continuará el *Roman* iniciado por Guillaume de Lorris. Los barones aconsejan que se convoque a Venus; Amor replica que no está disponible explicando, con cierta latitud, su relación con ella. Luego se percata de que la hipocresía religiosa, en las personas de Falso Semblante y Abstinencia Obligada, se las ha arreglado para integrar su comitiva. Tras algunas vacilaciones, son admitidas como aliadas (en respuesta a las preguntas de Amor, Falso Semblante se describe a sí mismo —y a una buena cantidad de otras cosas— en un discurso de mil versos que constituye la *Tercera digresión*). Es entonces cuando Amor da la orden de ataque. Abstinencia Obligada, vestida de peregrino, y Falso Semblante, de fraile, se acercan a la puerta que custodia Mala Lengua y la obligan a confesarse. No bien cae de rodillas, Falso Semblante la estrangula y arroja su cuerpo al foso. En medio del triunfo, ambos hipócritas son reforzados por Cortesía y Largueza y los cuatro entran al castillo a parlamentar con la Vieja. Esta, al oír que Mala Lengua ha muerto, se compromete a hacer pasar furtivamente al amante dentro del castillo. Entonces se dirige cojeando a preparar a Bialacoil para la visita, presentándole una guirnalda de flores que le ha enviado el amante. Encuentra cierta dificultad en persuadir a Bialacoil para que la acepte; pero finalmente vence y comienza a leerle un texto altamente autobiográfico acerca del amor (esta es la *Cuarta digresión* y se extiende en algo así como dos mil versos). Garantizado ya el tímido consentimiento de Bialacoil, el amante es llevado a su presencia y nuevamente solicita la Rosa; sin embargo, una vez más Peligro, Miedo y Vergüenza le interrumpen y amenazan a Bialacoil con nuevos rigores, conduciendo al intruso fuera. Ante esto, la vanguardia del ejército de Amor llama al resto de la milicia a asistirle; los defensores toman sus puestos y sigue una suerte de psicomaquia erótica (pero no antes de que el autor nos interrumpa con una apología de su obra, la *Quinta digresión*). Tras un somnoliento combate, Amor solicita una tregua y envía a sus mensajeros a rogar la ayuda de Venus. La encuentran con Adonis (su historia se nos narra en la *Sexta digresión*) y la persuaden para que los acompañe al frente. Amenaza a la guarnición del castillo y junto a Amor jura vencerla. Natura, que trabaja en la fragua, escucha el juramento por casualidad (el diálogo subsiguiente con Genio, su confesor —la *Séptima digresión*—, nos ocupa durante cuatro mil versos). Natura envía a Genio a visitar al ejército de Amor y presentarse ante los barones con un indulto. Genio las hace de perdonero (no sin un sermón de dos mil versos, la *Octava digresión*), los barones claman amén y Venus, luego de requerir en vano la rendición del castillo, apunta con su arco a una imagen (tan inmaculada como la que amó Pigmalión. La historia de Pigmalión, en mil versos, es la *Novena digresión*). Luego Venus dispara su quemante flecha. El castillo arde en llamas. Huyen los defensores. Bialacoil es rescatado y conducido ante el amante a quien (después de la *Décima* y última *digresión*) rinde la Rosa. El Soñador despierta.

Las críticas contra Jean de Meun ni siquiera quedan en evidencia tras este breve resumen. Escogió continuar una obra donde la unidad temática era conspicua: cosa que no le interesó en lo más mínimo. Escapó de dicha unidad cada vez que pudo; y las veces en que volvió, parece que lo hizo siempre de mala gana. Y en aquellos pasajes en los que mantuvo el tema por sus propios medios, el tratamiento resultó superficial y confuso. Así las cosas, tres de sus episodios —el descenso de Razón, la confianza reestablecida por Amigo y la llegada de Venus— simplemente repiten otros del original. Además, carece completamente de aquel poder tan necesario para la alegoría y que consiste en mantener en mente dos relatos diferenciados —el psicológico y el simbólico— aunque en paralelo. Describe cómo la Vieja, a través de una ventana, admite furtivamente al amante a la presencia de Bialacoil; cosa que, alegóricamente, no tiene ningún sentido. Jean olvida que el castillo y la prisión de Bialacoil son simples figuraciones: tropieza con la narración literal de una intriga donde la dueña admite al galante, por una ventana real, hacia la casa o el castillo en que vive su querida. Hace que la Vieja instruya a Bialacoil sobre el comportamiento apropiado a un joven, del engaño entre los esposos y de cómo se trata a los amantes. Hace que Bialacoil dude antes de aceptar de manos del joven el don de la guirnalda —duda que solo es propia de Vergüenza y Miedo—, cediendo finalmente bajo la influencia de la vanidad. «Su»(«His») espejo le dice a «él» que la guirnalda se ve muy bien sobre «sus»(«his») suaves cabellos.[30*] En otras palabras, Jean de Meun olvida, durante diez mil versos, que Bialacoil es un «joven soltero». Identifica a Bialacoil con la heroína y, en consecuencia, describe conductas femeninas: el nombre, con sus correspondientes pronombres y adjetivos masculinos, sobreviven para recordarnos el absurdo. La alegoría se ha quebrado. No sería difícil defender estos episodios diciendo que se adelantan al arte de la historia de amor literal, echando a perder la alegoría por darnos algo mejor a cambio. Sin embargo, lo que nos dan es mucho peor. El delicado manejo psicológico de una historia de amor larga y seria, sin el cual resultaría la cosa más tediosa del mundo, solo es posible gracias a los artificios alegóricos. Lo que Jean hace es sustituir un relato alegórico de primer nivel por una historia literal de tercera categoría, confundiendo el uno con la otra de modo que en definitiva no disfrutamos de nada. Cuando Chrétien se introduce en la alegoría sabe muy bien con qué está tratando, y subordina la digresión alegórica al tema central enriqueciendo el poema sin confundirlo. Cuando Jean de Meun, por un proceso inverso, se sale, lo hace por mera inadvertencia y produce

---

[30] * (N. del T. Nos vemos obligados, por razones obvias según lo que sigue, a incluir los posesivos ingleses entre paréntesis).

el caos. La chabacanería es el vicio característico de su obra. Jean de Meun es un chapucero. Su mano resulta pesada y sus dedos, como quien dice, «todos pulgares».

Sus digresiones constituyen un defecto distinto pero igualmente grave. Por cierto, hay algunos excusables por ser característicamente medievales, pudiendo alegarse en su defensa que imponemos a un arte una regla clásica, una unidad que le es ajena. Yo no admito tal defensa. La unidad de interés no es «clásica»; no es ajena a cualquier arte que haya existido alguna vez o que pueda llegar a existir. La unidad en la diversidad sí es posible: a falta de ella, la mera unidad como opción. Esta es la norma para toda obra humana, dada por la naturaleza de la conciencia y no por los antiguos. Cuando las escuelas de crítica o de poesía rompen esta regla, la regla las rompe a ellas. Si a las obras medievales les suele faltar unidad, no es porque sean medievales, sino porque, al respecto, son malas. Incluso la irregularidad de una calle medieval fue un accidente y no se debió a un amor «gótico» por la rusticidad. Cuando la Edad Media soñó la ciudad —la ciudad que, de haber podido, habría construido— imaginó todas sus casas de la misma altura:

> Y ninguna había que a la otra superara
> En la ciudad, pues en altura se asemejaban

Es cierto que, en este sentido, el arte medieval nos choca con mayor frecuencia que el resto. Pero esta es su enfermedad y no su esencia. Flaqueó en la unidad porque intentó vastos diseños con recursos inadecuados. Cuando el diseño fue modesto —como en *Gavain y el Caballero Verde* y algunas parroquias normandas— o cuando los recursos fueron adecuados —como en la catedral de Salisbury y *La divina comedia*—, entonces el arte medieval logró una unidad del más alto orden, comprendiendo la mayor diversidad de detalles subordinados.

De esta manera, la tortuosidad de la obra de Jean de Meun es un defecto; y un defecto fatal para su poema. Pero, por supuesto, no es fatal para su poesía. Al leer la segunda parte de *El libro de la rosa*, como al leer *The Hind and the Panther* (*La cierva y la pantera*) o el *Essay on Criticism* (*Ensayo sobre la crítica*), hay que abstraerse del poema como un todo: somos arrojados hacia los méritos incidentales, hacia la poesía dispersa que sobrevive a las ruinas del poema. De estos méritos incidentales, que en la Rosa son abundantes e influyentes, trataremos a continuación.

136

V

De los numerosos e incompatibles fines que Jean tuvo a la vista, el más exitoso y uno de los más frecuentes —aunque difícilmente el de mayor significado— es el de la instrucción. Y por instrucción no me refiero al didactismo moral, sino a la simple transmisión lectiva de las mejores teorías de entonces sobre ciencia, historia y filosofía. En esto no hay nada que le sea peculiar. Una de las tendencias de la época fue hacer de cada poema largo una especie de enciclopedia; tendencia eminentemente natural y razonable en una era de incorrupta curiosidad donde un clérigo, rimando en lengua vernácula, llegó a ser para el público «lego» el divulgador del saber clerical. Puede pensarse que este rol de conferencista de los poetas medievales no tenía nada que ver con su calidad de tales y que no concierne al historiador literario; pero tal visión —como el gran ejemplo de Dante lo muestra— resulta demasiado estrecha. El reino de la literatura pura y el de la aplicada deben ser tan distintos en principio como el reino animal y el vegetal aun cuando estén igualmente indeterminados en la frontera. Por cierto, la doctrina en verso bien divulgada exige muchas de las cualidades del artista literario: claridad, dominio de la forma, apropiada adaptación de la metáfora, etcétera. Y si el tema se ha imaginado tan bien como se ha entendido —y es casi imposible hacer lo uno sin lo otro—, cualquiera se introducirá en la poesía y se zafará de ella con tanta facilidad y tan poca pretensión que solo un croceano muy severo estaría dispuesto a trazar una línea divisoria entre «poesía» y «ciencia». Jean de Meun poseyó, en alto grado, todas las cualidades requeridas para este tipo de trabajo. Es el mejor de los divulgadores y merece, así, la inmensa influencia que su carácter enciclopédico tuvo sobre sus sucesores. El tratamiento que hace del problema de la libertad,[31] basado en Boecio, está lejos de ser tan irregularmente prosaico como el de Chaucer, y es un resumen mucho más real y popular del debate que el de Dante. En el indeseable caso de que hubiese un principiante en filosofía que lea el francés antiguo, le recomendaría con toda confianza *El libro de la rosa* como una introducción a este aspecto particular del tema. La relación de Jean se desenvuelve de manera mucho más simple que la de Boecio; pero no he logrado percibir que sea menos convincente y exacta. Otras digresiones instructivas —que exigen menos poder expositivo— son más ricas en elementos poéticos sin perder por ello

---

[31] *Roman de la Rose*, 17059-874.

La alegoría del amor

su valor didáctico en decoraciones irrelevantes. El relato de Jean acerca del origen de la sociedad civil y el contrato social[32] no es la peor doctrina para incluir un encantador retrato de la «primera edad», ya que forma parte integral de la teoría. Su discusión sobre la alquimia,[33] que se abstiene de los detalles técnicos entregando solo la idea central —que, por lo demás, es todo lo que un lego esperaría aprender—, expone justo aquella parte de la idea alquímica que es verdaderamente imaginativa. Su meteorología, que se nos da con algún detalle, florece con la mayor espontaneidad y pertinencia en agradables descripciones naturales.[34] Así las cosas, su ciencia y su poesía son más frecuentemente aliadas que enemigas. Donde parecería haber una hendidura —en el ataque a la superstición de Habundia y sus jinetes nocturnos— somos nosotros quienes la hacemos. Para nosotros, la poesía está del lado de las brujerías, que el autor condena, y no del racionalismo, que el autor defiende. Así, un firme sesgo racionalista está presente en todos sus pasajes científicos: escribe para refutar los errores vulgares. Su imaginación no fue seducida por Habundia; si la nuestra lo está, se debe a un accidente de posición histórica. La restauración romántica ha quedado en medio.

No estoy sugiriendo que este aspecto de la obra de Jean de Meun signifique mucho para el lector actual. Ya no creemos en las doctrinas que él enseñó, y los papeles de poeta y conferencista habitualmente ya no se dan juntos. Pero aunque se trate de una obra pasada de moda, es nuestro deber como historiadores hacer notar que alguna vez fue útil y agradable, y que Jean de Meun lo hizo muy bien; probablemente mejor que cualquiera de sus colegas y respecto de lo cual mereció la fama. Realizó un trabajo honesto y de la más alta calidad para satisfacer una demanda legítima. Con este reconocimiento, y habiendo descargado así nuestras conciencias, debemos volvernos a los elementos más pedestres de su talento.

Como he dicho, el satírico es aquel al cual los críticos siempre prestan atención; y Jean de Meun es con frecuencia satírico. Y a veces, con una latitud intolerable. Los temas de su sátira son principalmente dos: las mujeres y los clérigos. Se notará que ninguno de los dos es un tema nuevo para la sátira. ¿Cómo podrían serlo? Todo lo que clama reverencia se arriesga al ridículo. Mientras haya religión nos reiremos de los curas; y si todavía (aunque menos

[32] Ibid., 8355-454 y 9517-678.
[33] Ibid., 16083-112.
[34] Ibid., 17885-18023.

que nuestros abuelos) nos burlamos de las mujeres, es porque los últimos vestigios de la *Frauendienst* no se han perdido del todo. Con los objetos escogidos para su sátira, entonces, Jean de Meun sigue líneas tradicionales. Las sigue incluso al combinar la poesía amorosa con la sátira respecto a las mujeres: aquellas líneas dejadas por Ovidio, por el *Concilium* y por Andreas Capellanus. Suele creerse que la segunda parte de *El libro de la rosa* representa un punto decisivo en la historia del amor cortés; que en él, algo que fue objeto de sincera reverencia llegó a ser objeto de sincera ridiculez; que un período «cínico» sucedió a otro «idealista». Pero la verdad es que «cinismo» e «idealismo» respecto a las mujeres son frutos mellizos de una misma rama —los polos positivo y negativo de una misma cosa—, que pueden encontrarse en cualquier literatura de amor romántico y mezclados en cualquier proporción. En Jean de Meun, por razones que aparecerán luego, el énfasis está puesto en lo negativo; lo que bajo ningún aspecto lo ubica en una categoría aparte o lo hace el pionero de una época «cínica». Está correctamente ubicado en la tradición y no inicia ningún cambio revolucionario. Tanto se liga atrás a Ovidio y Andreas como adelante a Chaucer (donde Pándaro provee el negativo), a Malory (quien probablemente entendió el lugar de Dinadan mucho mejor de lo que se supone), a Hawes (quien creó a Godfrey Gobelive) e incluso a lo vituperable en las secuencias del soneto. La nota negativa estuvo allí antes que él y después. Pero no es —no al menos entre sus seguidores ingleses— más prominente después que antes. No tiene nada que ver con un supuesto período cínico. Está allí por la misma razón que la palinodia (con la que Andreas la combinó): porque la *Frauendienst* no es todo en la vida, ni siquiera en el amor, no obstante pretender serlo y de pronto recordar que no lo es. La historia del amor cortés puede describirse de principio a fin como un «soneto de amor y odio», como «el amor o el odio de un erudito».

¿Cómo se explica la inusual extensión de las incursiones de Jean de Meun en la sátira? En parte, simplemente debido a su vicio general por la vaguedad. En el poema, y junto a la sátira, trae muchas más cosas a cuento con una amplitud igualmente excesiva. Si los episodios satíricos parecen ser cuadros especialmente agravados de su crónica enfermedad, debemos recordar que para su sátira contaba con los casi inagotables materiales de los escritores tempranos y de aquellas fuentes orales que eran moneda corriente en cualquier taberna. Allí donde el césped era tan suave, el galope de miles de pareados se hizo irresistible. Sin embargo, no niego que hubiese una razón más profunda, y que cuando la hayamos entendido obtendremos la verdad que se oculta tras el popular error crítico acerca del *Roman*. La verdad es que Jean de Meun, aunque no inaugura ningún «período», está profundamente descontento con la tradición erótica. El error consiste en suponer que este descontento lo induce única y fundamentalmente al ridículo. De hecho, el ridículo es solo uno de los caminos donde se esfuerza por «ubicar» su ciencia amorosa, darle cabida en la síntesis de valores que busca siempre a tientas y nunca alcanza. La Escuela de Chartres, como he dicho, se vio afligida de la misma manera e intentó un *modus vivendi*; por cierto no entre religión y amor cortés en particular, sino entre religión y vida cortés como un todo. Jean de Meun, con una conciencia mucho menos explícita del problema —y bastante menos habilidad para resolverlo—, se vio afligido en la misma dirección. No sabe qué hacer con esta tradición erótica; realiza esfuerzos irregulares e inconsistentes para hacer *algo* con ella; no le satisface el «tómalo o déjalo». Es así como en algunos lugares se deja llevar por el simple y viejo método de la *volte face* y el manido abuso de las mujeres. Tal es el discurso del Celoso Esposo referido por Amigo.[35] En otros pasajes —a saber, el consejo de la Vieja a Bialacoil— adopta el método de Ovidio. Las mujeres reciben instrucciones irónicas: cómo esquilar a sus amantes, cómo engañar a sus maridos, cómo maquillarse y demás.[36] En el transcurso del relato también hace uso de una ironía más liviana y juguetona, como en la escena en la que Bialacoil recibe la guirnalda.[37] Todos estos métodos son igualmente satíricos y responsables de la imagen corriente que se tiene de Jean de Meun; pero de ninguna manera agotan su repertorio ni son más que méritos respetables. La escena de Bialacoil y la guirnalda, como también los consejos de la Vieja a las muchachas, se logran costosamente al precio de arruinar la alegoría. El discurso del esposo posee cierto vigor y gusto por el ultraje; aunque ubicarlo en primer plano implica una enorme ignorancia de la buena escritura satírica. Jean de Meun es un poeta mucho más verdadero cuando abandona la sátira y enfrenta el problema de la *Frauendienst* con métodos completamente diferentes.

De ellos, el menos original y significativo es el de la palinodia directa: la grave denuncia del amor, desde cierto punto de vista muy alto, que no necesita ser satírica ni mucho menos cínica. Lo que debe decirse en una palinodia como esta no puede ser nuevo; si bien uno de los principales intereses

---

[35] Ibid., 8467-9360.
[36] Ibid., 12976-14546.
[37] Ibid., 12678-735.

de nuestro tema es observar el distinto éxito con que los autores intentaron conferirle un nuevo giro a su carácter de inevitable. El método de Jean fue ponerla en boca de Razón, recurso en el que se le anticiparon, por cierto, Guillaume y Chrétien. Pero fue más allá de sus modelos y su contribución resultó particularmente interesante. Jean representó a Razón como a una amante rival que aboga por el amor del Soñador. Más adelante, en otro lugar del poema, trabajó con mayor profundidad la idea de que el amor cortés es una μίμησις o parodia de la que el amor divino es arquetipo; idea profundamente imaginativa y no menos profundamente fiel a la historia. El discurso de Razón solo contiene el germen o insinúa la solución. Pero el concepto de Razón como querida, sosteniendo las demandas de la rival sobre el héroe *in pari materia*, le dio al pasaje una unidad que de otra manera no habría tenido. Siendo un claro progreso en la forma de palinodia que usó Andreas, le confirió al personaje Razón una dignidad e incluso un patetismo que no tuvo en Guillaume de Lorris. «Dame tu amor», dice Razón, «Y entonces:

> Amiga de tan alto linaje tendrás,
> Cuya estirpe no resiste comparaciones;
> Hija del dios soberano entre dioses soy.
> ¡Admira las formas que han modelado mi ser!
> ¡Obsérvalas tú mismo, en mi rostro!
> No hay doncella de alcurnia
> A quien tanto amor hayan brindado:
> Mi padre moldeó mi alma
> Para amar y ser amada.
> Nadie puede censurarnos.
> No temas: mi padre nos acoge
> Con protección y sustento,
> Entregando para nosotros lecho y alimento.
> ¿Entiendes lo que digo?
> El dios al que temes
> No puede brindar un refugio a sus fieles.
> Aquellos que honores le rindieron
> Ningún beneficio obtuvieron.
> Y, por Cristo: ¡No me digas que no!
> Miseria y dolor envía Dios
> A las doncellas burladas,
> Aquellas que a pedir poco se acostumbran...[38]

Pero Jean aprendió de la Escuela de Chartres otro modo mucho más interesante de referirse al amor cortés. A ratos, y en forma irregular, intentó

---

[38] Ibid., 5813-36.

apartarse de las convenciones sexuales ya no a través de la renuncia ridícula o directa, sino en una genuina teoría naturalista, como cosa noble en sí y de la cual no cabe arrepentirse. Según he dicho, este punto de vista aparece —como todos los pensamientos de Jean— intermitentemente y sin muchos esfuerzos de su parte por armonizarlo con algún sistema. Aparece en el discurso de Amigo con la concepción del matrimonio como un estado que puede ser a la vez feliz y honroso, si el «señorío» se proscribe y se adoptan las máximas del feudo de Chaucer.[39] Aparece en la escena entre Razón y el Soñador, donde aquella, habiéndose referido a ciertos hechos psicológicos con tanta claridad como puede hacerlo precisamente Razón, es acusada de indecente e impropia de una doncella. Pero es incapaz de comprender el cargo. De Dios ha aprendido su manera de hablar:

> Es de Dios la delicadeza, no la abyección;
> Es en Él donde se asienta toda cortesía.[40]

Está preparada para defender sus costumbres:

> Jamás hice mal en mi vida,
> Ni ayer ni hoy.
> Sin afectaciones ni mentiras
> A las cosas por su nombre llamo:
> Aquel que mi Padre, con mano y pensamiento,
> En el viejo Paraíso les dio.[41]

El amante cortés queda tan desconcertado como Gulliver entre los caballos; y solo puede alegar en su defensa que, si Dios ha creado las cosas, al menos no ha creado los *nombres* con que Razón se refiere a ellas. El lector de hoy recordará aquel aforismo de Shaw: «Es imposible explicar la decencia sin ser indecente». La escena implica una crítica al amor cortés mucho más dañina que la labor intimidatoria que llevó a cabo Jean de Meun en sus pasajes satíricos más explícitos. Que el espíritu del adulterio educado pueda escandalizarse ante la grosería impenitente de la divina Sabiduría —esto es, como los enemigos en Milton, por hablar aún más claro que Dios— es una concepción tan profunda como mordaz.

---

[39] Ibid., 8451-54 y 9421-92.

[40] Ibid., 7073.

[41] Ibid., 6955-60.

Pero este pasaje —no obstante constituir la gema del *Roman*— es solo un preludio a la aparición, en una etapa muy posterior del poema, de Natura en persona. Ella y Genio, su sacerdote (dios de la reproducción), se desplegarán durante casi 5.000 versos tan llenos de digresiones que nos harán olvidar a los hablantes; cosa que, por lo demás, ocurre con frecuencia en el *Roman de la Rose*. Sin embargo, y en sus fases tempranas, este pesado episodio es nada menos que un himno triunfal en honor a la generación, la belleza y la energía de Natura. No tiene nada que ver con el amor cortés. Natura nos es introducida trabajando en su fragua no en interés del sentimiento humano, sino de la perpetuación de la humanidad como especie. Trabaja infatigablemente y sin descanso por ganarle la carrera a la muerte; aquella muerte que atrapa a todos los individuos, pero que es incapaz de alcanzar la Forma inviolable. Y precisamente para preservar la encarnación de esa Forma, la diosa está siempre acuñando monedas con aquellas eternas estampas suyas que el arte imita en vano. Por lo mismo, se regocija al oír el gran juramento que hacen Amor y Venus para tomarse el castillo. Su dicha se basa en la indiferencia tanto a la moralidad humana —ese no es el negocio de Natura— como a los refinamientos sentimentales del hombre. Lo que ha impresionado al poeta —sin duda a través de los episodios de Bernardo— es el vívido sentido de la fecundidad sin edad, el infinito y multiforme transcurrir de la vida; todo lo cual echa por tierra su tradicional ciencia amorosa y su igualmente tradicional condena de la misma. Más aún, logra el paso —fácil e inevitable— hacia la expresión de su propio deleite por la belleza natural. «Natura» no es para el poeta una abstracción. En la personificación *Natura* no ha olvidado aquella naturaleza visible que se le aparecía ante los ojos en el valle del Loira. El tradicional rechazo a describirla adquiere una nueva belleza en sus manos. Cuanto más piensa en ella, menos puede decir:

> Bien sabe Dios que la belleza
> Es la medida de la Naturaleza.
> Cuando cincel en mano Natura
> Modela el lecho de los ríos
> Sus aguas fluyen plenas y claras.
> Difícil es describir la fuente
> De donde todo lo bello mana.
> Premunido de escuálidas palabras,
> A marchitar no me atrevo
> Ademanes y rostro tan fresco, hermoso y alegre,

Cual un lirio de primavera;
Ni la rosa en el rosal ni la nieve en la rama
Pueden lucir con igual esplendor.[42]

Esta intuición de la belleza natural, fortalecedora y fortalecida por su devoción a Natura, aparece permanentemente en Jean de Meun: en su descripción de las flores del Buen Prado, de las lluvias y aguaceros y sus efectos en la vida de las hadas, de Venus descansando en los bosques. El curso precipitado de sus ideas suele no permitirle un descanso puro y simple en la imaginería; pero nos queda la sensación de que en él (en un sentido moderno) se ha perdido un buen «poeta de la naturaleza». La escena del cielo, en los versos siguientes, aunque estropeada por cierta arcaica belleza aprendida de Alain de Lille, trasciende la usual receta medieval de la mañana de mayo y los pájaros cantores. Las nubes observan que vuelve el buen tiempo y

Gran alegría sienten
Y entonces con nuevos atavíos
Iluminan su belleza, superado el dolor.
De colores múltiples y alegres se jactan.
Afuera penden secos los limpios vellones,
Acariciados por los rayos del sol.
Cuando el tiempo es cálido
Hilan con suavidad
Arrojando alrededor copos de blancas hebras.[43]

El infortunio de Jean de Meun fue leer recordándolo todo; y nada de lo que recordó pudo quedar fuera de su poema. Tuvo en mente ideas místicas junto a otras naturales: desde el tratamiento naturalista del sexo se volcó, hacia el final del poema, al paralelo místico entre el amor humano y el divino que ya había insinuado en el discurso de Razón. Este intento final por «hacer algo» con el amor cortés lo logra, más bien rara y chapuceramente, en labios de Genio: no porque las justificaciones dadas —sutiles y agradables— no puedan encontrarse, sino porque el propio Jean no las encontró. De labios de Genio sabemos, por primera vez, que el jardín de Amor y Delicia, después de todo, es solo la imitación de otro diferente; y no solo una copia, sino una engañosa especie de copia que los filósofos llaman *Schein* y no *Erscheinung*:

---

[42] Ibid., 16233-44.
[43] Ibid., 17989-99.

Quien comparaciones hiciere
Comete un gran error,
Salvo cuando contrasta la verdad con la ilusión.[44]

Una vez visto el verdadero jardín, volvemos la mirada para descubrir, con sorpresa, que el del amor cortés es una impostura. La fuente en el jardín de Amor, con sus dos cristales al fondo, no es más que una parodia de la fuente una y trina que se alza en el «parque del buen prado». Aunque ambos jardines sean curiosamente parecidos, aquel contiene corruptibles y este incorruptibles. Cada uno está cercado por un muro de cuatro lados, esculpidos con imágenes en sus caras exteriores. El de Amor, como el lector recordará, con figuras como *Tiempo*, *Villanía* y *Felonía*; el del «buen prado» —y como cabría esperar— con pecados y demonios. Mas al lector que no le agraden este tipo de cosas le admirará encontrar también allí a la Tierra y a las estrellas, y de hecho a todo el universo material. Con todo, Jean de Meun está en lo correcto. Está hablando del *realissimum*, del Centro, de aquello que yace detrás de la «cortina sensorial»; para lo cual no solo el infierno, el pecado y el amor cortés, sino el mundo y todo lo que hay en él, y el cielo visible, no son más que retratos, apariciones en la cara exterior de un muro cuyo interior nadie ha visto. Aquellas cosas que el muro enseña por fuera son, en fin, *phenomena*.

Aquel que lejos del jardín se hallare
Sin duda vería demonios e infiernos
Pintados en el muro.
Diabólico es cuanto puede ver y sentir.
Los vicios y las abyecciones
Encuentran semillas en el Averno;
Cerbero, nuestro mortal enemigo,
Desde aquel oscuro lugar
Contempla las riquezas que guarda la tierra.
Los peces que habitan el mar
Y los tesoros que esconde en sus aguas saladas:
Aguas amargas, dulces corrientes,
Criaturas de antiguas estirpes,
Aguas pequeñas, interiores.
Y en los recodos se posan las aves.
Las abejas que zumban y vuelan,
Los abetos que se encierran unos a otros
Aprisionando el giro de los elementos en una ronda.[45]

---

[44] Ibid., 20285-9.
[45] Ibid., 20305-26.

Esta es la cara exterior del muro, la faz que conocemos. Si lográramos traspasarla, veríamos a los blancos rebaños sin trasquilar, lejos del matadero y siguiendo al Pastor hacia los buenos prados. Allí, los pastizales están cubiertos de pequeñas flores cuyo número jamás decrece ni su frescura se marchita. Toda la región está fuera de las garras del tiempo. El pasaje donde Jean de Meun se muestra como poeta más verdadero es en el que toca la idea de la eternidad: de todas las ideas metafísicas, la más rica en sugestión poética. Si el placer que me provocan estos versos es «filosófico», entonces mi placer por *Kilmeny* es igual... e infinito el que siento por los relatos populares y los sueños matutinos.

> En el instante donde encontramos
> Al día sin noche,
> Al día que no habrá de enturbiar la mácula del tiempo.
> Ese día luminoso, ajeno al tiempo,
> Más allá de presentes o pasados,
> Se encuentra en su albor.
> Reír es su hábito, por siempre.[46]

Y es este jardín amurallado, aparentemente, lo que hemos estado buscando todo el tiempo; y que permitió que el jardín de Cupido, siendo su copia, terminara por seducirnos. Al final, de aquel jardín inferior no podemos decir más que esto:

> Pues de ese jardincillo las cosas
> No son sino pocas y ligeras.[47]

Este pasaje representa el logro más alto de Jean de Meun como poeta. Nadie que recuerde la fatuidad de la mayoría de los intentos poéticos para describir el cielo —los insulsos catálogos de joyas y el canto de las multitudes— menospreciará este parque verde de paz sobrenatural, su infinito resplandor, sus pastos frescos y sus mansos rebaños ramoneando florecillas. Representa, también, lo que puede llamarse su punto máximo de diferenciación: es aquí donde es *menos* Chaucer o Guillaume de Lorris, o (por lo demás) Dante. ¿Representa también su visión final del amor? La respuesta, creo, es que Jean de Meun no posee una visión final del Amor como de ninguna otra cosa, lo que constituye un aspecto más de su carácter informe. El mismo

---

[46] Ibid., 20010-16.
[47] Ibid., 20351.

defecto que le impidió escribir un poema (como lo opuesto a un simple espejo de poesía) le impidió también combinar sus ideas en un todo consistente. Su trabajo se lee mejor en citas, ya que su mente —si puedo aventurar la metáfora— se lee mejor en ellas. Respecto a cada tema que se le presenta —y sus lecturas le presentaron casi todos los temas— puede pensar vigorosamente; la imaginación se le vuelve fuego en el pensamiento y dispone de un lenguaje que le permite hacer poesía con esos resultados. Pero siempre se trata de un vuelo corto. Mañana estará pensando diferente, sintiendo diferente, haciendo poesía diferente. Carece del poder, o de la voluntad, para unificar sus momentos de inspiración. Así, aborda el problema del amor cortés de variadísimas maneras y en todas con considerable éxito. En cierto lugar es todo lo ridículo que se puede ser, y el ridículo (aunque no contiene lo mejor de su obra) es bastante vivaz. En otro sigue a la Escuela de Chartres y su naturalismo sobre el sexo logra versos nobles. En un tercero será místico; y sobre el tema del amor humano y el divino mantendrá un lugar respetable a pesar de la grandeza de sus rivales. Pero, y aunque todas estas soluciones resulten buenas, el defecto fatal es que ninguna tiene que ver realmente con la otra. Pudieron haberse conectado. La doctrina de la sexualidad humana como μίμησις de la que el amor divino es παράδειγμα no se contrapone a la doctrina según la cual ella misma, bien entendida, resulta una gloriosa energía de la naturaleza; ni ambas son incompatibles, a su vez, con la dañina sátira sobre el abuso humano de la sexualidad. Todas las ideas de Jean fueron, en sí, fusionables; pero él no pudo llevar a cabo la fusión. La índole y vastedad de esta carencia deviene más clara si pensamos en Dante. Aunque parezca extraño, los materiales de ambos poetas son casi los mismos. Es prácticamente correcto decir que no hubo nada en Dante que no estuviese también en Jean de Meun, excepto el propio Dante. En ambos encontramos el mismo punto de partida: amor cortés; los mismos acopios de aprendizaje escolástico y la determinación a impartirlos; la misma libertad de acción para las más heterogéneas experiencias, reales o ficticias. Si se ha dicho que difieren solamente en su poder técnico, replico señalando que la técnica, en sí, es solo una manifestación de la facultad unificadora. La capacidad para unir las toscas masas de la experiencia en un todo coherente es la misma que, en la frase singular, permite extraer desde el caos del lenguaje las palabras y el invento sintáctico perfectos. Así, en cierto sentido Jean no careció de nada que tuviese Dante excepto la capacidad de coordinar. Pero esta excepción le resultó fatal: mientras Dante es un poderoso candidato a los más supremos honores poéticos del mundo, Jean de Meun solo es leído por eruditos profesionales. Y ni siquiera por todos.

Lo anterior no es tan simple como majaderear hasta el cansancio que *La divina comedia* es mejor poema que *El libro de la rosa*. No hace falta decirlo, aunque quizás sea necesario saber precisamente y en qué medida el *Roman* es peor. Ya que existen muchos tipos de fracasos y no cualquier poeta fracasado puede decir, como Jean de Meun, *inopem me copia fecit*. Sabemos que algunos fracasaron porque «nunca hablaron claro»; pero ese no es el problema de Jean de Meun. Ningún escritor fue más fecundo ni poseyó fuentes tan amplias. Si carece de los huesos de la buena poesía, carga con toda su carne. Y esto explica cómo el *Roman*, aunque un fracaso, es un gran fracaso. Explica por qué el *Roman* es el típico poema de la Edad Media en un sentido en el que la *Comedia* no lo es: típico en su riqueza y variedad, y típico también en sus vicios radicales. Explica aquella enorme influencia de la que Chaucer —dígase lo que se diga de su período «italiano»— jamás, en toda su carrera, escapó. Sucesivas generaciones encontraron en la obra de Jean de Meun casi todo listo. Aunque no conquistó el mundo de las ideas, como Dante, cuando menos viajó alrededor de él; de la vida y el carácter social de su época, recogiendo los despojos de cada una de sus partes. Tuvo, para sus seguidores inmediatos, la utilidad práctica de un almacén general de depósito; y para nosotros conserva algo de su caótica atracción. Y todo esto sin perjuicio de aquellos pasajes de pura poesía a los que suele remontarse —casi hubiese dicho «desplomarse»— inadvertidamente.

IV. CHAUCER

I

En sentido vulgar, *El libro de la rosa* es uno de los libros más «exitosos» que jamás se hayan escrito. Se conservan 300 manuscritos; fue parafraseado y moralizado en prosa; se le «respondió»; fue traducido e imitado en alemán, inglés e italiano; y Agrippa d'Aubigny, en el siglo XVII, todavía se refería a él como obra admirable.[1] Los poemas que derivaron de él constituyen el fenómeno literario más importante de la Baja Edad Media. Como libro germinal, durante estos siglos se ubica solo un lugar más atrás que la Biblia o la *Consolación de la filosofía*.

Sin embargo, lo anterior puede ser fácilmente malentendido. El *Roman* no es el principal entre una larga serie de poemas esencialmente similares, sino por el contrario. Pocos, si es que algunos, intentaron llevar a cabo lo que Guillaume de Lorris: representar una acción o relato de amor a través de una alegoría cabal. En este período hay una gran cantidad de alegorías cabales que no tienen que ver —o no exclusivamente— con el amor. También es posible hallar poemas amorosos de factura alegórica; pero que es solo superficial e incluso no alegórica. Aunque los elementos con que puede analizarse el *Roman* hayan sido utilizados con frecuencia por los poetas posteriores —el erotismo gracioso y hasta puro, el inicio de todo con un sueño, la alegoría, la sátira contra las mujeres y la Iglesia, el didactismo enciclopédico—, son elementos difícilmente combinados como en *El libro de la rosa* y, desde luego, sin los mismos resultados. Esta es la razón por la que nos

---

[1] *V.* la edición de Langlois, tomo I, pp. 32ss.

parece justificado llamarlo libro germinal. No es algo muerto o un modelo a imitar, sino un padre engendrando retoños similares pero al mismo tiempo diferentes. Pues así como cada hijo tiene parecidos familiares, también posee rasgos propios.

Lo que resta de mi libro tendrá que ver con la rama inglesa de esta familia literaria; y me referiré a literaturas extranjeras solo en cuanto guarden relación con nuestro desenvolvimiento. Naturalmente, el punto de partida será el siglo XIV, ya que fue entonces cuando el desarrollo total del sentimiento del amor cortés, en forma de alegoría, hizo su primera y efectiva aparición en Inglaterra. Una historia completa de la alegoría inglesa, o de su poesía amorosa, debería comenzar mucho más atrás. Pero tampoco Bernardo el monje lo vio todo y es hora de volver a nuestros grandes poetas del siglo XIV.

La gran alegoría inglesa del período se aleja un poco de nuestro tema. Dejo a un lado el *Piers Plowman* (*Pedro el Labrador*) sin ningún remordimiento, pues está en mejores manos.[2] Mi única preocupación es que, al hacerlo, se crea que lo aíslo falsamente del resto de la literatura de aquella época, confirmando así algunos malentendidos. Los eruditos más interesados en la historia social que en la poesía han hecho que este poema parezca a veces mucho menos ordinario de lo que es según su género, y mucho menos extraordinario dado el genio del poeta. De hecho, su única rareza es la excelencia. En *Pedro el Labrador* hay un poeta excepcional adornando variedades poéticas difícilmente excepcionales. Escribe un poema moral, como el *Espejo del hombre* o el prólogo a la *Confesión del amante* de Gower, arrojando dentro, como lo hubiese hecho cualquier poeta medieval, una buena cantidad de sátira sobre los diversos «estados» y que es más pesada justamente allí donde lo esperaríamos: respecto a los mendigos y ociosos, los clérigos hipócritas y los tiranos. Al igual que Chaucer, también reverencia la caballería.[3] Incluso como moralista no tiene ningún «mensaje» nuevo o único que entregar. Cual cura para todos nuestros males solo posee aquella vieja cantinela del «haz bien, mejor y aún mejor». Su consejo es tan antiguo y «convencional» como —si se quiere— el de Sócrates, por no mencionar nombres más augustos. Es dudoso que un moralista, aun de incuestionada grandeza, haya intentado alguna vez hacer más (o menos) que una defensa

---

[2] *V. N. K. Coghill, «The Character of Piers Plowman», Medium Aevum, vol. ii, N° 2, pp. 108ss.*

[3] *Piers Plowman*, C, Passus IX; Chaucer, C.T., Prol. 43ss.

de lo universalmente reconocido; ya que «los hombres requieren con mayor frecuencia ser recordados que informados». Como político, Langland no tiene nada que proponer salvo que cada estado haga lo que le corresponde. Supongo innecesario señalar que su poema no es ni revolucionario ni democrático;[4] ni siquiera «popular» en cualquier sentido. Un poema tan inapropiado para la recitación no pudo haberse dirigido a quienes eran incapaces de leerlo. Y al que suponga que Langland tuvo en mente un público totalmente distinto al de Gower y Chaucer, lo invito a imaginar lo que habría ocurrido al leer en voz alta, en una taberna o en la plaza de una aldea, versos como los siguientes:

> Cuando el cuerpo dejo, afirmaba, *Anima* me llaman;
> Y cuando quiero y deseo, *Animus* soy;
> *Mens* se me llama en cuanto puedo y conozco.
> De dios me acompaño: *Memoria* es mi nombre.[5]

O si prefiere:

> La relación de un todo con su antecedente
> Es correcta cuando se basa en adición y sustancia.[6]

Langland es un poeta docto. Escribe para clérigos y gentilhombres de mente clerical. Los cuarenta y cinco manuscritos y la presencia de citas suyas en el *Testamento del amor* de Usk[7] prueban que no escribió en vano. Extraño hubiera sido que lo hiciera. Ofreció a sus educados contemporáneos un material que comprendieron perfectamente. Su estupenda comedia satírica, expuesta a través del comportamiento de los Siete Pecados Capitales, pertenece a una tradición tan vieja como el *Ancren Riwle*; y su forma alegórica y su piadoso contenido fueron igualmente familiares.

---

[4] La mención a *Peres Plouʒman* en la carta de John Ball a los labriegos de Essex (*v.* Sisam, *Fourteenth Century Prose and Verse*, p. 160) pudo inducir a conclusiones erróneas. En mi opinión, es más probable que ambos estén usando un producto de la imaginación popular y no que John Ball deba el nombre a Langland. Creo que el uso que hace Langland de Pedro como símbolo de Cristo es suyo; pero la figura de Pedro el honesto labrador pudo ser tenida por la de Tommy Atquins, John Bull o el «Father Christmas».

[5] *Piers Plowman*, B, xv, 23ss.

[6] Ibid., C, iv, 363.

[7] Usk, *Testament of Love*, I, iii (Skeat, *Chaucerian and other Pices*, p. 18, l, 53; v. p. xxvii).

Lo verdaderamente excepcional en Langland es la clase y el grado de su imaginación poética. La comedia, con todo lo buena que pueda ser, no es su principal característica. Lo sublime —tan extraño en Gower y todavía más en Chaucer— es frecuente en *Pedro el Labrador*. «Los tormentos del infierno», renombrado con tanta frecuencia como justicia, no es más que un ejemplo. Hay poca poesía medieval que no palidezca ante versos como estos:

> Modeló Natura a Conciencia;
> Luego desató a planetas, furias, fiebres y fuego.
> Entonces «¡Tormento!» y «¡Socorro!» se escuchó.
> Ya llega Natura con la muerte sombría que a todos alcanza.
> Y ese señor que solo vive de la lujuria
> A gritos clama por consuelo,
> Esperando que algún caballero acuda en su ayuda portando estandartes.
> «¡Alarma!», «¡Alarma!», exclama pronto el caballero.
> «Que cada uno obtenga lo suyo».[8]

Igualmente notable, aunque de tono más moderado, es la gran visión que tiene el poeta «del mar, el sol y la arena» mientras contempla «al hombre y su obra» entre el resto de las criaturas.[9] Aquí hay una grandeza de ánimo propia de Lucrecio que nadie en aquella época procuró, salvo Langland. Está muy lejos de las típicas aunque bellas descripciones de la naturaleza que encontramos en la poesía medieval —la plácida mañana y el gorjeo de los pájaros— y casi tan lejos de las torvas campiñas de *Gavain y el Caballero Verde*. Pertenece más bien a lo que se ha llamado «la imaginación intelectual». La unidad y vastedad fueron posibles gracias al pensamiento más que a los sentidos; aunque terminaran siendo una imagen verdadera y no una simple concepción. Creo que la capacidad de volver imaginable lo que antes solo fue inteligible nunca, ni siquiera en Dante, está tan bien ejemplificada como en las líneas de Langland relativas a la Encarnación. Hasta donde sé son perfectamente exactas y claras en doctrina, y el resultado tan concreto como plenamente encarnado: como si el poeta hubiese estado escribiendo sobre manzanas o mantequilla:

> Es amor semilla de paz, la más preciada de las virtudes.
> Gravoso parecía cuando en los cielos habitaba,
> Hasta que un buen día en el mundo se derramó.
> Jamás logró acuñarse ligeramente en esta tierra,

---

[8] *Piers Plowman*, C, xxiii, 80ss.
[9] Ibid., C, xiv, 135ss. Asumo que Langland leyó *De Planctu Naturae* de Alain de Lille.

Aprisionado en vestiduras de carne y sangre.
Aunque ligero y penetrante sea,
Como la punta de una aguja.[10]

Indudablemente, alturas como estas son tan extrañas en Langland como en cualquier poesía; pero el hombre que las alcanza resulta un grandísimo poeta. Por cierto, Langland no es el más grande de su siglo. Carece de la variedad de Chaucer y de su fino sentido del lenguaje. Es confuso y monótono, y difícilmente hace de su poesía un poema. Pero logra ciertas cosas que Chaucer no logró y puede competir con él en su particular excelencia sentimental.

II

Para muchos historiadores de la literatura —y los lectores en general— el grueso de la obra de Chaucer no es más que un trasfondo de *Los cuentos de Canterbury*; y toda la producción del siglo XIV, a su vez, un simple trasfondo de Chaucer. No es necesario inquirir aquí si esta visión es justa o tiene causas diferentes a la excelencia de los *Cuentos*. Como sea, para nosotros Chaucer es un poeta del amor cortés y deja de ser relevante a este estudio cuando escribe la última y más celebrada de sus obras. Tampoco se ubica, según nuestra óptica, en una posición aislada respecto a su siglo: está codo con codo con Gower y los traductores de *El libro de la rosa* —de quienes fue uno— y coopera con ellos en la tarea de asimilar los logros de la poesía francesa para determinar así la dirección de la inglesa por casi doscientos años.

Aunque al considerar a Chaucer bajo esta luz se pierde mucho, se obtiene la ventaja de verlo tal y como lo vieron sus contemporáneos y sus sucesores inmediatos. Cuando el hombre del siglo XIV pensó en Chaucer no lo hizo, principalmente, en los *Cuentos de Canterbury*. Su Chaucer fue el Chaucer del sueño y la alegoría, del amor romántico y la controversia erótica, del alto estilo y la doctrina útil. Para Deschamps, como se recordará, fue «el gran traductor» —el jardinero por quien todo poeta francés esperó ser transplantado— e incluso el dios del Amor inglés.[11] Para Gower es el poeta de Venus; para Thomas Usk, el «propio y verdadero sirviente»

---

[10]   Ibid., C, ii, 149ss.
[11]   V. *Ballade to Chaucer de Deschamps*, líneas 11 y 31.

de Amor y el «noble poeta filosófico».[12] Durante el siglo siguiente, los nombres de Gower y Chaucer correrán a parejas. Lydgate imita su estilo cómico y realista en el prólogo al *Libro de Tebas*, y un poeta anónimo lo hace en el prólogo al *Cuento de Beryn*. Sin embargo, esta es una pobre cosecha comparada con las innumerables imitaciones que tuvo su poesía amorosa y alegórica. Mientras sus sucesores testimonian su admiración por ella, explícitamente lo alaban como al gran modelo del estilo. Para ellos es más de lo que Waller y Denham fueron para los «augustans»:* el «descubridor» del verdadero camino en nuestra lengua, que antes de su tiempo fuera «tosca y ruidosa».[13] Donde nosotros vemos un gran comediante y un profundo estudioso del carácter humano, ellos vieron a un maestro del sentimiento noble y una fuente de la dicción poética.

Es tentador afirmar que si los amigos y seguidores de Chaucer fueron unos zopencos que atesoraron rastrojos rechazando los granos, eso no justifica que nosotros hagamos lo mismo. Pero puede resistirse la tentación. Impacientarse con la tradición crítica de los primeros amantes de Chaucer es limitar cualquier comprensión de la baja Edad Media en Inglaterra, ya que la literatura de los siglos XV y XVI no está basada (naturalmente) en nuestra lectura de Chaucer sino en la suya. Y algo debe decirse al respecto.

En primer lugar, no debe condenárseles por no haber trabajado la veta que Chaucer abrió con los *Cuentos de Canterbury*; no sea que, al hacerlo, también se condene el curso completo de la poesía inglesa. Lo que no hicieron tampoco fue hecho por sus sucesores. Los *Cuentos de Canterbury* son gloriosos, pero siempre han sido estériles. Si en la baja Edad Media solo pudieron ofrecernos el prólogo a *Tebas* y el prólogo a *Beryn*, nosotros tampoco estamos en mejor situación. Que William Morris fuese discípulo de Chaucer es solo una ilusión. Crabbe y Masfield son buenos escritores, pero no están entre los grandes poetas ingleses. Si los *Cuentos* de Chaucer tuvieron alguna influencia, habrá que buscarla en la prosa y no en el verso. Nuestros poetas más grandes y característicos —Spenser, Milton y Wordsworth, entre otros— tienen mucho más en común con Virgilio o el

---

[12] Gower, *Confessio Amantis*, viii, primera versión, 2941; Usk, *Testament of Love*, III, iv (p.123 en *Chaucerian and other Pieces* de Skeat).

* (N. del T. En inglés en el original).

[13] Hoccleve, *Regement of Princes*, 4978 (cp. Ibid., 1973, *Bookes of his ornat endyting That is to al this land enlumynyng*); Lydgate, *Troy Book*, iii, 4237. «Pues él (Chaucer) nuestro inglés, dorado tornó cuanto en su lengua rudo y vocinglero fuera en los viejos tiempos, lejano de toda perfección hasta que él llegara».

Beowulf que con el *Prólogo* o el *Cuento del Perdonero*. Tal vez ninguno de los poetas tempranos mereció menos ser llamado el padre de la poesía inglesa como el Chaucer de los *Cuentos de Canterbury*.

Pero aunque los primeros chaucerianos hayan sido unos zopencos, no es recomendable rechazar su testimonio. Habrá que reconocer que la estupidez de entonces supo ciertas cosas de la poesía de Chaucer que la erudición moderna jamás sabrá; y es indudable que los mejores de nosotros malentendemos a Chaucer en muchos lugares donde el más torpe de sus contemporáneos no lo hizo. Si todos consideraban su poesía *au grand sérieux*, es muy probable que Chaucer también lo haya hecho; y una de las ventajas que tiene el perder de vista los *Cuentos de Canterbury* —como he propuesto— es que así nos desembarazamos de un falso énfasis que subyace en los estudios críticos sobre él. Hemos oído bastante acerca del Chaucer «burlón». Y aunque habrá pocos de acuerdo con el crítico que supuso que las carcajadas de Troilo en el cielo eran «irónicas», temo que muchos de nosotros leemos hoy en Chaucer todas las formas posibles de ironía, socarronería y travesura —que no están allí— y le alabamos por su humor cuando en verdad escribe con «coraje total y devoto». Los pulmones de nuestra generación están «marchitos».

Con todo, hay un aspecto en el que hasta los críticos más severos admitirán que los viejos chaucerianos estaban en lo correcto: en reconocer a Chaucer como al gran modelo del estilo poético. Es cierto que el suyo, imitado desacertadamente y con grosera exageración de los elementos foráneos y polisilábicos, pudo haber sido una de las fuentes del posterior estilo «áureo» que, sin negársele algunas bellezas, adoleciera de tantos vicios. Pero se trata de una cuestión de la que no puede culparse a Chaucer. La historia de su influencia en el siglo XV es bastante parecida a la de Milton en el XVIII. En ambos, la obra de un gran poeta resulta parcialmente vulgarizada; y debido a la indiscreta imitación, endurecida hasta el manierismo. Al estilo original debe juzgársele según sus propios méritos; y uno de los placeres de estudiar a Chaucer es trazar las líneas de su desarrollo. Este va desde un estilo esencialmente prosaico y hasta pretencioso a otro que, desde entonces, devino casi en la norma de la poesía inglesa. Algunos ejemplos lo harán evidente:

> Para hablar de bondad
> Habría que guardar la compostura
> De la bíblica Esther,
> Y aún más de ser posible.
> No solo un ingenio universal poseía

Sino además, ¡Santo Dios!,
Lo entregaba por completo al placer, aunque sin malicia.[14]

Esta es la manera vieja e infeliz. Uno podría perdonar, por simple y honesta debilidad, el lío de expletivos —«de la bíblica Esther»/ «y aún más de ser posible»/ «Santo Dios»—,* pero lo radicalmente malo es la remilgada prolijidad, el aire como de estar diciendo tanto cuando en verdad se dice tan poco, la pretensión pseudolegal o pseudológica. Comienza con aquello de «Para hablar de bondad», como un conferencista cambiando de tema, y continúa diciendo «No solo un ingenio universal poseía». Después de esto, ¿quién no esperaría algo realmente importante? Este estilo logra lo peor de ambos mundos: es tan pesado como la prosa didáctica y tan vacío como la canción isabelina, al tiempo que ni instruye ni canta. Es un estilo que Lydgate, en sus peores momentos, diríase llevó a su perfección más terrible. Pasar desde un pasaje como este a los preludios del nuevo estilo es como pasar de la sala de máquinas a la cubierta de un barco:

¡Alegraos, insensatos, en la gris mañana!
¡Mirad! ¡Venus asciende de entre esos rojos escarpados!
Húmedas flores os honran...[15]

Febo cruza raudo e impetuoso
El umbral del palacio,
Antorcha en mano, inundando de luz
El aposento de Venus.[16]

Y así desde el principio
Reunió consigo los deseos y las desdichas.[17]

Sin embargo, la conversión de Chaucer es gradual. En el mismo poema puede zambullirnos repentinamente en la peor forma de la vieja manera:

El orden de las querellas con precisión exige
Que si hay criaturas que acongojadas se lamentan,
Causa ha de haber también para el sufrimiento humano, &c.,[18]

---

[14] *Book of the Duchesse*, 985ss.
* (N. del T. Obviamente, esto tiene que ver con la construcción inglesa, que se pierde en la presente: «As *ever* had Hester» / «And more, if more were possible» / «by the rode»).
[15] *Compleynt of Mars*, 1ss.
[16] Ibid., 81ss.
[17] Ibid., 240ss.
[18] Ibid., 155ss.

lo que no es más que una completa y somnolienta nadería de treinta sílabas. Incluso en el *Parlement of Foules* (*Parlamento de las aves*), junto a la insulsez cómica y calculada del ganso, encontramos esta sorpresiva e injustificada verborrea:

> Fueron las aves de las quebradas
> Las primeras en *elegir* al halcón macho
> *Para que este sentara las señales a seguir.*[19]

Parece ingrato hurgar en las faltas de un gran poeta. Pero hasta no darnos cuenta de las profundidades desde las que Chaucer se encumbró —y a veces también a sus discípulos—, no podrán entenderse sus logros estilísticos ni alabarse con la misma sinceridad de sus contemporáneos.

La forma y el sentimiento de los poemas amorosos de Chaucer ilustran bastante bien lo que dije al comienzo del capítulo sobre la viva y, por lo mismo, cambiante influencia de *El libro de la rosa*. Todos son sus obvios descendientes, pero ninguno es de la misma especie. No existe nada en Chaucer que pueda llamarse un poema alegórico radical. El punto tiene cierta importancia, ya que es en su obra donde muchos lectores experimentan la alegoría por primera vez, resultando así la causa inocente de un malentendido profundamente arraigado. Por alegoría radical entiendo un relato traducible como narración literal sin confusión aunque no sin pérdida; tal y como, en el capítulo anterior, traduje la primera parte de *El libro de la rosa*. De este modo, si no hay relato —si la versión literal, una vez extractada, demuestra no ser más que una simple máxima o descripción y no la «imitación de una acción»—, entonces la obra en cuestión no pasa mi prueba. Si, por su parte, hay pasajes que no pueden ser «traducidos» —episodios para los cuales no puede encontrarse una *significatio*— nuevamente falla. Más aún: si existen pasajes que no requieren traducción, ya que son literales en el texto original, se debe a que este —y en la misma medida— no es alegórico. Sobre todo, si nada se pierde con la «traducción», es que el trabajo original es malo. Si el relato, contado literalmente, agrada tanto como el original —y considerando que la función de la alegoría no es ocultar sino revelar y que solo se le usa apropiadamente para aquello que no puede ser dicho, o no tan bien dicho, en el discurso literal—, ¿con qué propósito se la empleó? La vida interior, y especialmente la vida del amor, la religión y la aventura espiritual han

---

[19] *Parlement of Foules*, 527ss.

sido siempre, y por lo mismo, los campos para la verdadera alegoría; ya que hay intangibles que solo la alegoría puede componer y reticencias que solo ella puede sobrepasar. El poema de Guillaume de Lorris es una verdadera alegoría del amor; ningún poema de Chaucer lo es. En Chaucer hallamos la misma materia como tema —el amor caballeresco—, pero con un tratamiento que nunca es verdaderamente alegórico aunque sobrevivan algunas de sus huellas. Así las cosas, tenemos poemas ubicados en el entramado de un sueño a la manera de Guillaume, pero lo que ocurre en el sueño no es alegórico; o una alegoría usada como el armazón de otra cosa. A la manera renacentista hay personas alegóricas, cada una con su breve descripción, como pompas que decoran un trasfondo; o, y a la manera del siglo XVIII, personificaciones que han venido a ser simples características de estilo, formas de la dicción poética. Finalmente, en su obra mayor, están las concepciones corteses del amor aprendidas de la alegoría francesa, puestas en acción en una poesía que es absolutamente no alegórica. Chaucer logra la presentación literal, pero es la alegoría de Guillaume la que la ha hecho posible.

El *Compleynt unto Pite* (*Lamento sobre la compasión*) y el *Compleynt to His Lady* (*Lamento a su dama*) ilustran el uso de la personificación en su nivel más bajo: el resultado más desalentador y frígido de la popularidad de la alegoría. Las figuras alegóricas no solo fallan en interactuar, sino incluso en ser pictóricas, resultando un mero catálogo:

> Belleza llena de Frescura, Lujuria y Jolgorio,
> Juventud, Sinceridad, Sapiencia, Honor, Miedo y Gobierno,[20]

donde no solamente la cadencia de la última línea nos recuerda a Lydgate.

En el *Book of the Duchesse* (*El libro de la duquesa*) el poema está compuesto como un sueño. Y aunque hay amor cortés, la alegoría ha desaparecido. Soñamos para escuchar al desolado amante darnos cuenta de su felicidad pasada y de su actual infortunio tan literalmente como lo hubiese hecho despierto. Con todo, a Chaucer no le es inútil el sueño. Le da cierta distancia a su conversación con el amante. Transfiere la responsabilidad de lo dicho desde la persona en vigilia hasta las vaguedades del sueño, permitiendo un retrato más íntimo de la pérdida de la amada que en otros términos parecería imposible. Sin embargo, sería temerario asumir que Chaucer lo escogió tal cual y a sabiendas. El uso injustificado del sueño para toda suerte

---

[20] *Compleynt unto Pite*, 39ss.

de propósitos, e incluso para la elegía, parece haber sido un artificio de los poetas franceses;[21] y creo que Chaucer lo siguió, fundamentalmente, porque lo disfrutó. Machaut ya había demostrado cómo un sueño poético podía parecerse mucho más a un sueño real que lo que intentara Guillaume de Lorris.[22] Y Chaucer, deleitado como cualquier buen operario con capturar la más esquiva aunque familiar de las experiencias, quizás superara al modelo. Su «psicología del sueño» se ha descrito como «intachable».[23] Pero nuestro interés —naturalmente— está más con su psicología del amor, ya que es allí donde muestra a cabalidad su genio y su fidelidad a la tradición de la *Rosa*. En este poema, el desolado amante ha pasado por las mismas fases que el Soñador del *Roman*. Pero su tragedia es pasar todavía una más. Al principio —y al igual que el Soñador— deambula despreocupadamente por el jardín del amor:

> Durante muchos y largos años
> Vagó el corazón sin alcanzar puerto alguno;
> Sin saber por qué
> Apaciblemente yo esperaba que a mí llegara.[24]

Con todo, sabe muy bien quién hace allí las veces de portera:

> Por entonces, en los años de mi juventud
> Mi Señora *en el ocio* me gobernaba.[25]

Cuando finalmente se enamora, es porque ha mirado en la fuente de Narciso:

> No tomaba yo
> Otro consejo que el de su mirada
> Acariciando mi corazón: solo en sus ojos
> Estaba aquello que alegremente mi corazón anhelaba.[26]

[21] V. C. L. Rosenthal, «A possible source of Chaucer's *Book of the Duchesse*», *Mod. Language*, vol. xlviii, 1933.

[22] Cp. Machaut, *Dit dou Viergier*, 1199ss., donde el despertar del Soñador resulta convincente. También *Dit dou Lyon*, 279ss.

[23] V. J. Livingston Lowes, *Geoffrey Chaucer*, London, 1934, pp. 94-9.

[24] *Book of the Duchesse*, 775ss.

[25] Ibid., 797ss.

[26] Ibid., 839ss.

No obstante, cuando intenta acercarse a la Rosa por primera vez, es repelido y arrojado a lamentarse al otro lado del seto espinoso.[27] En esto Chaucer está conforme a la tradición; pero no es «convencional» en el mal sentido de la palabra. La fineza y frescura de su tratamiento debe juzgarse por el hecho muy notable de que, aún siendo el poema una verdadera elegía, la impresión que nos deja es de salud y felicidad. La pérdida no se encubre y el dolor resuena verdadero en

> Adiós a la dulzura
> Y adiós a todo cuanto existe[28]

y en el retorno del doliente en sí (anticipándose al *Licidas*), cuando abandona su infructuoso deseo: «¿Y, sin embargo, ahora dónde?».[29] El elogio de Chaucer a la muerte y su retrato de la felicidad perdida son tan potentes que los recordamos aun olvidando el resto del poema. Chaucer ha conseguido una de las realizaciones literarias más extrañas: el panegírico exitoso. Después de leerlo creo en la «buena hada Blanca» como nunca creí en el Rey Eduardo, en Arthur Hallam o Clough. Me parece haberla visto «reír y jugar tan femenina» y oírla expresarse «con una suave y dulce voz». Mas ahora que está muerta me doy cuenta, tristemente, de cómo «sabía vivir tan bien que nunca temió al tedio».[30] Dado que el poema es una buena elegía y no una mala, el oscuro trasfondo de la muerte desaparece detrás de las brillantes formas del amor satisfecho. Debido a ellas, la imaginería concomitante —la dulzura de los pájaros, el sol levantándose en el aire «azul, brillante y claro», las ciénagas estrelladas de flores que han olvidado la pobreza del invierno y están vivas por la felicidad de los animales— guarda una propiedad simbólica que va más allá del compromiso de la alegoría consciente. Si el poema, aparte los ocasionales lapsus en estilo y métrica, adolece de algunas fallas, se deben a la ansiedad de Chaucer por hacer algo mejor de lo que es capaz. Así por ejemplo, tiene la feliz idea de intentar mostrar en un diálogo, dramáticamente, la impaciente autoabsorción de la pena por el amante y sus exigencias para una atención más concentrada al Soñador. Pero lo hace en forma tan grosera

---

[27] Ibid., 1236-57.
[28] Ibid., 656.
[29] Ibid., 670.
[30] Ibid., 948, 850, 919, 879.

que a ratos aquel parece un pelmazo y el otro un tonto, produciendo así efectos cómicos desastrosos y ciertamente imprevistos.[31]

He citado algunas líneas del *Compleynt of Mars* (*Lamento de Marte*) que ilustran la evolución del estilo poético de Chaucer. Tal vez solo cuando se repara en ella el poema se hace digno de atención. Confieso que las alusiones astronómicas son demasiado para mí. La alegoría tópica o local resulta difícil de recuperar y tampoco lo merece.[32] La relación entre querida y amante —según se concebía entonces su condición normal o saludable—, está bien descrita en las líneas

> Lo dominaba
> Solo con el flagelo de su semblante.[33]

El poema es también notable porque contiene, de acuerdo al ejemplo de Jean de Meun, la insinuación del punto de vista contrario. Una estrofa en boca de Marte retrata el contraste entre el amor divino y el profano, aparentemente en beneficio del primero.[34] Pero ya estamos preparados para tambaleos como estos, ya sea hacia el final o en la mitad de un poema amoroso.

La *Balade to Rosemounde* (*Balada a Rosamunda*) es interesante por dos razones. La primera estrofa muestra el estilo de Chaucer que más se acerca al estilo áureo de sus sucesores. La tercera presenta un problema. ¿Se pretende que aquello del «ganso arrollado en gelatina» sea cómico o no? El lector moderno querrá pronunciarse de inmediato por la afirmativa, pero yo no estoy tan seguro. La concepción de un Chaucer «burlón» no puede ser un argumento que impida decir que nunca escribió mal. Tal sería la consideración resultante si cada cosa incapaz de agradar como poesía inmediatamente fuese tomada por humor. Y lo que podría ser extremadamente gracioso habiéndosele pretendido serio suele ser a menudo muy endeble como chiste deliberado. La agudeza es a propósito. Como poesía seria es un paso de lo sublime a lo ridículo; como broma, chata. Cuál fue el efecto que Chaucer intentó es una de las cosas que, según creo, jamás

[31] Ibid., 749ss.; 1042ss.; 1127ss.
[32] *V.* Chaucer, de Skeat, vol. i, pp. 64ss., y G.H. Cowling, «Chaucer's Complaintes of Mars and of Venus», *Review of English Studies*, vol. ii, N° 8, Oct. 1926.
[33] *Compleynt of Mars*, 42.
[34] Ibid., 218ss.

sabremos; pero que Gower, Scogan o John of Gaunt debieron saber al instante y sin preguntárselo.

Pasando sobre la ambiciosa y muy pronto abandonada *Anelida*, y la exquisita *Merciles Beautee* (*Implacable belleza*) (donde la intención cómica de la palinodia es obvia), llego a la obra maestra entre los poemas tempranos de Chaucer, el *Parlamento de las aves*. Su motivo y significado han sido objeto de una enjundiosa discusión.[35] El motivo, si se le descubre, no sería más que una «cosa insignificante», una «cuestión de hecho». Ciertamente, no es necesario buscar ningún estímulo externo para entender el *Parlamento*, como podría ser un matrimonio real o uno noble. La especie a la que pertenece el poema —el debate sobre una difícil cuestión amorosa— es típica. Dos de los poemas de Machaut son *jugements*; y en la poesía francesa temprana —sin mencionar nuestro propio *Owl and Nightingale* (*El búho y el ruiseñor*)— los pájaros han sido materia de debate.[36] Lo importante es la disputa en torno al propósito o la tendencia —el resultado emocional o imaginativo final— del poema como un todo. Es aquí donde la exagerada concepción del Chaucer «burlón» ha producido sus resultados más desastrosos. Hubo críticos que sostuvieron que Chaucer —«escuchad una razón que os daré»— escribió el *Parlamento* con el fin de ridiculizar el sentimiento cortés de los nobles pájaros criticando «la incivilizada ignorancia». Casi sería mejor pasar por alto todos los chistes de Chaucer que creer que el Ganso y el Pato son sus interlocutores, y que la Tortuga y las Águilas son su objetivo. No insistiré en que estoy convencido de que creer esto es atribuirle a Chaucer una cuadrada vulgaridad de pensamiento y sentimiento, lamentable en cualquier época y todo lo imposible en un poeta cortés de la de Froissart. Pero no todos estarán de acuerdo conmigo. Sin embargo, ¿acaso no es evidente que aquella visión está basada en un malentendido del proceder completo de la poesía amorosa medieval? Desde el principio el sentimiento cortés es un escape, una truhanería; que deriva tanto del sentido común vulgar como de los Diez Mandamientos. Chretién, Guillaume de Lorris y cualquier escritor supieron siempre que Razón estaba del otro lado. No obstante, la truhanería fue considerada, en cierto sentido imperfecto y frágil, una cosa noble:

---

[35] *V. Chaucer*, de Skeat, vol. i, p. 75; E. Rickerts, «A New Interpretation of the *Parlement of Foules*», *Mod. Philology*, vol. xviii, N° I, May 1920; D. Patrick, «The Satire in Chaucer's Parliament», &c., *Philological Quarterly*, vol. ix, January 1930; J. Livingston Lowes, *op. cit.*, pp. 124ss.

[36] *V.* Langlois, *Origines et sources*, cap. ii.

fuente de toda virtud excepto la castidad, «exterminio» de todos los vicios excepto uno. De ahí todas las extrañas idas y venidas en cada libro de amor medieval. El delicado sueño se protege a sí mismo contra el ataque moral o el del sentido común con toda suerte de concesiones y tergiversaciones; con ambigüedades en la acepción de la palabra Amor, como en el *Prólogo* de Gower; mezclando el amor profano y el divino, como en Dante, o (menos exitosamente) en Thomas Usk; con la palinodia directa, como en Andreas. Se protege, sobre todo, contra la risa del vulgo —esto es, y bajo ciertos ánimos, todos nosotros— permitiéndole a la risa y al cinismo un lugar *dentro* del poema tal y como algunos políticos sostienen que el único camino de protegerse de un revolucionario es darle un escaño en el parlamento. Por la misma razón, el Pato y el Ganso tienen sus escaños en el *Parlamento* de Chaucer; y por la misma razón existe la sátira contra las mujeres en Andreas, la Vieja sinvergüenza en la *Rosa*, Pándaro en el *Libro de Troilo*, Dinadan en Mallory, Godfrey Gobelive en Hawes y el Escudero de las Damas en *La reina de las hadas*. Con todo, mucho tiempo después que se olvidaran las razones originales de la tradición, el *homme sensuel moyen*, con sus despejadas y enormes orejas, aparecerá en el *Sueño de una noche de verano* y Papageno, el hijo de la naturaleza, parangonará, y en cierto sentido parodiará, los amores y aflicciones de Tamino. Que este tipo de figuras aparezca en un poema no significa que la tendencia principal de la obra sea satírica, sino todo lo contrario. Que los soldados siguiesen a César cantando *calvum moechum adducimus* no significa que el propósito de un triunfo fuese ridiculizar al general, sino precisamente lo contrario: la licencia de Fescennine fue una concesión a Némesis, pues había que aplacarla justamente porque la ceremonia apuntaba a la glorificación del general. En el mismo sentido, las figuras cómicas en un poema de amor medieval son una concesión preventiva —la libación hecha al dios de la lujuria provoca risa precisamente porque no se hace al dios a quien se honra—, un soborno a Sileno o Príapo por miedo a que puedan entorpecer los altísimos himnos a Cupido. Cuando esto se entiende (y no antes), por cierto que es admisible que Chaucer tuviera afinidad con el Ganso y el Pato. Así la tuvieron todos los caballeros y damas de su tiempo. No habría sido necesario hacer ninguna concesión al punto de vista de la «lujuria» si no hubiese estado en las mentes de todos. Chaucer y su público sabían, mejor de lo que algunos saben hoy, que la vida no es simple. Fueron capaces de pensar en dos cosas al mismo tiempo. Vieron el mundo corriente fuera del círculo mágico del amor cortés —también habían estado en él y volverían— y permiten que diga lo que tenga que decir, le permiten su «enorme bocota» por un momento, incluso entre ardores e idealismos.

Todo esto puede parecer alambicado. Pero Chaucer, pensemos de él lo que pensemos, no fue un «tipo común», *un vrai businessman* o un rotario. Fue un erudito, un cortesano y un poeta que vivió en una civilización altamente perspicaz y sofisticada. Es natural que nosotros, que vivimos en una era industrial, tengamos dificultades al leer poesía escrita para una época escolástica y aristocrática. Debemos ser cautelosos, cuidar que nuestros dedos gruesos y toscos no desgarren los delicados hilos que tratamos de desenredar.

Una vez removidas estas confusiones, a cualquier lector que ame la poesía podrá dejársele solo y a salvo con el *Parlamento de las aves*. Ya no malentenderá la mezcla de belleza y comedia en esta obra felicísima y radiante: una comedia realista y sincera, una belleza sin esfuerzos o remordimientos, como la música de Mozart. Según mi punto de vista, no es una alegoría radical, ya que no alegoriza una acción interior. Su *significatio*, de extractársele, probaría ser un estado y no una historia. Aquí, como en el *Libro de la duquesa,* se usa el viejo jardín de la Rosa para pintar al amor en sí mismo, al amor en reposo. Si se quisiesen comparar las bellezas de este jardín —el viento casi imperceptible, el pez colérico, los conejos jugueteando sobre el pasto y la «arrebatadora dulzura» de los instrumentos de cuerda— con cualquier representación gráfica literal de lo mismo, se descubriría qué alegoría ha sido hecha y para qué. Este es el tipo de simbolismo que jamás envejece. Sin embargo, y hacia la mitad del poema, de pronto tropezamos con otra cosa. A este respecto tengo la pretensión de haber hecho (accidentalmente, por cierto) un ingenioso experimento. Cuando leía por última vez el *Parlamento*, en la descripción de las variadas clases de habitantes que comienza en la línea 211, me dije: «Bueno, esto es muy extraño. Estas no parecen de Chaucer ni de la Edad Media. Son solo figuras pomposas para decorar». Poco después recordé que me hallaba en aquella parte del poema que fue tomada de Boccaccio.

No pretendo que esta pequeña anécdota, sin más aval que mi palabra, sea prueba de nada. Pero quizás sirva para orientar la atención del lector a un hecho importante. El Cupido de Boccaccio, como su Complacencia, Belleza, Paz, Príapo y demás, son alegorías renacentistas y no medievales. Por su parte, tampoco constituyen un simple catálogo (como las abstracciones en las *Lamentaciones* de Chaucer) ni encarnaciones de la experiencia interior, como los personajes de *El libro de la rosa.* Aunque no cumplen ninguna función, cada una tiene su pequeña cuota de descripciones y sus emblemas. Son decoración pura: elementos para empotrar sobre la chimenea o llevar por las calles en procesión, cada uno «incrustado» en su respectivo carro con antorchas, balanzas y otros aparatos. Y aunque son bastante bellas, le han dado a la palabra «alegoría» un significado que tal vez jamás logre sacarse de encima (y con qué injusticia para ciertos grandes poetas, es uno de los propósitos a demostrar en este libro). Pero lo más extraño es que Chaucer no parece advertir la diferencia. Tan hijo de la Edad Media es que no resiente la lejana cualidad renacentista de su modelo, lo que se prueba por el tratamiento que le da: todas sus omisiones y alteraciones van en la dirección medieval. Sin embargo, no alcanza a arrojar a Boccaccio por la borda como lo hubiese hecho al leerlo con nuestros ojos. En la *Teseida*, Boccaccio conduce una Plegaria personificada —los lectores de Homero recordarán que las plegarias están entre las más viejas personificaciones— hasta la casa de Venus. Chaucer va en persona. Al llegar al jardín, Chaucer sigue al italiano muy de cerca durante dos estrofas, ya que este describe lo que todo poeta medieval habría deseado describir: la gozosa vida del lugar.[37] En la *stanza* siguiente, luego de dos versos dedicados a la música que se oye entre los árboles, abandona su modelo. Y allí donde Boccaccio nos cuenta cómo Plegaria fue de allá para acá admirando el *bell'ornamento*, Chaucer compara la música con las armonías del cielo y menciona «un suave viento que menos no podía ser».[38] Entonces procede a insertar una estrofa sin equivalentes en el original, donde explica que «el aire de aquel lugar tan templado era» que

Nadie podía allí enfermar o envejecer.[39]

Obviamente, Chaucer está recordando el jardín de Guillaume de Lorris —que «parecía un lugar espiritual»—[40] y el jardín sin tiempo de Jean de Meun.[41] Pero mientras con la música celeste y el eterno presente hace al suyo más espiritual, lo hace también más terrenal cuando menciona su brisa inaudible. Hace a la poesía más profunda en todo sentido. En Chaucer, el sentimiento y la imaginación se someten al tema de una forma

---

[37] *Parlement of Foules*, 183-96; *Teseide*, vii, estrofas 51, 52.
[38] Ibid., 197-203; *Teseide* vii, estrofa 53.
[39] Ibid., 204-10.
[40] *Roman de la Rose*, 642; versión en inglés, 650.
[41] Ibid., 20010ss.

muchísimo más completa que en Boccaccio. Chaucer trabajaba con un «coraje total y devoto»; Boccaccio, debido a su circunstancia épica, sentía en lo más profundo de su corazón que todo aquel menjunje de jardines y dioses del amor «no eran más que poesía». Así, Boccaccio incluirá un toque de sátira y hará que su Belleza camine *sè riguardando*; cosa que Chaucer, naturalmente, omitirá.[42] Solo la falsa crítica podría suponer que la gravedad superior de Chaucer es incompatible con su calidad de gran poeta cómico. Dryden llegó al fondo del asunto cuando lo llamó fuente perpetua para el buen sentido. La profunda y jovial sobriedad constituye la base de su humor y de su sentimentalismo. En Chaucer no hay lugar para la frivolidad renacentista.

Para una mejor lectura del *Book of Troilus* (*Libro de Troilo*) conviene comprender exactamente el contraste entre Boccaccio y Chaucer. Pues el *Troilo* puede malentenderse. Las obras tempranas de Chaucer requieren una explicación histórica, mientras que el *Troilo* habla derechamente al corazón de cualquier lector. Esas obras tempranas siguen modelos franceses; esta, en cambio, uno italiano. Aquellas prácticamente carecen de humor; *Troilo* lo posee en demasía. Pero, y por sobre todo, aquellas pasan como alegoría para los lectores que no inquieren demasiado, mientras que esta no es alegórica en lo absoluto. Todos estos hechos permiten considerar, de manera fatalmente fácil, que *Troilo* es la primera ruptura de Chaucer con la tradición medieval; es decir, interpretarlo como un poema «moderno» con todas las consiguientes exageraciones de sus elementos cómicos e irónicos. En realidad, lo escrito en el *Troilo* no hace apostasía de la religión de Cupido y Venus. El más grande de los poemas de Chaucer es la consumación y no el abandono de su trabajo como poeta del amor cortés. Se trata de un poema completamente medieval. Tomemos uno a uno los elementos que parecen apuntar en la interpretación contraria. Que se dirija directamente al corazón no se debe a que sea menos medieval que el *Lamento de Marte*, sino a que trata los elementos de la conciencia medieval que sobreviven en la nuestra. La astrología ha muerto, como también han muerto los escándalos de la corte del siglo XIV; pero la nueva concepción del amor que inauguró el siglo XI ha sido, desde entonces y siempre, la primavera de la literatura de ficción. Se le tomó de fuente italiana y no francesa; y aquella es, en muchos aspectos, un poema del Renacimiento. Sin embargo, Chaucer toma cuidadosamente de su modelo solo lo que todavía es medieval o puede

---

[42] *Parlament of Foules*, 225; *Teseide* vii, estrofa 56.

166

medievalizarse. El efecto de sus alteraciones es hacer medieval una historia renacentista. A su vez, el *Libro de Troilo* está lleno de humor, pero de un humor que es medieval; y Pándaro, como ya sugerí, es hijo de la *Vieja* de Jean de Meun. Finalmente, es literal y no alegórico; pero también lo es la obra de Chrétien de Troyes. El *Troilo* de Chaucer se entiende mejor si se le considera como un nuevo *Lancelot*: un regreso a la fórmula de Chrétien que, sin embargo, utiliza todo lo hecho entre los tiempos de Chrétien y los de Chaucer. El lector recordará cómo en Chrétien la historia de los sucesos externos y la de la experiencia interior (alegorizada en parte) se desenvuelven juntas. Hemos visto cómo ambos elementos se separan, y cómo al segundo se le trata independientemente en *El libro de la rosa* alcanzando un gran poder. Guillaume de Lorris profundiza, diversifica y hace más sutil la psicología de Chrétien: la heroína de *El libro de la rosa* es más verdadera, más interesante y muchísimo más amigable que Ginebra, y Chaucer le sacó provecho. Y lo hizo tan bien, aprendió a moverse con tanta libertad y delicadeza entre los enredos de sentimientos y motivos, que pudo exhibirlos sin alegoría: presentarlos en el curso de la narración literal. Así, aunque con una nueva penetración, pudo volver al método directo. Pudo recombinar los elementos que se habían separado después de Chrétien, ya que la combinación original había sido prematura. La alegoría le enseñó cómo distribuir sin alegoría, y el tiempo estaba maduro ya para la gran historia de amor que la Edad Media venía intentando producir hacía tanto tiempo. No es extraño, entonces, que el producto pueda parecernos «más moderno» que su afán. Los logros de una época saben mucho menos a ella misma que los esfuerzos para alcanzarlos, y hablan un lenguaje mucho más universal. Por eso sabemos que son logros. Lo óptimo se siente como en casa en cualquier lugar: pero lo estuvo desde el principio y lo estará siempre, en su propia parcela de espacio y tiempo. Si se quiere, *Troilo* es una obra «moderna» —«permanente» sería una palabra mucho más sabia y menos pretenciosa— porque es exitosa y perfectamente medieval.

En otro lugar[43] intenté mostrar cómo Chaucer medievaliza el *Filóstrato* logrando ser más alusivo y digresivo que el original. Como verdadero poeta «histórico» que contribuye a la «materia de Roma», nos cuenta de la historia de Troya más de lo que Boccaccio habría estimado relevante. El estándar de relevancia de Boccaccio es puramente artístico; el de

---

[43] «What Chaucer really did to 'Il Filostrato'», *Essays and Studies*, vol. xvii, 1932.

Chaucer —si lo tiene—, histórico o legendario. En cuanto al estilo, Chaucer obedece a los preceptos de la retórica medieval, interpretada y modificada por su genio: inserta, usualmente con bellos efectos, *apostrophae, descriptiones, circumlocutiones, exempla* y demás que no están en el original. Finalmente, el curso de su narración sigue la línea de aquellas concepciones del amor que sin duda aprendiera de su propia imaginación y experiencia, pero que también aprendió a ver y a expresar con claridad en *El libro de la rosa*. Todo lo que no pueda seguir esta línea se omite. Los episodios donde Boccaccio muestra desdén por las mujeres se eliminan, y los que exhiben insuficiente «devoción» al dios del Amor se realzan. Se insertan pasajes doctrinales acerca del arte y la ley del amor. El frío cinismo del *Pándaro* de Boccaccio desaparece para dar lugar al humor del Pándaro de Chaucer. Y cuando el cuento termina, donde Boccaccio sencillamente dibuja la repugnante moraleja que, según él, estuvo siempre implícita en el relato:

> Giovane donna è mobile, e vogliosa
> È negli amanti molti, e sua bellezza
> Estima più ch'allo specchio, e pomposa
> Ha vanagloria di sua giovinezza,[44]

Chaucer, más medieval y universal que nunca, escribe su «Palinodia» apelando a las «jóvenes y lozanas gentes» de su público para que vuelvan desde el amor humano al divino: «a casa», como dice significativamente.[45]

No pretendo comparar en detalle ambos poemas. Su análisis revelaría a cualquier lector abierto la naturaleza del cambio que está operando en Chaucer. Mi interés es más bien con el resultado: con el significado histórico y el valor permanente del *Libro de Troilo*.

Decir, en el lenguaje de los establos, que el *Troilo* se gestó «del *Roman de la Rose* por *Il Filostrato*» sería restarle valor al genio creativo de Chaucer solo si se olvida que todo se desarrolló en su mente. Sin embargo, y asumiendo que lo recordamos, la descripción es útil. En la historia de Criseida, su tío y Troilo, y a través de episodios tomados de Boccaccio, Chaucer saca de la alegoría los «accidentes» personificados del *Roman* ubicándolos en una historia concreta. El *Roman* se inicia con un joven todavía libre que deambula por el jardín, es decir, por el mundo de la juventud y el

---

[44] Boccaccio, *Il Filostrato*, viii, estrofa 30.
[45] *Troilus*, v, 1835ss.

ocio cortés. Chaucer se aparta de Boccaccio, cuyo Troilo ha intentado ya el amor,[46] comenzando el relato con un Troilo libre en el templo de Troya. En ambas historias, el Dios del Amor sigue al errante desde las sombras y sus flechas, que en el lenguaje de Boccaccio no son más que colorido, reciben adecuado tratamiento por Chaucer.[47] Atravesado por esas flechas de Amor, el Soñador continúa avanzando hacia el capullo, mas le detiene un seto espinoso. Análogamente, y aunque Criseida sea tan tierna que ninguna criatura «fuera jamás menos viril», su regocijo es algo altanero:

> deja caer
> La mirada de soslayo,
> Como si preguntara «¿Acaso no puedo estar aquí?».[48]

Finalmente, cuando el Soñador ha sido traspasado por completo y oyendo la voz de Amor conminándole a rendirse, se doblega, cae de rodillas, se convierte en su vasallo y espera sus mandamientos, Troilo también dice:

> Oh mi Señor, mi alma es ahora tuya,
> Como debe ser, agradecido y regocijado,
> A Ti que hasta aquí me has traído.[49]

En un pasaje posterior (que no le debe nada a Boccaccio) se golpea el pecho y solicita el perdón del dios por sus antiguas burlas.[50] Chaucer no reproduce los mandamientos que Amor le da al Soñador, pero vemos que Troilo los obedece; y las nobles líneas que describen la mejoría labrada en su carácter por el servicio de Amor no provienen del modelo italiano:

> sus ademanes tanto lo iluminaban,
> Tan gentil era y gracioso,
> Que todos lo admiraban al contemplarle el rostro.[51]

Así como el Soñador teme traspasar el seto espinoso, Troilo evita revelarle su amor a Criseida: «No la ganaría quien como yo tan desdichado».[52]

---

[46] *Il Filostrato*, i, estrofa 23.
[47] *Roman de la Rose*, 1681ss.; *Troilus*, i, 204-66; *Il Filostrato*, i, 25.
[48] *Roman de la Rose*, 1798ss.; *Troilus*, i, 281-94.
[49] *Roman de la Rose*, 1899ss.; *Troilus*, i, 422ss.
[50] Ibid., 932ss.
[51] Ibid., 1072-85. Cp. *Roman de la Rose*, 2077-264, especialmente 2087-108.
[52] *Troilus*, i, 770-7 (no en Boccaccio); cp. *Roman de la Rose*, 2779-86.

El Soñador y el príncipe troyano (aunque en diferentes fases del relato) reciben la visita de un amigo que les hace ver que los temidos obstáculos no son insuperables;[53] pues así como Pándaro hace las veces de la Vieja en las escenas con Criseida, las hace de *Amigo* en aquellas con Troilo. La intención de Pándaro durante las primeras etapas del galanteo no es más que producir en Criseida la condición que Guillaume de Lorris llama Bialacoil. Troilo, le dice, «no desea sino tu dulce amistad»[54] y la promesa que le arranca es:

> recíbelo aún mejor
> De lo que hasta ahora has hecho, con mayor júbilo.[55]

Gracias a los esfuerzos de Pándaro, Troilo encuentra a Bialacoil esperándole fuera del *roseir* para conducirlo ante la Rosa.[56] O, en nuestros términos, Criseida consiente en recibir y contestar la carta de Troilo, y finalmente encontrarse con él en casa de Deifebo. Troilo, como el Soñador, se lo agradece, pero no está satisfecho. En realidad:

> Troilo desea más que antes;
> Aguarda para luego insistir.[57]

Pero esta no es —o no todavía— la intención de Bialacoil. No se atreve a permitirle que el Soñador tome el capullo: solo le dará una hoja que crece junto a él. El requerimiento del Soñador por la Rosa despierta a Peligro de su cubil.[58] El «bel aceuil» o «dulce albergue» de Criseida está igualmente limitado en sus funciones. Troilo gozará con su dulce bienvenida; pero si él y Pándaro «van más allá en este proceder» no deben esperar gracia de sus manos aunque en ello se les vaya la vida. Y agrega: pues Peligro está a punto de despertar.[59] Sin embargo, en esta como en la otra historia, Bialacoil queda en una posición muy difícil. Pronto se pasará al lado del enemigo explicando que, por su parte, gustoso permitiría al Soñador besar la rosa:

---

[53] *Troilus*, i, 890-903 (no en Boccaccio), 974-80 (muy alterado); cp. *Roman de la Rose*, 3125ss.
[54] *Troilus*, ii, 332.
[55] Ibid., 360.
[56] *Roman de la Rose*, 2787ss.
[57] *Troilus*, ii, 1339.
[58] *Roman de la Rose*, 2876-920.
[59] *Troilus*, ii, 484.

No soy yo el llamado a impedírtelo;
Castidad me llama al pudor;
No quiero fallarle otra vez.[60]

En cuanto a la intención, el *bel aceuil* de Criseida es un desertor de la misma especie coaccionado por Vergüenza y Peligro. Cuando le urgen hablar a Troilo, que pasa bajo su ventana, reflexiona:

Quizás no deba hacerlo nuevamente.
¿Por qué? Por *Vergüenza*; es *demasiado pronto*
Por más libertad que me diera.
«Pues sabe bien», le dice,
«Que insensato sería entregarme a su amor».[61]

En ambos relatos Bialacoil no ha contado con las actividades de *Piedad*,[62] y, sobre todo, con Venus.

Cuidado con identificar a Criseida con Bialacoil. Además de peligrosa, sería una identificación absurda. Mientras aquella es una mujer (vale decir, una «sustancia racional»), este es solo «un accidente que ocurre en una sustancia», el modo en que una mujer a veces siente y se comporta. El equivalente de Criseida no son las personificaciones con las que se le exhibe, sino la heroína sin nombre de *El libro de la rosa*. Entenderán mejor a Criseida quienes sigan más de cerca el devoto estudio que Chaucer le prodiga. Siempre han existido personas que sienten aversión por ella; y mientras más y más mujeres se abocan al estudio de la literatura inglesa, Criseida parece hallar cada vez menos misericordia. Quien no la ame, y a pesar de ello, la «excuse por compasión», tampoco la está viendo como Chaucer quiso que la vieran. Huelga decir que no se trata de una libertina ni menos de una calculadora. Solo ignorando el poema mismo podría sostenerse que Criseida veía a través de los ardides de Pándaro y se guiaba solo por las circunstancias. Pues, de hecho, siguió el camino trazado desde un comienzo. Chaucer se aparta de lo subjetivo para narrarnos que «al principio, ella mostraba poca inclinación hacia él», y luego:

su virilidad y su pasión
Permitieron que el amor la consumiera.[63]

---

[60] *Roman de la Rose*, 3396ss. (versión inglesa, 3667ss.).
[61] *Troilus*, ii, 1290 (no en Boccaccio).
[62] *Roman de la Rose*, 3285ss.; *Troilus*, ii, 1281; iii, 918, 1044ss.
[63] Ibid., ii, 674 (no en Boccaccio).

Nos narra que llega a casa de Deifebo «completamente inocente» de las maquinaciones de Pándaro y que «completamente inocente» entra en la recámara de Troilo.[64] Y cuando se le entrega es porque lo que le contaron resultó absolutamente verosímil y enternecedor, y porque estaba «totalmente fuera de sí».[65] Si se quisiera criticar su comportamiento en esta primera parte del poema, desde cualquier punto de vista excepto el de la castidad cristiana, sería más racional decir que Criseida no es lo suficientemente libertina ni calculadora. Que oímos bastante de sus sonrojos, lágrimas y simplicidades mas no lo suficiente de su amor; que es «fría como el hielo y sin embargo no es casta la necia llorona del vicio». Esto es un error con algo de fundamento, pero error al fin. En la Criseida de los primeros tres libros Chaucer nos ha pintado el retrato hermoso y conmovedor de una mujer virtuosa y amable por naturaleza, y sobre todo afectuosa: una mujer que, en una sociedad casta, ciertamente habría vivido una casta viudez. Sin embargo vive, nominalmente, en Troya; en verdad, en la Inglaterra del siglo XIV, donde el amor es el más grande de los bienes terrenos y no tiene nada que ver con el matrimonio. Allí vive sola; ha muerto su esposo, su padre es un traidor que se ha desterrado a sí mismo. El único protector natural en quien «hubiera podido confiar», quien la habría censurado sin «misericordia ni mesura»[66] ante cualquier sospecha de flaqueza, está del lado de su amante; y la convence excitando su curiosidad, su piedad y sus pasiones naturales a través de ardides y mentiras. Si en tales circunstancias se rinde, no comete pecado contra el código social de su país o su época, ni contra cualquier código que yo conozca salvo, tal vez, el hindú. Que Criseida asegure la Rosa a Troilo es perdonable según los estándares cristianos y no necesita perdón de acuerdo a las reglas del amor cortés. Sin embargo, la traición que le infiere no se justifica tan fácilmente.

Por cierto, la cuestión aquí no es absolverla. Desde el principio del relato ha sido llamada «Falsa Criseida» y lo será hasta el final. Su ofensa es profunda. De acuerdo al código del amor cortés, imperdonable; para la ética cristiana, bastante más baja que la falta de castidad original, como Brutus y Judas Iscariote —en el infierno de Dante— yacen más abajo que Paolo y Francesca. Pero no hay que malentender su pecado; interpretarlo de forma tal que arroje dudas sobre la sinceridad de su primer amor. Al comienzo

[64] Ibid., 1562, 1723.
[65] Ibid., iii, 918, 920, 931.
[66] Ibid., ii, 414, 418.

existía cierta vanidad: no podía dejar de pensar que era «una de las más bellas sin temor» y «con sobria acogida reía su corazón». Sin embargo, Coventry Patmore, que sabe bastante de estos asuntos, nos ha dicho que una mujer sin este tipo de vanidad es un monstruo. Y, como pregunta Chaucer,

> ¿Quién no la ensalza, si al caballero
> De la vida a la muerte arrastra?[67]

En Criseida, los relajos veniales no son más que el preludio al total abandono de la persona. Muy pronto preguntará con la más perfecta sinceridad:

> ¿Acaso no le he ofrendado mi amor? ¡Oh Dios!
> No creo que tu amor se asemeje al mío,[68]

y en los felices días del amor correspondido, «cada uno complacía los anhelos del otro».[69] Cuando arrasa el vendaval y se ve obligada a abandonar Troya, su amor es tan profundo que siente el dolor de Troilo más agudamente que el propio:

> ¿Mas cómo lucharás *tú* contra este pálido destino,
> Podrá soportarlo *tu* dulce corazón?
> Tu dolor y tormento son mi corazón,
> Lleno de pesares, los que algún día tendrás que olvidar.[70]

Hay una dramática ironía en esta última sentencia, que no hay que confundir con aquella otra que, en el mismo poema, se atribuye a veces falsamente a Chaucer. Es el destino quien ríe y Chaucer está muy lejos de la risa al relatarlo. Si el dolor que refiere la poesía fuese sincero alguna vez, es el de Criseida al abandonar a Troilo. Y para no cometer errores, pensando en el fin de la historia, Chaucer nos dice:

> Todo con justa intención se dijo.
> Veraz y dulcemente le hablaba
> Decíale lo que su corazón sentía.[71]

---

[67] Ibid., ii, 746, 1592ss.

[68] Ibid., iii, 869.

[69] Ibid., 1690.

[70] Ibid., iv, 794 (no en Boccaccio).

[71] Ibid., 1416 (no está en Boccaccio, a pesar de que Chaucer dice «como bien lo encontré escrito». Cuando Chaucer afirma que toma algo de una fuente es casi seguro que está inventando).

Solo una consideración más lata de su carácter podría compatibilizar la sinceridad y la falta de egoísmo de la Criseida del principio con su subsiguiente felonía. Afortunadamente, Chaucer enfatizó con tanta fuerza la pasión rectora de su heroína que no hay posibilidad de equívoco. Se trata del Miedo: miedo a la soledad, a la vejez, a la muerte, al amor y a la hostilidad; miedo, en fin, a todo aquello que en verdad puede temerse. Pues de este miedo emana la única pasión positiva y permanente en la naturaleza de Criseida: el enternecedor anhelo —más infantil que femenino— por la protección; por algo fuerte y estable que la oculte, y que asuma sobre sus hombros el peso que la agobia. Desde el comienzo del poema la encontramos sola en Troya, como la hija viuda de un traidor, «casi fuera de sí de tristeza y de temor».[72] Poco después llorará de rodillas ante Héctor, identificándolo temporalmente con el poderoso defensor de sus sueños.[73] Héctor, que es el más noble de los personajes secundarios de Chaucer, la consuela. Pero incluso en esta aparente seguridad, incluso en sus chanzas, hay un significado:

> Por el amor de la Diosa, ¿es el sitio acabado?
> Mi temor por los griegos me hace desfallecer.[74]

El afecto juguetón y confiado de Criseida por su tío Pándaro —en quien se sostiene buena parte de la historia— es, por supuesto, una forma más de este deseo de protección; y la relación entre ellos está muy bien descrita en la escena en la que ella le ruega que no la abandone sin antes sostener una conversación de negocios.[75] Esta clase de mujeres tiene siempre algún pariente masculino que le sirve de puente con el terrible mundo de los hechos. Y Pándaro entiende cabalmente a su sobrina. Habiendo animado su curiosidad con la insinuación de algún secreto, casi al mismo tiempo comienza a apaciguar sus miedos:

> No permanezcas así, desconsolada, temblando. ¿Para qué?
> Que el dolor no mude el semblante de tu rostro.[76]

Aunque, la verdad sea dicha, no pretende apaciguarlos del todo. Poco después la amenazará con la muerte de Troilo y la suya. Hay pocos elementos del

---

[72] Ibid., i, 108.
[73] Ibid., 110.
[74] Ibid., ii, 123.
[75] Ibid., 214-20.
[76] Ibid., ii, 302.

poema que sean más tristes —o iluminadores— que el llanto de Criseida al recibir las noticias:

¿Es esta, acaso, toda la alegría y todo el placer?[77]

Y la amargura que le provoca el comprobar que su momentáneo protector (Pándaro) la ha abandonado antes de que ella pueda reemplazarlo por Troilo, limitándose a rogar:

¡Oh Palas, mi diosa y señora!
¡Cuida de mí en estos *amargos momentos!*[78]

Pues son terribles para Criseida. Sabe que «la infelicidad cae pesarosa sobre el amor».[79] Cree que la vida de su tío «está en equilibrio».[80] Teme al escándalo y hasta al amor mismo: a sus dolores, incertidumbres y ansiedades.[81] Teme a la cólera de Troilo y hace bien. Al recordar su ambigua posición en la ciudad sitiada:

Bien sé yo que es hijo de mi rey.
¿Sería razonable sentir odio hacia él?
Pues allí podría vivir a su merced, sin penurias.[82]

Es dudoso que Criseida tuviese una noción exacta de la forma en que este miedo la afectaba. Tal vez existía en ella (y no en un sentido impuro) un arranque de lo que hoy llamamos masoquismo: tal vez el poder del príncipe para herir —que no es más que el reverso del de defender— era para ella el hechizo más poderoso. Como sea, Chaucer nos da a entender que los primeros miedos de Criseida al amor y al amante tienen la misma raíz que su posterior satisfacción y confianza. El «dulce tiempo» del amor, para una criatura de naturaleza semejante, no podría haberse descrito con mayor exactitud:

Fuerte como un muro,
El escudo de su acero la preservaba contra la injusticia.

---

[77] Ibid., 421.
[78] Ibid., 425.
[79] Ibid., 456.
[80] Ibid., 466.
[81] Ibid., 461, 462, 771-805.
[82] Ibid., 708-14.

La alegoría del amor

Su sabiduría era tan grande que estando bajo su amor
Todo temor se le acabó.[83]

No más temor, no más desamor, no más egoísmo. Las mujeres como Criseida, una vez que reciben el amparo deseado, recompensan con la más completa devoción. No creo que le haya sido infiel a Troilo; o que —y en la medida en que estuvieron juntos— fuese menos que una amante perfecta para él. La crueldad está en someter a una mujer como ella a la prueba de la ausencia; ausencia con una posibilidad de reunión futura no asegurada, compelida por el terrible mundo exterior de la ley, la política y la fuerza (que ella era incapaz de afrontar); ausencia, en fin, en medio de escenas y voces extrañas:

Entre los griegos más recios, pocas eran las mujeres.[84]

Cualquiera puede prever el resultado. Nadie, ni siquiera Troilo, podría engañarse con los desesperados discursos con que Criseida, tristemente ignorante de sí misma, intenta asumir el papel de consoladora pretendiendo ser la mujer práctica, decidida y temeraria[85] que es capaz de disponerlo todo, solo porque alguien le ha dicho a la pobre —y es cierto— que «las mujeres son sabias en los pequeños consejos».[86] En este sentido, su intento por ser «femenina» dura muy poco. La misma profundidad del amor que siente por Troilo le facilita la caída, pues, una vez alejado aquel, es tan terrible su desolación que su normal apetito por el consuelo y la protección se transforma en un imperativo insaciable. Ya que el viejo «muro y el escudo» se ha ido, su añoranza es aún mayor y más necesita reemplazarlo. Traspasadas las puertas de Troya helo allí: la primera protección amistosa que encuentra en su nueva y nostálgica vida entre aquellos «recios griegos» que la rondaron durante casi diez años. La situación, en sí, es la mitad de la batalla para Diómedes; aunque Diómedes, en cualquier otra situación, habría sido un peligroso pretendiente para Criseida. Salvo por una cuestión de moda —y que duró poco—, no suplicó como Troilo. Con una crueldad ligera hizo pedazos todas las esperanzas de consuelo, salvo las que provenían de sí mismo:

---

[83]   Ibid., iii, 479.
[84]   Ibid., v, 688.
[85]   Ibid., iv, 1261-1309.
[86]   Ibid., 936.

Los troyanos han caído prisioneros;
Así, pues, no han de venir,
Ni por todo el oro que brille entre el sol y el mar.
Confía en mí y atiende mis palabras.[87]

La mezquina brutalidad de esta última línea trocaica* es una obra maestra: casi podemos ver a la hermosa y tunante mandíbula desternillándose hacia adelante. Pero mientras todos los hombres y todas las buenas mujeres odiarían a Diómedes, no ocurre lo mismo con Criseida. He hablado de masoquismo «no en un sentido impuro»; pero el descenso a los infiernos es fácil, y quienes comienzan por adorar el poder muy pronto adoran el mal. Mejor dejemos que Chaucer nos diga con sus propias palabras el efecto de las tácticas de Diómedes sobre Criseida:

Continuamente en su espíritu
Rumiaba las palabras de *Diómedes*
Y su rango temido en la ciudad.
Ella estaba sola, con gran necesidad de ayuda y amigos.[88]

Hay que reconocer que Criseida no alcanza este punto sin esfuerzo. Y un esfuerzo tan intenso que hasta se propuso, o pensó que lo hacía, «escabullirse de noche».[89] Sin embargo, es una imposibilidad psicológica pensar que Criseida pudiese salir sola de noche y cruzar la desolación que mediaba entre el campamento y Troya, cuando incluso huir con Troilo le era absolutamente terrible. Pero el solo hecho de que considerase el proyecto testimonia sus desesperados esfuerzos por sobreponerse. Con todo, su situación es tan cruel que este mismo esfuerzo precipita su entrega a Diómedes. No bien se ha resuelto a ello —o ha hecho lo posible por resolverse—, Diómedes deja de ser una alternativa real a Troilo para transformarse en una alternativa a la fuga. Verse en brazos de Diómedes tiene el irresistible atractivo de borrar la idea insoportable de tener que escabullirse entre los centinelas en medio de la oscuridad. Y así, llorando e indecisa, excusándose y arrepintiéndose por anticipado —antes de que la culpa se consume—, la infeliz criatura se transforma en la querida del griego, asiéndose a la última oportunidad de autorrespeto con estas palabras:

---

[87] Ibid., v, 883.

* (N. del T. Referencia obvia al inglés original).

[88] Ibid., 1023ss.

[89] Ibid., 701-7, 750-3.

A Diómedes por siempre seré fiel.[90]

El personaje cuya ruina hemos venido observando no decae mucho más en lo que sigue. La entrega del broche de Troilo a Diómedes es repugnante y la última carta que le dirige, sencillamente abominable.[91] Con todo, no constituyen más que fases de su caída. Una mujer como Criseida no tiene virtudes firmes capaces de demorar la degradación total una vez unida al amante que la degrada. La misma docilidad que la ennoblecía como querida de Troilo la rebaja como querida de Diómedes. Cuando se rinde, lo rinde todo. Se ha entregado al griego *tamquam cadaver* y en adelante sus vicios serán los de ella. Y tampoco resulta improbable una degradación ulterior, al pasar de querida de Diómedes a prostituta común; y finalmente, como en Henryson, a mendiga leprosa.

Esta es la Criseida de Chaucer. Una figura trágica en el más estricto sentido aristotélico, ya que no es ni muy buena ni execrablemente perversa. En circunstancias más felices habría sido una querida fiel o una buena esposa; una madre cariñosa, una amable vecina. Una mujer feliz y la causa de la felicidad de todos aquellos que la rodeaban: mimada y mimosa en la juventud, honrada en la vejez. Pero tiene un defecto y Chaucer nos lo ha señalado: «era la muchacha más temerosa y ligera que pudo haber existido».[92] De haberlo querido el destino, los hombres habrían considerado este defecto como una debilidad excusable y hasta atractiva; pero arrojó a Criseida en medio de un mar de dificultades que lo convirtieron en una falta trágica, arruinándola de paso.

Pándaro es exactamente lo opuesto a su sobrina. Es, ante todo, el hombre práctico, el que «hace funcionar las cosas». Su deleite consiste en manipular el mundo de lances y negocios del que Criseida anhela ser protegida. Todos conocen el equivalente moderno de Pándaro. En sus manos puede viajarse a lo largo y ancho de Inglaterra en primera clase con un boleto de tercera; guardias y policías desaparecerán en su presencia sin necesidad de soborno. Elegantes habitaciones en el primer piso de un hotel que se juró repleto se abrirán y habrá alcohol disponible a horas en las que el resto del mundo se muere de sed. Y es siempre tan buena compañía que podrá

---

[90] Ibid., 1071.
[91] Ibid., 1040 (el broche), 1590-1631 (la carta).
[92] Ibid., ii, 450.

hacer reír a tal punto con sus locuras,
Que de tanto reír cree uno morir.[93]

Aunque no se trata de un simple comediante. Concluidos los chistes y los «cuentos de Wade», puede hablar toda la noche de

múltiples cosas, algunas toscas, otras alegres y profundas,
Como ocurre entre los amigos que se encuentran en las procesiones.[94]

Y si fuese necesario hablar a otros en favor vuestro «haría sonar las campanillas del proceso».[95] Cuando se le ha ganado para una causa, es leal, discreto, ingenioso e infatigable. Y aunque confiarle ciertos asuntos resulte temerario, se debe a que su amistad llevará todo demasiado lejos. Es muy fácil reconocer a este personaje, ya que, felizmente, no es poco común en la vida real aunque sí sea extraño en la ficción. Lo que sorprende es encontrar junto a esta eficiencia práctica, a este afecto cálido y jubiloso —aunque no muy escrupuloso—, todas las características del *gentleman* del siglo XIV. Ya que Pándaro es un amante y un doctor en la ley de Amor: amigo según el antiguo y alto código de la amistad, y hombre de sentimientos. En las páginas de Chaucer no aparece el Pándaro «irónico»; y quienes lean sus obras con este prejuicio se decepcionarán al notar cómo «se consumía de tristeza e inquietud» ante las penas de amor de Troilo; cómo «le saltaban las lágrimas de los ojos» al rogar ante Criseida; y cómo, al oír las súplicas de Troilo en casa de Deifebo, «sollozaba como si no fuese más que agua».[96] No niego que en cierto sentido no disfrutase con sus frecuentes lágrimas; mas no como un vulgar burlón, sino como un convencido siervo del dios del Amor para quien la gloria y el sentimentalismo de un «amour» tormentoso son las flores más finas de la vida. Poco después de este llanto se nos dice:

Se arrodilló Pándaro y clamó al cielo
Levantando ojos y manos: «¡Dios inmortal! Tú no puedes morir,
¡Caro Cupido! Gloria a ti por siempre...».[97]

[93] Ibid., 1168.
[94] Ibid., 151.
[95] Ibid., 1615.
[96] Ibid., i, 582; ii, 326; iii, 115.
[97] Ibid., iii, 183.

Si Pándaro representara aquí conscientemente un rol, no sería más que un bufón de la más odiosa especie; y la escena no constituiría más que un tinglado crudo y ridículo, más propio de un arlequín que de un romance. Aunque Chaucer no confíe a este tipo de personaje los elementos cómicos de un gran poema, nada de lo que he dicho debe tomarse en el sentido de que niegue la calidad cómica de Pándaro o que incluso represente en cierto sentido el elemento negativo del sentido común en medio de los idealismos corteses. Sin embargo, el punto es bastante más delicado —la comedia bastante más sutil— de lo que esperaría el lector actual. Pándaro es perfectamente serio cuando expone a Troilo los mandamientos de Amor o la filosofía en general. Y también Chaucer; al punto de incluir con toda seriedad esta instrucción erótica o cualquiera otra. ¿Qué sería de un poema de amor sin «doctrina»? Lo gracioso —sin duda intencional— es el contraste entre la víctima del amor y el maestro del amor, que hace exclamar al pobre Troilo:

> Amigo, inmóvil estoy
> Aunque no sordo.[98]

O:

> Implora, por tu antigua sabiduría.[99]

También son cómicos la prolijidad y los escrúpulos de Pándaro —el desenfado con que hace tambalear la carta de Enona, la doctrina de los contrarios, las reglas para el servicio del amante y las recomendaciones para escribir cartas—,[100] como si todo lo hubiese aprendido de memoria; cosa que probablemente hizo. Una doctrina complaciente, cuando es el instructor quien la desea y no el pupilo, siempre resulta graciosa; y especialmente para Chaucer. Pero la intención de Pándaro no es cómica —Pándaro sería menos cómico si realmente fuese un cómico— y el contenido de su doctrina no tiene pretensiones de ridículo. Ciertamente, a Chaucer no le agradaría vernos reír con la siguiente estrofa:

---

[98] Ibid., i, 752.
[99] Ibid., 760.
[100] Ibid., 656ss.; 638ss.; 890-966; ii, 1023-43.

¿Vas a caer entonces en la angustia;
Renegarás del dolor;
Pondrás fin a tus días por una mujer hermosa?
No, jamás; siempre fresco y puro has de estar
Para servir y amar a la dueña de tu corazón,
Para saber que es un honor servirla,
Mucho más valioso de lo que puedas merecer.[101]

Como en muchos otros pasajes similares, Pándaro combina aquí su papel de cómico con otra función igualmente necesaria a ojos de Chaucer, quien intenta enseñar, retratando al mismo tiempo, el misterio del amor cortés.[102] Y es a Pándaro a quien se entrega la doctrina que Amor, Amigo o la Vieja habrían tenido en la alegoría. Según Chaucer, lo cómico no es lo que dice Pándaro, sino la inoportuna, prolija y risible mezcla de charlatanería y solemnidad con que lo dice. Y esto es solo parte de su oficiosidad general. El último nombre que podríamos poner a Pándaro sería el de «entrometido», si con ello queremos describir a una persona ocupada ineficazmente. Pero sí posee la alharaca del entrometido; incluso donde no hay nada que hacer él debe y necesita hacer algo. Cuando Troilo cae de rodillas junto al lecho de Criseida, Pándaro casi se revienta por ponerle un cojín donde apoyarse.[103] Esto es exquisitamente gracioso si se imagina a Pándaro con la solemnidad ansiosa y sudorosa de una enfermera chapada a la antigua: «¡de prisa!». Pero si lo que hace lo hace de chiste, en definitiva no resulta gracioso, sino simplemente tonto. Pándaro tampoco posee la noción del doble sentido, sino la desesperación del pobre hombre que se percata de que ya no estará más ocupado. Es el sentido del anticlímax, que nos hace reír cuando dice quejumbrosamente:

No discierno esta luz;
A cosa alguna puedo servir.[104]

Y sin embargo hay un humor diestro —o chocarrería— en las palabras que siguen, y un humor como de pariente confianzudo y zumbón —de alguna manera desacreditado—, en la burla con que recibe a Criseida a la

[101] Ibid., i, 813-19.
[102] Ibid., 20, 246ss.; ii, 22-49, 666ss.
[103] Ibid., iii, 964.
[104] Ibid., 1135.

mañana siguiente.[105] Es este aspecto de Pándaro —sin duda un elemento real e importante— el que ha logrado, como fruto de la exageración, el malentendido total del personaje. Esos viejos que, en el siglo XIX, se burlaban en los matrimonios hablando de bautizos sin duda eran groseros y vulgares a expensas de las devotas emociones de los novios; representando de esa manera la parte del Ganso, la Vieja o Godfrey Gobelive. Pero esto no justifica la suposición de que aquellos mismos viejos repudiasen el ideal monógamo y el romanticismo de su época, o que no se habrían sentido ultrajados si se les atacaba. De esa manera representan el papel del Águila, Troilo o Grand Amour. Como criaturas racionales, se quedan con las dos cosas. Si el amor romántico no fuese venerable, ¿quién sino un simplón se mofaría de él? Así ocurre con Pándaro. Está dentro del círculo mágico del amor cortés: es su exponente devoto, pedante y lagrimoso. Pero como todos los demás —excepto los propios amantes en algunos breves momentos del «frenesí de la dulzura»—, también alcanza a percibir los difíciles o triviales lineamientos de los diarios afanes del mundo transparentados en la atmósfera encantada, y en dos niveles. En el primero, calza perfectamente con los gozosos viejos victorianos y puede perturbar el recato de los amantes o reírse ante sus miedos; «ella no te morderá», le dice a Troilo.[106] En el segundo nivel, como todos los siervos medievales del amor, advierte la fatal discrepancia entre los mandamientos de Amor y los de Dios, inquietándose del papel que representa. Entonces comienza a protestar demasiado. Nunca lo había hecho —no lo volverá a hacer—; al principio lo hacía casi por diversión —al menos no le pagaron por ello—; fue misericordia hacia Troilo lo que lo movió a hacerlo. Con todo, y a pesar de estas excusas, no puede evitar la obvia conclusión:

> ¡Ah, pobre de mí! Yo, el autor de todo,
> Bien puedo barruntar que esta es mi sobrina muy querida
> Y yo su tío, compañero y traidor.[107]

El personaje Pándaro no puede explicarse en pocas palabras: la sutileza de la creación del poeta es «mucho más grande que la sutileza del discurso». Hay que desatar pliegues de entre pliegues. Incluso un análisis de múltiples distinciones no abarcaría jamás, en forma completa, lo que la

---

[105] Ibid., 1555ss.
[106] Ibid., iii, 737.
[107] Ibid., 248-73.

imaginación, junto a la naturaleza, han generado. Así, es un error sustituir al ser humano concreto y rico que Chaucer nos ha dado por una abstracción satírica.

A lo largo del poema, Troilo sufre más de lo que actúa. Es la playa donde rompen todas las olas; y Chaucer lo describió con particular agudeza cuando dijo que «cae en aventuras que van del dolor al bien y luego a la tristeza».[108] Con esto no quiero decir que el personaje esté mal dibujado, sino más bien que su dibujo no es primordial al propósito de Chaucer; que respecto a Troilo todavía cuelga algo del anonimato del Soñador, el mero «Yo» de las alegorías: en cierto sentido carece de importancia porque, en otro, es todo lo importante que puede ser. Como encarnación del ideal medieval del amante y del guerrero solo lo supera el Lancelot de Malory; y está muy lejos, creo, del de Chrétien. Nunca dudamos de su valor, de su constancia o de la «diaria belleza» de su vida; de su humildad, de sus lágrimas fáciles y su descocada autocompasión frente a la adversidad;[109] elementos todos que no se admiran en nuestra época. Sin embargo, deben reconocerse como verdaderos (intolerablemente verdaderos en algunos lugares) de acuerdo a la naturaleza. Y Chaucer nos advierte contra su excelencia, o a la inversa:

> esas palabras
> De las que tanto se jactaron, ahora nos inquietan,
> Hermosas y extrañas; pues Amor surge de ellas
> Hoy como ayer.[110]

En un personaje como este, hecho feliz tan fácilmente y tan fácilmente destruido, no puede haber tragedia en el sentido griego o moderno. El final del *Troilus* es el gran ejemplo del sentimentalismo puro y simple de nuestra literatura. Todo habrá de soportarse sin que nada pueda hacerse. Sus sufrimientos nos resultan tan familiares como ajenos los de Lear y Edipo. Todos han aguardado, día tras día y con decreciente esperanza, por algo o alguien que no llega. Y todos desearían olvidar la experiencia. Chaucer no nos ahorra ningún detalle del prolongado y nauseabundo proceso de la desesperación: cada fluctuación de corrosiva esperanza, cada lastimoso subterfugio de las lisonjas de la imaginación es puesto sin piedad ante nuestros ojos. El

---

[108] Ibid., i, 3.
[109] Ibid., v, 260, 616-27.
[110] Ibid., ii, 23.

asunto es tan doloroso que tal vez nadie lo lea dos veces sin sentir repugnancia. Por cobardía intentamos llamarlo sentimental. En busca de alivio nos volvemos a las pasiones titánicas y a las muertes heroicas de la tragedia, pues son sublimes y remotas, y por lo mismo soportables. Pero sentimos que esto casi traspasa los límites del arte: esto es traición. Chaucer ha dejado al gato fuera de la canasta.

Lo raro es que, a pesar de su terrible conclusión, *Troilo y Criseida* no sea un poema deprimente. Puede notarse aquí un fenómeno curioso, similar al del *Libro de la duquesa*, donde el retrato que hizo Chaucer de la felicidad perdida fue tan potente como para pasar por alto la consideración particular de su pérdida. Lo mismo ocurre con el *Troilus*. Desde el punto de vista del número de líneas, Chaucer ha malgastado más de la mitad de su obra en la etapa feliz del relato: el primer galanteo y la conquista de Criseida. Ha ocupado casi la totalidad del libro tercero en la complacencia. Pero la cuestión no es aritmética. Lo que cuenta es la calidad de los tres primeros libros, y sobre todo la del tercero; aquel que es, en efecto, un largo epitalamio y que contiene, en medio de su encumbrada invocación de la «bienaventurada luz» del tercer cielo y su retrato final de Troilo en cacería (perdonando a las «pequeñas bestias»), buena parte de la más grande poesía erótica del mundo. Que Chaucer pueda celebrar tan triunfalmente la carne sin transformarse en un delirante como Rossetti o en un pornógrafo como Ovidio, es una lección que vale la pena aprender. El secreto está, creo yo, en su *concreción*. La concupiscencia es más abstracta que la lógica: procura (espera triunfar sobre la experiencia) la unión puramente sexual —luego puramente imaginaria— de una masculinidad imposible con una femineidad imposible. De la misma manera se retuerce Lawrence. Pero con Chaucer nos enraizamos en las purificadoras complejidades del mundo real. Detrás de los amantes —que además son personas, «substancias racionales»— yace la historia de su amor, y todos sus ardores y desalientos desfilan ante nosotros hasta el gran momento de la consumación: ante ellos yace la mañana y la hermosa y antifonal *alba* —rehecha de los viejos modelos provenzales— que entonarán luego. Fuera está la lluvia «humeante» y torrencial que Chaucer no nos permite olvidar. ¿Y quién no repara en la inocente quietud con que se retrata la escena, igual al escondite de un niño? Junto a ellos, finalmente, está Pándaro, tan cerca en aspecto pero tan lejos: Pándaro, la vía media, el puente tendido no solo entre Troilo y Criseida, sino entre el mundo del *Roman* y la comedia.

Así, *Troilus* es lo que Chaucer quiso que fuera: un gran poema en alabanza al amor. En él, y a pesar de los elementos tragicómicos, Chaucer se muestra también, como en el *Libro de la duquesa*, el *Parlement* y los *Cuentos de Canterbury*, nuestro supremo poeta de la felicidad. La poesía que representa paz y alegría, deseos satisfechos e inviernos pasados, la poesía nacida bajo el signo del festivo Júpiter, es de un orden alto y difícil. Si la rareza fuese la prueba de la dificultad, sería la más difícil de todas. En ella Chaucer tiene pocos rivales y ningún maestro. En la historia de la poesía amorosa, *Troilus* representa la hazaña coronada del viejo sentimiento provenzal en toda su pureza. Los amores de Troilo y Criseida están concebidos con tanta nobleza que solo una delgada línea los separa de los de Dorigena y su esposo. Casi parece un accidente que el libro tercero celebre el adulterio en vez del matrimonio. Chaucer ha traído la vieja novela del adulterio a las fronteras mismas de la moderna (¿o debería decir difunta?) novela del matrimonio. Él no cruza la frontera; pero veremos que sus sucesores lo harán inevitablemente. En los siglos siguientes, ciertos poemas de importancia secundaria en la historia de la poesía adquirirán una importancia primaria en la historia de la humanidad pues derramarán el sentimiento creado por la Edad Media en moldes que aprobará la ley de la Razón. El conflicto entre Carbonek y Camelot comienza a reconciliarse. En este trascendental cambio, Chaucer y sus más serios predecesores desempeñaron un papel importante, ya que fueron quienes refinaron y profundizaron la concepción del amor hasta su calificación de tal. La salvaje vid provenzal ha comenzado a dar tan buenos frutos que ahora vale la pena la vendimia.

V. GOWER. THOMAS USK

I

No siempre se ha reconocido la calidad artística de la *Confessio Amantis*. Gower dijo que su proyecto consistió en

> transitar por senderos concurridos,
> Escribir un libro para ti y para mí.
> Un libro que reúna impudicia y saber,[1]

es decir, y en un lenguaje crítico más simple, combinar «provecho con deleite». Para un poeta del siglo XIV, deleite significa, casi inevitablemente, amor cortés; y el concepto de «ciencia» implica tanto la diatriba ética como la información, la sabiduría y el conocimiento. La obra resultará moral, mas también enciclopédica, y al todo se le dará de una u otra forma un colorido cortés y amatorio. En otras palabras, Gower se propuso hacer para sus compatriotas lo que Guillaume de Lorris y Jean de Meun habían hecho en Francia, y el impulso detrás de su obra es el mismo que condujo a Chaucer a emprender la traducción de *El libro de la rosa*. Si se considera al *Roman* como el modelo de Gower se toma conciencia por primera vez del problema técnico envuelto en la *Confessio Amantis* y del éxito —ciertamente imperfecto aunque no menos asombroso— con que Gower lo resolvió; ya que en ese modelo todo era confusión. El proyecto del primer escritor estaba incompleto; y en la continuación, los intereses amatorios, satíricos, pedagógicos y religiosos chocaron entre sí desordenada e infructuosamente.

---

[1] *Confessio Amantis*, Prol., 17.

187

Si Gower no hubiese sido más que un típico hombre de su época, con el talento para la versificación que a veces se le supone, le habría bastado con reproducir dicha confusión; ya que la arquitectura no era el punto fuerte de la Edad Media. Pero Gower hizo gala de un permanente interés por la forma y la unidad que es bastante raro en cualquier época y que, en la Inglaterra del siglo XIV, lo elevó casi al más alto renombre. Su tarea consistió en incluir toda la diversidad de intereses del modelo sumándole sus nuevos intereses narrativos; pero intentando atarlos también en una cierta apariencia de conjunto. Y casi lo logró.

La clave para la solución de Gower puede encontrarse en Andreas. Se recordará que Andreas amplió el código erótico hasta hacerlo casi coincidente con el código ético real. A excepción de ciertos aspectos obviamente inmanejables, las virtudes de un buen amante no se distinguieron de las de un buen hombre. Los mandamientos del dios del Amor fueron en gran medida simples repeticiones de los mandamientos de la Iglesia. La especial ética cortés y amatoria —cuya exposición constituye la parte natural en un poema de amor medieval— no fue, después de todo, tan «especial». Si la exposición de este código, a partir del simple episodio, se extendía hasta convertirse en el entramado de todo un libro, entonces podía lograrse algo que efectivamente pareciese (y a veces fuese) un tratamiento del amor cortés; pero capaz de transformarse en cualquier momento, y sin tensionar excesivamente la factura del poema, en una seria moralización. La pereza en el amor es un vicio según la ley de Cupido; pero la pereza *simpliciter* es un vicio de acuerdo a la ley moral. Sin embargo, es permisible —más aún, resulta lógico— preceder la consideración de la *species* «Pereza en el Amor» por la consideración del *genus* «Pereza». De esta manera, el problema principal se resuelve de plano y cualquier «sentencia» seria puede ensamblarse en un poema de amor sin dificultades. Es más, una vieja y sensata tradición de oratoria sacra, ejemplificada en una obra como *Handling Synne*, justificaba ilustrar las virtudes y los vicios en narraciones ejemplares. Lo mismo puede hacer Gower en sus relatos, con lo que otro problema queda resuelto. Resta todavía encontrar alguna razón plausible con que tabular las virtudes y los vicios. Un sermón, o una confesión, se sugieren naturalmente a sí mismos; y es evidente que, de ambos, la confesión es el mejor recurso. En un sermón, el único orador sería Amor o su representante; en una confesión, al Amante también le sería permitido hablar y contar su historia. La elección de Genio como confesor resulta obvia, pues ya había sido ordenado sacerdote por Alain de Lille y Jean de Meun. Así, el proyecto, en sus aspectos esenciales, está completo. Solo falta matizarlo con algunos episodios o digresiones —donde pueda acomodarse cierta «ciencia» hasta ahora sin uso—, agregando un prólogo al principio y una retractación o palinodia al final. Ambas servirán como transiciones entre el mundo del amor cortés y el mundo ordinario donde vive el lector antes de comenzar a leer, y al que volverá cuando concluya el libro. Por lo tanto, en el prólogo se nos presentará a Amor, pero no todavía en su acepción sexual. Gower examina la condición del mundo partiendo de la base de que División ha echado fuera a Amor.[2] En el epílogo, como veremos, describe su retirada de la corte del amor con mucho encanto y originalidad.

Es evidente que el recurso de la confesión del amante es el golpe maestro que organiza todo el material de Gower. Hasta donde sé le pertenece por completo,[3] aunque rara vez haya recibido el crédito. Puede argumentarse convincentemente que la unidad que logra con él no es más que externa y mecánica; y que el poema da cuenta de la destreza de un puzle chino más que de la organicidad vital de una obra de arte. Concedo ambos puntos; pero nada me impide reclamar para Gower un sitial más alto que el que se le ha conferido hasta ahora. Después de ser durante tanto tiempo el Gower «moral», no sería un mal negocio pasar a ser el Gower «ingenioso». Y si lo consideramos artificial, cuando menos habremos superado el malentendido que lo tacha de ingenuo. Sin embargo, estoy muy lejos de conceder tanto. La unidad del poema de Gower no es dramática, pues no está escribiendo un drama, y tampoco es puramente externa: no es, puramente, una de aquellas excelencias abstractas que solo detectan los críticos y que la mayoría de los lectores pasa por alto. Su obra es más *agradable*, pues ha trabajado para disponerla bien; esto es, de modo plausible y con variedad. En algunos lugares posee méritos de un orden aún mayor; pero la belleza de su arquitectura es constante.

Casi podría decirse otro tanto de su estilo. Pero solo casi, ya que Gower puede ser prosaico. Aunque sea nuestro primer gran maestro en el estilo simple en poesía, posee todas las cualidades y defectos de ese mismo estilo. Puede ser insípido; pero nunca será estridente, afectado o ridículo. Es prácticamente el único poeta educado de los siglos anteriores a nuestros

---

[2] Ibid., Pról., 881ss. El Amor y la Rivalidad de Empédocles fueron conocidos en la Edad Media a través de Aristóteles, *Met.* I, iv y en otros lugares; cp. Dante, *Inf.*, xii, 42.
[3] La confesión en el *Roman de la Rose* no le enseñó nada a Gower; excepto, posiblemente, el nombre y el oficio de Genio.

«augustans».* Cuando leo a Chaucer me siento sacudido por imitaciones ricas y chispeantes que van desde el habla de las tabernas hasta las alturas de una dicción poética recientemente descubierta. A menudo, una simple línea como:

> Con voz estridente canta en medio de las sombras

parece contener el germen de toda la tradición del alto lenguaje poético en Inglaterra. No es tan poética como la «poesía inglesa» o lo que la mayoría de los ingleses reconocería fácilmente como poesía; y la dicción de los chaucerianos en el siglo siguiente es un ejemplo confuso. Nada de esto hay en Gower. En él más bien parece que oímos las voces de las «damas muertas», el lenguaje de nuestros ancestros. Pero no como lo hablaron en la calle o en el campo, sino en la sociedad culta y acomodada. Sin duda, se trata de la buena educación de la Edad Media y no de aquella del siglo XVIII: más noble que urbana, del castillo más que de la villa. El discurso de una sociedad en la que los cortesanos todavía «iban de ronda» y practicaban la cetrería a orilla de los ríos. De esta manera, posee una dulzura y una frescura que no se encuentran en el estilo «bien educado» de los períodos posteriores. A veces, los pareados de Gower parecen provenir de una canción:

> Días y años se marchan;
> El corazón se marchita más y más.[4]

> Mas yo, que me basta con besarla
> Me burlo de las riquezas humanas.[5]

> ¿Quién osaría hacer lo que amor no osaría?[6]

Estos efectos no se oponen. Son la recompensa natural por un lenguaje directo y genuino, y una métrica muy bien controlada. Aunque como versos se eleven apenas sobre el resto, se elevan. Cuando hay algo melodioso que decir, Gower canta. Pero no es solo en atisbos musicales de este tipo donde quedan al descubierto los insospechados poderes de su dicción simple. Una y otra vez,

---

* (N. del T. En inglés en el original).
[4] *Confessio Amantis*, ii, 2259.
[5] Ibid., v, 83.
[6] Ibid., vi, 1261.

en episodios sentenciosos o patéticos, nos asombra la memorable precisión y el peso de sus líneas. Como en esta:

> Los cielos nos mostraron el camino;
> A nosotros, que bajo la luna moramos.[7]

O en la queja de una muchacha contra el cielo, junto al cadáver de su amante:

> A tus mandatos respondía solícito.
> Era joven, igual que yo:
> ¿Por qué, pues, te ensañas con nosotros?[8]

De una tierra baldía escribe:

> Observad cómo las bestias usurpan
> El lugar del hijo del hombre.[9]

Una princesa ve a su caballero partir hacia el peligro:

> Oraba diciendo: «Oh Dios, ¿puedes guiar
> Al dueño de mi doncellez?».[10]

En todas ellas —y hay muchas más— la poesía es tan pura que ningún análisis puede descomponerla en elementos. Para el inexperto parece aquello que cualquiera habría querido o podido decir; aunque decir más lo habría echado todo a perder. A veces este arte de la omisión es tan explícito, que aun el lector obtuso puede percibir lo que Gower está omitiendo. Para él es casi una regla no decirnos lo que piensan sus personajes; regla que, para cierta poesía, es muy buena. Alcestes, tras su gran decisión, regresa al esposo por quien habrá de morir:

> Se encamina a sus aposentos y, ya dentro,
> Abraza y besa a su esposo
> Susurrándole *amadas palabras al oído*.[11]

---

[7]   Ibid., Pról., 141.
[8]   Ibid., iii, 1470.
[9]   Ibid., iii, 1829.
[10] Ibid., v, 3739.
[11] Ibid., vii, 1937.

Lucrecia yace durmiendo mientras Tarquino se acerca al lecho, «mas con qué soñaba, solo Dios lo sabe».[12] De la princesa que se ha enamorado de Apolonio nos dice que:

> *para meditar cada uno de sus pensamientos*
> Quieta permanecía en el aposento.[13]

¿Quién desea saber, o saber más, de lo que pensó al cerrar la puerta? Como en el relato de Rosifilea, nos basta con saber que cuando llegó al claro del bosque:

> Gustóle y así se dijo: «Aquí,
> Bajo las ramas, he de permanecer».
> Luego despidió a sus doncellas
> Y allí se quedó inmóvil,
> *Para pensar en aquello que en su pecho se escondía.*[14]

El silencio del poeta nos hace oír el silencio del bosque... pues todos hemos hecho lo que hizo Rosifilea.

Los estilos simples, excepto los más grandes, generan un incómodo problema a la crítica. ¿Son fruto del arte o un accidente? Si estuviésemos seguros de que Gower no tuvo conciencia de las bellezas que he citado; que dijo tan poco solo porque tuvo muy poco en mente, nuestro juicio sobre él sería distinto aunque no perjudicaría el gozo que nos provoca su poesía. Tal vez la cuestión esté mal planteada. No todo lo inconsciente en el arte es, por lo mismo, accidental. Si exposiciones aparentemente simples con un sujeto imaginario logran alcanzar la poesía, al menos demuestran que el escritor tuvo el objeto en la mira: que no pensaba en sí mismo sino en el relato; que lo vio clara y profundamente, y que tal visión resulta una excelencia poética a la par que moral. Es improbable que Gower haya calculado siempre, o con frecuencia —como Stevenson— aquellas reservas que nos deleitan en su poesía. Pero hay evidencias de que, a su manera, supo perfectamente lo que estaba haciendo. El famoso verso:

> La belleza feérica de su rostro[15]

---

12 Ibid., vii, 4967.
13 Ibid., viii, 861.
14 Ibid., iv, 1292.
15 Ibid., iv, 1321.

logró su forma actual solo a través de sucesivas revisiones; que demostrarían, tanto como pueden demostrarse estas cosas, la labor de un impulso poético fino y sutilmente autocrítico. La primera versión:

> La belleza resplandecía en su rostro
> Más clara que un cristal,

es precisamente lo que habría satisfecho la ordinaria «inconsciencia» de quien solo hilvana largos vericuetos en rima, pero no a Gower. Tampoco estoy muy seguro de que el estilo simple de la *Confessio Amantis* fuese el único que podía idear. Se trata de un elemento por el que optó y que favorecía sus gustos personales. Sin embargo, hay indicios que permitirían pensar que, de haberlo deseado, habría optado por una manera distinta:

> En Natura me escondería si buscara consuelo,
> Pues allí vería que en sus dominios el amor
> Visita a todas las criaturas.
> Desde el pequeño abadejo: a su medida
> Puso Natura un amor a su cuidado.
> Mas yo solo deseo lo que he menester:
> Y así, salvo yo, todos alcanzan su deleite.[16]

A primera vista, no creo que sea fácil atribuir este poema a Gower. Sin duda, las diferencias en la calidad de los versos se deben en gran medida a diferencias métricas. Pero si Gower es capaz de adaptarse tan bien a ambas usando estilos distintos, el estilo de sus octosílabos es arte y no naturaleza. O naturaleza en una forma tal que no por eso deja de ser arte. El movimiento de la *stanza* citada y la construcción retórica de sus cláusulas son, a su manera, tan perfectas como las narrativas de Gower; incluso más perfectas que ciertas estrofas de Chaucer.* En otro lugar de la *Confessio*, y esta vez en octosílabos, Gower escribe con éxito en un estilo ligeramente distinto al que acostumbra. La bella *alba* que pone en boca de Céfalo[17] es demasiado extensa para citarla completa; pero algunas selecciones mostrarán el peso al que me refiero:

> Y así cuando la luz se extingue
> Y Véspero se revela en lo alto,

---

[16] Ibid., viii, 2224.
* (N. del T. Obviamente, el comentario tiene que ver con los textos en inglés).
[17] Ibid., iv, 3208ss.

La noche se apodera de las nubes
Larga y apacible, oscura y callada.
Entonces alcanzó lo que más quería...
Aparta las insignias de tus armas,
Deja que las luces permanezcan puras
Y que bajo el signo de Capricornio
Arribe Saturno a su morada.
Te ruego te presentes
Allí donde las noches son largas y oscuras...

Detén tu veloz corcel
Allá abajo, en el margen occidental de la tierra,
Y que luego hacia el Oriente, atravesando cada círculo,
Emprenda su camino.

Todo el pasaje es interesante, ya que parece haber sido una especie de recreo para Gower. El «Cuento de Céfalo» no es más que el *alba* de Céfalo; y en su conjunto, aparentemente original.

Para algunos, la poesía de Gower carece de imaginación. Pero el resplandor del vellocino de oro —«brillante y cálido» cuando Jasón volvió en su barca con él desde la isla peligrosa— o las barbas de los tres mendigos —blancas «como arbustos nevados»— sirven para demostrar lo contrario. Si bien es cierto que la imaginación pictórica tiene poco de que alimentarse en la *Confessio Amantis*, a menudo se debe a que lo que se ha puesto en escena es de una imaginación diferente, quizás más propia de la narrativa. Que Gower no se detenga en formas y colores no significa que tenga los ojos cerrados. Lo que él ve es movimiento: acciones y hechos, no grupos o escenas. Si en algo se aproxima a las artes visuales, diría que lo que sugiere es más bien cinematográfico que pictórico. Cuando Elda regresa a la habitación donde su esposa yace asesinada, no se nos dice cómo se veía la escena, sino:

silencioso, como una luz interior,
Como quien no quiere despertar a la esposa,
Se encamina a su morada.[18]

Estando en el campo de batalla, el rey Felipe es advertido en un sueño de los amores que el dios Amor ha derramado sobre la reina. Aquí tampoco se pretende pintar un cuadro; lo que se persigue es una acción y un hecho significativos:

---

[18] Ibid., ii, 836.

Despierta el rey
Y suspira por su esposa
La que mientras él dormía...[19]

Medea envía en secreto su doncella a Jasón, la que regresa para contarle la forma en que se despidió.[20] Podemos imaginar cómo se las habrían visto Spenser o Keats con los rubores y la belleza de Medea. En lo que respecta a Gower, nada tiene que decir de su apariencia; mas sabe lo que hizo —«besa a su doncella de alegría»— y la escena vive en solo seis palabras. Cuando Apolonio se embarca para tomar venganza sobre la tierra de Tarso,[21] la fastuosidad de la nave —en la que Chaucer o Marlowe se habrían complacido— se pasa por alto con el escueto enunciado de que el rey tomó una «poderosa fuerza». Luego sigue un pareado que ni Chaucer habría imaginado:

Miró hacia el cielo
Y comprendió que los vientos le eran aliados.

El primer verso es utilitario, pero es poesía. Pudo haberlo escrito un viajero que pensaba en cualquier cosa menos en literatura, pero también pudo provenir de una balada... Y hasta de Homero. Por cierto, Gower siempre describe bien los barcos y el océano; no solo en los pasajes largos, como el de la tormenta (en la historia del rey Namplo),[22] sino en los dos versos que hacen de la visión de Alceón algo tan vívido como el recuerdo de un sueño («La tempestad de las negras nubes, el vasto mar, los vientos rugientes»).[23] E incluso en un efervescente trozo de simple narrativa de enlace como:

Propicio era el viento y rauda la nave;
Zarparon, pues, tomando rumbo...[24]

y que parece más fácil de lo que es. La excelencia de las piezas marinas de Gower ha hecho suponer a algunos que estuvo familiarizado con los viajes

---

[19] Ibid., vi, 2153.
[20] Ibid., v, 3800.
[21] Ibid., viii, 1928.
[22] Ibid., iii, 981ss.
[23] Ibid., iv, 3063.
[24] Ibid., v, 3299.

oceánicos, lo que es bastante probable. Pero, de hecho no es más que una manifestación de su fervor por el movimiento y la progresión; de su preocupación por las cosas que cambian a medida que se observan. Si debe referirse a la caballería andante, imagina a su caballero «a veces en Prus, a veces en Rodas», y los heraldos exclaman:

¡Bravo! ¡Bravo! ¡Miradlo, *allí va*![25]

La aparición de Nabucodonosor transformado en bestia no se nos describe; pero lo oímos suspirar al contemplarse.[26] Tampoco se detalla la muerte de Ulises, pero «todos los hombres comenzaron a gritar ¡El Rey!, ¡El Rey!».[27] En la historia de los Cortesanos y el Bufón, Gower no retrata ningún aspecto interior; mas el Rey y los dos señores,

junto al hogar,
Hablan entre sí los tres,

mientras el Bufón se sienta junto al fuego, «como quien juega con el babil».[28] Cuando Progna recibe la labor fatal en la que su hermana ha tejido la ruina de ambas, se desmaya. Pero «Se levanta otra vez y toma la tela entre sus manos».[29] Cuando el Amante danza con su querida, esto es lo que nos dice:

Me siento como si el suelo no rozara.
El céfiro del llano
No es, con mucho, más ligero que yo.[30]

Si en Gower hay tan pocos retratos fijos es porque a veces cabecea de sueño; pero más a menudo porque está ágil y despierto.

Este movimiento siempre presente es su fortaleza como poeta narrativo. Es por esta capacidad que se le elogia, y merecidamente. Pero respecto a sus cuentos hay que tener cuidado con ciertas opiniones falsas. A diferencia de

---

[25] Ibid., iv, 1633.
[26] Ibid., i, 2992.
[27] Ibid., vi, 1711.
[28] Ibid., vii, 3951ss.
[29] Ibid., v, 5789.
[30] Ibid., iv, 2785.

lo que se supuso, no constituyen la única parte de la *Confessio Amantis* que merece ser leída ni el único propósito y fin del poema por el que existe todo lo demás. La alegoría amorosa que lo fija, las digresiones morales e incluso científicas que lo interrumpen, son tan interesantes para Gower como los cuentos; y suelen brindar al lector el mismo placer. Leerlos aisladamente, o al entramado sin más, es perder la variedad que el poeta nos proporcionó tras muchos sufrimientos; y así «se entorpece a menudo la razón del hombre». Tampoco es cierto que los cuentos, como un todo, constituyan lo mejor de la obra de Gower. Tal vez la contengan, pero también contienen lo peor; pues contar historias es una función que trasluce los defectos y las cualidades del estilo simple. No se deduce que un cuento que evita los defectos característicos de Chaucer —la retórica, la digresión y el ocasional galimatías— sea por lo mismo un buen cuento. Tal vez no cometa ninguna falta, pero no hace nada. Hay cuentos de Gower tan concisos que no se leen como poemas narrativos, sino como argumentos métricos para poemas narrativos todavía por escribir. Así son *Sirens* (*Sirenas*), *Capaneus* (*Capaneo*), *The Beggars and the Pasties* (*Los pordioseros y los pasteles*) y muchos otros. Incluso Gower puede fallar allí donde evita el defecto. El cuento humorístico *Hercules and Faunus* (*Hércules y el Fauno*) es plano; y posiblemente ningún narrador habría permitido que un relato llegase a pesar tanto como *Acis y Galatea* sin antes habernos dicho —y en un paréntesis muy casual— que uno de los tres personajes puestos en acción es un Gigante.

Aunque sea posible descartar los defectos —que después de todo son los menos— resta, según la naturaleza del caso, un tema muy difícil para determinar la habilidad de Gower. En este tipo de narrativa, tan escueta, directa y concentrada en los hechos, no es fácil distinguir el mérito de la narración del mérito intrínseco de lo narrado. A veces nos parece que Gower logra su objetivo solo porque tiene a la mano una buena historia y que falla cuando es mala; cosa que obviamente no disminuye su valor, pero modifica el juicio crítico. Los relatos, o los relatos de este tipo, no son materia sino forma: el arte de Gower consiste más bien en liberar la belleza de esta forma; en encontrar al Hércules en el mármol más que en esculpirlo. Y creo que respecto a un arte concebido así puede decirse que casi siempre está a un mismo nivel de realización: siempre por debajo de lo más alto, aunque muy alto. Lo que cambia es el criterio en la selección de los cuentos. Los relatos de *Constance* (*Constancia*) o los de *Education of Achilles* (*La educación de Aquiles*) no están peor contados que aquellos de *Florent* (*Florente*) o *Apollonius* (*Apolonio*). El error de Gower consiste precisamente en contarlos. Aquí, como en toda la literatura medieval, debemos tratar de refrenar nuestra actual concepción del poeta como la única fuente de su poesía; y pensar más bien en la belleza intrínseca e impersonal o en la fealdad de las materias, tramas y sentimientos que retienen su propia y viva continuidad a medida que pasan de un escritor a otro. *Trovador* es tan buen nombre para un poeta como *Hacedor*.

Esto es lo más lejos que podemos llegar al hablar del arte de la narración en sentido estricto. Pero, y sin duda, existen cualidades que no son estrictamente narrativas aunque se manifiesten con toda propiedad en las narraciones; y que son, en verdad, características de Gower. La relación de las hechicerías de *Medea* (*Sucedió así una noche*, etc.)[31] parece haberse adherido a la memoria de cualquier lector desde Shakespeare hasta hoy; y *la belleza feérica*[32] sobre el rostro de los muertos en *Rosifilea* —a la que ya me referí— se cita con tanta frecuencia como cualquier otro verso del poema. Ambos episodios tienen una calidad común; y es ella, tal vez, la que marca el punto máximo de diferenciación de Gower como poeta. Ya que Gower es «romántico» en el sentido decimonónico del término. Sobresale en las aventuras extrañas, en lo remoto y lo misterioso. Como su Jasón, él

> continúa adelante
> Hacia oscuras regiones.
> Conoce los senderos
> De otras comarcas.[33]

Le fascina contarnos, en el relato de Nectánabo,

> Cómo del cielo descendió una luz
> Y llevó claridad hasta su habitación.[34]

Su extrañamente vívida, por cuanto extrañamente ambigua, descripción del sueño[35] en *Ulysses and Telegonus* (*Ulises y Telegonio*) puede ubicarse entre los más grandes sueños de la poesía inglesa. Y esta cualidad de

---

[31] Ibid., v, 3957ss.

[32] Ibid., iv, 1321.

[33] Ibid., v, 3282.

[34] Ibid., vi, 1981. Spenser (cp. *The Faerie Queene*, v, vii, 13ss.) posiblemente deba algo a este pasaje.

[35] Ibid., vi, 1519-63.

Gower merece destacarse, ya que es extraña para la Edad Media. Por cierto, se trata de aquello que muchos esperarían encontrar en la literatura medieval pero que no siempre se da. No está en *El libro de la rosa* ni en Chrétien, Langland o Alain de Lille. Es rara en el romancero métrico y a veces está penosamente ausente en Chaucer. El uso que hace Gower de esta inobservada aunque característica vena de la poesía inglesa habla muy bien de su independencia. Sin duda es posible exagerar —y tal vez yo lo haga— «el escribir como las hadas»; pero aquello cumple su propia función. En esta semipenumbra, el espantoso cuento de *Tereus* (*Tereo*) adquiere una belleza agridulce que sería inaccesible de otra forma. Como todos los románticos, Gower construye un puente entre la mente consciente y la inconsciente.

Una consideración de la *Confesión del amante* exige inevitablemente tres divisiones: los cuentos (sobre los que no diré nada más), los episodios didácticos (religiosos, morales y científicos) y la alegoría amorosa en la que descansa todo el resto. Como poeta didáctico, Gower en general no se ubica muy alto. No quiero decir con esto que el paso del tiempo le haya quitado interés a su alquimia, astronomía y antropología —cuestiones que el buen lector puede salvar gracias a un esfuerzo de la imaginación histórica—, sino a que en Gower no encontramos un verdadero manojo de pensamientos ni el bienaventurado poder de divulgación de Jean de Meun. Sostengo que los lectores de la época podían captar todo lo que Gower tenía que decirles, pero podían hacerlo todavía mejor en otros autores. Su explicación evemerista de las deidades paganas se rebaja al simple abuso. La siguiente descripción de Apolo, con su chata y quejumbrosa reconvención, me parece irresistiblemente graciosa:

> Era cazador en los infiernos;
> No tenía las virtudes
> Que relatan las leyendas
> Pero sabía tocar el arpa...[36]

A veces cae al mero absurdo, como cuando nos cuenta sobre cierta estrella que

> Nombre no le dio Naturaleza.
> La llamó Botercadente;[37]

---

[36] Ibid., v, 919.
[37] Ibid., vii, 1419.

aunque el tiempo, que arrasa con tantas bellezas, crea otras. Si buena parte de la «doctrina» de Gower perdió los méritos que tuvo alguna vez —cualesquiera que hayan sido—, algo de ella adquirió un arcaísmo tan exquisito que solo un lector demasiado sofisticado dejaría de percibir. Habría que tener un corazón muy duro para resistir una geografía de este tipo:

> De allí hasta los rincones más apartados del mundo,
> Hacia el Oriente, con Asia por todas partes,
> Hasta llegar el hombre a las puertas del Paraíso
> Y allí, ¡Oh milagro![38]

Por otra parte, Gower suele ser un excelente poeta moral y religioso, y no solo en los episodios explícitamente didácticos. Su ética y su piedad, a veces severas a veces tiernas —y también satíricas—, dan colorido a la obra y casi siempre para mejor. Incluso hay momentos en que lo hacen sin que él mismo lo advierta. Las teogamias paganas que conforman el eje central de *Mundus and Paulina* (*Mundus y Paulina*) y *Nectanabus* están concebidas a la luz del sentimiento cristiano que rodea el relato de la Anunciación:

> Su inocencia se vio satisfecha
> Con aquellas palabras que humildemente escuchó.
> Y así respondió...[39]

Esto no es arte, pues sin duda Gower jamás soñó con representarse mentalmente el relato de otra manera. Pero logró uno mejor. En el extremo opuesto de la escalera tenemos aquellos episodios en los que Gower saca a relucir, inesperadamente, sus poderes de humorista: el retrato del borrachín que, a diferencia de sus débiles descendientes actuales, despierta a la mañana siguiente con la animosa exclamación: «¡Oh! Qué tristeza la del hombre abstemio».[40] O el largo y gracioso episodio donde el esposo infiel da cuenta a la esposa de sus diversiones del día.[41] Pero ni la ternura ni la sátira son los logros más altos del Gower moralista. Su verdadera cualidad se mueve más bien en torno a versos como este:

---

[38] Ibid., vii, 568.
[39] Ibid., i, 852. Cp. vi, 1918.
[40] Ibid., vi, 55.
[41] Ibid., v, 6123ss.

Una nueva vergüenza por sus viejos pecados,[42]

donde nos sorprende la férrea dureza de un poeta siempre tan gentil, imaginativo y apacible. Con todo, se trata de un elemento que volveremos a encontrar con frecuencia. La noble descripción del Juicio Final en el libro II:[43]

Ese día no habrá consejo que lo guíe;
Defensor y abogado habrán de fracasar;

los versos relativos al discernimiento de Dios en «las intimidades del corazón humano»:

retumbaba en los oídos Su voz
Con la fuerza huracanada del viento;[44]

y el parágrafo del libro V[45] que comienza: «Cuando Pedro, padre de la fe, etc.», nos recuerdan en qué digno sentido (y cuán distinto a la despreciativa interpretación moderna) Gower merece el nombre de «moral». Sobre todo aquella visión en el Prólogo de los elementos a los que repugna la Caída del Hombre —que no es fruto de la trivialidad y el conformismo, sino de un impulso severo, apasionado y altamente imaginativo—, alcanzando un clímax que nada tiene que envidiar a lo sublime:

La Tierra, las Aguas y los Cielos
Sojuzgan al hombre
Y le hacen la guerra.[46]

Versos estos que están tan lejos de la esfera de Chaucer como el *Milleres Tale* (*Cuento del molinero*) de Gower.

Pero es hora de volver a la Alegoría Amorosa que conforma el entramado de la Confesión y que está más directamente relacionada con el presente estudio. He manifestado mi desacuerdo con la visión que considera la alegoría de Gower nada más que como el hilo que enhebra los relatos. Gower se alza ante nosotros como un poeta del amor cortés y en mi opinión se sostiene muy bien. Es cierto que no ha escrito un poema de amor comparable al

---

[42] Ibid., vii, 5116.
[43] Ibid., ii, 3406-30.
[44] Ibid., i, 2807.
[45] Ibid., v, 1904.
[46] Ibid., Pról., 959.

Troilus o a la primera parte de *El libro de la rosa*, pero ha hecho sus aportes. A su manera, trabaja junto a Chaucer para lograr aquello que Guillaume de Lorris hizo posible.

La historia es simple. El poeta «camina anhelante y en sollozos con sus recuerdos», deambulando en la consabida mañana de mayo. Encuentra a Venus. Ella lo entrega a Genio, el sacerdote, para que se confiese según lo manda el código del amor. El confesor —valiéndose, como tengo dicho, del paralelismo entre la ley erótica y la ley moral— repasa seis de los siete pecados capitales ilustrándolos con relatos que inducen las respuestas del penitente. Hace dos largas digresiones: una para dar cuenta de las religiones del mundo y otra para trazar un bosquejo general de la educación. Algunas otras de menor importancia se refieren a las cruzadas y a los grandes inventores. El séptimo pecado, en una obra moralizante, debió de haber sido la Lujuria; pero como naturalmente no puede ser un pecado contra Venus, de acuerdo a la doctrina de Andreas su lugar lo ocupa Incesto.

Es evidente que no hay aquí una conducta alegórica de una historia de amor compleja, como la que había en Guillaume de Lorris. Pero esto no significa que no se introduzca al amor; por el contrario, en las réplicas del poeta a las preguntas de Genio su vida como amante se manifiesta directamente y sin alegoría. Estas réplicas forman una parte no despreciable del poema. Y aun cuando no tuviesen ninguna belleza intrínseca serían de gran importancia para el historiador. Pues sucede que Gower, a su manera, hace en ellas lo que Chaucer hizo en el *Troilus*: presentar directamente y en términos de una ficción tolerable lo aprendido en la alegoría del *Roman*. Como a Chaucer, Guillaume de Lorris enseñó a Gower a mirar hacia dentro. Solo es posible volver a mirar hacia fuera una vez aprendida la lección. De ahí que las palabras del amante posean todo el movimiento del mundo. Vemos al «joven y lascivo tropel» de rivales rodeando a su querida; al propio Gower inclinándose y ofreciendo sus servicios, conduciéndola a la Iglesia, jugando con su perro y cabalgando junto a su carreta. Vemos a la dama con su labor, jugando a los dados, bailando o escuchando la historia de Troilo que él le lee en voz alta. Vemos a Gower posponiendo el momento de la partida; y una vez que se ha ido, volviendo de noche a atisbar por sobre los tejados de su ventana.

Para quienes encuentren difícil la alegoría, este método directo sin duda resultará un alivio. Pero no es solo el método lo que merece atención. Al contenido puede considerársele perfectamente como una «justa representación de la naturaleza general» y, por consiguiente —como suele ocurrir—, también de la naturaleza individual. La experiencia del amante se nos presenta con una verdad convincente, con mucha mezcla de humor y patetismo. Gower no es esclavo de una *mera* convención. Cuando se conforma, su corazón le acompaña. Al escribir un largo poema en alabanza a Amor,

Cortesías hace al villano, etc.,[47]

repite lo que dijeron sus predecesores. Pero el punto es que desea hacerlo y no es menos poeta por estar de acuerdo con la experiencia común de los corazones gentiles. Su humildad tal vez sepa más a su época que al resto de los tiempos; pudiendo argumentarse entonces que eso de acobardarse como el «joven mozalbete» ante los reproches de la amada es más desagradable que increíble. Pero hasta esto se olvida cuando penetramos en la realidad espiritual que subyace a toda esta tradición de humildad, y recordamos en qué sentido el amor cortés no responde a ninguna convención y no puede, por tanto, morir:

No podría humillarme tan bajo
Ni fingir humildad.
Solo puedo inclinarme ante aquello
Que me dictan los pensamientos del corazón.[48]

A la luz de un pasaje como este comprendemos y aprobamos la observación de Genio:

Ella ha de ser tal que los rizos de su cabello
Sean dignos de tu cambiante corazón,[49]

pues no es más que razonable. Y tanto más por cuanto en Gower dicha devoción corre a parejas con una buena dosis de astucia y realismo. Explícitamente rechaza aquella parte del código que exige al amante ser un caballero errante:

Ignoro el bien que pueda reportarme
Acabar con todos los paganos...
¿Qué son mis ganancias en los mares
Si a mi señora pierdo en mi hogar?[50]

---

[47] Ibid., iv, 2300.
[48] Ibid., i, 718.
[49] Ibid., v, 4542.
[50] Ibid., iv, 1659, 1664.

Es demasiado buen moralista como para engañarse a sí mismo. Gower el poeta trata a Gower el amante con un desapego un tanto amargo y risueño. Sabe que no le ofrece a su amada ni un corazón ni un cuerpo vírgenes. «Ha probado en muchos lugares» sin otro propósito que «pasar el día».[51] Puede defenderse diciendo que siempre le ha sido sincero, aunque no puede decir lo mismo «en lo que a otras respecta».[52] El *amante* confiesa con ingenuidad —lo que ciertamente no significa ingenuidad en el *poeta*— que es rencoroso y calumniador. No resiste contarle a la dama groseras historias acerca de los jóvenes que la visitan, y su excusa por ello es deliciosa:

Deseaba con ardor que ella lo supiese.[53]

Igualmente verdadera y cómica es la confusión mental que le permite sentirse moralmente indignado contra sus rivales, que se ocupan

Todos de engañar a una inocente.[54]

He aquí el retrato de un corazón humano común y corriente: «Una nada que, si pudiese, sería algo». Solo a través de su amor el Amante se transfigura. Y puede arrojarle a un delirio en el que

Me parecía estar dormido
En el regazo de una diosa.[55]

Cuando baila su dama, el mismo delirio es capaz de hacerlo más liviano que una corza. Y las palabras de ella son «como los vientos del sur». Esto es lo que le ha traspasado tan profundamente; de ser posible arrancarlo, dejaría poco al hombre para sobrevivir:

Al igual que el árbol verde
Que el hombre arranca de raíz,
Así mi corazón habrá de morir.[56]

---

[51] Ibid., v, 7792.
[52] Ibid., i, 742.
[53] Ibid., ii, 491.
[54] Ibid., ii, 465.
[55] Ibid., vi, 226.
[56] Ibid., iv, 2680.

Es este amor quien le enseña —aunque en forma simple— a sorprender a su Confesor con una respuesta de sutil e inequívoca verdad. Genio ha estado hablando del pecado de Violencia, cuyo equivalente en el código del amor es la Violación. A este respecto, ¿es culpable el penitente? La cuestión resulta chocante en el contexto del amor cortés. Nos preguntamos qué indignación, qué protestas de cortesía y humildad, qué retórica o qué exageración serían suficientes para hacerle frente. Sin embargo, hay algo en el corazón del poeta que le permite hacer todo esto a un lado y dar una respuesta que resuelve de una vez por todas el asunto. Está contenida en estas pocas palabras:

> Por cierto que no, padre mío;
> Pues tanto a mi dama amo yo.[57]

Si la heroína de Gower no es más que una pálida sombra de Criseida, su héroe es a veces digno rival de Troilo.

Hay cierto peligro de monotonía en el continuo fracaso del amante. Y aunque los cuentos y otras digresiones lo aligeran un poco, el poema sería insatisfactorio si dejase la historia del amante tal como la encontró. Mas Gower tiene una historia que contar. Esta historia tal vez no tenga un comienzo muy auspicioso, pero sí un medio y un final; que, por cierto, es uno de los mejores finales de la poesía medieval. Ya que la *Confessio Amantis* narra la historia de la muerte del amor. Los versos sobre el árbol verde que debe morir sin sus raíces son hermosos; pero logran una belleza incalculable cuando se nos revela que aquel árbol efectivamente perderá sus raíces y que esto es lo que constituye el tema principal del poema. Al principio sospechamos que el desastroso logro del amante es simplemente convencional: que la «crueldad» de la dama solo sirve para demorar un final feliz. Sin embargo, ya desde el principio hay indicios de que esto no es lo que Gower intenta. Las palabras de Venus, al aparecer por primera vez, son frías como el hielo:

> Con esto arrojó su mirada sobre mí
> Diciéndome: ¡Afortunado eres de estar con vida!
> No otro es mi designio que el que seas confeso.[58]

---

[57] Ibid., v, 5532.
[58] Ibid., i, 188.

Mucho después advertimos la razón. Existe una barrera fatal que separa a este amante del «joven y lascivo tropel» de sus rivales: es viejo. La *Confessio Amantis*, escrita por un poeta anciano y de precaria salud, narra la historia del infructuoso amor de un viejo por una muchacha. Se trata de un tema que se presta con la misma facilidad para una brutal comedia como para una tragedia sentimental. Pero la idea de Gower es mucho más fina y auténtica: el viejo amante, dada la realidad de su situación, termina reconciliándose consigo mismo y despierta de su larga ilusión «en calma de espíritu y con la pasión consumida». El tratamiento de este apacible final es tan hermoso, y el tema se ha imaginado de manera tan sabia y bella que constituye el mérito más alto de Gower como poeta; y no solo por su contenido, sino por su calidad artística.

Conviene detenerse aquí un momento y considerar el final de Gower simplemente como la solución a un problema técnico. Intenté demostrar cómo la naturaleza del amor cortés exigía que un poema de amor perfecto terminase con una retractación. Debían enfrentarse, al final, las exigencias de la ley moral objetiva (de la *Razón*, según la Edad Media). De ahí el último libro de Andreas y la conclusión de *Troilo y Criseida*. Gower se ve enfrentado a esta necesidad como cualquier otro. Para él como para Chaucer, el amor que celebra es pecado; y en el amante *Voluntad* ha usurpado el dominio a *Razón*.[59] Gower no es tan filósofo para lograr, como Dante —y ni siquiera para intentar, como Alain de Lille—, una reconciliación entre las exigencias de ambos mundos; pero es lo suficientemente cuidadoso y sincero como para no conformarse con una palinodia formal que habría hecho al resto del poema una cosa insípida. Resuelve el problema sin perder de vista el objeto. Es a partir de su propia experiencia —la experiencia de un hombre viejo— que descubre cómo la Vida es la que proporciona la necesaria palinodia, procurando entonces, y de igual manera, la suya. Es la vejez la que arranca el aguijón del amor y el poema describe el proceso de esta decepcionante clemencia. Venus promete al amante que encontrará la paz:

No por voluntad del hado, como tú hubieras querido,
Sino por mandato de tu propia razón,[60]

versos que describen, tal vez inconscientemente, la verdadera naturaleza de la disciplina de la vida en este como en miles de otros aspectos; y que

---

[59] Ibid., viii, 2135.
[60] Ibid., viii, 2369.

expresan, incluso, la promesa hecha por Venus a los amantes exitosos. Aunque solo se le distinga al final, esta es la nota más profunda en Gower y la que informa todo el poema. Pues cuando ha dado con el tema del «Amor curado por la Vejez» ya no necesita del artilugio barato de una palinodia puesta a la fuerza. Todo el relato es una palinodia y al mismo tiempo una historia de amor: un retrato patético, aunque no desalentador, de Pasión en guerra con Tiempo; casi consciente de que *Razón* está junto a este contra aquella. Es esto último, esta semiinconsciencia, lo que salva la *Confessio Amantis* de la superficialidad espiritual que tendría un simple lamento sobre los desvanecidos placeres de la juventud. También explica ciertos lugares en el poema que suelen malentenderse. Los críticos sonríen cuando Genio, sacerdote de Venus, la denuncia como a una de las falsas deidades. Si insistimos en el significado original de Genio (dios de la reproducción), podemos caer en algunos absurdos; aunque no de la clase que suponemos. Gower no ha cometido el disparate por descuido. Sabe muy bien lo que está haciendo y se esfuerza en subrayar lo que nosotros consideramos inconsistente. El mismo Genio lo advierte. Contra su voluntad, se ve forzado a dictar sentencia en perjuicio de los poderes que sirve. Su penitente le apremia, demandándole:

> El dios y la diosa del amor,
> *De quienes tú allá en lo alto nada*
> *Has dicho aún*, nunca hablaron de su vida,
> Para que seas tú quien ahora declare
> Cómo alcanzaron su nombre,

y el Sacerdote replica:

> Hijo mío, la vergüenza me ha hecho abstenerme.[61]

Si hubiera podido, habría guardado silencio. Pero como se le presiona, confiesa que todo el mundo que representa —Venus, Cupido y la corte de Amor— no es más que un montón de sueños vanos y fingidas consagraciones de las flaquezas humanas. Aunque en todo esto haya cierta chabacanería, también hay algo que no es para nada absurdo. Genio representa aquí a Amor: toda aquella complejidad en la mente del amante que él llama su «amor» y que ha convertido en su dios y padre confesor. En estos versos tenemos la historia poética de aquel extraño momento —tan típico en la

---

[61] Ibid., v, 1374-83.

historia de otras pasiones— en el que un hombre, posando el oído junto al corazón, oye por primera vez a la pasión dominante que le habla con voz trémula y le insinúa que sabe (la voluntad consciente grita en vano) que es muy distinta de lo que el lenguaje clama; que sus fundamentos se derrumban; que su superestructura no es más que un tejido de ilusiones y hábitos decadentes, prontos a disolverse y a dejarlos cara a cara con el vacío interior. En las curiosas tergiversaciones de Genio, el propio Amor traiciona al Amante; aunque, y en cierto sentido, no sea capaz —a menos que el Árbol Verde pierda sus raíces— de dejar de amar por un buen tiempo. No digo que esto estuviese presente en la mente de Gower en la misma forma conceptual que me he visto obligado a delinear. Pero como significado está implícito en los versos y bastante explícito en el libro VIII. Para entonces el juego casi habrá terminado: Genio dejará de hablar por las deidades de Amor que originalmente fueran sus patronos. Ahora, simplemente, será el más profundo «corazón» del amante, el narrador de amargas e inevitables verdades. El cambio ocurre con estas palabras:

> Hijo mío, hacia la verdad me vuelvo;
> Ahora marcho por amor a ti,
> Dejando a un lado cualquier mezquindad,[62]

y el episodio concluye con estos graves versos:

> Qué otra cosa haré por ti
> Sino mostrarte el camino de los justos;
> Escoge, pues, si deseas vivir o morir.[63]

Es muy difícil referirse a lo que sigue sin aparecer sobrevalorando a un poeta tan desdeñado —y en ciertos aspectos tan desdeñable— como Gower. Tenemos aquí uno de aquellos raros episodios en los que la alegoría medieval alcanza el mito y los símbolos. Aunque retocados para representar meros conceptos singulares, adquieren nueva vida al representar más bien los principios —inaccesibles de otro modo— que unen clases completas de conceptos. Todo está cargado con sentidos que el autor tal vez nunca tuvo en mente; pero que para el caso poco interesa si advirtió o no. Ya cité la promesa de doble filo de Venus. ¿Es una presentación alegórica de la muerte del

---

[62] Ibid., viii, 2060.
[63] Ibid., viii, 2146.

amor, o solo del amor? ¿O es la voz de la propia Vida? La respuesta es que son ambas. Sin duda constituye una regla en poesía que, si el trabajo se ha hecho bien, también se ha logrado lo que jamás se soñó. Lo mismo ocurre con el resto de los elementos de la escena final de Gower: el frío mortal que apaga el corazón del amante; las huestes de jóvenes y ancianos cantores que ve en su delirio, la figura de Cupido inclinándose sobre su cuerpo para extraer el dardo clavado durante tanto tiempo, el ungüento «más frío que una llave» que cura la herida y los abalorios que le diera Venus con la inscripción *Por reposer*. Todas estas imágenes narran admirablemente la historia de este amor particular y su muerte. Pero lo que nos golpea la memoria tras la lectura es el tema de la muerte en muchos otros sentidos, como el amante que sale de su delirio «pensando muchos pensamientos». Ya no de la muerte como un mal, sino como vida nueva; y con una lucidez que esta concepción raramente alcanza en los escritos profanos. «Olvídalo, y yo haré lo mismo», dice Genio cuando el ritual ha terminado, mientras Venus ruega al poeta: «Ve allí donde habitan las virtudes morales». Para ciertos oídos modernos, estas palabras suenan fantasmagóricas; pero nadie dejará de advertir la sentida paz del verso, tan simple en sí misma y tan perfecta en su contexto:

> Al regresar me dirigiré con pasos sigilosos.

Si Gower se hubiese detenido aquí, habría logrado un final digno de compararse con el de la *Ilíada* o el del *Samsom Agonistes*.

Desgraciadamente, no lo hizo. Le agregó una larga e infructuosa coda y casi me alegro de concluir esta sección con una nota de censura; no vaya a ser que las bellezas descritas cautiven demasiado nuestro juicio crítico. Gower alcanzó la gran poesía, pero no es un gran poeta. El autocontrol que se advierte en innumerables versos sueltos y pasajes breves desaparece en la conducción total del poema. Dice demasiado, no en este punto o en aquel, sino demasiado *simpliciter*. El estilo simple se hunde frecuentemente en la prosa. Ha narrado, junto a algunas buenas historias, muchas otras malas. Sin embargo, posee méritos que excusan todas sus faltas. Inferior a Chaucer en el alcance y a veces (no siempre) en el poder de su genio, casi lo iguala en cuanto artífice. Respecto al contenido de su obra, es interesante consignar que es profundamente inglés. Su romanticismo, y su elección del tema del Tiempo y la Vejez, lo unen tanto con los anglosajones como con el siglo XIX. Con todo, la forma es francesa. El corazón es insular y romántico, la cabeza fría y continental. Buena combinación.

II

Junto a la poesía de Chaucer y Gower, el siglo XIV nos legó otra obra que sigue la misma tradición: el *Testament of Love* (*Testamento del amor*) de Thomas Usk. La mediocridad del talento de Usk y los problemas políticos o biográficos que genera el *Testamento* en cierta manera han oscurecido su importancia en la historia de la literatura. Esta importancia tiene que ver con la forma, ya que el *Testamento* está escrito en prosa. Como el medio escogido es inusual para la mayoría de los temas[64] tratados en tiempos de Chaucer y para la alegoría erótica en general, la originalidad del intento de Usk merece elogiarse. Ciertamente, el uso de la prosa para una cuestión que no es utilitaria marca una fase en la evolución de nuestra lengua. El medio consagrado durante tanto tiempo a los usos oficiales o de oratoria sagrada comienza a invadir campos nuevos. Usk intenta escribir una prosa que tenga las alas del verso, una prosa colorida y musical, una *Kunstprosa*. Usk piensa que el inglés debe enseñarse para que realice lo que el latín hizo en manos de Alain de Lille; cuestión esta por la que merece de la posteridad más simpatía e indulgencia de la que ha recibido. Que sus resultados sean más interesantes que bellos es solo lo esperable. Sin embargo, algunas veces logra su objetivo; y muchos de sus fracasos pueden atribuirse al *Boethius* de Chaucer: un modelo radicalmente vicioso que Usk siguió excusablemente, pues entonces no tenía otro.

El *Testamento* toma la forma de una conversación en la cárcel entre el autor y una dama que personifica a Amor. Se asemeja mucho a la conversación entre Boecio y la Filosofía, que también ocurre en una cárcel; y no solo en su concepción general, sino en el detalle de sus argumentos. En cuanto al estilo, está en deuda con la traducción que hizo Chaucer de Boecio; y tan profundamente que el doctor Skeat dudó que Usk leyese alguna vez el original en latín.[65] Con todo, esta conclusión es discutible, ya que ¿quién no habría seguido el único ejemplo de alta prosa retórica que la lengua vernácula proporcionaba entonces? La influencia de Chaucer, y no solo de su prosa, es muy obvia a lo largo del *Testamento*. Usk, a través del elogio citado, paga su deuda con Chaucer en el libro tercero.[66] El contenido del *Testamento* ha

---

[64] La gran excepción es la literatura devocional. Para ello, véase R.W. Chambers, *On the Continuity of English Prose*, Oxford University Press, 1932.

[65] Véase Skeat, *Chaucer*, vol. vii, *Chaucerian and other pieces*, p. xxv.

[66] *V.* más arriba, p. 131.

desconcertado a muchos lectores.[67] En los primeros capítulos se ocupa, o parece ocuparse, del amor que sentía por una tal Margarita. Amor lo envalentona en su «servicio» y lo aconseja e instruye en una forma que ya nos es familiar. Es cierto que a veces Margarita deja de ser una mujer para transformarse en una perla;[68] cosa que no confundirá al lector que haya comprendido *El libro de la rosa*. Sin embargo, y a medida que avanza el relato, apreciamos que aquella Margarita empieza a ser desplazada por una cierta «bienaventuranza» que todos buscan «con amable intención»,[69] llamada el «nudo en el corazón»;[70] y que posee todas las características del *bonum* de Boecio. Es evidente que se nos ha trasladado desde el amor profano hasta el sagrado y desde el goce de una querida hasta la bienaventuranza del cielo.

Aunque no sea muy fácil de seguir, el autor intenta explicar su alegoría en el último párrafo del libro. Citaré íntegras sus palabras:

«Ruego asimismo a cada hombre prepararse para conocer de modo perfecto el propósito con que de corazón compuse este tratado. ¿Cómo el hermoso maná del desierto pudo ser carne espiritual para los hijos de Israel? También era corporalidad por cuanto alimento para sus cuerpos. Y no significaba aún al Cristo. Tal y como la joya representa la gema, que es piedra virtuosa o también perla, Margarita, una mujer, representa la gracia, el saber o la sabiduría de Dios. O la Santa Iglesia».[71]

Y en un pasaje previo nos ha dicho que la «perla» significa «Filosofía» en sus tres especies: natural, moral y racional.[72] De aquí concluyó el doctor Skeat que Margarita «jamás significó una mujer real ni representó siquiera un objeto imaginario de los afectos humanos naturales», interpretando las palabras «Margarita, una mujer» como «Margarita, el nombre de una mujer».[73] Podemos descartar de inmediato una de las distinciones que aquí

[67] Véase Bradley, *Dictionary of National Biography*, s.v. Usk; Skeat, *op. cit.*; Tatlock, *Developments and Chronology of Chaucer's Works*, Chaucer Society Series, II, xxxvii, pp. 20ss.; Ramona Bressie, «The Date of Thomas Usk's *Testament of Love*», *Modern Philology*, vol. xxvi, n° 1 (se presenta aquí el caso de la influencia de Higden).

[68] *Testament of Love*, I, iii; II, xii; Skeat, *op. cit.*, pp. 16, 92.

[69] Ibid., II, iv; Skeat, p. 58.

[70] Ibid., II, iv, v; Skeat, p. 61.

[71] Ibid., III, ix; Skeat, p. 145.

[72] Ibid., III, i; Skeat, p.103.

[73] Skeat, pp. xxviiiss.

se introducen: que la querida en un libro de amor sea «real» en el sentido histórico es una pregunta que difícilmente puede responderse y que incluso no debería hacerse. De buen grado acepto la solicitud de Usk en cuanto a «que por amor a la diosa, ningún hombre se imagine por qué o cómo me vino esta pregunta a la mente».[74] Pero la verdad es que es demasiado importante si a Margarita debe imaginársele como mujer o no. Por mi parte, no puede estar de acuerdo con la interpretación del doctor Skeat. No veo cómo las palabras «Margarita, una mujer» pueden significar «Margarita, el nombre de una mujer». Considero más de acuerdo a la naturaleza de la lengua inglesa interpretarlas como «Margarita, si bien una mujer» o «Margarita, además de ser una mujer». Por otro lado, se verá también que esta interpretación se ajusta más al contexto. Debo confesar de paso que, aun cuando el resto sea evidente, no alcanzo a entender la frase que comienza: «Tal y como la joya» en el pasaje citado. El maná tenía una *significatio* espiritual, pero «también era corporalidad». No deja de ser alimento al transformarse en un símbolo de Cristo. De la misma manera, Margarita no deja de ser mujer al transformarse en un símbolo de la gracia, sino por el contrario: «Margarita, una mujer, representa la gracia». Aunque la concepción no sea muy fácil para el lector actual, dudo que los contemporáneos de Usk la hayan encontrado difícil. Cuando el éxodo de Israel desde Egipto se acepta como símbolo del alma humana que huye del pecado, ello no significa abolir el éxodo como hecho histórico. Usk trata al amor cortés como a un símbolo del amor divino; pero, y por lo mismo, no deja de tratar al amor cortés. Es un error malintencionado suponer que el autor, en una alegoría, está hablando «realmente» de lo simbolizado y no tanto de lo que simboliza, siendo la verdadera esencia de este arte hablar de ambos. Y en cuanto a esta particular conjunción del amor divino y el sexual, Usk tiene un precedente en los dos jardines de Jean de Meun, en la Beatriz de *La divina comedia* y en *El cantar de los cantares*. Un moderno podrá estudiar esto, con particular provecho, en la poesía de Coventry Patmore.

Así, hay una ambigüedad doble en el *Testamento*. Por una parte, Margarita será a veces una mujer mortal y a veces la Iglesia o la Filosofía. Por otra, la dama Amor será la Venus de las cortes de Amor o el Amor Divino. Y así ocurre precisamente. Margarita es una mujer cuando su amante está triste «al pensar en algo que tal vez no pueda, a mi voluntad, tomar por las

---

[74] *Testament of Love*, III, ix; Skeat, p. 144.

armas»;[75] se trata de la Iglesia cuando «ambas cosas se profesan y se paga oficio regular y obligación a esta perla que es Margarita».[76] Cuando Amor dice «Pobres clérigos, pues yo puse el saber de las escuelas en las iglesias y les hice a tales personas predicar»[77] habla en su carácter divino; pero es amor cortés al decir «cuando cualquiera de mis sirvientes se ha encontrado solo en parajes solitarios, yo le he... enseñado a hacer canciones de lamento y bienaventuranza y a escribir cartas retóricas de curiosos significados y a pensarlas del modo que por buen servicio más agradaría a sus damas».[78] Cuando advierte al amante que no ofenda a Margarita «preguntándole cosas que se prolongan en vergüenza», repitiendo el consejo de Pándaro contra las palabras «curiosas» que pueden levantar sospechas,[79] nos encontramos, derechamente, en la corte de Amor. Pero luego es Amor Divino en lo que sigue:

«¡Oh!, dijo ella, hay una melodía en el cielo que los clérigos llaman Armonía... está escrita por renombrados y sabios clérigos, que gracias al estudio y al trabajo adquieren fácilmente el conocimiento de los asuntos terrenos. Pero muchas fatigas logran saber muy poco de aquella melodía celestial. Tú has arrebatado las dulzuras de este paraíso; parecería que durmieses allí, descansando de cualquier otro mal: tan dulcemente tienes arraigado en ella el corazón».[80]

Sin embargo, en la próxima línea dice: «No es posible imaginar la bienaventuranza de dos corazones entrelazados por el amor», lo que resulta equívoco. A veces el autor presenta juntos los dos papeles de Amor como si no hubiese distinción entre ellos:

«¿Acaso no has leído cuán dulce fui a Paris, hijo de Príamo de Troya? ¿Cómo me falseó Jasón con sus falsas súplicas? ¿Cómo César se fatigaba y le abandoné en castigo, hasta que por sus servicios fue entronizado en mi bienaventuranza? ¡Qué!, dijo ella, ¿acaso no soy sobre todo una tregua entre Dios y la humanidad, que escoge una doncella como árbitro para finalizar la querella?».[81]

[75] Ibid., I, i; Skeat, p. 5.
[76] Ibid., III, i; Skeat, p. 105.
[77] Ibid., II, ii; Skeat, p. 50.
[78] Ibid., I, ii; Skeat, p. 12.
[79] Ibid., III, vii; Skeat, p.134.
[80] Ibid., II, ix; Skeat, p. 78.
[81] Ibid., I, ii; Skeat, p. 11. Las últimas palabras de esta cita pueden parecer fatales a la teoría (v. Ramona Bressie, op. cit.) que sostiene que Margarita tiene un significado puramente político (acepto la corrección de Skeat, Cesars swink).

Es ese ir y venir entre los sentidos natural y alegórico de su «amor» lo que hace a Usk tan profundamente interesante para el historiador del sentimiento. Muy por debajo de Dante como artista, e incluso de Alain de Lille, puede equiparárseles en cuanto al intento de integración: no está satisfecho con la hermética división de los deseos humanos que tanto satisfizo a Alain de Lille.

En algunos lugares ha escrito lo suficientemente bien acerca del amor en sentido terrenal como para convencernos de que utiliza esta tradición por derecho propio y que no la ha adoptado simplemente como una forma de dorar la píldora. Cuando le muestran por primera vez a Margarita-perla en la isla de Venus simplemente dice: «y con ello alcancé la paz por un buen tiempo». Así escribe en elogio de las mujeres:

> «Según la Biblia, fueron hechas para bien del cuerpo del hombre, pronunciándose palabras divinas según esta sabiduría: 'Bueno es para el hombre que le hagamos una compañera...'. ¡Mira! Para tu ayuda se injertó este árbol en el paraíso, del cual desciende todo el linaje humano. Si el hombre es un fruto noble, de fruto noble ha surgido: para su triste corazón, la bienaventuranza del paraíso habita en este árbol».[82]

Para Usk, el amor humano significa esencialmente el matrimonio mental; misterio este respecto del cual tiene mayor conciencia y está menos inclinado a darlo por sentado que la mayoría de los escritores medievales. Es «algo oculto en lo más secreto de la privacidad, cómo dos personas entrelazan sus corazones después de haberse visto».[83] Y continúa:

> «¡Qué! ¿Vas a creer tú al primer necio que comprenda el sentido y el secreto de estas cosas? Por cierto, imaginan que el acuerdo no puede ser más que arrancar la rosa de la doncellez. Bueno, bueno: no saben nada de esto. Pues solo el consentimiento de dos corazones puede atar el nudo; no lo determinan ni las leyes de la naturaleza ni las leyes humanas, ni tampoco la edad o la cualidad de las personas. Tan solo el acuerdo entre dos».[84]

Todos están familiarizados con la paradoja del ideal caballeresco que expresara Sir Ector ante el cadáver de Lancelot: mansedumbre en los salones y rudeza en la batalla.[85] Aunque el tratamiento que hace Usk de estos mismos

---

[82] Ibid., II, iii; Skeat, p. 56.
[83] Ibid., I, v; Skeat, p. 21.
[84] Ibid., I, ix; Skeat, pp. 40, 41.
[85] Malory, XXI, xiii.

temas utiliza una retórica más consciente que la de Malory, no es indigna de comparación. Los siervos de Amor son

> «Leones en el campo y corderos en la recámara. Águilas al asaltar y doncellas en el salón. Zorros en el consejo, quietos en sus actos. Su protección está siempre garantizada, listos para servir de puente. Y su estandarte retrocede como lobos en el campo».[86]

La estructura del párrafo citado es, claramente, la de un artista deliberado. Las tres primeras sentencias son antitéticas, cada una de cuatro acentos y todas en ritmo descendente. Las últimas dos hacen una sola antítesis entre ellas y están en ritmo ascendente y balanceadas al oído casi con exactitud.* Es obvio que estamos frente a un ejemplo de *Kunstprosa*, y tal vez el estilo sea lo más importante del *Testamento*. Ya he sugerido que el lugar de Usk en la historia de nuestra prosa ha sido oscurecido por lo insípido de su materia, pues casi siempre es insípido. Pero aunque las buenas cosas que he citado ocurren con bastante regularidad —habría sido fácil citar otras—, no son suficientes. La mayor parte del libro está dedicado a cuestiones filosóficas de ninguna originalidad. Por cierto, no es inevitable que el argumento que se ha tomado prestado tenga que ser necesariamente insípido: así, un buen divulgador como Jean de Meun tiene la capacidad de añadir ciertas expresiones felices o ilustraciones capaces de presentar la vieja verdad bajo una luz nueva; o, cuando menos, de mejorar el original en claridad. Sin embargo, e incluso haciendo todo tipo de concesiones a un texto corrupto, Usk resulta un lógico torpe y a veces ininteligible. Todo lo que tiene que decir puede encontrarse, y mejor, en cualquier otro autor. Mas su estilo merece consideración.

La influencia predominante es, por supuesto, la del *Boecio* de Chaucer. Ignoro si las alteraciones que introduce Usk en el orden natural de las palabras en inglés se deben o no a Chaucer, o si a través de él puede derivarse su origen desde el latín original. Es posible que Chaucer y Usk considerasen tales inversiones una belleza.[87] Que Chaucer fuese el único maestro de

---

[86] *Testament of Love*, I, v; Skeat, p. 24.

* (N. del T. Evidentemente, y otra vez, las referencias valen para el texto inglés: «Lyons in the felde and lambs in chambre: egles at assaute and maydens in halle: foxes in counsayle, stille in their dedes; and their protection is graunted, redy to ben a bridge; and their baner is arered, like wolves in the felde»).

[87] Cp. Geoffroi de Vinsauf, *Nova Poetria*, 758: «Noli semper concedere verbo In proprio residere loco; residentia talis Dedecus est ipsi verbo».

Usk, o que su influencia no se agotase en Alain de Lille y otros modelos extranjeros,[88] es un problema que solo podrá resolverse con un estudio muy detallado de los textos. Lo dejo a aquellos cuya primera preocupación es el estilo. Mi único interés es con el resultado, la verdadera cualidad en la escritura de Usk. Mucho de ella disgusta al lector actual. El orden de las palabras es antinatural, las frases están demasiado llenas y el mecanismo por el que se obtienen los efectos deseados es demasiado evidente. A veces se reconoce una lejana anticipación del *eufismo*. «¿Acaso la mansedumbre no humilla a los altos cielos?», pregunta Amor.[89] Y, de nuevo, «El fuego, si no calienta, no es tomado por tal. El sol, si no brilla, como sol no se le considera. El agua, si no moja, deberá cambiar de nombre. A la virtud, si no actúa, le faltará bondad».[90] Tal vez el siguiente ejemplo guarde algún parecido con el estilo dramático de Lyly:

> «Como las aguas de Siloé, que siempre fluyen quietas y en silencio hasta alcanzar la orilla, que ganan tanto en mesura como para henchirse nuevas con las cambiantes tormentas, y que en el curso de cada remanso llegan a derramarse sobre todo el circuito que hacen por las riberas».[91]

Sin embargo, y después de todo, estas cuestiones no constituyen la esencia del estilo de Usk. Lo verdaderamente sorprendente es la capacidad que tiene para permanecer vigoroso aun en medio sus limitaciones. Posee una cualidad sencilla, inglesa e incluso viril que lucha en medio de la retórica y que a veces consigue dominar. Sigue (inconscientemente), y además de los que toma de Boecio, el excelente precedente de Alfredo de usar ejemplos populares. De esta manera, se nos narra que la dignidad del rey Juan casi destruyó toda Inglaterra, o que Enrique Curtmantil murió miserablemente.[92] Y cuando Usk pregunta: «¿Dónde está ahora el linaje de Alejandro el Noble o el de Héctor de Troya?», continúa: «¿Quién desciende por correcta línea de sangre del rey Arturo?».[93] Cita, equivocadamente, a *Pedro el Labrador*.[94] Algunas veces asume por cuenta propia el ritmo aliterativo, como

---

[88] Cp. *Testament of Love*, *Prologue* (Skeat, p. 1): «En latín y francés muchos soberanos tuvieron gran deleite, etc.».
[89] Ibid., II, xii; Skeat, p. 93.
[90] Ibid., II, xiii; Skeat, p. 98.
[91] Ibid., II, xiv; Skeat, p. 99 (aceptando la corrección de Skeat, *bankes*).
[92] Ibid., II, vi, vii; Skeat, pp. 67, 70.
[93] Ibid., II, ii; Skeat, p. 52.
[94] Ibid., I, iii; Skeat, p. 18.

cuando «me internaba por bosques y largas calles, por pequeños senderos que cerdos y marranos habían hecho como callejuelas que se dirigen al camino real, deambulaba solo pensando maravillas por largo rato».[95] Si en cierto pasaje la llegada del invierno se acompaña por «Boreas» y otros fenómenos literarios, con todo, algunas páginas más adelante, es el tiempo «cuando los graneros están plenos de cosechas como están las nueces en cada rincón».[96] La decisión del amante se expresa en palabras no indignas de Lancelot:

> «Aunque pudiera apartarme aquí, no lo haré. Quiero esperar el día que el destino me ordene, que supongo no tiene enmienda; tan triste está entregado mi corazón que no puedo pensar en otra cosa».[97]

Esto es un trabajo honesto que nos permite oír la voz del hablante. Igual de lograda es la descripción de las estaciones en el libro II, capítulo viii;[98] y aunque ya he citado bastante no puedo resistirme a agregar, por el sentimiento y el ritmo que contiene, la siguiente descripción del Hombre:

> «Posee, después de Dios, principado sobre todas las cosas. Ora su alma está aquí, ora a mil millas de distancia; ora lejos, ora cerca; ora alto, ora bajo; tan lejos en un momento como en la vastedad de diez inviernos. Y todo está a su gobierno y disposición».[99]

Excepto por algunos pasajes, Usk difícilmente merece ser leído dos veces. Pero no es un autor completamente desdeñable. Interesa al historiador en la medida en que muestra qué hacían con la tradición del amor en la misma época hombres inferiores a Chaucer y a Gower. Sin embargo, también posee un lugar propio bajo estándares absolutos. Su entrelazamiento del amor divino y el humano, aunque a veces confuso, tiene un giro original y alcanza grandes bellezas sentimentales. En cuanto al estilo, mientras las faltas son con largueza las de los modelos, los méritos le pertenecen. Habría sido feliz si se hubiese mantenido lejos de la política y hubiese moderado sus ambiciones filosóficas.

---

[95] Ibid., I, iii, Skeat, p. 15.
[96] Ibid.
[97] Ibid., I, iii, Skeat, p. 18.
[98] Skeat, p. 77.
[99] *Testament of Love*, I, ix; Skeat, p. 39.

VI. LA ALEGORÍA COMO FORMA DOMINANTE

LYDGATE. LOS CHAUCERIANOS. ALEGORÍAS MENORES. LA NUEVA ALEGORÍA

I

El historiador de la literatura descubre que en muchos períodos sobresale una forma literaria dominante: la sangrienta tragedia isabelina, la sátira del siglo XVIII, la novela sentimental y costumbrista del siglo pasado o el nuestro. Entre los años que van desde la muerte de Chaucer hasta la poesía de Wyatt, la alegoría llegó a ser una forma dominante y sufrió todas las vicisitudes a las que se ven expuestas como fenómenos literarios. Pues debe notarse que un dominio de este tipo no necesariamente es bueno para la forma que lo expresa. Cuando intentar un mismo modo de escribir se considera algo natural, ese modo está en peligro. Sus características se han formalizado. Comienza a penetrarlo una monotonía estereotipada que puede pasar inadvertida a los contemporáneos, pero que es cruelmente evidente a la posteridad. Así, y en tiempos que todavía recuerdo, los manidos motivos de la novela no eran tan obvios como hoy. Por su parte, fácil es apreciar la monotonía de la sátira augusta, todavía más la de la tragedia italianizante en verso blanco e inevitablemente y por desgracia la de la alegoría de la Baja Edad Media. En segundo lugar, una forma dominante tiende a atraer escritores cuyo talento se habría acomodado mucho mejor a otro tipo de obras. Así escribe sátira el retraído Cowper en el siglo XVIII, y a un místico y simbolista natural como George MacDonald le seducen las novelas en el XIX. De igual forma, en el XV y el XVI tenemos la *Assembly of Ladies* (*La asamblea de las damas*) escrita por un poeta que no tuvo mejor vocación para la alegoría que la de estar a la moda. En tercer lugar —y lo que es más desastroso— la forma dominante atrae a quienes jamás debieron escribir. Se convierte en una especie de trampa o desagüe donde, por una «dulce inclinación», van a caer las malas obras. La juventud insípida y vanidosa que decide escribir, con toda seguridad lo hará en la forma dominante de su época. La operación de esta ley es lo que ha dado a la alegoría de la Baja Edad Media —y por ende a la alegoría en general— un mal nombre. Quizás su reconocimiento permita liberar nuestras facultades críticas para distinguir las obras buenas de las malas: el uso poético del abuso de la moda.

Pero hay otro «accidente» a que está expuesta la forma dominante y que concierne sobremanera al historiador. En este tipo de producciones, bajo una similitud aparente, puede detectarse con frecuencia —aunque no siempre— el brote de formas nuevas; y descubrirse que una tradición que pareció estar estrictamente ligada al pasado se halla plena de la promesa, o la amenaza, del futuro. En parte, sospecho que un proceso como este nos ocurre a nosotros mientras escribo. La novela, por ejemplo, que ha llegado a ser tan biográfica en obras como *Sinister Street* (*La calle siniestra*) o tan preocupada de su época como en *The Forsyte Saga* (*La saga de los Forsyte*), se transforma a sí misma —se ha transformado a sí misma en los trabajos de Strachey, Maurois y Herbert Read— en ficción biográfica: una genuina forma nueva que se ubica respecto a la biografía propiamente tal a la misma distancia que el teatro de crónicas de la historia «legítima». Pero nuestra literatura temprana nos provee de un ejemplo mucho más preciso. En el período clásico encontramos una forma aún sin nombre y que solo es apenas menos dominante que la sátira. Me refiero al largo Tratado Poemático (si puedo aventurar la invención de un nombre innecesario) tal y como fue practicado por Thomson, Armstrong, Young, Akenside y Cowper, entre otros. Tenemos aquí una forma que comienza siendo poco más que el «revival»* del antiguo poema «didáctico», deviniendo luego ampliamente dominante: atrayendo a una gran cantidad de obras inferiores, admitiendo enormes variaciones, tendiendo a veces al didactismo más práctico y otras a reflexiones desarticuladas y monólogos «entusiastas», mas siempre preparando el camino para algo realmente nuevo y valioso: para *The Excursion* (*La excursión*), *The Prelude* (*El preludio*) y el *Testament of Beuty* (*Testamento de la belleza*). Así las cosas, es imprudente pasar por alto las vicisitudes de una forma dominante, pues se corre el riesgo de malentender a sus seguidores. Existen muy pocos comienzos absolutos en la historia literaria, pero

---

* (N. del T. En inglés en el original).

infinitas transformaciones. Algunas de las alegorías de las que se ocupará este capítulo son, tal vez, meras continuaciones del pasado. Otras miran hacia el futuro. Pero todas por igual nos dicen algo acerca del gusto y el sentimiento del período que las produjo. Como se trata de una historia compleja, la dividiremos para comprenderla; y no sin cierta renuencia abandonaré el orden cronológico. *Pilgrimage of the Life of Man* (*El peregrinaje de la vida del hombre*), de Lydgate, pudo haberse escrito antes que *La Belle Dame Sans Merci* (*La bella dama sin misericordia*); y si yo fuese un simple analista la ubicaría entre los chaucerianos. Pero pertenece a un orden totalmente diferente e ilustra otra metamorfosis —y de mayor importancia— de la forma dominante. Por ahora no me importa, entonces, reservar su estudio junto a las obras de Hawes y Douglas en el último de los grupos en que he dividido el tema. Deberá quedar claro desde ya que la similitud de estas alegorías tardías es engañosa. Bajo el nombre común de alegoría se ocultan cosas de naturaleza absolutamente distinta.

II

Sin embargo, hay una cuestión previa a abordar antes que nos aboquemos a las alegorías en cuanto tales. En la *Confessio Amantis* tenemos una presentación naturalista de la vida del amante que en muchos aspectos surgió de la alegoría; y en el *Troilus* vimos a la alegoría abandonada en favor de un delineamiento más directo del amor. Para Chaucer (y en menor grado para Gower) la larga disciplina alegórica cumplió su cometido. Si la interpretación es correcta, cabría la esperanza de encontrar, entre sus sucesores, el impulso y el poder de retratar el mundo interior sin ayuda de la alegoría. Por cierto, sería demasiado exigir como un derecho la producción copiosa y brillante de poesía subjetiva no alegórica. Si hemos caído a una época pobre en genio, es más probable que este nuevo impulso y este nuevo poder continúen manifestándose tímidamente en apariencia de alegoría: apariencia que, en adelante, será innecesaria por defecto. Pero uno o dos intentos bien definidos en la dirección sugerida pueden ser una feliz confirmación de nuestro punto de vista. Afortunadamente, están a la mano.

Como habrá adivinado el lector, el primero de ellos es *The Kingis Quair* (*El rey Quair*). La importancia de este poema no radica en que haya introducido la manera chauceriana en Escocia, sino en que se trata de un nuevo tipo de poema: un larguísimo poema narrativo acerca del amor y que no es alegórico. Ni siquiera se trata de un romance entre amantes que vivieron hace mucho tiempo, como *Troilus*, sino el relato literal de la pasión del autor por una mujer de carne y hueso. Es cierto que contiene un sueño e incluso un sueño alegórico; pero la diferencia entre un sueño compuesto en una narración literal y una narración alegórica compuesta en un sueño es de considerable importancia. La novedad más sorprendente es que el autor parece tener perfecta conciencia de lo que hace. Algunas lecturas descuidadas no han advertido que el poema se abre con un auténtico prefacio literario. El autor, tras leer a Boecio hasta altas horas de la noche, comienza a meditar acerca de Fortuna:

> En mi dulce juventud ella era mi enemiga;
> Mas ahora he trabado amistad...[1]

y está muy bien que lo haga si, como dice la historia, alguna vez fue un solitario prisionero y ahora es un hombre libre y un amante correspondido. Pero es en este punto donde se le ocurre una idea brillante y original; una novedad que golpea su mente con una resonancia tan imprevista que la más simple proyección imaginativa le basta para identificarla con la campana matutina que, en el mismo momento, dobla en el mundo objetivo. Como dice:

> yo pensaba que la campana me decía:
> *Refiere al hombre lo que te ha ocurrido.*[2]

Para expresarlo con nuestras palabras digamos que el autor, que desde hacía tiempo deseaba escribir pero gastaba mucha tinta y papel «para poco efecto», percibe repentinamente que su historia, aun como ocurre en la vida real, puede ser traspasada a la poesía sin ningún disfraz. Ha oído la misma voz que llamara a Sidney: «¡Torpe!» y le mandara: «Mira tu corazón y escribe». Así, y tras hacer la señal de la cruz sobre el viejo manuscrito —como signo de una nueva revelación frente a los intentos anteriores—, se sienta a escribir aquello que merece llamarse, enfáticamente, «cierta cosa nueva». Que la autoría de este poema se haya puesto en duda

---

[1] *Kingis Quair*, st. 10.
[2] Ibid., st. 11.

no nos empece. Que la historia se haya tomado de la vida real del poeta o de la de otra persona es irrelevante: lo que permanece es la originalidad en la forma de contar y nada más. Es cierto que la inspiración decae antes del final, pero el poema está lleno de belleza; y el episodio de la dama en la ventana es, cuando menos, tan bueno como su análogo en el *Knight's Tale* (*El cuento del caballero*). Sin embargo, las diferencias entre ambos son significativas. Cuando Palemón ve a Emilia, su rostro se torna «pálido y mortal a la vista» y se queja de tener una herida «que bien puede ser su ruina». El poeta escocés, en cambio, está igualmente «abatido», pero explica que se debe a que:

> todos los sentidos
> Estaban subyugados por el placer y el deleite.[3]

Además, y aunque ambos amantes terminen cautivos de sus damas, solo el escocés dice:

> de pronto mi corazón se convirtió en su siervo,
> Por siempre y por propia voluntad.[4]

En este bello *oxymoron* es posible apreciar cómo la naturaleza ha enseñado al poeta a sentir y a expresar los dos aspectos de esa compleja experiencia que Chaucer intentaba escribir en una tradición que solo veía uno de ellos. Así, en el pasaje donde ambos poetas más se aproximan, Palemón simplemente exclama «como si hubiese sido *herido* en el corazón», logrando una imagen verdaderamente dolorosa. El último de los prisioneros dice:

> al instante
> La sangre se escurría por todos sus miembros camino al corazón.[5]

registrando con singular fidelidad aquella primera sensación de sobresalto, bastante común cuando aflora cualquier emoción vívida, que trasciende la antítesis dolor-placer. En una palabra, Chaucer no ve más allá de los aspectos lagrimosos y desalentadores del amor que la tradición ha hecho tan familiares. El poeta escocés, en cambio, mucho más realista, nos narra «lo

---

[3] Ibid., st. 41.
[4] Ibid.
[5] Ibid., st. 40.

que a él le sucedió», retrotrayéndonos a la genialidad esencial, a las rejuvenecedoras y saludables virtudes de la pasión que despierta, presentándolas directamente; después de lo cual, en su lírico discurso al ruiseñor, prosigue intentando darles la expresión simbólica que ellas mismas exigen:

> he aquí el momento sublime,
> Aquel por el que bien valen las luchas de toda una vida.[6]

Chaucer y todos los poetas medievales del amor sobresalieron en retratar la paz y la *solemne* festividad del goce. Pero fue necesario que apareciese este tardío poeta menor para recordarnos que, aun cuando todo el futuro se vea negro y el presente sea insatisfactorio, Afrodita todavía es la diosa adorada y risueña. He aquí la recompensa por su literalidad, por su fidelidad escocesa al hecho concreto. Fidelidad que también ha logrado otro resultado, y tal vez extraño. Ocurre que en la medida en que el anhelo amoroso es más jovial, también es más moral. La Afrodita de este poeta gusta de la risa, pero es mesurada; más aún, es una Afrodita cristianizada. En el poema no existe la cuestión del adulterio ni hay ningún ejemplo del tradicional sesgo en contra del matrimonio. Por el contrario: Venus remite al poeta a Minerva, quien se rehúsa a ayudarle hasta no tener la seguridad de que su amor se basa en la ley de Dios y se ajusta «a la sabiduría cristiana».[7]

Aunque tenemos la libertad para disentir de los méritos absolutos de este pequeño poema, no debemos malentender su importancia histórica. A fin de cuentas, la poesía del matrimonio emerge en él desde la poesía del adulterio tradicional; y la narración literal, de un galanteo de la época: desde el romance y la alegoría. Se trata del primer libro de amor moderno.

La otra producción que desearía mencionar en este contexto es, en cierto sentido, más interesante precisamente porque no tiene que ver con el amor. Me refiero a las primeras partes —en especial a las primeras dieciséis estrofas— del *Regiment of Princes* (*Regimiento de príncipes*) de Hoccleve. Allí se describe una noche de insomnio bastante contagiada de alegoría, pero aun así no alegórica. La causa del insomnio de Hoccleve no es en absoluto erótica, sino lo que llamamos Inquietud; y que él llama simplemente Pensamiento. Las consideraciones de Hoccleve son nimias e inciertas y no sabe cómo arreglárselas para que ambos fines se encuentren. Ahora bien, es imposible probar que Hoccleve no habría

---

[6] Ibid., st. 58.
[7] Ibid., st. 138, 142.

escrito este episodio si no se hubiesen escrito primero las alegorías eróticas. Sin embargo, dudo que el lector que se aboque a él, después de estudiar el tema que nos ha ocupado en los últimos capítulos, pueda detectar alguna influencia. Ya que si fuese posible distinguir entre escribir sobre la propia pobreza y escribir sobre el estado mental que produce la reflexión sobre ella, entonces lo que Hoccleve hace ciertamente es esto último. Hoccleve analiza el estado de sus emociones durante aquella noche de vigilia tal y como los poetas del amor analizaron el ánimo del amante insomne; y a Pensamiento personificado, como en cualquier alegoría erótica, se le reconoce como al enemigo directo mientras las circunstancias objetivas que lo originaron permanecen en el trasfondo. El resultado, como sea que se haya logrado, constituye una pieza muy poderosa y cuya verdad nadie puede ignorar. Los «sueños inquietos, soñados todos en vigilia»[8] y la espantosa síntesis (anticipando curiosamente a Keats):

> Quien piensa demasiado es consumido por la duda,[9]

merecen mejores consideraciones. Pero existen cosas más finas aún. ¡Qué bálsamo para nuestras ansiedades hay en la invitación del mendigo al hombre impaciente, cuando le dice: «¡Despierta y sal de tu prisión!».[10] Y aunque parezca absurdo mencionar a Esquilo en conexión con Hoccleve, ¿habría podido Esquilo escribir sobre Pensamiento algo mejor que esto?:

> Aquel temible adversario
> De quien mi corazón se ha hecho tributario
> Abreva en el manantial de mi sangre.[11]

¿Acaso estos versos no piden a gritos ser revestidos de yámbicos sesquipedálicos?*

III

Como poeta del amor cortés, Lydgate da cuenta de un doble carácter. En cuanto al estilo y la construcción de los poemas, es discípulo de

---

[8] *Regement of Princes*, 109.

[9] Ibid., 80.

[10] Ibid., 277.

[11] Ibid., 88.

* (N. del T. Con todo, obvia referencia a la métrica en inglés).

Chaucer. Su concepción del lenguaje poético, y a veces sus logros, se basan en aquella forma de escribir cuyo desarrollo lento pero triunfal nos ocupó en un capítulo anterior. A este respecto, Lydgate merece un lugar en la alta tradición central de nuestra poesía y a veces (temo no poder decir siempre) con razón.

> Y con tus rayos puedes discernirlo todo
> A través del fuego celestial y eterno del amor...[12]

> Acaba con mi larga miseria, ¡Oh Citerea!...[13]

> Su rostro era un mundo de belleza
> Cuya penetrante mirada me desgarraba el corazón...[14]

Estos pasajes están en la misma línea de desarrollo que va de Chaucer a Spenser y, más allá de él, a Milton, Pope y los románticos. Además, en su concepción alegórica Lydgate mantiene la práctica de Machault y Chaucer, ubicándose más bien detrás de Chaucer o al menos de su obra temprana. Utiliza la alegoría simplemente como un entramado para efusiones que no son alegóricas o que, a lo sumo, reintroducen la alegoría solo a través de personificaciones retóricas. La forma que realmente le acomoda es la lamentación amorosa, la carta o el ruego. Así, en el *Black Knight* (*El caballero negro*), la mañana primaveral y el jardín repleto de pájaros solo sirven para introducir el soliloquio del Caballero, que constituye el verdadero cuerpo del poema. En *Flower of Curtesye* (*La flor de la cortesía*) son solamente el marco para la carta del poeta. Por cierto, podría argumentarse que en ninguno de los dos poemas existe alegoría. Probablemente las campiñas tengan, de hecho, una *significatio*; pero incierta y sin importancia. En *Temple of Glas* (*El templo de cristal*), además, se nos conduce desde «la más completa desolación» a una «escarpada roca fría como el hielo», no tanto para que seamos testigos de una acción alegórica, sino para oír los largos soliloquios y conversaciones entre la Dama, el Amante y la Diosa. Lydgate fue muy astuto al concentrarse en ellas, ya que no existe nada más sorprendente en este poema que la superioridad de los discursos y los diálogos sobre la narración del poeta, en estrofas y pareados respectivamente. Casi todo lo

---

[12] *Temple of Glas*, 326.
[13] Ibid., 701.
[14] Ibid., 755.

que hay de valor está escrito en la primera de estas formas. Sin duda, en Lydgate —como en buena parte de los poetas menores— la opción métrica casi determina la calidad de la obra: el pareado no ofrece obstáculos a su fatal garrulidad (la primera oración del poema se prolonga por nueve versos, y la tercera por dieciocho) mientras que la *stanza* le obliga a «progresar hasta un punto determinado». Sin embargo, la diferencia métrica va de la mano con la diferencia de contenido. La lenta construcción de una estructura retórica nicho por nicho, y su decoración, logran extraer lo mejor de sí.

Pero Lydgate es más moderno que Chaucer en su concepción del amor. Junto al autor de *El rey Quair* ayudó a hacer más viable e inglesa la vieja y fogosa tradición provenzal. Con todo, confieso que en *El caballero negro* muestra un engreimiento excesivamente desaforado, como cuando dice de Vulcano —esto es, del legítimo esposo de Venus— que

> El torpe campesino se ha deslizado muchas noches
> Hasta Marte, su digno caballero, su verdadero hombre,
> Sin encontrar misericordia ni consuelo.[15]

Los cornudos han sido ridiculizados con frecuencia; pero que encima se les critique parece demasiado. Como sea, el pasaje es totalmente atípico en Lydgate y en *El templo de cristal* veremos una concepción menos obstinada. En este poema es fácil pasar por alto la importancia del episodio donde los infelizmente casados, y aquellos forzados al claustro desde la infancia, se quejan a Venus con lástima; pues nos parece natural que este tipo de personas se queje. Pero María de Champagne y Andreas se habrían reído. Lydgate considera el voto matrimonial, o el del celibato, como un cruel obstáculo al curso del verdadero amor. Sin embargo, el rompimiento de estos votos era algo tan arraigado en la tradición original que los casados, los clérigos e incluso las monjas (en el *Concilium*) eran los amantes típicos. Evidentemente, al llegar a este episodio hemos dado la vuelta a una esquina muy importante. Pero el poeta no seguirá siendo tan claro; y más adelante aparecerán interesantes ambigüedades. La heroína del poema está casada —por cierto—, mas no con su amante. Hasta aquí la tradición sigue intacta. Pero resulta que el matrimonio es su principal aflicción (a Ginebra no le habría molestado) y parece considerarlo el insuperable obstáculo a sus deseos:

> Si el pensamiento se adelanta, el cuerpo queda atrás.[16]

---

[15] *Black Knight*, 390.
[16] *Temple of Glas*, 346.

Cuando Venus responde a esta queja, le promete a la Dama que algún día poseerá a su amante «de una manera honesta y sin ofensa». No alcanzo a entender qué es lo que quiere decir Lydgate con esto. Quizás solo que tiempo y lugar también se coludirían para que la Dama cumpla el código del amor cortés sin ser descubierta y, por tanto, sin «deshonor» objetivo; pero también pudo haber querido decir que podía casarse otra vez. No menos ambigua es la exhortación de Venus al amante:

> Debes comprender que sus favores
> Deberán basarse en la honestidad;
> Ninguna criatura habrá de causar mal
> Y por ello no debes condenarla de ningún modo;
> Ni conmiseración, ni piedad o misericordia
> Ha de poseer; tampoco solicitud ha de encontrar
> Ni nada de cuanto desearía para su femineidad.[17]

No queda muy clara la conclusión de la historia. Cuando Venus finalmente logra reunir a los amantes, la Dama advierte al caballero lo siguiente:

> Hasta el tiempo en que Venus no provea
> El modo de traer paz a nuestros corazones,
> Tú y yo hemos de esperar con mansedumbre.[18]

¿Pero qué esperan que haga Venus? Es evidente que esperan, pues se limitan a besarse y a alabar a las deidades y de ninguna manera se nos sugiere que el amor se ha consumado. La explicación más natural parece ser que están «esperando mansamente» hasta que Venus «encuentre el modo» ya no al adulterio sino al matrimonio. Como dice con cierto eufemismo, «algo podría ocurrirle» al indeseable marido:

> El hombre que muchas cosas deja pasar
> A menudo también, cuando deja de quejarse,
> Recibe el consuelo del tiempo.[19]

Es probable que Lydgate no haya tenido la certeza total de cómo terminar su historia; pero esa misma incertidumbre podría ser significativa.

En el poema, esta nueva dirección del sentimiento logra incrementar lo patético. El sino de los infelizmente casados resulta más significativo para

---

[17] Ibid., 869.
[18] Ibid., 1082.
[19] Ibid., 393.

la poesía si respetan el voto matrimonial; y la heroína del *Temple*, aun a través del imperfecto arte de Lydgate, me conmueve más que la Ginebra de Chrétien. Cuando Lydgate, en unos versos que ya mencioné, aboga por las jóvenes muchachas forzadas al matrimonio para mejorar el patrimonio paterno, y por las todavía más jóvenes y más profundamente desdichadas oblatas arrancadas de la niñez al claustro para bien del alma de sus padres:

> En amplias esferas que fingen perfección
> Se ocultan sentimientos contrapuestos al corazón,[20]

alcanza la verdadera poesía. Probablemente, ningún lector apreciará las palabras iniciales de este pasaje («Oí otros lamentos») sin recordar las *voces vagitus et ingens* en el Infierno de Virgilio o sin reflexionar que Lydgate quizás también hablaba desde el propio recuerdo de las lágrimas secretas y desde la nostalgia de una niñez monástica.

La mejor obra de Lydgate no calza con sus alegorías del amor cortés. Felizmente tendremos ocasión de estudiar algunas de ellas antes de terminar el capítulo. Pero no puedo evitar recordarle al lector, aunque nos aleje un poco del tema, lo mucho mejor poeta que Lydgate puede ser, incluso como poeta del amor, de lo que estas flojas alegorías sugieren. Es difícil encontrar en Chaucer un acercamiento al lamento lírico como el de estos olvidados versos:

> Estando a solas en la noche de Año Nuevo,
> Dirigí mis plegarias a la fría luz de la luna:
> Que mi doncella muy amada pudiera acogerme.
> Y luego por la mañana, de rodillas en mi aposento,
> Acongojado invoqué al sol y a su brillo, a la hora en que salía,
> Para que también él fuera y con sus rayos luminosos igual deseo expresara.[21]

IV

La breve antología de poemas de amor escritos por autores oscuros o desconocidos, que las viejas ediciones incluyeron junto a la obra de Chaucer, ha tenido un curioso destino. Dado que en la historia literaria existe una buena cuota de casualidad, si aquellos poemas nunca se hubiesen asociado al nombre

---

[20] Ibid., 204.
[21] Lydgate, *Minor Poems*, pt. ii, ed. MacCracken y Sherwood, E. E. T. S., 1934, ii, 425.

de Chaucer y hubiesen dormido en los manuscritos hasta el siglo pasado, liberados luego medio somnolientos gracias a un esfuerzo editorial de la alta sociedad, dudo que los historiadores los trataran hoy con mayor benevolencia que las obras conocidas de Lydgate y Hawes. Un accidente —o algo parecido a un accidente— los ha desparramado por todas partes, asegurándoles así una justicia que otros poemas del mismo tipo y la misma época no obtuvieron. De esta manera, Milton no trepida en tomar prestada una frase de *La flor de la cortesía* y una idea de *Cuckoo and the Nightingale* (*El cuco y el ruiseñor*). Así Dryden, Wordsworth y Keats traducen o elogian poemas radicalmente inferiores a *Reson and Sensualite* (*Razón y sensualidad*) o *Palice of Honour* (*El palacio del honor*). El gusto personal de cada autor se introduce en el texto y en el formato de los libros. Lydgate es enviado a prensa con todas sus imperfecciones, con el margen manchado de jocosas (y erróneas) glosas y el texto plagado de diacríticos. Por su parte, *Flower and the Leaf* (*La flor y la hoja*) está expurgada de sus desperfectos métricos y gramaticales «por una consumada edición» (en la frase de Saintsbury), e impresa en página limpia. Pero con este tipo de ayudas advenedizas no es muy difícil que un poema le gane en estimación popular a obras cuando menos tan buenas. En fin, ya es hora de que la crítica restituya el equilibrio. Tal vez no sea aconsejable admirar menos a los «chaucerianos»; pero, y para poder admirar mejor otras alegorías, debe tenerse en cuenta el elemento accidental de su fama. Las mejores de estas piezas son dignas de su popularidad y la colección completa es un jardín encantador y armonioso donde, a pequeña escala, se solazan los amantes de antiguos sentimientos. Pero la antología, por favorita que sea, no contiene ninguna de las grandes obras del género y pocas promesas para el futuro.

De estos poemas, tal vez el más antiguo sea *El cuco y el ruiseñor*. Se trata de un típico debate entre pájaros escrito en un esquema rítmico inusual y agradablemente lleno de sonidos y paisajes campestres. El anhelo de amor primaveral,

> que trae recuerdos al corazón
> Dulces ademanes entremezclados de afilados dolores,[22]

se expresa muy bien. El lector notará que la precisión y la oportuna ocurrencia de la última línea es tan apropiada a la prosa como al verso, lo que

---

[22] Skeat, *Chaucerian and other pieces*, xviii, 29.

no es un reproche: la poesía no necesariamente está en mejor posición cuanto más se diferencie de otra armonía. Pero sirve para distinguir el talento de su autor del de Chaucer. No posee ni los méritos ni los defectos del gran estilo, y a pesar de lo etéreo de su tema, como estilista permanece siempre en tierra. Tampoco tomó de Chaucer la nueva riqueza y dulzura del discurso, y el efecto es usualmente el de quien habla y no el de quien canta.

Esta cualidad —difícilmente podría llamarla defecto— se hace evidente al contrastar al autor del poema del Cuco con el autor de *La bella dama sin misericordia*. Los primeros versos de este último,

> Cuando aún no estaba del todo despierto,
> El sueño seguía luchando por abrazarme con sus alas,[23]

nos entregan de inmediato y triunfalmente lo que no habíamos considerado en *El cuco y el ruiseñor*, mientras nos introduce a la verdadera importancia de *La Belle Dame*. Ocuparnos de este poema es un admirable ejercicio de estilo poético, y no uso la palabra «ejercicio» en sentido peyorativo. Se trata de una traducción del francés de Chartier cuyo contenido no es muy significativo. No es una alegoría, sino un poema en el que algunas aventuras preliminares conducen a un largo diálogo entre el amante y su querida: la inconmovible e inmisericorde querida que titula el poema. El tema sugiere el sentimiento de la obra, que consiste en un continuo énfasis de lo que me atrevería a llamar (pero «que se ausenten los oídos rudos») el elemento masoquista en la actitud del amante cortés. El autor no es un morboso y siempre está dentro de los límites de lo saludable y lo normal, pero juega con sombras de emociones a las que basta un pequeño estímulo para que traspasen aquellos límites y se conviertan en perversiones evidentes.[24] Por cierto, su retrato de la querida, aunque acomodado a este giro sentimental, es poesía y no patología, y merece citársele:

> Nada había en ella de defecto, bien yo lo veía.
> Ni en discreción, ni en cosa alguna secreta o descubierta.
> Todo en ella era fortaleza
> Para hacer frente al corazón del amante.
> Joven y fresca, llena de vigor,
> Seguros el porte y el semblante.

---

[23] Ibid., xvi, 1.
[24] Ibid., 105-8, 137, 164, 246.

> Serena, sin pesares ni dolores,
> Muy por debajo del modelo del peligro.[25]

Pero independientemente de cómo definamos el sentimiento, sería un error considerarlo como el aspecto principal del poema. Este consiste en la dialéctica de la conversación entre la dama y su amante; y radica, indudablemente, en la sutileza de las respuestas de ella y en el permanente suspenso intelectual entre pregunta y respuesta, que Chartier realza fundamentalmente para mantener el interés de sus lectores. Para nosotros, que hemos separado con tanta holgura los juegos sentimentales de los intelectuales, no resulta muy interesante; y, por desgracia, es precisamente en estos pasajes donde el traductor inglés decae. No estoy muy convencido de que haya dominado perfectamente el original; y sin duda su versión del diálogo es a ratos oscura. Pero en cuanto al inglés su dominio es perfecto; y a través del poema —en especial, las primeras estrofas antes del inicio del diálogo— es posible apreciar cómo un tema esencialmente de segunda se redime por una cabal buena escritura. Así, habrá que reconsiderar nuestra concepción de la cultura del siglo XV al leer una *stanza* tan consumada como esta:

> Presentar buen semblante era su aflicción
> Y por fuera fingía regocijo;
> Así por fuerza se obligaba a cantar
> Y no por placer sino por vergüenza;
> Mas el dolor acudía a su voz
> Para expresar el lamento que la corroía,
> Como el canto del pájaro expresa
> Cuando canta alto en la selva o el bosque.[26]

Se advertirá que aquí como en el extracto previo no estamos frente a un modo de escribir que simplemente utiliza estrofas, sino a aquello tan distinto que es escribir en *stanzas*.* El último verso se siente durante todo el grave minué que está atravesado por palabras y sentido para poder ser tal; y que en definitiva logra un total acercamiento entre oído y mente, y un concluyente cuadro para la mirada interior. El punto es difícil de realizar y ni siquiera Chaucer o Spenser lo logran siempre. Hay otros versos sueltos en el poema que también desearía citar; pero su verdadera cualidad no descansa en las

---

[25] Ibid., 173ss.
[26] Ibid., xvi, 177ss.
* (N. del T. La exactitud del comentario tiene que ver con el texto inglés).

«ocasionales bellezas» que pueden esbozarse sino en su *aureum flumen*: en la rica y melodiosa continuidad del todo.

La flor y la hoja —obra más tardía de autor desconocido— pertenece a un mundo distinto. Su autor es menos consumado y más original; y en algunos aspectos el poema posee mayor importancia histórica. Representa, de manera bastante moderada, aquella fusión entre la alegoría cortés y la sagrada sobre la que tendremos ocasión de decir algo en una sección posterior. La historia probablemente es familiar a cualquier lector. El autor —que se representa a sí mismo como una mujer, debiéndosele asumir entonces según el principio de la navaja de Occam— deambula por un bosque donde es testigo de la algarabía de dos grupos de seres misteriosos, distinguidos como la compañía de la Hoja y la de la Flor. Esta última está afligida por el excesivo calor y las violentas lluvias, mientras la primera descansa confortablemente bajo la sombra de un «bello laurel». Cuando escampa la tormenta, los sirvientes de la Hoja —indiferentes, secos y cómodos— ofrecen su hospitalidad a los seguidores de la Flor —húmedos y llenos de ampollas—, recomendándoles «agradables ensaladas»

Con que refrescar su grande e inclemente calor.[27]

Al final, una dama a la que no se nombra (y que es introducida en forma más bien chabacana) explica a la autora el significado de la visión. La Reina de la Hoja era Diana y la Reina de la Flor, Flora. Ambas compañías estaban constituidas por espectros:[28] la de Diana por las vírgenes, los verdaderos amantes y los valientes caballeros seguidores suyos, y la de Flora por aquellos amantes de la pereza que no encontraron mejor ocupación que «la caza, la cetrería y los juegos en los prados».[29] Esta es la sorprendente conclusión de un poema que comenzó con todo el aire de una alegoría del amor cortés. De esa tradición y de sus fuentes tomó la idea del *excercitus mortuorum* y la concepción de una recompensa o de un castigo futuros que no guardan relación con la escatología cristiana. Pero luego distribuyó estas recompensas y castigos de acuerdo a un criterio puramente moral: no hay infierno para las bellezas crueles y si los verdaderos amantes son recompensados, lo son junto a las vírgenes. Amor, Valor y Virginidad se ubican en el mismo

---

[27] Ibid., xx, 413.
[28] Señalados en las líneas 477-83, 536.
[29] Ibid., 538.

rango como opuestos a Ociosidad, Frivolidad e Inconstancia. La antítesis también es puramente moral; y la moralidad es aquella de la vida moderna. En la esencia de este pequeño poema —que parece, a primera vista, muy similar a *La Belle Dame* o al *Parlamento de las aves*— encontramos una alegoría moral en los versos sobre la elección de Hércules: una pequeña psicomaquia del Vicio y la Virtud. Aunque en rigor se trate de un híbrido —de una alegoría moral vestida con los trajes de la tradición de la Rosa—, resulta muy improbable que la autora haya retratado conscientemente según la alegoría sagrada o que haya estado consciente de algún llamado a reformar la tradición erótica. Uno sospecha que considera las expresiones más perversas de esta última «solo como poesía» y que no le interesan; mientras que la fiera monotonía, el irreal blanco y negro con que el púlpito de aquella época pintó el *bellum intestinum* la dejan elegantemente indiferente. «Ella era muy mesurada, como son las mujeres». Alegoriza un mundo que conoce: un mundo donde no aparecen ni las virtudes ni los vicios más aterradores aunque con perfecta conciencia de lo mejor y lo peor: de una hoja bienhechora y una flor temprana. Como moralista se acerca más a Addison que a Deguileville, y habría hecho de la fantasía y de la moda elementos de la virtud: una virtud tan doméstica, fina y práctica que se habría anticipado, de manera alarmante, a nuestra literatura liberal del siglo XVIII. De ahí que, si bien ha de habérselas con una elección moral, el tratamiento que hace de ella «vuelve todo hacia la fineza y la beldad». Solo aparecen las virtudes más suaves y los vicios más perdonables, y la disputa entre ellos es permanentemente formal. Todo concluye con las Virtudes invitando a los Vicios a un picnic, ayudándoles a secar sus ropas. Si se quiere, podría hablarse aquí de la típica ignorancia femenina respecto a las alturas y las profundidades. Tampoco aduciré como razón (aunque el punto es discutible) que el comportamiento de estas virtudes sea en cierto sentido más digno —en cuanto más cristiano— que el del Grace Dieu de Deguileville. No pretendo que la autora haya pensado a un nivel tan grave. Pero si no observó con mucha profundidad, cuando menos lo hizo con sus propios ojos, alegorizando la vida ya no según una convención sagrada o erótica, sino simplemente como le ocurre a personas acomodadas, de buena crianza y buena voluntad. Aunque no pueda reclamar sabiduría, da cuenta de una buena dosis de sentido común y buen humor, que la inducen a escribir un poema más original de lo que ella misma sospechó. Mérito similar, y similar limitación, hay en su ejecución. El lenguaje es fresco y genuino, mas no alcanza nunca la felicidad final. Describe lo que le interesa seleccionando más bien por temperamento que por arte, y se le hace muy difícil introducir en cada verso el número correcto de sílabas.

La asamblea de las damas también se pone en boca de una mujer, y los críticos, ansiosos de economizar hipótesis, han sugerido que se trata de la misma mano de *La flor y la hoja*. Si esto es cierto —pregunta que probablemente jamás estaremos en condiciones de responder— su autora fue una mujer notable, ya que la *Assembly* representa una modificación total con respecto a la tradición y, en ciertos aspectos, no menos interesante. Tomado como alegoría, el poema es la cosa más tonta que podría encontrarse tras un año ininterrumpido de lecturas. Cierto número de damas es convocado a un «consejo» en la corte de la Dama Lealtad. Llegadas allí presentan sus peticiones. Lealtad pospone su respuesta hasta el próximo «parlamento» y el Soñador despierta. Como relato, y sobre todo como relato alegórico, no tiene ningún valor. El poema pertenece a aquella clase de obras donde la afectación alegórica se asume solo por los dictados de la moda. Lo que la autora realmente desea describir no es un drama interior con la lealtad como heroína, sino la agitación y el bullicio de una corte: los cuchicheos, los vestidos y el febril ir y venir por los pasillos. Un simple impulso naturalista la mueve a presentar el detalle de la vida diaria; tanto que si su poema no estuviese todavía sujeto a la forma alegórica como a un cordón umbilical, sería un admirable retrato de costumbres. Por cierto, si solo hubiesen sobrevivido las primeras cuatro estrofas, hoy lamentaríamos la pérdida de la Jane Austen del siglo XV. Pues se leen exactamente como el comienzo de una novela en verso; y en ellas tenemos el raro privilegio de oír una conversación común y corriente, muy distinta al cortejo, entre un hombre y una mujer de la época y de buena educación. El diálogo es admirable y tal vez mejor que los primeros intentos de Chaucer. Ni siquiera cuando la dama comienza a narrar su sueño decae el realismo. Pronto olvidamos que se trata de un sueño o de una alegoría. La mensajera de la corte de Lealtad reparte las invitaciones y cuando está a punto de marcharse se vuelve para decir: «Me olvidaba: todas deben venir de azul». La heroína, llegada a la corte, le dice a una de las damas que confía en poder «ayudarla con sus galas». Un oficial se hace su amigo, tira de los hilos en su nombre y le cuenta qué oídos debe conquistar. Se oye un grito en la recámara: «Atrás, atrás hacia el muro». El despertar del sueño es tan esperable como la conclusión del poema:

> Partid ya, con un ¡adiós!, pues ahora me llaman.

En su conjunto, no es posible decir que se trata de una obra satisfactoria, ya que, permanentemente, hay una fatal discrepancia entre la intención real y la profesional. Al leerla uno comprende por qué algunos críticos odian la alegoría: creen que su *significatio* es la misma en todas, es decir, una fría e irrelevante adición al relato. Pero un análisis en detalle del poema permite reconocer que su autor posee poderes análogos a los del genio, revelándonos de paso la verdad de una ley muy inobservada en la historia literaria: que el genio potencial nunca llegará a materializarse a menos de encontrar o realizar la Forma que requiere. «Materia apettit formam ut virum femina». En la *Assembly*, mucho de buena «materia» —sátira benévola, diálogos vívidos, un ojo sagaz— no fructifica.

V

El lector habrá observado que toda la Chauceriana, con la posible excepción de *La flor y la hoja*, exhibe un debilitamiento del genuino impulso alegórico. Se retienen los adornos de la alegoría, pero el verdadero interés de los poetas está en cualquier parte: a veces en la sátira, otras en la dialéctica amorosa, con frecuencia en el estilo y hasta en la mera retórica. Antes de poder avanzar hacia las verdaderas alegorías del período, en las que el impulso no es de ninguna manera decadente y, de hecho, se prepara a alcanzar las alturas de *La reina de las hadas*, existe una buena cantidad de otros poemas que debemos considerar y que pertenecen a la misma clase.

Dunbar es, tal vez, el primer poeta completamente profesional de nuestra historia. Versátil hasta el virtuosismo, practica todo tipo de formas: desde el pornograma satírico hasta la lírica devocional; se siente igualmente cómodo en el lenguaje *vocinglero* de sus piezas aliterativas, en la pomposidad de sus alegorías o en el estilo medio de sus poemas líricos corrientes. El contenido de su obra es siempre elemental y obvio; trivial si se quiere, como el de Horacio. Pero es tan maestro en su oficio que no cabe cuestionarle nada más. Sus alegorías no tienen ninguna importancia histórica. Su único propósito en el mundo es brindar placer; cuestión que logró sobradamente para muchas generaciones. *Thistle and the Rose* (*El cardo y la rosa*) es un epitalamio alegórico a la manera del *Parlement* de Chaucer, si bien cualquier comparación entre ambos resulta injusta para Dunbar. En el *Parlement*, Chaucer empeñó toda su joven fortaleza para lograr un sublime paraíso de dulzura, alegría y sensualidad. El poema de Dunbar no aspira a ser más que una exhibición festiva de lenguaje fino, adicionando un nuevo toque de magnificencia a una boda real estrictamente comparable con los vestidos de la corte de sus primeros oyentes. Como tal es un logro brillante, pero flaquea frente al *Golden Targe* (*El escudo dorado*). En este, el lenguaje es más espléndido, la estrofa se adapta mejor para sostener el esplendor y las imágenes son más deslumbrantes. La abundancia de palabras como «cristalino», «plata», «radiante», «centelleante» y otras similares basta como indicativo de la calidad del poema. Y este brillo peculiar —que encontramos mucho antes en el *Gawain y Perle* y también en Douglas—, como el de un esmalte o iluminación, es digno de destacarse, ya que constituye la causa final del estilo áureo: el logro que nos permite entender las aspiraciones de todos los poetas que no lo alcanzaron. Cuando algo conquista el éxito, todas las objeciones *a priori* contra la dicción artificial (como la herejía de Wordsworth) se silencian. Cuando la cosa está bien hecha, sentimos un placer que de otra manera no habríamos sentido. Casi podríamos clasificar al poema como una alegoría radical. Posee una acción alegórica inteligible: la mente del poeta, aunque férreamente defendida por la razón, deviene al final prisionera de la belleza. Pero esta acción es tan ligera, y degenera con tanta frecuencia en un mero catálogo de personificaciones (por lo demás, la única falta seria en *Targe*), que su falta de consideración por las generaciones posteriores resulta comprensible. El significado del poema radica en cualquier parte: vemos cómo la forma alegórica se adapta para propósitos pura y simplemente decorativos, tal y como Pope adaptó la forma pastoral o Matthew Arnold (y agregaríamos Milton) la elegíaca. Esta es otras de las vicisitudes a las que están expuestas las formas dominantes.

Un ejemplo bastante menos feliz de alegoría decorativa es *Garland of Laurel* (*La guirnalda de laureles*), de Skelton. Sabemos, por su admirable *Bouge of Court* (*Presupuesto de la Corte*), que Skelton era capaz de escribir genuinas alegorías si así se lo proponía. El contenido puramente satírico del poema lo sitúa fuera de mis dominios; y supongo que ningún lector ha olvidado la intensidad de sus personajes o el crescendo de pesadilla que va de la sinceridad a la sospecha, de la sospecha al nervio más agudo, y de ahí al pánico y al despertar. Difícilmente podría describirse mejor la experiencia de un hombre joven durante aquellos dolorosos años en que descubre haber escogido una profesión cuyo lema es: *El perro se come al perro*. Pero, en este sentido, *Garland* definitivamente no es una alegoría. Allí, lo supuestamente alegórico no es más que un pretexto o un sucedáneo: un muro sin adornos sobre el que se colgarán tapices de los más variados géneros. Entre esos «tapices», los líricos son, por supuesto, los más hermosos; pero también hay buenas cosas en las estrofas de la Rima Real, como esta de Febo abrazando a Dafne:

> al aferrarse al árbol
> Sintió el temblor de su cuerpo entre sus brazos.[30]

En Dunbar y Skelton la decadencia de la verdadera alegoría está disculpada por otro tipo de bellezas; y que son gracias tan grandes que nos hacen olvidar la falsa forma de los poemas. Pero en la obra de William Nevill alcanzamos el nadir del género. *Castell of Pleasure* (*El castillo del placer*) ilustra el infeliz manejo de una forma dominante que solo pone de manifiesto la mediocridad. El autor fue un joven muy obtuso; pero se habría llevado el secreto a la tumba si la fórmula para escribir este tipo de poemas no hubiese estado tan fatalmente a la mano. La trama es un debate entre Belleza, Piedad, Desdén y Deseo durante un viaje soñado a un castillo de Placer. Que los ingredientes sean típicos no disminuye lo sabroso del plato; pero el problema es que la cocción es nula. El debate podría haber representado —como el diálogo de Piedad, Vergüenza y Peligro en el *Roman*— un verdadero proceso psicológico en el corazón de la heroína; o, a falta de ello, cuando menos haber tenido el encanto dialéctico de *La bella dama sin misericordia*. Pero Nevill lo hace predominantemente jurídico,[31] y eso que la mayoría de los argumentos ni siquiera constituyen presunciones tolerables. El único giro aceptable es la sorprendente tesis de Piedad según la cual el amor por *afecto* (esto es, por pasión y «afinidad» psico-física) es realmente más estable que el amor basado en *condiciones* (como diríamos nosotros, en una comunidad de gustos e intereses y en el compañerismo).[32] Por otra parte, y en mejores manos, el viaje al castillo pudo ser absolutamente bello y maravilloso. Sin embargo, Nevill solo alcanza una buena pintura:

---

[30] *Garland*, 300.

[31] *Castell of Pleasure*, 601-17, 626-33.

[32] Ibid. 710-37. La línea 736 contiene un enigma, que sospecho no se debe a una corrupción del texto, sino a una confusión del autor. Escribió *in thoder* donde debió decir *in thoder in another*, esto es, en el otro caso (el amor basado en condiciones) si encontraba la misma cosecha en otra persona (mujer).

Ascendía yo una hermosa montaña,
Sobre la que el sol bañaba sus laderas,
Cuyos colores henchían de gozo mi corazón
Al contemplar los dorados valles, bellos y sencillos...[33]

En estas líneas es el paisaje y no el metro lo que está vivo. El pensamiento —ya que incluso William Nevill debió pensar— es banal. En la misma línea, también tiene conciencia de la opción entre una vida de amor y otra vida, y el poema incluye, a modo de prefacio, un diálogo sobre el tema entre el autor y el impresor, al que volvemos más tarde frente a la puerta del castillo.[34] La alternativa es Amor o Dinero. En dicho prefacio, teme (o su editor teme) que el público se interese más por los libros que cuentan cómo hacer fortuna que por los libros de amor: frente a la puerta del castillo ve dos inscripciones gemelas en letras de «oro» y «azul índigo» indicándole que debe escoger entre el camino hacia el bienestar mundano o el que conduce al «alto estado de las bellezas». El lector recordará cómo la autora de *La flor y la hoja* había suavizado el viejo y austero tema de la psicomaquia gracias a un gentil juego entre las virtudes más moderadas y las faltas más veniales. La opción de Nevill —que no vacila en comparar con la de Hércules— ilustra solo el lado deslucido del mismo proceso. La antítesis de aquella fue, por lo menos, intrascendentemente bella; esta es un irremisible lugar común y ni aun así válido universalmente. La comparación entre ambos nos recuerda, de modo oportuno, cuán lejos hemos viajado desde la verdadera Edad Media. La grandiosa y auténtica antítesis que ocupó a los viejos poetas —el eterno conflicto entre Venus y Diana o entre Venus y Razón; o la sutil discriminación, solo posible para una sociedad civilizada, entre Venus y Cupido— ha quedado fuera de lugar. A medida que la Edad Media concluye, parece perderse algo de magnanimidad y (en el más profundo sentido) de realismo: una enorme marea de prosaísmo y de lugares comunes parece alzarse y arrastrar lejos a los viejos modelos. Si queremos, podemos describirla como un retorno a la naturaleza; mas solo si se recuerda que «espiritual» y «civil», así como «artificial», son los opuestos de «natural». Y aunque haya que soportar a la mera naturaleza cuando es humilde e ingenua —como en las baladas o en *La flor y la hoja*—, resulta intolerable verla pretenciosamente ataviada con túnicas que, en el origen, fueron hechas para sentimientos extraños y escabrosos.

---

[33] Ibid., 148.
[34] Ibid., 15-21, 236-81.

Los poetas tempranos usaron la alegoría para explorar mundos nuevos, sentimientos nobles y sutiles guiados por un pensamiento claro y viril: al leerlos, las realidades profundas siempre se hicieron visibles. ¿Pero quién podría soportar letras de oro y azur sobre la puerta de un castillo como símbolo de un ilustre mentecato que tiene que decidir entre la más rica o la más bella de las herederas del vecino?

Nevill no pretende decir más que esto. El amor que celebra es un amor perfectamente respetable que termina en matrimonio y que parece estar muy lejos de la simple adquisición de un medio de subsistencia, cuestión que para nosotros como historiadores constituye, precisamente, su interés principal. Como señal de la dirección en la que sopla el viento, debemos ubicarlo junto a Lydgate, el rey Jacobo y Hawes. Sin embargo, en cierto sentido va más lejos que ellos; pues plantea derechamente que el matrimonio provocará una reversión en las relaciones de los amantes, donde el «siervo» devendrá en amo.

> Me someteré más aún a tus reconvenciones
> Si te place casarte conmigo y tenerme por esposa.[35]

Resulta notable que este cambio en el tema deje intactas ciertas características de la vieja poesía amorosa que, lógica y consecuentemente, deberían haber desaparecido. Así Nevill advierte a los amantes que sean «secretos»,[36] sin percatarse de que ya no hay nada de qué ser secreto. Así, además, y tras despertar de su sueño, concluye con una nota de desilusión y cita *omnia vanitas*. No se arrepiente, pues no tiene nada de qué arrepentirse; pero detrás del episodio no puedo sino sospechar la influencia de las viejas palinodias de Chrétien, Chaucer o Gower, tal y como la sospecho detrás del radicalmente mejor final del *Pastime of Pleasure* (*El pasatiempo del placer*). Lo que en un principio fue una necesidad moral está transformándose en una característica estructural.

He hablado duramente de Nevill y sería injusto concluir sin mencionar sus méritos. Estos no se encontrarán en el estilo, que varía entre la excesiva ornamentación («preciosa princesa de preclara pulcritud»,[37] por ejemplo) y la difusa, desordenada y pseudológica o legal prolijidad que al temprano Chaucer le costó tanto sacarse de encima. Sus méritos son dos. El menos importante tiene que

---

[35] Ibid., 792.
[36] Ibid., 908.
[37] Ibid., 802.

ver con un arranque de aquel poder gráfico que ya detectamos en *La asamblea de las damas*: los vagabundeos del poeta en su camino hacia la presencia de Belleza son a veces bastante vívidos. Pero su real fortaleza —pues lo es— descansa en la claridad con la que elabora las apariencias naturales; cuestión que mueve a pensar lo que habría logrado si hubiese vivido en una época de poesía descriptiva. El mejor pasaje, aunque citado alguna vez, todavía es tan poco conocido que merece una transcripción:

> La noche se acercaba, el día quedaba a un lado.
> Mi corazón estaba pesado, mucho deseaba descansar
> Cuando sin consuelo y solo moraba,
> Viendo las sombras caer desde las colinas al oeste.
> Cada ave sobre las ramas a sus nidos se acercaba;
> Las chimeneas, a lo lejos, comenzaban a humear;
> Los tenderos se ocupaban de atender a sus huéspedes;
> Las cigüeñas, temiendo tormentas, tomaban las chimeneas por manto.
> Cada cofre y aposento pronto se ponía bajo llave;
> A queda se tocó, las luces se encendieron en un suspiro.
> Aquellos que estaban fuera golpeaban por abrigo...

De buena gana alguien terminaría aquí la cita ocultando que Nevill, a pesar de haber escrito lo anterior, consideró necesario concluir el parágrafo con el siguiente verso:

> Obvios precedentes de que el día evidentemente había pasado.[38]

Aunque la poesía medieval nos haya acostumbrado al anonimato, muy pocos poemas son tan profundamente anónimos como *Court of Love* (*La corte del amor*). Su estilo y su métrica no corresponden a ningún período conocido en nuestra literatura, y es difícil adivinar quién fue el autor o cuándo escribió un poema que, con la salvedad de hacer muda cada *e* final y hacer sonar también la *e* de cada plural y genitivo como *es*, podría escandir a la perfección.* Afortunadamente, mi empresa no abarca *tantas componere lites*; sin embargo, el contenido del poema nos enfrenta a problemas similares. Cuando el poeta explica que las Monjas, los Ermitaños y los Frailes están entre los cortesanos de Amor[39] —pues «no se ha hecho excepción alguna»— parece que regresamos a tiempos anteriores a los

---

[38] Ibid., 98ss.
* (N. del T. Referencia a las terminaciones en inglés).
[39] *Court of Love*, 253-66.

de Lydgate, el rey Jacobo y Nevill. Mas sucede que el lenguaje del poema sugiere una época muy posterior, y nos maravilla entonces que el autor conozca la vieja tradición aun habiendo escrito a partir del disgusto protestante por el celibato. Así, la escrupulosa enumeración de los veinte estatutos de Amor nos devuelve al mundo de Andreas; y la belleza de los maitines y laudes entonados por los pájaros hacia el final —aunque el nombre y tal vez el personaje «pequeña Filibona» suenen más modernos— pertenecen a una etapa temprana de la tradición. Es probable que estemos en presencia de un poeta que leyó profusamente la literatura del amor cortés, pero como quien estudia una forma casi superada y que utiliza luego un caprichoso eclecticismo para construir un poema fundamentalmente satírico. Es una pieza vívida, plena de movimiento y gracia, y al menos por una vez, brinda una nota de embeleso:

> ¡Oh! Límpida Regina, ¿quién te hizo tan bella?
> ¿Quién hizo tu color blanco y bermellón?
> ¿Dónde habita aquel dios? ¿Cuán alto en el cielo?
> Grandes fueron su arte y su deleite.[40]

En la historia que estamos siguiendo, aquel suceso —más bien aquel complejo de sucesos heterogéneos— conocido como Renacimiento no es una marca de primera importancia. Aunque la técnica métrica y estilística está alterada y, en cierto modo, mejorada sobremanera, el gran cambio sentimental de la alegoría erótica ocurrió antes, y buena parte de él permaneció intacto en su fórmula o en su estructura. Al leer el *Cupido Conquered* de Barnaby Googe (impreso junto a sus *Églogas* en 1563), sorprende la fidelidad del autor a los viejos modelos del género. Posee una mañana primaveral y un bosque repleto de pájaros cantores, un dios que aparece en sueños, un vuelo por el aire, una Casa alegórica en la que Diana tiene su corte y una psicomaquia entre las fuerzas de aquella y las de Cupido. Dado su contenido, es muy posible que se haya escrito en el siglo XIV o incluso en el XIII. El lenguaje y la métrica, individualmente considerados, revelan la fecha. Ambos muestran competencia y a veces algo más, como en este pareado:

> Y marciales cantos comenzaron a estrellarse
> Ellos mismos contra los cielos.[41]

---

[40] Ibid., 141.

[41] Barnaby Googe, *Eglogs, Epytaphes and Sonettes* 1563, Arber's Reprint, London, 1871, p. 124.

Hemos escapado definitivamente de las peores enfermedades de la Alta Edad Media; de versos imposibles de escandir o de sentencias imposibles de interpretar. Pero sería un error considerar esta transición como una bendición invaluable. Comparado con Dunbar, Douglas o el autor de *La bella dama sin misericordia*, Googe escribe como un colegial: su obra presupone un público mucho más vulgar y tosco, y, debido al lenguaje utilizado, el sentimiento es mucho menos delicado. Su propia expresión huele a principiante:

> Que nuestros *fatigados* corazones no soporten
>   Tan *inocua* Tiranía;
> Extingue *pronto* las fieras llamas
>   De la *abierta* injuria.[42]

Y si comparado con sus más consumados predecesores resulta absolutamente ingenuo, no posee nada de aquella voz interior, de aquella rumiante solemnidad, de aquel ardor y compasión que redime tantos infructuosos versos de Lydgate o de Hawes. Lo ἄπειρον medieval ha sido subyugado para bien y para mal. El problema de Googe, como de muchos de los primeros isabelinos, es su insensibilidad satisfecha. Un intento mucho mejor, y del mismo género, *Cherry and the Slae* (*La cereza y la endrina*) de Alexander Montgomerie, data de los últimos veinte años del siglo. Como alegoría es más tediosa que el poema de Googe, pero se salva por su escenario, por la reiterada imaginería de las impetuosas aguas y sobre todo por su bella estrofa. En Montgomerie nos parece oír el rasguido del violín y las pisadas de los que danzan sobre el césped. En Googe, solo oímos el tic-tac de un metrónomo.

VI

Hasta ahora he venido siguiendo la historia de una muerte —o de algo bastante parecido a una muerte— como no habíamos visto antes en la historia de los géneros literarios; y el lector sentirá, con razón, que esta forma particular de alegoría —la forma que desciende de poetas como Machault y Chartier— se ha tomado un tiempo desmedido para morir. Con alivio vuelvo entonces a aquel aspecto mucho más interesante del tema que tiene que

---

[42] Ibid., p.117.

ver con el desarrollo vital de la alegoría en nuestro período: la transformación que nos llevó desde *El libro de la rosa* hasta obras que están a considerable distancia de *La reina de las hadas*. Para entender esta transformación debemos recoger un hilo que dejamos algunos siglos atrás (o, para nosotros, algunos capítulos atrás). Se recordará que la alegoría, originalmente, se desenvolvió como forma literaria bajo la presión de un interés ético muy poderoso. Las Virtudes y los Vicios fueron sus primeros *dramatis personae* y el conflicto moral su tema recurrente. Así, el género más viejo de alegoría es el moral o sagrado. Pero nuestro estudio abandonó su historia no bien el género erótico se apartó de la tradición para producir *El libro de la rosa*. Y desde entonces hemos venido siguiendo a esta subespecie —la alegoría erótica— en cuanto tal. Ya es tiempo de recordar que la misma época que vio aparecer al *Roman* vio también un rico desarrollo del género de la oratoria sagrada u homilético en obras como *Songe d'Enfer*, *Voie de Paradis* y el *Tornoiement Antecrist*. En estas alegorías, aun proviniendo del tronco común, fue natural que el *Roman* ejerciese una influencia. Grandes alegorías del género moral fueron escritas por poetas moralizadores en respuesta al libertinaje de Guillaume de Lorris y Jean de Meun. Mas responder es estar influenciado. Las personificaciones y los temas de las obras culpables fueron utilizados «naturalmente» en las obras que los reprobaron: aparecieron para reprobar, pero aparecieron. Y así surgió imperceptiblemente un nuevo género de alegoría. Poner en acción en un mismo poema a Venus y a Virtud importa trascender la estrechez de la alegoría estrictamente homilética y de la estrictamente erótica, y acercarse un paso más al libre tratamiento alegórico de la vida en general. Con esta ampliación del tema a tratar se logra, inevitablemente, una complejidad y una variedad de la que antes se carecía. Un campo de batalla muy bien delimitado sirvió a Prudencio y un jardín cercado a Guillaume de Lorris. Pero si el héroe va a estar sujeto tanto al llamado de los falsos dioses como al de los verdaderos, resulta indispensable una suerte de visionaria geografía y cierta dosis de viajes. Cuando un poeta alcanza este estado es imposible que no incorpore en su alegoría ciertos elementos de los romances, donde la norma es el viaje con aventuras; y antes de concluir habrá materializado, debido a la alegoría, a un ser imaginario en un país más imaginario que el de los romances: un país que no está ni en Bretaña ni en Francia y ni siquiera en el Este de Alejandro, sino en aquellas realidades mucho más amplias e indefinidas de la experiencia interior. Una vez más, y como ocurriera mucho antes con Claudiano, la alegoría abre las puertas de la mente para la libre excursión hacia lo meramente imaginable: un «mundo de fino fabular» se hace accesible y quedamos a un paso de *La reina de las hadas*.

Se notará que esta consideración del tema distingue dos cosas: la alegoría homilética o sagrada pura y simple, y la alegoría homilética o sagrada influenciada por, y usualmente hostil a, *El libro de la rosa*. El tipo homilético, en su estado más puro, está representado en Inglaterra por la *Assembly of Gods* (*La asamblea de los dioses*): una alegoría tan puramente moral que difícilmente cabe en este libro. Puede describirse en breve como una *psychomachia* con guarniciones. Estas guarniciones —la compleja fábula donde se sitúa la batalla entre Virtud y Vicio— de ninguna manera carecen de mérito. La visita de *Attropos* a los dioses anticipa en forma muy tenue el ascenso de *Mutabilidad* en el poema de Spenser; y el acuerdo final entre las almas Racionales y las Sensibles sobre el temor a la Muerte está bien concebido. La ejecución de la obra exhibe muchos de los vicios típicos de la literatura medieval de segundo grado: la frase prolija, el lenguaje indistinto, los catálogos y los frecuentes lugares comunes. Sin embargo, algunos de los personajes están retratados con bastante vida; y si pudiésemos extraer, por un artilugio tipográfico, la verdadera naturaleza del ritmo (que es aquella del *Pease pudding hot!*),* agradará lo siguiente:

> Entonces de allí vino Diana
>> Conducida en un carruaje
> A presentar su queja
>> Como os lo he dicho;
> Y también Neptuno
>> Que acierta y falla,
> Jugueteando con sus olas
>> Y rebotando como una pelota.[43]

O la llegada de Vicio:

> Sobre deslizante serpiente
>> Cabalgando muy veloz,
> Como un dragón,
>> De escamas duras como el cristal;
> Su boca llameante
>> Horrible sin ninguna duda,
> Alas tenían que serpenteaban
>> Y una larga cola.[44]

---

*   (N. del T. En inglés en el original).
[43] *Assembly of Gods*, 554.
[44] Ibid., 613.

Los restantes méritos de la obra se orientan fundamentalmente hacia la misma clase de vivacidad. La contienda entre las personificaciones morales posee algo de la agitación de una batalla real. El campo, casi en un espíritu anglosajón, se describe como el lugar «donde despertará el dolor»; los Vicios claman «¡Avanzad, en nombre de Plutón! Avanzad, y todo es nuestro»; Virtud, viniendo a socorrer a sus hombres,

> Hacía dichosos
> A quienes antes se habían lamentado,

y a medida que avanza, «su pueblo eleva un gran grito... ¡Una Virtud! ¡Una Virtud!».[45] Esta viril tensión nos permite perdonar al honesto y chapucero poeta que, a juzgar por la métrica, no fue Lydgate.

La *Court of Sapiensce* (*La corte de la sapiencia*), aun cuando deba mencionarse aquí, no es un ejemplo tan puro. Desde luego, cae en esta clase solo por su digresión introductoria. La esencia del poema es una pequeña y modesta enciclopedia en verso que incluye joyería, física, botánica, artes liberales y conocimientos religiosos básicos a modo de muestrario; y el autor, que tal vez fue un joven, parece que escribió para su propio placer y no para el del lector. Pero esta es precisamente la influencia de la forma dominante. El poeta la ha considerado adecuada para conectar sus catálogos en el delgado hilo de la narración escogida —un encuentro imaginario con Sapiencia y un viaje a su morada— y le otorgó de paso el tema a su primer libro, libro donde Sapiencia describe la hazaña más grande que jamás haya logrado: idear los medios para la Redención del hombre. Este pasaje es una alegoría homilética; contiene buena poesía y hasta podría sostenerse que en ciertos aspectos es grande. Aunque la alegoría no es original y la teología gira en torno a una cruda visión «substitutiva» de la expiación, el poeta puede elevarse a alturas casi mitopoyéticas. Todo el libro primero le sonará típico a cualquier inglés amante de la poesía. Pero ni siquiera Langland imaginó algo tan sublime como la escena donde Paz se aleja del Cielo por voluntario exilio con la siguiente despedida:

> ¡Adiós Misericordia! Adiós a tu piadosa gracia,
> Que la venganza habrá de prevalecer:
> Adiós fulgurante luz del cielo;
> Sobre la humanidad ya no servirás más;
> La pura oscuridad del infierno atacabas.

---

[45]   Ibid., 1014, 1077, 1120, 1122.

¡Oh luz en vano!... Los garfios te tienen reclusa;
El hombre fue tu amo, hoy es tu negación.
¡Oh Serafín! Deja tu armonía,
¡Oh Querubín! Renuncia a tu gloria,
¡Oh ustedes Tronos! Que todo sea melodía.
Vuestra Jerarquía no tiene destino.
Vuestra señora, vean con qué atuendos
Yace bajo el sol y con él debate.
¡Adiós! ¡Adiós! Hogar puro y desolado.[46]

Recordar lo que Dryden y Milton hicieron con los mismos temas es una medida de la ternura y la majestad de este poeta. En el mismo libro nos pinta un bello cuadro de la alegoría homilética debida a los poetas del amor cortés. A Nuestro Señor se le imagina cual caballero que toma a Misericordia como Dama (sin duda una exquisita transmutación de la vieja, caballeresca y heroica *beot*), prometiéndole lo siguiente:

Virilmente debo sobrellevar mi dolor
Y pensar en ti como mi Señora.[47]

Y cuando concluye la aventura vuelve a ella y le dice:

Aquí está tu hombre; haz con él lo que quieras.[48]

A este respecto, y aunque la alegoría introductoria sea la única razón para mencionar *La corte de la Sapiencia*, reconozco que se me hace difícil abandonarla. Hay algo en los viajes del héroe con Sapiencia en medio de las flores, los árboles y las piedras preciosas que desafía cualquier análisis. Aunque me parece bastante absurdo que un crítico haya pensado que la descripción de Milton del Edén aparentemente debió algo a este oscuro poema,[49] después de todo creo que es significativo. Pues debo confesar que a medida que avanzaba por estos paisajes brillantemente coloreados y de formas indistintas, en parte a gusto y en parte cansado con los Astérites, Carbunclo, Crisopras y Auripigmento (y también con los delfines, cocodrilos, efemerones, coriandros, plátanos y amonios), recordé más de una vez a Milton. Es muy improbable que la explicación radique en alguna similitud

---

[46] *Court of Sapience*, 435.

[47] Ibid., 759.

[48] Ibid., 877.

[49] V. Splinder, *Court of Sapience*, p. 100.

de arte poética, pues lo que recordamos es el tema de Milton y no su estilo. Pero el viejo poeta parece haber escrito más bien en el Paraíso; ser él mismo paradisíaco en su piedad, en su gravedad jovial y en su infantil amor por la materia. En todo lo demás utiliza un moderado grado de aureación mientras despliega cierto talento para aquello que Dryden llamó el «giro».[50] Es capaz de urdir una idea[51] y, salvo en algunos pasajes incorregiblemente científicos, nunca es del todo prosaico.

De este tipo de alegorías homiléticas debo volver ahora a aquellas que ilustran la fusión de los tipos homilético y cortés. Esta etapa en la historia de nuestro tema está representada por las dos más grandes alegorías que tradujo Lydgate del francés: el *Pelerinage de la Vie Humaine* y *Les Echecs Amoureux*. Ambas son de gran importancia; y la segunda, aunque casi universalmente desconsiderada, sencillamente una delicia.

El *Pelerinage* de Deguileville es un poema temprano del siglo XIV, poco más largo que *El libro de la rosa*. Cuando me refiero a él como una «fusión» de dos tipos de alegorías no estoy diciendo que en la mente del autor las simpatías morales y eróticas estuviesen fusionadas. Su intención era puramente homilética y la fusión puramente artística. Pero a este nivel está bien marcada. El estudioso de las homiléticas podría considerarla un ordinario sermón en verso que emplea el método alegórico común sobre el púlpito,[52] tomándolo de la convención erótica. A su vez, el estudioso de la alegoría cortés podría considerarla un verdadero vástago de la *Rosa* pésimamente inoculado de oratoria sagrada.

Sus características homiléticas son obvias. El autor no solo está más ansioso de enseñar que de deleitar, sino también más ansioso de enseñar mediante enunciados y exhortaciones directas que por sugestiones poéticas. De ahí que su narrativa, especialmente en las primeras partes del poema, suela detenerse durante largos episodios en una redomada doctrina que profieren personajes como Grace Dieu y Razón. Las posiciones que representan estos personajes son las de la ortodoxia monástica de la época. Los niveles de humildad están tomados de Benito y de Bernardo.[53] Se condena la herejía, y el hecho de que ella

---

[50] *Court of Sapience*, 430, 1591.

[51] Ejemplo: el argumento usado por la Primera Jerarquía, Ibid., 624-37.

[52] Véase Owst, *Literature and Pulpit in Medieval England*, especialmente el capítulo 2.

[53] Lydgate, *Pilgrimage*, 574.

Continúe con obstinación
Hasta que el fuego se extinga

es mencionado sin escrúpulos de conciencia.[54] La pobreza voluntaria de los monjes se elogia en un pasaje realmente bello; pero también se nos informa que los monasterios perdieron su bienestar en castigo por la corrupción.[55] Por su parte, la pobreza común parece haber perdido la bendición evangélica y solo oímos hablar de la *Pobreza Impaciente*, en forma de una sucia y vieja mujer indigna de aparecer entre las damas Virtudes.[56] La *Religión*, en sentido técnico, es la única arca de salvación en el agitado mar del mundo.[57] Los fundadores de la vida monástica aparecen como poderosos amigos que, «mediante una sutileza muy grande», ayudan a sus clientes a trepar al cielo por sobre los muros o los alzan con cuerdas, mientras que, en las puertas, la gente común y corriente solo confía en la suerte para ser admitida.[58] El autor estaba muy lejos de prever un famoso capítulo en *The Water Babies* (*Los niños de las aguas*).

Pero la influencia del *Roman* está igualmente presente. El autor lo menciona explícitamente para reprobarlo[59] —pues el *Pilgrimage* es un contragolpe religioso a la alegoría profana—, aunque también haya aprendido de él. El retrato de Razón descendiendo desde su alta torre[60] y aquel en que se ofrece al Soñador como manceba[61] evocan famosos pasajes del *Roman*. Pero lo más importante para el crítico y el historiador es la figura de Natura, a quien Deguileville asigna tal vez los versos más indiscutiblemente bellos del poema:

Todos los días hago a las cosas nuevas,
Las viejas resfrescándolas de color.
Visto la tierra de año en año,
Y le aligero el semblante
Con varios colores de deleite,
Azul y verde, rojo y blanco,
En primavera, con muchas flores,

---

54 Ibid., 18986.
55 Ibid., 22665, 23607, 23687.
56 Ibid., 22725.
57 Ibid., 21717ss.; cp. 13134, 22121.
58 Ibid., 492ss. (la puerta); 557ss., 586ss. (los otros caminos).
59 Ibid., 2084 (mencionado otra vez en 13200).
60 Ibid., 1496 (R.R. 2973).
61 Ibid., 2023 (R.R. 5796ss.).

Y todo el suelo, gracias a mi favor
Se viste de nuevo; el llano y la pradera...

Los montes, de doradas flores,
Que el invierno con sus lluvias hiciera
Desnudo e indefenso, pálido de color
Con hojas puedo vestir otra vez;
Y los bellos lirios del campo.[62]

Aunque los orígenes de este discurso sean obvios, Deguileville no dejó a la diosa Natura tal y como la encontró: el tratamiento que hizo de ella, si bien no tan hermoso como lo que acabamos de leer, fue bastante más original. Su concepción de la religión es fiera y descolorida. Se dedica más a excluir que a incluir; y una de las partes más importantes del poema es el debate donde Grace Dieu derrota a Natura y luego a la razón humana, representada por Aristóteles. Natura se transforma así en un enemigo y Deguileville las emprende en su contra de manera bastante sorprendente. Su antigüedad, que había encantado a poetas tan viejos como los de los tiempos de Claudiano —*vultu longaeva decoro*—, se retuerce vergonzosamente como un cargo en su contra. Como observa Grace Dieu con sequedad:

a menudo tú,
Consumido por la gula y la vejez,
Hiciste desvariar a las gentes,[63]

y el resto del discurso es coherente con el vilipendio. Agrede a Natura sin misericordia, obtiene a la fuerza su abyecta sumisión y la envía a paseo con la áspera advertencia de que en adelante se ocupe de sus asuntos y no vuelva a repetir la impertinencia. Toda vez que el tema en cuestión es el milagro del sacramento, la intención alegórica resulta obvia y tal vez intachable. Pero lo interesante es cómo la maneja el poeta. Estando en completo acuerdo con Grace Dieu, representa a Natura cuando aparece por primera vez como una vieja bulliciosa y regañona. Ciertamente, el efecto cómico del pasaje es casi intencional, ya que la tradición homilética no excluye las bufonadas; y, después de todo, el poeta está atacando *El libro de la rosa* y desea denigrar a una de sus heroínas:

Y al instante en la llanura
Vi una dama de mucha edad

---

[62] Ibid., 3448ss.
[63] Ibid., 5528.

Quien con paso menudo
Hacia Grace Dieu se dirigió,
Y su porte era altivo y resuelto,
Y sus manos igual orgullosas
Cruelmente la hizo a un lado...
Estaba lista para el combate,
Pues la ira le había dividido el corazón
En dos.[64]

La idea es poco noble y tal vez absurda, y desconfío de aquellos respetos por el orden espiritual que se basan en un desdén por lo natural. La doctrina de Deguileville según la cual el alma está «sepultada profundamente» en el cuerpo[65] en definitiva proviene de fuentes más paganas que cristianas; al igual que su afirmación de que la propia naturaleza, como opuesta al pecado, ordenó que carne y espíritu pugnaran entre sí.[66] Por lo que no nos sorprende saber que Música nace de Orgullo y que es hostil a la virtud. Pero estas son cuestiones de doctrina y no deben cegarnos ante el vigor de la ejecución. El retrato de Natura está vivo.

Sin embargo, los vicios estructurales del poema son mucho más difíciles de defender. El tema es sustancialmente el mismo de *El progreso del peregrino* y cualquier comparación entre ambos enfatiza la grandeza de Bunyan frente a la flaqueza de Deguileville. Bunyan comienza con un retrato que brilla ante los ojos con el resplandor de un relámpago; y tras algunas páginas, el Peregrino comienza un viaje tan encantador como el de cualquier romance. En Deguileville, de los veinticuatro mil y tantos versos que componen su poema, diez mil han pasado antes de que el Peregrino parta. Esta monstruosa demora está llena de instrucciones y preparativos y su único rasgo alegórico consiste en que ha sido puesta en boca de personificaciones. No es verdadera alegoría y bien pudo expresarla el poeta directamente. Sus personajes, como los que condena Aristóteles, expresan «lo que desea el relato y no lo que desea el poeta». Incluso al final, cuando desembocamos al viaje espiritual, lo que hacemos es llegar a un anticlímax. El Peregrino es raptado, arrastrado en el barro, atado, golpeado y abandonado colgando de una roca en medio del mar. Aquí aparece Grace Dieu como *deus ex machina* para llevárselo a bordo de la nave de la «religión».[67] El poema debió concluir

---

[64] Ibid., 3344ss.
[65] Ibid., 9995.
[66] Ibid., 9455.
[67] Ibid., 22013ss.

con este rescate. Desgraciadamente, el poeta continuó describiendo los avatares del Peregrino, diciéndonos que la embarcación no podía navegar en el mar y que el rescate había sido ineficaz. Así, la nave lo llevará a un «castillo» cisterciense donde recibirá el brusco maltrato de Envidia y su pandilla, quienes le rompen todos los huesos, sobrepasando con ello lo que jamás le hicieron los vicios del mundo exterior.[68] Dado que todas las asociaciones humanas son imperfectas, este retrato de corrupción e intriga monacal puede no ser un argumento práctico muy poderoso en contra del monacato como institución; pero es un fatal argumento estético como clímax de un poema.

Respecto a la técnica alegórica, Deguileville es a veces el peor escritor con quien este estudio tendrá que tratar. Nada más fácil o más vulgar que alegorizar con meras equivalencias conceptuales sin que importe si el producto logrará satisfacer igualmente la imaginación. El resultado es un montón de monstruosidades, y de ellas es culpable el *Pilgrimage*. A Penitencia se le representa con una escoba en la boca y al Peregrino arrancándose los ojos y poniéndoselos en las orejas.[69] Cuando leemos estas cosas casi podemos perdonar a la crítica del siglo pasado por haber rechazado al tronco y a las ramas de la alegoría como a una mera enfermedad literaria. Pero si seguimos adelante, hasta en Deguileville encontraremos pasajes que nos devuelvan la fe. El Peregrino, recién revestido con la armadura de la rectitud, considera que

> Colgaba tan pesadamente de mi espalda
> Que de buen grado la habría abandonado,[70]

y luego se queja con una sofocante panoplia:

> El yelmo me ha lastimado la vista
> Y me ha quitado los oídos…
> Estas manoplas me lastiman tan ceñidas,
> Que no podría usarlas más;
> Con ella, quejándome, me alisté.[71]

Finalmente se le permite llevar la armadura en una carreta, mientras él camina adelante, con la esperanza —que por supuesto le es esquiva— de

---

[68] Ibid., 23163.
[69] Ibid., 4013, 6577.
[70] Ibid., 8235-58.
[71] Ibid., 8203.

alcanzar a ponérsela cuando aparezca el enemigo.[72] Algunos (yo no estoy entre ellos) pueden pensar que la diferencia entre abrazar un ideal y adquirir un hábito es demasiado obvia como para justificar este elaborado tratamiento. Pero ocurre que no necesariamente cualquier relación literal lo deja tan claro. Ciertamente, el sentido de sujeción —la creencia en que, después de todo, debe existir un camino más fácil— y la quejumbrosa miseria —sin la cual ningún hombre gana buenos hábitos en la virtud moral o el arte mecánico— no podrían expresarse mejor que en la imagen de este cómico, patético y demasiado humano Peregrino y su armadura. Con todo, la imagen no está sola. La visión de la crucifixión de la carne y la figura de Tribulación con un encargo de Dios y otro de Satán son usos apropiados y conmovedores del método alegórico.[73]

El poeta es un hombre tan fiero y melancólico que es inútil buscar en su obra alguna representación de la belleza de la beatitud o de los placeres carnales. La severidad de aquella y la porquería de esta son sus temas naturales, aunque las trata con un humor torvo. Por cierto, la calidad de su poesía depende de esta limitación: siempre hay un sabor reconocible o una atmósfera, aunque esporádica. El lector que desee probar este sabor —según decimos, saber «cómo es Deguileville»— deberá leer aquella parte central del poema donde el Peregrino se enfrenta con los siete pecados capitales y el Demonio.[74] No encontrará ni seducciones spenserianas ni alturas miltonianas, sino a Venus muy lejos de su juventud y belleza convertida en una vieja decrépita que, enmascarada, monta una puerca. Ella y Glotonería derribarán al Peregrino y le arrastrarán por el fango atado a la cola de esa misma puerca. Orgullo acudirá en su ayuda, pero no como solía aparecer en otras alegorías —aseado y adusto—, sino como una bruja sobre los hombros de su súbdito Adulación. Y ambos serán «demasiado feos de contemplar». El Peregrino quedará indefenso mientras el coro de brujas —formas viejas y obscenas, todas femeninas y monstruosas— se le acerca y maquina su muerte. No hay nada más característico de la imaginación de Deguileville que la continua insistencia en la vejez de estas formas de pesadilla. Bien podrá exclamar:

¡Ay! ¡Qué azar o gracia poseo!
Todas las que encuentro en este lugar
Son viejas.[75]

---

[72] Ibid., 8835, 13111.

[73] Ibid., 11960ss.; 15973-16211.

[74] Ibid., 12741-21657.

[75] Ibid., 14005; cp. 14025, 22723, 23576.

Aunque no se aprecian esfuerzos por ilustrar las sutilezas del mal, todo el episodio está cubierto de una pesada escualidez, de una extrañeza sin encanto y de una desordenada variedad que a veces se las arregla para ser monótona. Aunque la desesperada sinceridad del autor es indudable, también hay poder en su desconsoladora pintura del mal: la perpleja degradación, la náusea. Los infiernos de Dante o de Milton, con todo lo superiores que son en muchos grados artísticos, no se acercan tanto sin embargo a lo peor que podemos imaginar. Allí tenemos grandeza, fortaleza e incluso belleza; pero la visión de Deguileville apunta al peor de los males, a algo casi omnipotente pero al mismo tiempo completamente sórdido: a una deformidad esencial. Desde este punto de vista (pues de ningún otro), si debo mencionar a un poeta moderno que tenga la capacidad de conmovernos tanto como las partes más oscuras de Deguileville, creo que escogería a Eliot.

Es discutible que este pasaje redunde en beneficio del poeta. No podemos dejar de preguntarnos si acaso tuvo noción de lo bien que escribía, aunque podemos sospechar que sus peores faltas le ayudaron tanto como su arte; que la escualidez y el desorden son, al mismo tiempo, suyos propios y del tema. Sin embargo, aun pudiendo hacer estas preguntas no somos capaces de responderlas. El estado mental que trasluce su obra es todo lo que podemos registrar. Jamás conoceremos el del poeta.

No solo la monstruosa extensión y el arte imperfecto del poema hacen desagradable su lectura, sino la repelente y sofocante naturaleza de su contenido. Aun así, en cierto sentido es más libre que *El libro de la rosa*; en la medida en que el punto de vista moral es una abstracción menos rígida que el punto de vista erótico. Representa mucho más nuestra propia experiencia. Y esta dilatación del tema alegórico se refleja en el contenido literal de la historia. Por oscuro que sea el mundo del *Pilgrimage*, cuando menos es un mundo donde podemos sumergirnos en busca de aventuras. No estamos eternamente confinados al jardín: el camino y las postas, los bosques, los mares, las naves y las islas, las distantes ciudades y los encuentros a orillas del camino son sus grandes contribuciones.

Sin embargo, con verdadero alivio volvemos a *Les Echecs Amoureux* o, como en la versión de Lydgate, *Reason and Sensuality* (*Razón y sensualidad*). Difícilmente habría podido idearse un mejor antídoto en contra de Lydgate; pues aquí, aunque una vez más nos encontramos con la nueva variedad de incidentes y el creciente romanticismo del argumento, típicos de la alegoría fusionada, tenemos también aquello tan necesario al lector que ha finalizado el *Pilgrimage*: luz del sol y caridad.

La historia es la siguiente. Una mañana de primavera, mientras el poeta yace entre el sueño y la vigilia, Natura se le aparece en todo su esplendor inundando la habitación con aromas de ámbar y rosa, diciéndole: «Levántate y ocúpate de actividades más virtuosas. Prueba todas mis obras y ve si existe alguna imperfección en ellas; aunque toda esta belleza haya sido hecha solo para ti, hazte digno, Hombre, de tus dominios». Cuando el Soñador pregunta: «¿Dónde debo ir?», Natura le dice: «Entérate de que hay dos caminos. El de Razón que comienza al Oriente, corre hacia Occidente a través del mundo para retornar luego al Oriente; y el de los sentidos, que nace en Occidente. Y que aunque se dirige al Oriente, al fin vuelve al Occidente otra vez. Seguir el primero es prerrogativa del hombre, único entre todas las bestias

> que posee inteligencia
> Para inclinar su talento
> A conocer las cosas divinas,
> Duradero y perpetuo,
> Celestial y espiritual,
> Del cielo y el firmamento
> Y de cada elemento,
> Cuyo talento es tan claro y diáfano,
> Tan cabalmente perfecto y profundo,
> Que penetra la tierra y el cielo,
> Y sobrepasa con mucho el séptimo cielo».[76]

Luego de estas palabras la diosa desaparece, el Soñador se levanta y sale a la mañana primaveral donde pronto pierde el camino. Otro tanto le ocurre al autor, que pierde el tiempo en descripciones que podrían llamarse prolijas si el tema —la ilimitada y relajada dulzura de la naturaleza primaveral, «salvaje por sobre toda regla o arte»— no justificara la dilación. El hecho, frecuentemente bien logrado en la poesía medieval, no se ha vuelto a lograr jamás; y el lector se detiene gustoso a observar cómo

> La frescura de los claros manantiales
> Que descendieron las colinas,
> Que no pueden desviarse,
> Hace a los fríos cursos de plata
> Relucir de nuevo bajo los rayos del sol;
> Con dulce sonido los ríos
> Se deslizan valle abajo...[77]

---

[76] *Reson and Sensuallyte*, 724ss.
[77] Ibid., 934ss.

Que el joven, tan excitado por la vista y el oído, olvide el grandioso imperativo de *Natura* no solo parece lógico a los amantes de Platón, sino a los de la poesía:

Que toda mi vida pasada
Se limpiase por completo de mi memoria.[78]

Mientras deambula se le acercan cuatro formas celestes. Mercurio trae un mensaje de Júpiter[79] y es el líder que presenta a Minerva, Juno y Venus para ser juzgadas tal y como hizo Paris alguna vez. Aunque Minerva ofrece sabiduría y Juno bienestar, el poeta escoge a Venus y queda a solas con ella. Palas y Juno desaparecen y Mercurio, observando encogido de hombros que «todo el mundo sigue el mismo camino», se marcha batiendo las alas. Lo que sigue marca muy bien la diferencia entre una alegoría puramente decorativa y un retrato alegórico de la vida real. Aunque Venus está lo suficientemente dispuesta a prometerle al joven una querida tan hermosa como Helena, aquel recuerda demasiado bien el mandato de Natura y se siente incómodo. Tal y como le explica a Venus, no es dueño de sí. Ha prometido a Natura seguir el camino de Razón y huir de la sensualidad. Sin embargo, tampoco quiere ser desatento:

Y porque no deseo ofender
Ni a ti ni a ella por disfavor,
Cuelgo como de una balanza,[80]

declaración que despierta en Venus la obvia respuesta de que ella es la amiga más íntima de Natura y su aliada irrestricta, por lo que no caben lealtades divididas. Al final, el Soñador resulta ser «su hombre». Aquí el lector comienza a sentir cierta aprensión: no vaya a ser que se enumeren otra vez los mandamientos de Amor. Pero el poeta sabe muy bien lo que hace. En vez de mandamientos Venus le da noticias acerca de un lejano país donde se halla el objeto a alcanzar: el jardín de sus hijos Cupido y Deleite. Este episodio interesa por la compenetración que existe entre alegoría cortés y homilética,

---

[78] Ibid., 970.

[79] Para la *significatio* de esto —y por cierto la de los dioses, dondequiera que aparezcan en la literatura medieval—, véase la importantísima glosa al margen en Ibid., 1029: «Jupiter apud poetas accipitur multis modis; aliquando pro deo vero et summo sicut hic... aliquando capitur pro planeta, aliquando pro celo, aliquando pro igne vel aere superiori, aliquando eciam historialiter accipitur pro rege Crete».

[80] *Reson and Sensuallyte*, 2254.

de felices resultados. El amante, como el cristiano, se transforma en un viajero; y el jardín de Amor, como la Ciudad Celestial, no se ubica al final de la historia sino al principio. Antes de abandonarlo, Venus señala la dirección correcta indicando en la distancia las almenadas alturas del castillo de Cupido: toque gráfico no indigno de Bunyan.

El joven no ha avanzado mucho en su viaje cuando penetra en un gran bosque; un lugar de «maravillosa y deleitable belleza» donde los árboles altos despiden un saludable aroma y los frutos dorados cuelgan del follaje siempre verde. Se trata del hogar de Diana, quien al principio se niega a hablarle por ser siervo de Venus. Mas luego cederá advirtiéndole los peligros de su empresa. «Has sido embaucado por esa diosa», le dice, «cuyo verdadero nombre es veneno»:

> ¡Pues no tienes ninguna experiencia
> De la amplitud de su conciencia![81]

El jardín a donde te conduce está lleno de peligrosas sirenas y de lechos más encantados «que el lecho de Lancelot». Hay árboles cuyas sombras matan al hombre y fuentes en las que, como Narciso, puede ahogarse. Vuélvete. No entres,

> Mas espera y descansa
> Aquí conmigo en mi bosque
> Que tanta largueza posee
> En hermosura y belleza;
> Pues pronto por mi providencia
> No habrá aquí más inconveniencia,
> Ni fraude, engaño o maldad
> Al compás del canto de las sirenas...
>
> Y allí no encontrarás manantiales
> Que en su especie no sean saludables,
> Su agua es tan perfecta
> Que quien más bebe más se aprovecha.
> En esta selva virtuosa
> Nadie se cuida de Vulcano.[82]

La Diana de este poeta es una figura compleja y graciosa, más vinculada a la Belfebe de Spenser que a la abstracta «Castidad» del púlpito. Por

---

[81] Ibid., 3495.
[82] Ibid., 4355ss.

cierto, profesa la virginidad; pero también es capaz de elogiar a los amantes fieles. Parte de su queja contra Venus consiste en que el amor del mundo es muy distinto al del reinado de Arturo, cuando famosos guerreros amaban a gentiles mujeres de alcurnia «nada más que por verdaderas y honestas», y por su bien ponían en riesgo las vidas en «muchos lugares extraños e inhóspitos».[83] Con todo, es probable que el bosque de las Hespérides que aquí se nos presenta simbolice, en la intención principal del poeta, la vida conventual; que el héroe, a pesar de su belleza, condena por demasiado contemplativa. De ser así, constituye una buena lección alegórica comparar esta representación de la «religión» con aquella de Deguileville. Allí tenemos un castillo con personajes como Dama Lección y Testaruda Pobreza: aquí una diosa pagana con arco y carcaj, vestida con un resplandeciente atavío, en medio de un bosque fuera del país de las hadas discurriendo acerca de los héroes de los viejos romances. En un sentido prosaico, es obvio que el retrato de Deguileville se parece mucho a la cosa simbolizada, mientras que en *Razón y sensualidad* es completamente diferente. Pero si observamos con profundidad; si prestamos atención, como siempre debe hacerse en poesía, no a los objetos mencionados en el episodio, sino a su atmósfera y cualidad —al inmediato sabor que, por así decir, proporciona al paladar de la imaginación—, observaremos que Deguileville no ha logrado ningún efecto allí donde su rival ha conseguido llamar nuestra atención acerca del eterno hechizo de la virginidad, el retiro y la contemplación. El uno se las ve con una doctrina, una superficie; el otro, con un sólido espiritual.[84]

El viajero replica al discurso de Diana citando el mandato original de Natura: «Ve y conoce el mundo». Y no prestará atención a la respuesta que afirma no haberle entendido. La frase está felizmente escogida, ya que deja en claro que el joven desea «ver el mundo» en muchos sentidos. Así como la Diana de este poeta es algo más que Castidad, así también su héroe es más que un amante abstracto. Se trata de la obstinación de la juventud en todos sus aspectos; y aunque el amor sea su principal preocupación, no es la única. Siente la sed que sentirán los héroes de Marlowe, y anhela

> el conocimiento
> De los cielos y su movimiento
> Y también de los mares salados,

[83] Ibid., 3141-214.
[84] Debo esta metáfora a Coventry Patmore.

Y hasta cuál pueda ser
La causa por la que el diluvio, según los clérigos,
Sigue cayendo en oleadas,
Y por la que el sol, después del reflujo,
Sigue la confluencia de la luna.[85]

Su rechazo final a Diana —cuando, vencidas todas sus defensas y aún impenitente, determina ver el jardín de Deleite por sí mismo—, está escrito en términos exquisitamente naturales:

Aunque fuese tan mortal,
Tan horrendo y torpe también
Como los antros de Plutón,
Y tan hinchado de negra oscuridad,
De desdicha y miseria,
Habría de ir a ver...
Parece ser una forma del destino.[86]

El verso (que después de todo es de Lydgate) puede cojear y es posible que las imágenes estén prefabricadas; pero la psicología es excelente.

Ante esta profesión de invencible secularismo, Diana «toma la espesura del bosque» y ya no se la ve más. El héroe, lleno de «alegría y gozo», continúa su viaje hacia las puertas del feliz jardín, donde el poeta hace una pausa para elogiar *El libro de la rosa* como incomparable obra de «filosofía» y «profunda poesía». Se describen las figuras sobre el muro, la portera y las bellezas del jardín; y el resto del poema, hasta donde alcanza la traducción de Lydgate, refiere un juego de ajedrez alegórico. Hasta aquí todavía es legible, pero ha desaparecido la inspiración de las primeras partes. Abunda la sátira sobre las mujeres basada en el simple ardid de atribuirles las virtudes que la tradición les negó. No me he tomado la molestia de averiguar si fue Lydgate quien procuró una seguridad doblemente cierta al agregar *cujus contrarium est verum* al margen.

Este poema, en su truncada versión inglesa, es una de las piezas más bellas e importantes producidas entre la obra de Chaucer y la de Spenser. El historiador advertirá que representa una fusión entre la alegoría moral y la cortés muchísimo más cabal y feliz que la de Deguileville. El autor no es parcial; nos entrega un retrato balanceado e incluso separado de la confusa ilación de la experiencia humana. La alegoría, en sus manos, comienza

---

[85] *Reson and Sensuallyte*, 4611ss.
[86] Ibid., 4748ss.

a olvidar sus orígenes en el púlpito y las cortes de Amor para emprender el vuelo hacia la «naturaleza general». Aunque la crítica estética no tenga ningún cuidado con las tendencias e influencias, está obligada a recordar el poema por la frescura sobrenatural del bosque de Diana, y la brillante y exuberante vitalidad de aquellos primeros pasajes donde la tierra

> lo ha hecho hermoso y fresco de tez
> Como la belleza de una doncella,
> Que pronto será desposada,[87]

y sobre todo por el alto platonismo de esta descripción del manto de la naturaleza:

> Estaban forjadas como un retrato
> La semejanza y la figura
> De todo lo que obedece a Dios,
> Y ejemplos de las ideas
> Muy anteriores a cuando se les forjó
> Acompasadas en el divino pensamiento;
> Pues esta Dama, de fresco rostro,
> Siempre laboriosa y nunca olvidadiza
> Día y noche en su intento
> Tejiendo sobre el vestido
> Cosas diversas y abundantes
> Que jamás se le encontraba desnuda.[88]

La *vis medicatrix* de Natura se ha pasado a la imaginación del poeta, quien canta con voz aguda como si jamás fuese a ser viejo, y sus versos son un antídoto implacable contra la fiebre renacentista y el desaliento moderno.

En los dos poemas que hemos visto es posible situar el comienzo de un nuevo tipo de alegoría. Cuando digo que este impulso continúa en la obra de poetas como Hawes y Douglas no me refiero a que soy capaz de probar una «influencia» o esbozar una lista de «paralelos». No es cuestión de escuelas literarias ni de modelos o imitaciones, sino de una tendencia inconsciente, aunque indudablemente presente en la mentalidad del período más que en sus ideales literarios, y respecto de la cual todas estas alegorías tardías son sintomáticas en diferentes grados. Así también hoy, la creciente popularidad de la biografía novelada y de la biografía satírica no depende tanto de una

---

[87] Ibid., 150.
[88] Ibid., 357ss.

herencia literaria con Strachey como de un generalizado y caprichoso escepticismo hacia las reputaciones establecidas, actitud cuyas causas están quizás más allá del dominio de la literatura.

El primero de los autores a los que me referiré es Stephen Hawes. Y Hawes, para nuestro propósito, significa el *Pastime of Pleasure* (*El pasatiempo del placer*) y el *Example of Virtue* (*El ejemplo de la virtud*). El *Pastime* es una obra difícil de juzgar. Léasela concienzudamente de punta a cabo y se concluirá que es el más pesado de los asuntos. Pero luego de la lectura algo quedará adherido a la memoria —raros versos, raras escenas, un sabor peculiar— hasta la relectura, donde se confirmará que las faltas son tan penosas como se supuso la primera vez, pero que los méritos son aún mayores. Ningún poema da la impresión de una brecha tan profunda entre lo que es y lo que pudo haber sido. Cierta especie de poesía flota sobre la mente del autor aunque no sea capaz de agarrarla. Siempre parece estar a punto de transformarse en algo mucho mejor; cosa que no es tan sorprendente si se considera que Hawes, a tropezones y semiconsciente, trata de escribir un nuevo tipo de poema. Está convencido de que su misión consiste en revivir una vieja forma: siempre tiene elogios para Lydgate a flor de labios,[89] mientras deplora la dirección que ha asumido la poesía de su tiempo:

> No imaginan fábulas placenteras ni encubiertas
> Pero gastan el tiempo en vana pompa,
>   Componiendo baladas de amistad ferviente.[90]

Como Caxton, desea revivir la «flor de la caballería», «tanto tiempo marchita».[91] Pero la ilusión por la que la mente ubica lo que desea en el pasado, estando en verdad en el futuro, no es antinatural; y su operación explica la historia temprana del Romanticismo del siglo XVIII, donde hombres como Walpole y Macpherson no solo buscaron sino que inventaron lánguidas imágenes de la poesía que no se escribiría sino hasta el siglo XIX. La combinación, a gran escala, de alegoría y romance caballeresco que Hawes desea revivir no puede revivirse, pues no ha existido. Algo se había acercado Deguileville; Hawes la llevará más lejos, pero no se la encontrará perfecta hasta *La reina de las hadas*. Entretanto, Hawes se mueve en mundos no

---

[89] *Pastime of Pleasure*, ed. W. E. Mead, E. E. T. S., 1928, 48, 1168, 1373.
[90] Ibid., 1389.
[91] Ibid., 2985.

verificados. Posee poco arte y su poema es oscuro y tortuoso, aunque cierto vacilante aire de inspiración se agite en la oscuridad. Entiende tan poco la alegoría original que piensa que su objetivo es ocultar el tema: «surtir humo», dice.[92] Y una de las razones por las que piensa así es su innata —pero en ningún caso apoética— inclinación por lo indefinido y lo alusivo. En una palabra, por la vaguedad romántica. Antes que el Peregrino concluya el viaje y gane La Bella Doncella, se ha hablado tanto ya del mismo viaje que todo suspenso se pierde. Pero resulta que el suspenso no está entre sus aspiraciones, y entonces la constante presión entre lo remoto y lo inaccesible —el continuo insinuar y preparar (*ripae ulterioris amore*)— es de la naturaleza de cierto tipo de romance.

> A la espera yacían
> Grandes gigantes modelados por Natura
> Pero detrás de ellos un gran mar
> Más allá del cual hay una tierra bella
> Colmada de frutos, repleta de gozo y bienaventuranza
> Cuyas arenas están hiladas por finísimo oro.[93]

Así habla Dama Fama al joven Graunde Amour, y los versos son buena poesía pues abren en la mente las puertas de la imaginación. Y también son buena alegoría porque, después de todo, ser joven y mirar hacia adelante se parece mucho a oír lo que Graunde Amour oyó. Y si el mismo viaje se vuelve a relatar unas doscientas líneas más adelante —ahora el héroe lo ve retratado en un muro—, también hay un sentido de misteriosa fatalidad y fidelidad a la vida. A medida que avanzamos la alegoría se hace más difícil. No he podido encontrar la *significatio* de las reiteradas separaciones entre el héroe y la heroína, y tal vez no exista. Puede que Hawes no haya sido capaz o no haya tenido la voluntad de arrojar demasiada luz sobre las oscuridades más profundas del poema. Ama lo tenebroso y lo raro, las «ficciones fatales», como dice, y las «figuras borrosas», porque es un gruñón y un soñador aturdido por el ingobernable magma de su imaginación: es un poeta (a su manera) tan poseído como Blake. Que haya escrito bajo una suerte de compulsión constituye su fortaleza y su debilidad. De ahí la prolijidad y los frecuentes *longueurs* de su narrativa; pero de ahí también los memorables retratos, caseros o fantásticos, que a veces ponen movimiento y transforman su monotonía casi en «una monotonía visionaria»:

---

[92] Ibid., 40.
[93] Ibid., 260ss.

Vi venir cabalgando por un valle lejano
A una bella dama rodeada
Por lenguas de fuego que relucían como estrellas.[94]

    Arribé a un valle.
Contemplando a Febo que declinaba bajo y pálido,
Con mis lebreles en el dulce crepúsculo
Me senté,[95]

Y sobre su cabeza oscura y llameante,
Estaba sentado Saturno, pálido como un centinela.[96]

Eternidad en dulces y blancas vestiduras…[97]

Arribamos a un lugar de señorío
Rodeado por un foso bajo un bosque.
«Bájate», me dijo, «Pues por largo trecho
Dolor y tristeza fuiste soportando;
Después de menguar fluye la marea».[98]

Por cierto, todas las postas del viaje de Graunde Amour son placenteras; y en los crepúsculos y amaneceres del camino apreciamos:

Cuando los pajarillos cantan dulcemente
Laudes al Hacedor temprano en la mañana.[99]

Aunque Hawes no describa nada que no haya visto —con el ojo interior o el exterior—, mucho de ello carece de interés. Ha observado el cielo de la mañana pintado como un requesón[100] y los «senderos tan llenos de complacencia»,[101] las pequeñas imágenes de oro mecidas por el viento en lo alto de la torre de Doctrina[102] y el sol brillando sobre el espejo de una extraña habitación mientras un hombre despierta.[103] Algunos escritores

---

[94] Ibid., 155.
[95] Ibid., 326.
[96] Ibid., 5618.
[97] Ibid., 5748.
[98] Ibid., 4648.
[99] Ibid., 4499.
[100] Ibid., 62.
[101] Ibid., 116.
[102] Ibid., 365.
[103] Ibid., 1956.

medievales no tienen mucha sensibilidad para marcar la diferencia entre el combate con un hombre y el combate con un monstruo. Pero cuando el gigante de tres cabezas cruza la senda de Graunde Amour,

Saltaron mis lebreles y el caballo se asustó,[104]

lo que demuestra que es tan meticuloso como Spenser en el detalle de las carretadas que medía el cadáver del gigante.[105] Su visión es tan clara —tan perfecta su fe poética en el mundo— que el poema merecería ser bueno; pero su incapacidad para seleccionar, los tropiezos de su métrica y la larga demora en la Torre de Doctrina lo han condenado a una merecida oscuridad.

El *Pastime* no es exclusivamente una alegoría del amor, sino de la vida, con especial énfasis en el amor, la educación y la muerte. Las secciones educacionales —que Hawes se empeña vanamente en oponer a la obra alegórico-enciclopédica de Marziano Capella o Jean de Meun— son las partes más insípidas del poema, con la posible excepción del fino episodio relativo a la gramática:

(Originalmente, el mundo fue hecho por la palabra;
El Alto Rey habló y se hizo de inmediato).[106]

Las presentaciones que hace de las artes liberales no merecen una relectura. Mucho más interesante es el tratamiento que hace del amor. Respecto al contexto que imagina para la pasión, ninguno de los poetas considerados hasta ahora es más casero —si se quiere, más victoriano— que Hawes. Graunde Amour considera al matrimonio como la única forma concebible de éxito, llegando a temer las eventuales diferencias patrimoniales entre él y su querida. Pero *Consejo* lo tranquiliza (Consejo hace aquí el papel de Amigo o Pándaro) diciéndole que «ella tiene bastante... para ustedes dos».[107] La dama, por su parte, dice que está «advertida con insistencia» por sus «amigos»,[108] quienes «estarán airados conmigo» si escuchan la

[104] Ibid., 4312.
[105] Ibid., 4433.
[106] Ibid., 603.
[107] Ibid., 1857.
[108] Ibid., 2203.

proposición.[109] Este es el mundo cotidiano en su punto más álgido, muy cerca del lugar común de Nevill. Sin embargo, el verdadero temor de la dama en cuanto a que sus parientes la conducirán «a un país lejano» (en Hawes, *lejano* es la palabra clave) y la respuesta de Graunde Amour prometiéndole que no desfallecerá,

> Y por vos seré intrépido,[110]

son esencialmente románticas. Pues si Hawes es prosaico en su contexto del amor, subjetivamente es todo fuego: «rodeado», dice, por una «ardiente cadena».[111] Desde luego, está muy lejos del inequívoco deseo de Guillaume de Lorris o de la heroica pasión de Troilo: el fuego de su amor es un fuego fatuo, cargado de sentimiento e imaginación, mucho más ambiguo y caviloso. En una palabra, mucho más romántico que el de la vieja poesía amorosa. Se trata de un éxtasis brumoso, envuelto en la niebla, un sueño o un hechizo, que, con todo y por lo mismo, no es menos real. Los versos que escribe sobre él son irremplazables, considerando que ningún otro poeta ha tocado la misma nota:

> Ella pidió a sus trovadores que tocasen
> *Mamours*, la danza dulce y gentil.
> Con la Hermosa Doncella, pues era bella y alegre,
> Ordenó placentera
> Que yo bailase, acompasada y armoniosamente.
> ¡Oh Señor Dios! ¡Qué feliz me sentía
> Al danzar así con mi dulce señora!
>
> El fuego encendido se ponía más y más ardiente,
> Pues la danza lo henchía con su transparente belleza.
> Mi corazón ya enfermo comenzó a arder;
> Un minuto seis horas y seis horas un año
> Pensé que eran.[112]

Pero el tercer tema de Hawes es el más notable: la muerte. Hay críticos que estiman simplemente ridículo que una narración escrita en primera persona continúe tras la muerte del narrador, quien puede describir así su propio deceso. Sin embargo, una convención literaria que permita hablar

---

[109] Ibid., 2368.
[110] Ibid., 2298.
[111] Ibid., 1768.
[112] Ibid., 1583-1603.

al muerto, o al vivo asumir la persona del muerto, seguramente no es muy difícil de lograr: la antología griega o cualquier capilla rural están llenas de ejemplos. Y si se objeta que los muertos realmente no hablan —pues no puedo ver otra objeción—, aconsejaría estudiar otra materia en vez de poesía, donde la realidad ingenua nunca puede tener éxito. Nuestra deuda con cada poeta se paga suspendiendo la incredulidad en la medida en que lo exige el artilugio. Con Hawes, y por una razón especial, esta deuda se paga fácilmente. Pues ya desde el comienzo —porque su imaginación es demasiado honesta o su habilidad consciente demasiado débil— los buenos episodios tienen esa peculiar cualidad que los hace provenir de cualquier parte: una voz desencarnada y no siempre articulada a la perfección, pero que se acerca a nosotros desde la oscuridad; y que cuando finalmente llega, suscita una inmediata credulidad.

> Oh gente mortal, vean y contemplen
> Cómo yago aquí, otrora poderoso caballero.
> El fin del goce y la prosperidad
> Acaban en muerte su curso y su poder;
> Al día sucede la noche oscura;
> Y aunque el día no sea muy largo,
> Al fin las campanas tocan a vísperas.[113]

Todos conocen esta estrofa, pero pocos saben que está al final de un canto fúnebre entonado por los Siete Pecados Capitales, donde la reiteración de una frase singular («polvo de polvo») tiene la misma brutal insistencia que una campanada a mediodía. Aquel canto fúnebre y su epitafio no son más que el punto de partida para uno de los pasajes más noblemente concebidos de cualquier alegoría. Pues cuando el héroe yace muerto y todo indica que el poema llega a su fin, Hawes realiza algo sorprendente: recoge cortina tras cortina de su cosmos tal y como se recogían los sucesivos telones durante los cambios de escena en la vieja pantomima, o se descubren los planos del tiempo en el universo seriado de Dunne. No bien *Remembranza* ha concluido el epitafio sobre la tumba de Graunde Amour, Dama Fama ingresa al templo para alistarlo entre los Dignos diciendo jactanciosamente:

> Yo soy infinita. Nada puede igualarme.[114]

---

[113] Ibid., 5474.
[114] Ibid., 5604.

Otra vez creemos que estamos en el final, pues oímos las típicas condolencias en los funerales de los grandes hombres. Pero no: pisando los talones de Fama viene otra forma sobre cuya «testa» se asienta la oscura llama de Saturno, a quien reconocemos por la horología en su mano izquierda, y que se proclama:

> Yo, el Tiempo, ¿acaso no voy a destruir tierra y mar,
> Al sol y a la luna, a todas las estrellas?[115]

Pero Tiempo es más sabio que Fama y alardea menos, y llega como el ujier de Eternidad, Eternidad que concluye el poema y que aparece con sus blancas vestiduras y su triple corona:

> De los cielos, reina; de los infiernos, emperatriz.[116]

Si la ejecución de este pasaje hubiese sido igual a su concepción, estaría entre los más grandes de la poesía medieval. Pero no es así. Sin embargo, puede reconocerse (espero que más justamente de lo que dijo Goethe acerca de otro poema) «cuán noblemente se había planeado todo».[117]

Su otra alegoría, *The Example of Virtue* (*El ejemplo de la virtud*), por alguna razón carece del lánguido y peculiar atractivo del *Pastime*. Es un poema más simple y más corto en el que Juventud, tras algunas buenas aventuras —pero también tras haber asistido a un *débat* muy insípido con Natura, Fortuna, Valor y Sabiduría—, cambia su nombre por Virtud y desposa a Pureza. Tal vez el personaje más interesante del poema sea el padre de la dama, el Rey del Amor. Su nombre insinúa un retrato de Cupido y su corte, aunque el viejo Cupido difícilmente habría tenido a Castidad como hija. Mientras nos acercamos al castillo, el camino se detiene ante un caudaloso río que solo puede atravesarse a través del tradicional puente peligroso —«ni la mitad de ancho que el tejado de una casa»—.[118] Este puente tiene la siguiente leyenda:

> Ningún hombre que no sea puro y sin negligencia
> Y al mismo tiempo firme creyente en Dios
> Podrá cruzar este puente.[119]

---

[115] Ibid., 5635.

[116] Ibid., 5753.

[117] Ver nota en página 277.

[118] *Example of Virtue*, impreso (en lengua moderna) en *Dunbar Anthology*, de Arber, London, 1901, pp. 217ss.

[119] Ibid., st. 179.

Después de leer esto, uno empieza a dudar si acaso el autor no se estará refiriendo al Rey del Amor en un sentido muy diferente. Pureza, al estilo de *Perla*, envalentona al héroe desde la ribera opuesta. Pero cuando finalmente conocemos al Rey,

> (En el extremo más alejado de la sala
> Se sentaba quieto y sin moverse,
> Pues estaba ceñido de mimbres),[120]

notamos que, en definitiva, es bastante parecido a Cupido: ciego, alado, desnudo y armado. Con todo, cuando le dice al pretendiente que nadie que no haya «cercenado al dragón de tres cabezas»[121] (que son el Mundo, la Carne y el Demonio) tendrá la mano de su hija, y el pretendiente se arma para la aventura con la coraza paulina del cristiano, estamos nuevamente ante una especie de Cupido celestial. Sucede que hemos alcanzado un punto en el que Hawes, casi inconscientemente, hace lo que Dante o Thomas Usk hicieron tras arduas cavilaciones. Aquella suerte de unificación o ambigüedad (no solo es tarea del crítico decidir al respecto) sobre la que se basó el soneto lxviii de Spenser se ha transformado en algo natural.

Hay dos pasajes memorables del poema. El primero contiene la chocante entrevista del poeta con Natura:

> Yo pensé que poseía maravillosa belleza
> Hasta que Discreción me condujo atrás,
> Donde vi todos los secretos
> De su obra y condición humanas;
> Y entonces encontré a sus espaldas
> La desdichada imagen de la Muerte cruel.[122]

Esto no es un simple ejercicio convencional sobre la oscuridad en la Baja Edad Media, ya que en el mismo pasaje el poeta también nos llama la atención sobre la belleza y fecundidad de Natura:

> bella diosa
> Todas las cosas creándose por su oficio,[123]

---

120 Ibid., st. 182.
121 Ibid., st.192.
122 Ibid., st. 71.
123 Ibid., st.70.

que trabaja «sin descanso o recreación».[124] Estas dos caras de la misma moneda, en cuanto tales, podrían considerarse un lugar común; pero su síntesis obliga a una respuesta más profunda. El segundo pasaje es un encantador ejemplo de la capacidad de Hawes para convencer. Después de atravesar de noche un enorme desierto, el viajero se encuentra en un lugar desolado lleno de bestias salvajes. Tal vez cualquier alegorista habría escrito algo por el estilo, pero solo Hawes —o solo uno de aquellos poetas aún más grandes y que comparten la misma fe práctica en sus mundos imaginarios— habría añadido que, por el aroma dulce, el viajero supo que por allí rondaba una pantera.[125]

Gavin Douglas es un artista tan singular como Hawes, pero le hago cierto daño al citarlo como ejemplo de una tendencia general. Pues aunque sus alegorías son distintivamente personales y no requieren de una significación histórica para ser recomendadas al amante de la poesía, poseen, como otras del período, el mismo dilatado alcance y la misma y creciente libertad imaginativa. Su principal característica es el control artístico, el disciplinado esplendor estilístico, la proporción y el balance con que los escritores escoceses medievales suelen superar a los ingleses. *King Hart* (*El rey corazón*), en particular, es una pequeña obra admirablemente ordenada y que alegraría el corazón de cualquier crítico francés. Su contenido representa, a la perfección, la fusión de la alegoría erótica y la homilética. El tema es el de la Juventud y la Vejez, y la fábula nos narra cómo el Alma, cautiva durante muchos años por Belleza y Placer, es despertada por Vejez, abandonada luego por los animados compañeros de su juventud, forzada a volver a la mansión que dejara tanto tiempo antes y finalmente vencida por la muerte. En este sentido, el poema posee una obvia afinidad con la *Confessio Amantis*, aunque también haya otra más recóndita y sutil con el *Beowulf*; que se hace evidente cuando el poeta, describiendo cómo las pestilentes aguas de Corrupción ascienden lamiendo «grado a grado» las paredes del foso del castillo del Rey Corazón, agrega que

> la noble melodía que había en el interior
> No me permitía escuchar el sonido.[126]

Por cierto, este es un tema que resulta fácilmente trivial; pero la buena alegoría (cercana al estilo de Johnson) es el mejor medio de

---

[124] Ibid., st.72.
[125] Ibid., st.160.
[126] *King Hart*, i, st.10.

revivir, para nuestras imaginaciones, las inflexibles o deliciosas verdades que la trivialidad disimula. Todo el poema marcha imponente en las palabras de un poeta posterior:

Al pequeño compás del tambor del Tiempo en el corazón.

Como en el *Beowulf*, desde el comienzo de la obra se presiente el final, y la brillantez de la primera estrofa nos brinda esa inquietante sensación de que el buen tiempo no puede durar mucho:

Era tan decoroso entre sus gentes
Que sin duda tenía desventuras,
Había sido educado tan orgulloso, llano y puro
Con su juventud y su voluptuoso verdor,
Tan bello, tan fresco, tan adecuado a perdurar.[127]

Las aventuras del Rey Corazón durante su larga permanencia en el castillo de Dama Simpatía son buenas y radicales alegorías de amor, más fieles al modelo original de la *Rosa* que cualquiera de las que hayamos visto desde el siglo XIV. Corazón y sus compañeros son arrojados a un calabozo donde Peligro hace las veces de carcelero, y allí

Suelen quejarse a Dama Piedad,
«¡Bella cosa, baja un momento y háblanos!».[128]

Solo cuando Peligro duerme, Piedad puede conceder la súplica y hacer a Corazón, al fin, dueño del captor. Sin embargo, todo este tradicional pasaje adquiere un color nuevo algo más adelante, y que se sostiene por la insospechada y festiva juventud de Corazón en su castillo y el momento en que arriba Vejez

Se vio a un viejo buen hombre ante el portal
Montando un corcel de andar presuroso.
Mas cuando llamó a la puerta cortésmente,
La gran mazmorra resonó al golpe.[129]

El contraste entre el suave aldabazo (el *pequeño* compás del tambor del tiempo) y sus aterradoras repercusiones son una fina muestra del complejo

---

[127] Ibid., st.1.
[128] Ibid., st. 43.
[129] Ibid., ii, 2.

atractivo de la buena alegoría. Sin su *significatio*, considerada como un simple evento mágico en un romance, es el tipo de contraste que apela a algo profundamente asentado en nuestra imaginación y que cuando se le usa sobre el escenario es siempre potente; ya sea para lograr efectos risibles u horripilantes. Agréguese la *significatio*, con el recuerdo de las vastas perturbaciones emocionales que aquel pequeño sonido ha producido a veces en la propia experiencia, y la potencia se duplicará. Continúese luego recordando (como esta clase de poesía nos obligará a hacerlo) las innumerables experiencias de tipos completamente diferentes en las que el mismo pequeño aldabazo exterior produce las mismas convulsiones al interior, y se descubrirá que esta alegoría, aparentemente fácil, es un símbolo de aplicaciones casi infinitas; y que usarlo es acercarse, tanto como pueden hacerlo nuestras mentes, a la experiencia concreta de un universal. Lo mismo puede decirse de la escena donde Corazón regresa a su viejo y abandonado castillo. ¡Con qué perfección se ajusta la imagen a la experiencia del regreso con los intereses de un hombre y a la temprana inclinación de la naturaleza tras el largo constreñimiento impuesto por alguna pasión! Mas la pasión no necesita ser amor ni el regreso arrepentimiento. El símbolo, intentado a conciencia para cierto tipo de regreso, se adapta a todo y brinda una característica *in concreto* de nuestra vida; tan fundamental, que si tratamos de comprenderla (en vez de imaginarla) se nos escapará por su abstracción. *El rey corazón* no es un poema para ser leído por alguien enfermo o apesadumbrado; pero si un lector lo hace a un lado por frígido o convencional, pecará de la más absoluta falta de sensibilidad por lo real. *El rey corazón* nos golpea hondo allí donde las chillonas exageraciones de Blair sobre el mismo tema (¿me atrevería a agregar de Donne?) nos pasan inocentemente por encima.

The Palice of Honour (*El palacio del honor*) es un poema mucho más elaborado e incluso mucho más alegre. El tema, si lo he comprendido bien, podría explicarse con las palabras de Milton (Fama no es una planta que crece sobre suelo mortal, etc.), pues el poeta nos pone a la vista la suave paradoja de que un bien aparentemente mundano como el Honor solo puede ser otorgado en su verdadera forma por Dios, y disfrutarse solo en la eternidad. La *Anagnorisis*, por así decir, de la alegoría, ocurre cuando el palacio del Honor —del que tanto se ha oído hablar y que tanto se ha buscado— resulta ser la morada de Dios. La clave del episodio depende, de manera bastante extraña, del lenguaje usado por Douglas. Cuando al Peregrino se le permite atisbar por la cerradura de la puerta que da al salón de Honor (como el paje ante el «whummil bore»* en la balada) observa, resplandecientemente sentado en medio de la casi insoportable brillantez del lugar, a «un dios omnipotente».[130] El inglés moderno, obligado a escoger entre el traducible *un* (one) *Dios y un* (a) *dios,** inevitablemente destruye la cuidadosa equivocación —una suerte de retruécano intelectual— de la que depende la fuerza del original.

Este concepto, tal vez no muy profundo, constituye el nervio de toda la alegoría y basta como prueba de que el *Palice*, incluso desde el punto de vista estrictamente alegórico, no es de ningún modo desdeñable. Pero a menos que su *significatio* se me haya escapado, el poema, como un todo, ilustra cómo se ha alcanzado el punto extremo de liberar a la fantasía de su justificación alegórica. Douglas no es un soñador como Hawes, ya que no es esclavo de su sueño, y escribe con cabeza despejada, pluma culta y experiencia. Pero lo que describe es un simple país de las maravillas, una fantasmagoría de deslumbrantes luces y extrañas tinieblas, cuya verdadera *raison d'être* no es el sentido alegórico, sino la atracción inmediata de la imaginación. El éxito del poema depende del privilegio que tiene el poeta de estar despierto y dormido al mismo tiempo, extrayendo de su mente soñadora los materiales sin perder nunca la capacidad de seleccionar o el realismo que logra arrancar a la fuerza nuestra aceptación. En medio del ominoso bosque, nos dice que «la mordida inesperada de un ratón» lo habría aterrado.[131] Cautivo por los cortesanos de Venus, y temeroso de otras diosas que han castigado a sus víctimas transformándolas en bestias, nos dice:

> A veces agitaba mi mano para ver
> Si se había alterado y me tocaba el rostro.[132]

Los caballos, «resplandecientes de sudor como si hubiesen sido aceitados»;[133] las ninfas marinas, «secándose sus amarillos cabellos»;[134] y las Musas, «ocupadas como las abejas»[135] en su jardín, son admirables ejemplos

---

* (N. del T. Así en el original).
[130] *Palice of Honour*, iii, st. 71.
[131] Ibid., i, st. 20.
[132] Ibid., i, st. 68.
[133] Ibid., ii, st. 52.
[134] Ibid., iii, st. 63.
[135] Ibid., iii, st. 87.

de la mezcla de fantasía y realismo. Pero esta vivacidad jamás extingue el
misterio y el encanto, como a veces ocurre en Chaucer. El mismo comienzo
del sueño («desde el aire llegó una señal»)[136] es una invitación al encantamiento. La lastimera soledad junto al río a la que despierta el poeta, donde
los peces «chillaban como los tontos»,[137] puede representar el peligro y la
desolación del nacimiento de un hombre al mundo natural. O quizás no;
mas, ¿qué importa? Pasar por alto un punto como este en *El libro de la
Rosa* sería pasar por alto prácticamente todo; pero aquí, los peces gritones,
el bosque lleno de árboles pudriéndose y el «viento silbante» existen realmente. La misteriosa energía de la descripción —matraqueando con toscas
palabras escocesas con estilo *vocinglero*— y el cuidadoso contraste con la
mañana primaveral descrita en el prólogo, nos satisfacen plenamente. La in-
consecuencia de las figuras, vacilantes aquí y allá a medida que avanza la narración, expresa exactamente el sentido de libertad combinado con inquietud tan propio a este tipo de sueños. Y el sentido de espacio que provocan
—casi de infinidad—, está bien evocado en las palabras que, al pasar, Sinon y
Achitofel gritan al poeta:

> Todos van al Palacio del Honor;
> Situado a mil leguas de aquí,
> A caballo hemos de partir, sin detenernos,
> ¡Adiós! No podemos permanecer más tiempo.[138]

Aunque los catálogos sean un obstáculo al solaz del lector actual, siempre aparecen en obras que no son de este período: las carnicerías en Homero, el ritual en Ovidio, los ejercicios vocales en las viejas óperas, en fin,
elementos todos que el tiempo ha desvaído. Pero nos sirven para anticipar
qué rasgos de las actuales obras maestras van a terminar siendo los mismos
pesos muertos.

En un sentido, Douglas no está tan cerca de Spenser como Hawes. Su
fantasía es más brillante y aterradora. Es «extraño» donde Spenser despliega
una solemne oscuridad; y rebosa vigorosa luz donde Spenser es voluptuoso.
La diferencia entre ellos es la misma que existe entre el aire de Edimburgo
y el de Irlanda del Sur. Pero si hacemos una clasificación según grados de

---

[136] Ibid., Pról., st. 12. El efecto en el lector moderno se debe, solo en parte, al
perder la palabra *impressio* su connotación científica.
[137] Ibid., i, st. 3.
[138] Ibid., i, st.15, 16.

méritos, entonces sin duda *El palacio* está mucho más cerca de *La reina de las hadas* que la obra de Hawes de cualquiera de las dos.

El capítulo quedaría incompleto sin una referencia a un seguidor de Douglas: John Rolland. Su *Court of Venus* (*Corte de Venus*), impresa en 1575, ha tenido pocos lectores. Su «verso renqueante»[139] (que el autor reconoce dos veces) y su prólogo excesivamente insípido son ideales para acobardar al estudioso que no tiene intereses históricos. Hoy por hoy, recobrar el gusto por esta peculiar combinación —escocesa y medieval— de galantería, sátira, fantasía y escrúpulos es completamente imposible, pues disfrutarla supone estar familiarizado con los tecnicismos legales que durante tanto tiempo fueron parte esencial de la cultura escocesa. Nuestra única posibilidad de acercarnos con simpatía a esta obra sería imaginar cómo la disfrutó el Barón de Bradwardine. Ya que si el Barón lo hizo, ¿por qué no Scott? Y de Scott a nosotros hay poca distancia. Como alegoría, está más cerca de Guillaume de Lorris que de Machault o Chartier, en la medida en que el núcleo es una acción alegórica y no una simple lamentación. Ciertamente comienza con un debate —de esos que hemos aprendido a temer— entre Esperanza y Desesperación; pero que solo conduce al momento en que Esperanza se desvanece ante los argumentos de su compañero, exponiéndolo así a la cólera de Venus. La diosa aparece, reanima a su campeón y, aconsejada por su «gran abogado» Themis, instruye a Némesis para que cite a Desesperación ante un jurado.[140] El segundo libro trata de los intentos de Desesperación por conseguir un abogado que lo defienda, y su éxito al anticiparle honorarios a Vesta. El tercero y el cuarto nos relatan el juicio en el que es condenado, luego perdonado y finalmente reconvertido al servicio de Venus. La alegoría es coherente y razonable, pero ya este resumen basta para mostrar su debilidad. Si el poema posee cierto atractivo a pesar de las fallas, se debe a que —una vez más— el interés descansa en cosas para las que la alegoría es solo un pretexto. La primera es la presentación realista, en algún grado satírica, del mundo legal de entonces. A este respecto, la *Corte de Venus* guarda un cercano paralelo con la *Asamblea de las damas*. El episodio en que Némesis notifica al pobre Desesperación de su emplazamiento es vívido y obviamente está acorde con

---

[139] *Court of Venus*, ed. The Rev. W. Gregor, Scottish Text Society, London,1884, Prólogo 279, y iv, 740.
[140] Ibid., i, 641-929.

la realidad. Desea una copia de la notificación para guardarla; y Némesis no tendría ningún inconveniente en darle una *gratis* si él no fuese

> repugnante
> Para la Reina Venus y su corte.[141]

Como lo es, solo puede obtenerla pagando; mas no logran ponerse de acuerdo en el precio. Naturalmente, la escena del juicio es más difícil para el lego; pero cualquiera puede saborear las objeciones de Vesta ante el jurado y, más aun, el retrato de este retirándose «completamente estupefacto, pues la causa era noble».[142] Cuando arriban a la sala,

> Primero examinan el Pentateuco de Moisés
> Con sus historias, y luego el Paralipómeno

y así durante los siguientes veinticinco versos.

Si la palabra fuese menos ambigua, me aventuraría a llamar «romance» al otro interés. La presencia de este elemento en Rolland es mucho menos cierta que en Douglas y Hawes, y muchos lectores la negarán absolutamente. Tal vez fantasía o extravagancia serían palabras más adecuadas. Pero cualquiera sea el nombre que usemos, hay algo en el segundo libro que a veces nos aproxima a *La reina de las hadas*, *Los niños de las aguas* o *Alicia en el país de las maravillas*. Aquí como en Douglas, hay una ampliación y una profundización del *terrain* alegórico: una tendencia, todavía lánguida pero reconocible, a trasladar el interés de las personificaciones al mundo donde las personas y las aventuras se hacen plausibles. El segundo libro de la *Corte de Venus* es, por así decir, una tierra con aire propio; que recordamos y reconoceríamos si la encontramos de nuevo en otro libro o en un sueño. Lo que complica el asunto —aunque también mejora el libro en cuanto literatura— es que en el pasaje, el interés que me cuesta tanto definir está inextricablemente mezclado con los intereses satíricos y realistas. Desesperación solicita sucesivamente asistencia legal a los Siete Hombres Sabios, las Nueve Musas, los Nueve Beneméritos, las *Diez Sibilas*, las Tres Fortunas (o «hermanas agoreras» como las llama Rolland),[143] las Tres Gracias y Vesta. La profunda desesperación del infortunado demandante y el

---

[141] Ibid., i, 896.
[142] Ibid., iii, 912.
[143] Ibid., ii, 679.

frío consuelo con que cada una de estas autoridades, excepto la última, lo remite a la siguiente, logran un retrato que cualquiera podría reconocer. Es lo que ocurre cuando la pobreza o la impopularidad buscan auxilio contra enemigos cuya suerte va en aumento: todos se desprenden de su responsabilidad como de una papa caliente. Igual de verídico, y más entretenido, es el retrato de Desesperación dudando ante la puerta de los Nueve Beneméritos —cuyo solo aspecto le aterroriza— y está por decidirse a fingir que ha venido por otra diligencia:

> Es mejor decir que soy cirujano…
> Es mejor decir que busco ocupación.[144]

En una de las viejas alegorías, todas estas figuras disímiles habrían aparecido a voluntad sin más sentido de distancia o extravío que el que tendríamos frente a un tablero de ajedrez. Rolland nunca nos permite olvidar los viajes

> A través del moho y el fango y muchas montañas altas,
> A medio camino solo, muy solo,
> Por desiertos y bosques y grandes peligros.[145]

Incluso nos hace sentir el paso del tiempo y nos muestra cómo el viajero, que estaba en bastante buen estado cuando lo vimos por primera vez, se ha vuelto

> Pesado, las vestiduras completamente mojadas
> Bajo las tormentas y vapuleado por el tiempo
> En hielo y nieve.[146]

Al final, estos viajes dejan de ser meros puntos de unión. Uno de ellos se extiende por cerca de ochenta versos, que exhalan un espíritu totalmente desconocido a la vieja alegoría y que nos conducen al Cáucaso «muy alto en Escitia» y «encandilante con la caída de la nieve», donde el sol está sobre el horizonte veinte de las veinticuatro horas del día. Allí, el viajero se recuesta sobre «una piedra maravillosa»; recibe consuelo mientras duerme, despierta para lamentarse y luego se encuentra con quien le enviara el sueño.[147]

---

[144] Ibid., ii, 303, 309.
[145] Ibid., ii, 194.
[146] Ibid., ii, 566.
[147] Ibid., ii, 384-470, 778ss.

En lo demás, Rolland es un poeta muy menor. Posee cierto dominio sobre aquel vigor mordaz que encontramos en todos los escritores escoceses de la Edad Media; y la conclusión del poema —donde, inesperadamente, se presenta él mismo en el festín de la corte de Venus identificándose con *Eild* y convirtiéndose así en una de las personificaciones de su propia alegoría— es, hasta donde sé, original y ciertamente muy efectiva. Y si bien me sumergí en otros aspectos de la obra, no debe suponerse que sea deficiente en el poder verdaderamente alegórico. El torneo en el libro IV, que aunque una vez vista la *significatio* no se podría citar sin indecencia, es una obra maestra: una excelente descripción realista de un torneo, y al mismo tiempo, un cercano paralelo al tema del libro. No espero lograr muchos conversos para Rolland, y yo mismo no he obedecido su requerimiento de que el poema se lea más de una vez:

> El lector debe aproximarse muchas veces al autor
> Si no desea le reprochen errar en la interpretación.[148]

Pero autores no tan obviamente mejores que él, que escriben en un lenguaje más simple y en formas más populares, se leen actualmente por placer y son moderadamente elogiados en los libros de crítica. Sin duda, hay verdadera poesía en las palabras de Desesperación cuando oye el canto de las musas:

> ¡Dios! dijo entonces, si mi fortuna fuera
> Mi sino fatal y también mi destino,
> Me convertiría en Eco, la doncella,
> Para disfrutar de esta gran alegría cotidiana.[149]

---

[148] Ibid., Pról., 285.

[149] Ibid., ii, 148.

Nota: Es digno de destacar que las figuras de *Muerte, Fama, Tiempo* y *Eternidad*, en la conclusión del poema de Hawes, aparecen, y en el mismo orden, en un *bello tapiz pintado* en casa del padre de *sir* Tomás Moro. Los versos del hijo *sobre todos aquellos espectáculos* se encuentran en *Works* (1557). Ignoro cómo estos ejemplos ingleses se relacionan con el uso de la misma secuencia por Petrarca en *Trionfi*.

VII. *LA REINA DE LAS HADAS*

«The quiet fulness of ordinary nature».
GEORGE MACDONALD.

I

En el capítulo anterior intenté explicar el proceso a través del cual las alegorías eróticas y homiléticas de la Edad Media se fusionaron para anticipar, en conjunto, *La reina de las hadas*. Pero debo confesar desde ya que la anticipación es liviana. No son muy numerosos los episodios en los que Spenser nos recuerda la alegoría medieval, y cuando lo hace no estamos siempre muy seguros de una conexión real. Ciertamente, sus Siete Pecados Capitales siguen el modelo típico; su Casa de la Beatitud no es completamente distinta al castillo cisterciense de Deguileville, y la ofensa y el castigo de Mirabella, en el libro VI, pudieron estar en cualquier poema amoroso medieval. Con todo, en el libro IV, aunque el Templo de Venus posea un parecido general con las viejas alegorías, en realidad no se parece mucho a ninguna de ellas. Es cierto que los combates contra los monstruos alegóricos recuerdan a los de Hawes, pero no tanto como para probar una imitación. Incluso la Rica Ribera podría ser algo completamente independiente a su análoga en el *Pastime*.[1] Si el poema de Spenser no posee modelos frescos; si una perfecta evolución lo condujo desde *El libro de la rosa*, su novedad sería abrumadoramente más notable que una adecuación general al tipo alegórico que hemos estudiado. De hecho, desciende de la épica italiana y no de la alegoría inglesa.

Así las cosas, cabría preguntarse qué lugar tiene *La reina de las hadas* en el presente estudio. Existen dos respuestas. En primer lugar, Spenser,

---

[1] *The Faerie Queene*, III, iv; *Pastime of Pleasure*, 270.

mientras toma prestada la forma de la épica italiana, la modifica deliberadamente convirtiéndola en una «alegoría continuada u oscura fantasía». En
esto pudieron influenciarlo las interpretaciones alegóricas que los críticos
habían imputado a Ariosto, y que Tasso, tras una idea tardía, se imputaría
posteriormente a sí mismo. Pero la alegoría no es una idea tardía en el poema
de Spenser. Cuando es verdaderamente alegórico lo es grave y radicalmente,
y continúa el impulso medieval con o sin su guía. La segunda respuesta es
más importante. Estoy tratando de contar no solo la historia de la forma,
la alegoría, sino principalmente la del sentimiento, el amor cortés. Y en ella
Spenser no es tanto una parte del tema sino un maestro, o cuando menos un
profesor ayudante. La última fase de esta historia —la derrota final del amor
cortés a manos de la concepción romántica del matrimonio— ocupa el libro
III de *La reina de las hadas* y buena parte del IV.

Antes de proceder a clarificar esta idea debo decir algo acerca del modelo
inmediato de Spenser, la épica italiana. Hoy, este vasto cuerpo de poesía ha
caído extrañamente en descrédito. Pero sus producciones fueron verdaderas obras maestras muy conocidas por lectores tan diversos como Spenser,
Milton, Dryden, Hurd, Macaulay y Scott. Las señoritas del siglo XVIII se
habrían avergonzado de rechazar lo que rechazan hoy con tanta facilidad
los estudiosos. Olvidar a estos poetas es deplorable no solo porque vicia
nuestra comprensión del movimiento romántico —es un fenómeno ciertamente frustrante el rechazo del noble viaducto por donde el amor de la
caballería y el «dulce fabular» viajaron directamente desde la Edad Media
al siglo XIX—, sino también porque nos priva de toda una clase de placeres, aminorando nuestra concepción literaria. Es como si alguien ignorase
a Homero, al drama isabelino o a la novela. Pues al igual que ellos, la épica
romántica de Italia es uno de los trofeos más grandes del genio europeo: una
clase genuina, irremplazable y representada por una producción extremadamente copiosa y brillante. Es uno de los éxitos, de los logros indiscutibles.

Su materia, como tema, tiene una larga historia. En el siglo VIII, el héroe franco Hruodland muere luchando por Carlomagno en la retaguardia
contra los vascos. Hacia mediados del siglo IX, el hecho ya forma parte de
la épica y los nombres de los héroes *vulgata sunt*. En los siglos X y XI la
cristiandad, apremiada por los sarracenos y los vikingos, todavía narra lo
sucedido aunque los enemigos de Carlomagno son ahora indiscriminada-
mente paganos —adoradores de Tervagaunt y Mahoma—, los modelos originales de la «Cabeza del Sarraceno» de nuestro escudo. La historia nos dice

que Taillefer cabalgaba cantando la canción de Rolando a la cabeza de los normandos en Hastings. A principios del siglo XII aparece el compilador, el pseudo Turpin, que es el Dares, Dictys o Geoffrey del ciclo. Hacia fines de siglo es ampliamente leído y se le traduce permanentemente. Luego vienen las versiones italianas: una *Entrée en Espagne* en el siglo XIV, una *Spagna* en verso y otra *Spagna* en prosa. Entrado el siglo XV aparecen los grandes poetas.

Como forma, la épica italiana ilustra la conversión, en parte a través de la parodia, del *genre* popular en literatura respetable. Se dice que el verso *Spagna* posee el carácter de la poesía juglaresca o mendicante:

> Y ya que hemos llegado al fin del canto Quinto,
> ¿Les complacería, mis señores, y en premio a mis versos,
> Meter las manos en vuestros monederos?[2]

Cuando llegan los poetas «literarios» toman posesión de las extravagancias del romance popular con una sonrisa —mitad diversión y mitad afecto—, como quien regresa a aquello que cautivó su niñez. Ellos también escribirán sobre gigantes y «orcs», sobre hadas y caballos voladores, y sobre sarracenos echando espuma por la boca. Lo harán con una gravedad ocasional, remitiéndonos a Turpin cada vez que las aventuras sean demasiado ridículas, y todo será muy divertido. Pero se darán cuenta de que su placer no es solo la burla. Aunque nos riamos, el viejo encantamiento funciona. Bien o mal, las hadas seducen, los monstruos alarman, las laberínticas aventuras nos acercan a algo. Esta mezcla de parodia y delicia es el secreto de la épica italiana y, al mismo tiempo, aquello que resulta tan difícil de explicar a los que no han leído sus poemas. Hay, por cierto, analogías. El cuento de hadas francés, tal y como se practicó en la corte de Luis XIV, da vueltas de la misma manera en torno al absurdo infantil y a su capacidad para provocar encanto; y así también lo hace el *Fairy Tale* (*Cuento de hadas*) de Parnell. Si se le observa bien, Pickwick es un muñeco ridículo que en definitiva se transforma en un hombre adorable. Pero no cabe un paralelo semejante para el que existe entre el *Orlando Enamorado* y el *Orlando Furioso*.

Boyardo, que comenzó su *Innamorato* hacia 1472, está bastante cerca de la poesía popular en muchos sentidos. Los cantos suelen comenzar con cumplidos al público reunido en derredor y concluir recordando que otra

---

[2] Ver G. Maffei, *Storia della Lett. Italiana*, II, v.

entrega está por venir. Su poema es como una serie sin fin, como el ciclo de *Pip*, *Squeak* y *Wilfred*. Aunque a primera vista parezca un sinsentido, no lo es. Su método consiste en una narración entrelazada. La fórmula es tomar cualquier número de romances caballerescos disponiendo una serie de coincidencias de modo tal que cada cierto número de páginas se interrumpan entre sí. El lector inglés pensará en Malory o en Spenser, pero Malory deja inconclusas sus historias con demasiada frecuencia; y si las concluye, no logra entrelazarlas del todo (acaban desprendiéndose del resto del libro como cuerpos independientes). Y en general es tan confuso que no resulta un buen paralelo. Boyardo, en cambio, no pierde la cabeza: no dudamos que si concluyó el poema los hilos deben haber quedado diestramente atados. Por su parte, Spenser tiene tan pocas historias que contar comparado con el italiano (un resumen en prosa de *La reina de las hadas* es insignificante al lado de uno del *Innamorato*) y es tan pausado que no puede dar una idea del *scherzo* de Boyardo. Este habría narrado la historia del primer canto de Spenser en unas pocas estrofas, y el tema completo de *La reina de las hadas* en unos pocos cantos. La esencia de Boyardo está constituida por la velocidad, el atropellamiento de episodios y la loca alegría carnavalesca. Inventa un mundo donde, aunque el amor y la guerra son casi las únicas ocupaciones, el protagonista no tiene tiempo para perder la vida o la virginidad: siempre irrumpe en el momento crítico un extraño caballero, una nave veloz, un «bandersnatch» o un «boojum», y nos vemos envueltos en otra historia. Y aunque es una forma sumamente agradable, agota tanto como ir por un tobogán. Así —pues este *genre* es muy paradójico—, debo corregir la impresión del lector advirtiéndole que una verdadera valentía caballeresca está mezclada siempre con el alboroto, y que en cualquier momento puede surgir una poesía amorosa seria o incluso una alegoría amorosa. Por ejemplo, cerca del final del poema, cuando se encuentran Brandiamante y Roger, el poder del poeta para delinear la pasión es sorprendente.[3] El encuentro de Reynold y Amor en el bosque es una escena más «romántica» (en el sentido inglés de la palabra) y más tierna que cualquier escena de Ariosto.[4] Los meditabundos pasajes al comienzo de sus cantos están llenos de belleza lírica. En resumen, el caballero, el amante y el poeta se parecen a las marionetas o a un teatro de títeres. Boyardo se parece a un niño, al mejor de los niños. Es

---

[3] *Orlando Innamorato*, III, v, 38ss.
[4] Ibid., II, xv, 42ss.

notable que un poema de la extensión del *Innamorato*, fundamentalmente cómico e inmerso en la tradición latina, sea tan casto.

Ariosto es, lejos, el poeta italiano más grande después de Dante. Pero puede que su superioridad sobre Boyardo no sea tan obvia para un inglés. Esto se debe en parte a que dicha superioridad radica en un estilo que es imposible de percibir excepto por un italiano; y en parte porque es más típicamente latino que su predecesor: una inteligencia más sólida y más brillante. Ha recibido el método, y buena parte del material, previamente elaborados por Boyardo; y aunque se parece mucho más a él de lo que comúnmente se cree, las diferencias son importantes. Desde luego, está muy lejos del viejo poeta en cuanto delineador de personajes. Sus individuos ni siquiera se acercan a lo que un compatriota de Shakespeare habría llamado «personajes»: están dibujados desde el exterior por alguien más interesado en la naturaleza general de «las pasiones» (es la forma latina)[5] que en las idiosincrasias. Sin embargo, viven. Bradamante, con sus claros celos meridionales y sus desesperaciones —su extraña mezcla de arrogancia y humildad— es, ciertamente, una de las grandes heroínas. Además, el dominio que posee Ariosto de lo patético está estrechamente relacionado con la capacidad de crear personajes; y aunque no se trate del patetismo que prefieren los ingleses, a su manera es excelente. El lamento de Rolando sobre Brandimarte[6] puede sonarnos delgado y retórico comparado con el de Ector sobre Lancelot; pero es culpa de nuestra estrechez insular. En tercer lugar, el humor de Ariosto, en sus mejores momentos, es muy diferente al de Boyardo. En realidad, Boyardo difícilmente es humorístico. Es apenas gracioso, mientras que Ariosto es un maestro de la ironía y de la construcción cómica. Pero no debemos insistir demasiado en estas diferencias. Ariosto comparte con Boyardo el poder que los hace superiores a todos los poetas que he leído: el ingenio. La fertilidad de su fantasía está «más allá de lo esperable y más allá de la esperanza». Sus actores van desde arcángeles a caballos y sus escenarios se mueven entre Catay y las Hébrides. En cada estrofa hay algo nuevo: batallas llenas de detalles; tierras con leyes, costumbres, historias y geografías extrañas; tormentas y luz de sol; montañas, islas, ríos, monstruos, anécdotas y conversaciones: parece no haber fin. Nos narra lo que come su gente, describe la arquitectura de sus palacios. Se trata de la «opulencia de Dios»: no puede agotarse más de

---

[5] Al respecto véase Faulkner Jones, D.E., *The English Spirit*, 1935.
[6] *Orlando Furioso*, XLIII.

lo que se agota la naturaleza. Si uno se cansa de Ariosto se cansa del mundo. Si alguna vez sentimos que ya no es posible leer más aventuras, en ese preciso momento nuestro autor comienza otra con un exordio tan ridículo, tan mordaz o tan increíble que decidimos continuar por última vez. Pero entonces estamos perdidos: no paramos de leer sino hasta que nos vence el sueño, para comenzar de nuevo a la mañana siguiente. El arte que logra mantener el interés casi se disimula a sí mismo. Sin duda, parte del secreto consiste en la costumbre que tiene Ariosto de alternar intervalos —tan temerarios como los de Boyardo— atiborrados de descripciones; y en parte a la excelencia de sus transiciones. El *Furioso*, en su forma peculiar, es una obra maestra tan grande en construcción como el *Edipo rey*. Pero finalmente nada puede explicar —y ninguna consideración crítica mía representar— la abrumadora hazaña de Ariosto. Solo hay un crítico inglés capaz de hacer justicia a este poema galante, satírico, caballeresco, burlesco y rimbombante: Chesterton debería escribir un libro sobre épica italiana.

Ariosto da pie a una interesante cuestión de teoría literaria. Un crítico americano actual ha señalado que el gusto por la poesía inglesa se basa en «una percepción parcial del valor de Shakespeare y de Milton, y que descansa en lo sublime del tema y la acción». De hecho, con Arnold se da el caso de que le exigimos a un poema la seriedad máxima antes de llamarlo grande. Ariosto es precisamente el poeta que pone de manifiesto esta distinción entre el criterio inglés y el continental; o, para decirlo más exactamente, entre el griego y el inglés, por una parte, y la tradición latina (¿deberíamos agregar americana?) por otra. Si uno está del lado de Atenas, Londres y Oxford —como yo— entonces obviamente Ariosto no es un «gran poeta». Pero si se abandona la «seriedad máxima», su brillo, armonía y cabal supremacía técnica son suficientes, a nuestros ojos, para constituir grandeza. Y entonces *The Madness of Roland* (*La locura de Rolando*) está al mismo nivel que la *Ilíada* y *La divina comedia*.

La *Gierusalemme Liberata* de Tasso aparece demasiado tarde y no es sino una influencia ocasional en *La reina de las hadas*. Es una obra totalmente diferente a la de Boyardo y Ariosto: un intento, muy logrado, por devolver a la épica romántica la verdadera gravedad de la épica y su unidad de acción; manteniendo, en la medida de lo posible, su variedad, sus intereses amorosos y su romanticismo. Un gran crítico la describió como «un híbrido estéril», lo que demuestra cuán peligrosas pueden ser las metáforas. Si sustituimos la frase por «nunca ha sido imitada con éxito», retendremos la verdad que la metáfora guarda como reliquia liberándonos de su sabor despectivo. La mejor crítica sobre *Gierusalemme* es la del amigo anónimo de W. P. Ker, en cuanto a que se trata de «una buena historia». Solo por eso merece leerse de principio a fin. Su mezcla de realismo y fantasía es de lo más feliz que pueda imaginarse. La espontaneidad de su nobleza y su piedad la ubican en una clase aparte de otras obras del mismo género.

Johnson describió una vez la felicidad ideal que escogería si el futuro le fuese indiferente. Mi elección, y con la misma reserva, sería leer épica italiana; convalecer permanentemente de alguna enfermedad no muy grave sentado junto a una ventana con vista al mar, leyendo estos poemas durante ocho horas de cada uno de mis felices días.

II

«Influencia» es una palabra demasiado frágil para describir la relación existente entre la épica italiana y *La reina de las hadas*. Luchar con la armadura de otro hombre es algo más que estar influenciado por su estilo de combate. Aunque a Spenser le ayudan los italianos, pues ellos inventaron la clase a la que pertenece su poema, su obra se liga tanto con ellos como el *Samson Agonistes* con el drama ateniense. Y es que su deuda no se limita a la adopción de la forma. Los moralizantes proemios de sus cantos, que suenan tan propios, se ajustan a la práctica regular de Boyardo y Ariosto. Los finales pueriles, con la promesa de que la historia «continuará en el próximo», provienen de la misma fuente. El mito genealógico en la historia de Britomarte tiene sus raíces en otro análogo en la historia de Bradamante. La función profética de Merlín es la misma en ambos. Incluso la referencia a la traición que le hiciera la Dama del Lago —y que al lector inglés recuerda inevitablemente la *Morte Darthur*— tiene su contraparte en Ariosto.[7] Las digresiones relativas al valor femenino son comunes a Spenser y sus fuentes; y si Britomarte cuenta las horas antes del regreso de Artegall, Bradamante ya lo había hecho antes del regreso de Roger. El escudo de Arturo está tomado del de Atlante; el *novello* de Phaon de aquel de Ariodante; la arborización de Fradubio de la de Astolfo; la sangría de Belfebe de la de Angélica. Si Ariosto se disculpa por los relatos que ofenden a sus lectoras femeninas, Spenser hace lo mismo. Los medios con que Blandamour intenta combatir a Braggadochio

---

[7] *The Faerie Queene*, III, iii, 10; *Orlando Furioso*, III, 10.

son los mismos con que Marfisa combatió a Zerbin.[8] En fin, las similitudes son tan numerosas y evidentes que hacer una lista es perder el tiempo. El poeta inglés sigue al italiano tan cerca como Virgilio siguió a Homero, y con la misma ansiedad de alardear la deuda más que de disimularla.

Los estudios sobre *La reina de las hadas* que no comienzan con un claro reconocimiento de este hecho están mal enfocados, y los que intentan esclarecerlo terminan encontrando oscuros paralelos con nuestra primitiva literatura vernácula para episodios de Spenser cuyas reales fuentes saltan a la vista apenas abrimos nuestro Ariosto. No puede formularse claramente que, al llegar a *La reina de las hadas*, la historia que pretendo contar se corta en dos por la aparición de un modelo foráneo nuevo. Son muy pocas las deudas demostrables de Spenser con la primitiva poesía y el romance ingleses. Que se declare discípulo de Chaucer es solo eso, una declaración, y no una práctica; y creo imposible probar, por evidencias internas, que haya leído lo suficiente a Malory. Solo una vez admitida esta cortante discontinuidad pueden discutirse con certeza sus afinidades ocultas con la poesía inglesa medieval, y especularse acerca de sus posibles deudas con ella; deudas no en cuanto a la estructura o al estilo (que están fuera de discusión), sino en cuanto a sentimiento y a perspectiva. Las certezas deben anteceder a las probabilidades.

La reina de las hadas es, entonces y ante todo, una rama inglesa de aquel excelente *genre* de la épica romántica; y en una visión amplia de la literatura europea, su fidelidad al tipo deberá enfatizarse tanto como sus rasgos particulares. Pero una vez que se ha comprendido esto hay que tener cuidado de no caer en la visión contraria. Nada más fácil, e infructuoso, que transformar a Spenser y a Ariosto en rivales y «poner por escrito» al uno por sobre el otro. Quien guste de la velocidad y la jovialidad escogerá a Ariosto y afirmará sin problemas que Spenser es desgraciadamente inferior a su modelo. Sus amores y sus guerras son de una languidez intolerable comparadas con la vivacidad del italiano. Sentimos que Mandricardo o Rolando habrían dado cuenta rápidamente de estos etéreos caballeros de lento andar y pesado hablar cuya alegoría los cubre más que sus armaduras. Britomarte, al lado de Bradamante —la inigualable Bradamante— no es más que una recia muchacha del campo. Su discurso es insípido y pretencioso, sus penas de amor no tienen dignidad; siempre está con la nodriza y a menudo sugiere la *anglaise* de tradición continental. Tampoco el pequeño zoológico

---

[8]   *The Faerie Queene*, IV, iv, 9; *Orlando Furioso*, XX, 125.

de monstruos spenserianos —sus reiterados combates individuales o su monótono bosque (donde no cambian las estaciones)— admiten comparación con las inagotables invenciones de los italianos. Desde este punto de vista, *La reina de las hadas* no es más que una sombra desfalleciente de sus modelos. Si, por otra parte, usted es un romántico; si su gusto está más inclinado a la Maravilla que a las maravillas; si usted exige de la poesía la máxima seriedad junto a la posibilidad de acceder a mundos sensibles que la prosa no le permite, entonces le será muy fácil invertir los papeles. El doctor Richards se ha quejado de que la poesía de Rupert Brooke «carece de interior».[9] Sería muy fácil decir lo mismo de Ariosto: lo poco evocativos y meramente entretenidos que son sus prodigios; lo metálico y externo de su patetismo. Hasta podría argumentarse que la claridad de sus personajes solo es aparente y que nunca sabemos de ellos más de lo que podría decirnos la prosa. En definitiva, difícilmente se trataría de poesía en el sentido inglés de la palabra.

Pero las dos visiones sugeridas podrían ser igualmente tontas y en el mismo sentido. Ambas son un ejemplo de aquella crítica perniciosa que intenta recomendar la excelencia de una obra despreciando otra. Es cierto que *La reina de las hadas* pertenece a la misma clase que los poemas italianos; pero, y como lo demuestra el ejemplo de Homero y Virgilio, ello no significa que debamos esperar la misma clase de placer. La identidad de *genre* admite la diversidad en la cualidad imaginativa. El mismo Virgilio ha sufrido a veces la desconsideración de este principio, y los críticos han perdido mucho tiempo tratando de demostrar que es un Homero débil. Olvidan que Homero es un Virgilio mucho más débil y que ninguno puede consolarnos por separado de la pérdida del otro. De la misma manera, las comparaciones entre Ariosto y Spenser solo son útiles respecto a un punto, más allá del cual descubrimos que uno es débil precisamente donde el otro es fuerte. Y que se parecen muy poco cuando ambos alcanzan su mayor grandeza.

Spenser y los italianos están igualmente henchidos de maravillas; y en cierto sentido, de maravillas similares. En prosa abstracta sonarían muy parecidos, pero en los poemas no podrían tener una medida común. Las maravillas de Boyardo y de Ariosto son formas literarias de uno de los juegos más viejos del mundo: la «historia exagerada», la fanfarronada, la mentira. Pertenecen al mismo mundo que las aventuras del Barón Munchausen. Las

---

[9] *Coleridge on Imagination*, p. 215, London, 1934.

maravillas de Spenser, aparte su alegoría explícita, siempre son profundamente imaginativas. En Boyardo, el ladrón Brunell encuentra a Sacripante montando su caballo en tal estado de cavilación que ha olvidado todo lo que le rodea. Inmediatamente afloja la montura, la levanta con un leño y saca al caballo por debajo del caballero sin interrumpir sus meditaciones.[10] Solo hay que pensar en la imposibilidad de un episodio como este en *La reina de las hadas* para comprender la diferencia entre el romance italiano y el inglés. Pero tal vez esta diferencia se hace más evidente cuando los episodios se parecen superficialmente. Orrilo, en los italianos,[11] es mágicamente difícil de matar; y así es Maleger en *La reina de las hadas*. Pero el problema con Orrilo es que cualquier trozo de cuerpo que se le corte se le vuelve a unir de inmediato. En Boyardo, en cambio, el conflicto con Orrilo desemboca al momento en que el caballero tiene la ingeniosa idea de cortarle ambos brazos al mismo tiempo y arrojarlos al río. Se trata de un problema y una solución propios del ratón Mickey. Pero nos alejamos miles de millas de distancia cuando leemos que Maleger es

> de una sustancia tan sutil y silenciosa
> Que parece un fantasma con la mortaja desgarrada.[12]

Una de las historias es graciosa; la otra nada más que una pesadilla.

En realidad, en los poemas ingleses e italianos solo las superficies se parecen; y por «superficie» entiendo aquello que se nos presenta primero a la vista: historias de aventuras caballerescas inmersas en un mundo maravilloso. Al llamar a esto superficie no sugiero que no sea importante, sino muy por el contrario: es tan importante que puede atraer o repeler lectores precisamente por ello. Y la mayoría (no todos) de los que prefieren algunos de estos poemas también preferirán los otros. Pero se trata solo de una superficie. Existen, por decirlo así, capas por debajo que, si se escarban, dejan al descubierto diferencias esenciales.

Lo que yace inmediatamente debajo de la superficie de la épica italiana es, simplemente, lo actual: la cotidianeidad del viaje, la guerra o la valentía en el mundo mediterráneo. No me refiero a aquellas historias tipo *novello* donde lo actual aparece sin disfraz, sino al *Innamorato* y al *Furioso*. Así, la guerra de Agramante contra los francos es, en la superficie, simplemente

---

[10]   *Orlando Innamorato*, II, v, 40.
[11]   Ibid., III, iii, 12.
[12]   *The Faerie Queene*, II, xi, 20.

fantástica; y las proezas de los combatientes son sencillamente imposibles. Pero de esto mismo pueden extraerse los lineamientos típicos de una guerra real. Hay problemas de transporte y líneas de comunicación. Para el invasor, la derrota significa volver a las ciudades que ya fueron tomadas. Los intereses divergentes de los aliados quedan al descubierto en los consejos de guerra. La verdadera derrota de Agramante se debe, evidentemente, a las poderosas maquinaciones de Astulfo en un teatro remoto y distinto, y no a las hazañas caballerescas ante París. La historia podría reescribirse, plausiblemente, como titulares de crónica o memorias del alto mando. Lo mismo encontramos al pasar de la guerra a las aventuras secundarias. Los caballeros pueden navegar hacia fabulosas ciudades del Amazonas o cavernas de Ogros, pero los chubascos y la marinería son realmente mediterráneos. Y asimismo los piratas, los bandoleros, los posaderos, las tropas piojosas y coloridas (*pidocchiosi*) y toda esa canalla que, de manera bastante cercana en algunos lugares, une a la épica romántica con la novela picaresca. Incluso los amores de Roger y Bradamante tienen padres casamenteros y una sólida base de vida familiar. Parte de la belleza del carácter de Bradamante es que además de ser el caballero más austero que jamás empuñara una espada, es la hija más respetuosa que jamás llorara por un amor imposible. Así, en los italianos lo fantástico se adhiere a cientos de aspectos reales y lugares comunes; nada está en el aire. Incluso las navegaciones de Astulfo sobre el Hipogrifo se aterrizan gracias a las continuas referencias a los geógrafos más creíbles de la época. Todo yace, por decirlo así, una pulgada más abajo de la superficie. Pero si se raspa un poco más se encuentra una tercera capa, y otra suerte de actualidad. Bajo el realismo, y muy por debajo de la superficie fantástica, se esconden los desfallecientes aunque descifrables rasgos de la leyenda original: el tema de las *chansons de geste*, el viejo «debate del mundo» entre la cruz y la medialuna. La presencia de este tema, que los poetas pueden suprimir y revivir a voluntad, se utiliza para brindar gravedad cuando así se lo desea. Siempre podrá recordársenos que Rolando es un senador y Carlomagno el campeón de la Cristiandad. El tema exige que las «máquinas» de los poemas deban ser Dios y sus ángeles, y no las deidades clásicas; al tiempo que proporciona una fuerza que, de otro modo, faltaría a la muerte de Isabella o al asalto sobre París.

Esta es la épica italiana. En el primer plano tenemos la aventura fantástica, al medio la vida diaria y al fondo una venerable leyenda de núcleo histórico verdadero y trascendental. Si Spenser lo hubiese querido, no hay ninguna razón para que el poema inglés no se pareciera a esto mucho más de lo que se parece. Las guerras de Arturo contra los sajones pudieron trabajarse igual a como Boyardo y Ariosto trabajaron las guerras de Carlomagno contra los Sarracenos. La escena del poema pudo situarse en Inglaterra, utilizándose en todo momento (como en los italianos) una topografía real. Pero Spenser guarda la ciencia artúrica para digresiones ocasionales y separa al príncipe Arturo de los sajones, Ginebra, Gavain, Lancelot y hasta de Sir Ector. No existe *situación* en *La reina de las hadas*: no hay cuándo ni dónde. Ariosto comienza con una situación: el regreso de Rolando desde el Oriente y la invasión de Francia por Agramante. *La reina de las hadas* comienza de manera muy distinta: un caballero y una dama cabalgan frente a nuestros ojos. No sabemos dónde están ni en qué período; toda la energía del poeta se concentra en el detalle de su apariencia. Ariosto comienza como quien cuenta, clara y correctamente, una serie de eventos que ha oído; Spenser comienza como quien, en trance o mirando por la ventana, cuenta lo que ve. Por profundo que cavemos en Spenser, jamás llegaremos a definir una situación para las formas que nos va a presentar, ni a encontrarles un contexto en el mundo objetivo.

Sin embargo, esto no significa que todo en él sea superficie. También posee sus niveles más profundos, aunque sean mucho más difíciles de describir que los de los italianos. Y en cierto sentido ya sabemos lo que llegarán a ser: Spenser ha alegorizado la épica romántica (esa es la única novedad formal de su obra) y lo que yace bajo la superficie del poema será, por tanto, subjetivo e inmaterial. Con todo, por el momento es mejor proceder inductivamente, señalando paso a paso lo que yace bajo su poesía sin inquirir aún sobre su alegoría «continuada».

Volvamos al Caballero y a la Dama de las estrofas iniciales. El escudo del Caballero tiene pintada una cruz roja sobre campo plateado; la dama lleva un cordero atado por el cuello. El cordero ha confundido a muchos lectores, pero sabemos[13] que cumplía una función importante en las más antiguas versiones de la leyenda de san Jorge y (lo que es mucho más relevante) que la Dama, en las procesiones de san Jorge y el dragón, solió ser representada de la misma manera. En otras palabras, las figuras que encontramos al comienzo de *La reina de las hadas* fueron reconocidas instantáneamente por los primeros lectores de Spenser, quien las revistió para ellos con asociaciones populares, domésticas y patrióticas, y no literarias o corteses. Estas figuras

---

[13] Ver Greenlaw, Osgood, Padelford, *Works of Spenser*, vol. i, Baltimore,1932, p. 389.

dan cuenta de aquello que era más universal e ingenuo para los gentiles y los plebeyos, cosa que sugiere un aspecto en la poesía de Spenser que sería fatal desconsiderar y que está abundantemente ilustrado en el libro I. Es probable que los ángeles que cantan en la boda de Una tengan el mismo antecedente procesional que el cordero.[14] La fuente en que san Jorge se refresca durante el combate contra el dragón proviene de *Bevis of Southampton*.[15] La similitud entre su alegoría y la de Bunyan, que ha complicado a muchos estudiosos, se explica mejor si se considera que poseen una misma raíz: el anticuado sermón en la iglesia del pueblo que todavía continúa la tradición alegórica del púlpito medieval.[16] Innumerables detalles provienen de la Biblia, y especialmente de aquellos libros caros al protestantismo: las cartas paulinas y Apocalipsis. Sus alegorías antipapales tocan la misma nota de aversión protestante popular e inculta; el lector actual (cualquiera sea su religión) solo puede comprenderlas y disfrutarlas si recuerda que, en tiempos de Spenser, el catolicismo romano era el símbolo más potente para comprender algo mucho más primitivo: el consumado Espectro, que suele cambiar de nombre pero que jamás se retira por completo de la mentalidad popular. En aquel tiempo, el *Book of Martyrs* (*El libro de los mártires*), de Foxe, estaba en manos de todos; desde el continente llegaban horribles historias acerca de la Inquisición y las galeras; y cualquier niño nervioso debió oír los cuentos sobre tabiques deslizándose entre las sombras de una casa solariega, aparentemente inocente, que dejaban al descubierto el rostro pálido y delgado de un jesuita. Los fantasmas llorando debajo del altar en la capilla de Orgoglio, y los inicuos misterios bajo el de la de Gerioneo, son agudas encarnaciones del horror popular de la época.[17] El propio Gerioneo, quien

> Reía tan alto que todos sus dientes desnudos
> Uno podía verlos alineados en desorden,
> Como una hilera de torcidas columnas,[18]

es la genuina encarnación del pelón huesos sangrientos de nuestras noches de infancia. La boca de un dragón es la «horrible boca del infierno», como

---

[14] *Op. cit.*, Ibid.
[15] *Op. cit.*, p. 395.
[16] V. Owst, *op. cit.*
[17] *The Faerie Queene*, I, viii, 36 y V, xi, 9, 20.
[18] Ibid., V, xi, 9.

en el drama medieval.[19] Mammón es la inmemorial figura telúrica que atesora oro: el gnomo. Las brujerías de Duessa, cuando monta el carro de Noche y «hambrientos lobos aúllan constantemente»,[20] o la bruja que hospedó a Florimel, están mucho más cerca del mundo de la superstición que los encantamientos italianos. Ocurre que durante mucho tiempo hemos buscado los orígenes de *La reina de las hadas* en los palacios renacentistas y en las academias platónicas, olvidando que posee orígenes tan humildes como el espectáculo de Lord Mayor, el panfleto, el cuento antes de dormir, la Biblia familiar y la iglesia del pueblo. Lo que yace bajo la superficie del poema de Spenser es el mundo de la imaginación popular o de lo que podría denominarse la mitología popular.

Y a diferencia de lo que haría Ariosto con un fragmento del folclore, este mundo no se inserta en el texto para entretenernos. Por el contrario, se le utiliza para un objetivo mucho más profundo y que tiene que ver con el verdadero interés de Spenser: la mentalidad primitiva o el instinto, con todos sus terrores y éxtasis; aquella fracción de nuestra mente que jamás osaríamos revelar a un hombre del mundo como Ariosto. Archimago y Una, de modos opuestos, son verdaderas creaciones de esta mentalidad. Cuando se nos describen en el poema parece que los conocimos hace ya mucho tiempo. Y aunque en cierto sentido verdaderamente es así, solo el poeta pudo haberlos revestido de su particular forma y color. Lo mismo puede decirse de Desesperación y Malengin, de la aterradora casa de Busirane y del Jardín de Adonis, que son todas traducciones visibles de sentimientos ciegos e inarticulados, hechas con singular exactitud y con una pérdida singularmente pequeña. El secreto de esta exactitud —secreto con el que, según mi criterio, Spenser supera a casi todos los poetas— debe buscarse, en parte, en su humilde fidelidad a los símbolos populares que tuvo a mano; pero sobre todo en su profunda simpatía con aquello que forja los símbolos: las tendencias esenciales de la imaginación humana en cuanto tales. Como los escritores del Nuevo Testamento (respecto de quienes, por el carácter de su simbolismo, es el poeta inglés que más se aproxima) está permanentemente preocupado por las antítesis fundamentales, como Luz y Oscuridad o Vida y Muerte. Ha sido bastante común pasar por alto —pues, salvo por un propósito especial, no había razón para no hacerlo— que Spenser jamás menciona a Noche sin

---

[19] Ibid., I, xi, 12.
[20] Ibid., I, v, 30.

aversión. Su historia lo obliga a describir innumerables anocheceres y su sentimiento al respecto es siempre el mismo:

> Apenas Noche con su pálido tinte
> Deshizo la belleza del cielo luminoso,
> Y negó a los hombres la deseada visión del mundo...[21]

O:

> cuando la triste Noche cubrió
> La pureza del cielo con una nube universal,
> Y las criaturas desmayaron con la tristeza de las tinieblas...[22]

O nuevamente:

> cuando el dulce destello del día se nubló
> Con las temibles sombras de la noche deforme,
> Advirtió al hombre y a la bestia que se encerrasen en plácido descanso...[23]

En el mismo sentido, sus descripciones matinales poseen un arrobamiento que jamás decae: la simple luz le es tan dulce como una nueva creación. Este tipo de episodios son demasiado numerosos y están esparcidos con excesiva amplitud (con frecuencia en lugares sin importancia) como para que sean el resultado de un plan consciente. Muy por el contrario: son espontáneos, y constituyen la mejor prueba de la férrea salud y de la paradisíaca inocencia de su imaginación. Son el trasfondo —difícilmente apreciable tras una primera lectura— para aquellos grandes episodios en los que el conflicto entre luz y oscuridad deviene explícito. Tal es la noche en vela del príncipe Arturo en el libro III, donde la vieja descripción del insomnio del amante se realza y espiritualiza en la «exposición» (como dicen los músicos) de uno de los temas principales de Spenser:

> Que los queridos hijos del día sean la bendita semilla
> Que derrote las tinieblas y gane el cielo:
> Verdad es su hija; él la alimentó por primera vez,
> La más sagrada virgen sin mancha de pecado.[24]

---

[21] Ibid., III, ii, 28.
[22] Ibid., xii, 1.
[23] Ibid., V, iv, 45.
[24] Ibid., III, iv, 59.

No es accidental que aquí se mencione a Verdad, o Una, pues es hija de Luz; y a través de todo el Libro I se aprecia la antítesis entre su padre, emperador de Oriente, y Duessa, reina de Occidente[25] —concepción tomada probablemente de *Razón y sensualidad*—. En el canto V nos encontramos cara a cara con Noche. El contraste entre su rostro «mortalmente triste» mientras sale del «sombrío establo» y Duessa,

> luminosa como el sol
> Adornada con oro y joyas de brillante claridad,[26]

(¡aunque Duessa no sea más que el reflejo de una luz aparente!) es, por supuesto, un típico ejemplo de aquella cualidad pictórica que los críticos han elogiado con frecuencia en Spenser, mas sin una comprensión cabal de sus irretratables profundidades, que no tienen nada que ver con la pintura. Pues Spenser no es un diletante; y comparado con el suyo, tiene una mala opinión del arte del pintor.[27] No está haciendo meros trucos de luz y sombra; y pocos discursos en nuestra poesía son más serios que la triste sentencia de Noche (el verdadero acento de una criatura *dréame bedaeled*):

> Veo que favorece a los hijos de Día.[28]

No obstante, una de las características de su imaginación es que, a pesar de la constante presión de la antítesis día-noche, nunca cae al dualismo. Está impresionado, tal vez más que ningún otro poeta, con el conflicto entre dos poderosos opuestos; pero consciente de que nuestro mundo es dualista para cualquier cosa menos para lo más profundo y verdadero. Así, evita la herejía final recordándonos con delicadas alegorías que, aunque el conflicto parezca esencial, uno de los opuestos contiene al otro y no está contenido por él. Verdad y mentira se oponen; pero la verdad no es solo norma de la pura verdad, sino también de la mentira. Por eso el padre de Una, Rey de Oriente y enemigo de Occidente es, sin embargo y *de jure*, Rey de Occidente y de Oriente al mismo tiempo.[29] Por eso es que Amor y Odio, que el poeta sin duda toma de Empédocles, son

---

[25] Ibid., I, ii, 22; vii, 43; xii, 26.
[26] Ibid., V, 21.
[27] Ibid., III, Proem. 2.
[28] Ibid., I, v, 25.
[29] Ibid., i, 5.

opuestos; pero no meros opuestos, como en aquel, sino hijos de Concordia.[30] Y es también por eso que, en el episodio que estamos discutiendo, Esculapio —criatura del bando de Noche— le hace a ella esta formidable pregunta:

¿Puede Noche afrontar
La tronante ira de Júpiter, que rige las tinieblas y la luz?[31]

Las otras antítesis —Vida y Muerte, o en sus niveles inferiores, Salud y Enfermedad— le evitan a Spenser lo insípido de tener que representar al bien como una ley arbitraria y al mal como espontaneidad. Sus males son cosas muertas o moribundas. Cada uno de sus pecados mortales posee una enfermedad mortal.[32] Esculapio se sienta en las entrañas de la tierra buscando incansablemente el remedio para una fiebre incurable.[33] Archimago hace de Guyon «el objeto de su desprecio y *mortífero alimento*,[34] Desesperación es un suicida inmortal,[35] Malbecco vive traspasado por el «eterno dardo de la muerte».[36] El guardián del jardín de la Intemperancia, el genio maligno, es el *enemigo de la vida*,[37] como lo son también las violentas, adustas y colorinas pasiones que atacan a Guyon en las primeras etapas de su peregrinaje.[38] Contra estas formas terribles se enfrentan las fuerzas de la vida, la salud y la fecundidad. San Jorge, mientras combate con la bestia:

mortíferamente hecha
Que detesta todo aquello que preserva la vida[39]

se refresca con agua de la fuente de la vida y la sombra del árbol de la vida le salva. Sobre los pechos de Clarisa[40] se apretujan un montón de niños; los

---

[30] Ibid., IV, x, 34.
[31] Ibid., I, v, 42.
[32] Ibid., iv, 20, 23, 26, 29, 32, 35.
[33] Ibid., V, 40.
[34] Ibid., II, i, 3.
[35] Ibid., I, ix, 54.
[36] Ibid., III, x, 59.
[37] Ibid., II, xii, 48.
[38] Ibid., vi, 1.
[39] Ibid., I, xi, 49.
[40] Ibid., I, x, 30.

lirios de ambas manos de Belfebe muelen hierbas virtuosas para curar heridas.[41] En el jardín de Adonis

> No hace falta Jardinero para ordenar o sembrar,
> Para plantar o podar: pues por su propia armonía
> Todas las cosas, como fueron creadas, así crecen,
> Y todavía recuerdan bien la suprema palabra
> Que pronunciara por vez primera el Señor Todopoderoso,
> Quien les ordenó crecer y multiplicarse[42]

y en los rincones «cada amante conoce francamente a su amor».[43] El amor de Britomarte se ennoblece con las profecías de una prole famosa. El poema está lleno de matrimonios. El rostro descubierto de Una brilla «como el gran ojo del cielo»[44] y Cambina lleva una copa de Nepenthe.[45] Las brillantes formas vitales de Spenser componen tal retrato del «árbol dorado de la vida» que no es difícil creer que nuestra salud corporal, como la mental, se refresca al leerlo.

Si todo esto es cierto, se sigue que habrá que acercarse a Spenser con un espíritu diametralmente distinto al de la crítica de los últimos tiempos. Habrá que reconocer la humildad y la seriedad de su poesía siendo nosotros mismos humildes y serios. Una señorita a quien tuve la oportunidad de examinar alguna vez aventuró la idea de que Clarisa amamantando a sus hijos era una figura tan desagradable como Error vomitando. Quien comparta esta idea será mejor que abandone la lectura de *La reina de las hadas*, pues se trata de una doble ofensa al poema de Spenser: una blasfemia contra la Vida y la Fertilidad, y un pecado de orgullo y refinamiento. Y Spenser no tolera ninguno de los dos. Él mismo practicó, con encomiable nobleza, la humildad que exigió a sus lectores.

> El afecto pleno odia las manos bellas...[46]
> Así el amor aborrece las dulzuras arrogantes...[47]
> Ningún favor resulta aborrecible al que es gentil...[48]

---

[41] Ibid., III, v, 33.
[42] Ibid., vi, 34.
[43] Ibid., vi, 41.
[44] Ibid., I, iii, 4.
[45] Ibid., IV, iii, 43.
[46] Ibid., I, viii, 40.
[47] Ibid., II, ii, 3.
[48] Ibid., IV, viii, 22.

Si estos versos estuviesen en una determinada «Leyenda de la Humildad» podrían provocar desconfianza; pero, en verdad, se deslizan inadvertidamente desde la pluma del autor cuando escribe sobre otras virtudes. Como veremos a continuación, la aversión y la desconfianza a la corte y a la vida cortés que el crítico encuentra en el libro VI es, en realidad, una característica del poema desde sus inicios. Y en la Casa de la Beatitud, el nombre del lacayo que nos recuesta en «cómodo lecho» es «mansa Obediencia».[49] En fin, y como dijera Hegel sobre un tema muy distinto, no es «bueno poner por los aires» a *La reina de las hadas*.

El actual desprecio del genio de Spenser deriva de malas interpretaciones acerca de su mérito y sus limitaciones. Creo que hasta la misma frase «poeta de poetas» le ha hecho un daño incalculable. El genitivo *de poetas* se usa como atributo de una fuerza intensa, interpretándose la frase en analogía con *Beatitud de beatitudes*. Los lectores imbuidos de esta concepción abren su Spenser esperando encontrar alguna quintaesenciada «poeticidad» en el más ramplón y obvio sentido de la palabra: algo más melifluo que los sonetos de Shakespeare, más etéreo que Shelley, más desmayadamente sensible que Keats y más nebuloso que William Morris. Sin embargo, lo primero que encuentran es algo de esta guisa:

> Pero yo lo aconsejé con mejores razones,
> Y le mostré cómo, a través del malentendido y el error
> De nuestras semejantes personas, fáciles de disfrazar,
> Podía tramarse su rescate o su libertad.
> Reaccionó lleno de ira, y sin que hubiera motivo
> Consintió en que yo, que estaba libre de temores,
> Me entregara voluntariamente como esclavo,
> Hasta que la fortuna así lo decretara:
> Sin embargo, vencido al fin, me dio la razón.[50]

Estos lectores, después de haber leído lo anterior, arrojan el libro lejos y con razón. Ahora bien, podría alegarse que he seleccionado el peor ejemplo de Spenser, y en verdad así lo he hecho. Pero este «peor» no importaría nada si Spenser no tuviese aquella falsa reputación de consumada «poeticidad». El lector, a menos que sea un tonto, sabe que es muy fácil que en un poema largo haya chaturas; y que por lo mismo, ello no justifica su abandono. Así ocurre, por lo demás, con Wordsworth o Chaucer. Pero el problema es que

---

[49] Ibid., I, x, 17.
[50] Ibid., IV, viii, 58.

no es posible prepararse para una chatura como la citada en un poema como el que comúnmente se supone que es *La reina de las hadas*. A este lector no se le ha enseñado a buscar en Spenser el pensamiento vigoroso o los temas serios, ni siquiera la coherencia y la sanidad, sino la voluptuosidad y el estado de ensueño, como si fueran sus únicos méritos. De esta manera, si en cualquier pasaje Spenser puede hacer muy mal lo único que se le supone capaz de hacer, naturalmente genera rechazo. Podemos tolerar malos modales en un hombre culto, gracioso o bueno; pero, ¿qué ocurre si, en definitiva, ese mismo hombre no tiene nada que alegar en su favor excepto una buena reputación y luego muestra algunas hilachas? Para evitar este tipo de juicios falsos debe revisarse la opinión popular acerca de Spenser. Lejos de ser un poeta cuyo único mérito es la excelencia y la sostenida maestría en el lenguaje, es un poeta cuya principal falla es la incertidumbre del estilo. Puede ser tan prosaico como Wordsworth; puede ser torpe, falto de ritmo musical y chato. Pero a este respecto —y solo a este respecto— su obra tiene un atenuante histórico: escribió en una época en que la poesía inglesa había alcanzado el nadir estilístico. Era la época de la «cacería de la letra», la época de un violento sobreénfasis y un exquisito mal gusto, donde lo que apreciaba el público era la métrica más innoble o la cadencia estilo Poulter.* Una época, en fin, que produjo poesía como esta:

> ¡Córtenle la cabeza! Como si la cabeza de Albinio
> Fuese tan fácil de cortar[51]

O:

> Y por venganza entonces proclamo y juro,
> Que cometeré miles de despojos que jamás pensé hacer.
> Y si por encontrarte fuera tan buena mi suerte
> Me alegraré de alimentarme de quien se alimentó conmigo[52]

Fue una época en la que hasta Peele pudo hacer hablar a Venus de esta forma, al describirle a Paris las bondades de Helena:

---

* (N. del T. «Poulter» es un estilo métrico en que se alternan líneas de 12 y 14 sílabas. La palabra es una variante obsoleta de *Poulterer*, comerciante en aves de corral, quienes solían dar uno o dos huevos adicionales cuando les compraban por docenas).

[51] Greene, *Alphonsus King of Aragon*.
[52] Surrey, *Of a Lady that refused to dance with him*.

> Una muchacha galante, una lasciva puta amancebada
> Que puede entretenerte hasta el hartazgo,[53]

versos ante los cuales no podemos sino exclamar: «No. Este no es el rostro que echó al agua mil naves».

Por cierto, Spenser es uno de los principales responsables de la recuperación poética de este período payasesco. Así como Wordsworth conserva hasta las últimas consecuencias muchos rasgos de la dicción contra la que se rebeló, Spenser tiende a darnos siempre «enormes montones de palabras acumulados horriblemente». Su excesiva aliteración, como su tendencia a abandonar la verdadera presentación poética en favor de simples adjetivos elogiosos o censuradores, es una enfermedad del período. Palabras como «horrendo», «hermoso», «sucio», «puro», «inmundo» y otras (todas abdicaciones del verdadero oficio del poeta) son demasiado comunes en su obra. Incluso cuando alcanza sus mejores momentos, los méritos del verso no siempre son aquellos que la tradición crítica —generalizando demasiado precipitadamente desde la Cueva del Sueño y la Glorieta de Bienaventuranza— nos ha acostumbrado a esperar. Metamos la mano otra vez en la bolsa de la suerte:

> Nada bajo el cielo seduce tan fuerte
> El sentido del hombre, y posee toda su mente,
> Como el dulce señuelo de las bellezas que intentan
> A menudo que el guerrero reprima su rigor,
> Y que las poderosas manos olviden su hombría;
> Arrastrado con el poder de una mirada diabólica,
> Y envuelto en los grillos de una dorada cabellera.[54]

> Y sangre inquieta se veía sobre su pálido rostro
> Ir y venir con efluvios del corazón.[55]

> Qué hora de la noche marca el Campanero del lugar
> El ave que advirtió a Pedro de su caída...[56]

Es indudable que aquí hay poesía; pero se trata de una poesía mucho más nerviosa y viril —un aroma más seco en un vino con más cuerpo— de lo que se ha acostumbrado a esperar de Spenser al lector de hoy. En este

---

[53] *Arraignement of Paris*, Act II, *ad fin.*

[54] *The Faerie Queene*, V, viii, 1.

[55] Ibid., I, ix, 51.

[56] Ibid., V, vi, 27.

contexto, hay dos episodios particularmente notables donde un prosaísmo deliberado transforma lo escrito en algo mordaz. Uno se refiere a la amazona Radigunda:

> Ya que a todos esos caballeros, a quienes por fuerza o arte
> Ella venció, ahora los conjura arteramente.
> Primero los despoja de las armas guerreras,
> Y los viste con ropas de mujeres: y luego, amenazante,
> Los compele a trabajar, a ganarse el alimento,
> A hilar, cardar, coser, lavar, enjuagar...[57]

Algunas estrofas después, la misma amazona, que envía sus embajadores a Arthegall pues espera conquistarlo al día siguiente y ponerlo a lavar y a enjuagar (¡qué admirable es la elección de los verbos!), les ordena:

> Lleven con ustedes vino y manjares
> Y oblíguenle a comer; pues en adelante tendrá hambre a menudo.[58]

Confío en que haya quedado claro en qué sentido Spenser es poeta de poetas. Se le llama así en virtud del hecho histórico de que la mayoría de los poetas han gustado de su obra. Siendo así, podemos extraer el importante corolario de que tal vez los poetas, cuando leen poesía, no exigen que esta sea especialmente «poética»; o, y lo que es mejor y tal vez más cercano a las exigencias que tuvo Spenser, que el lector amante de la prosa sospecha, en el fondo, que la poesía es un disparate y es mejor pecar por exceso que quedarse corto. Pues de la misma manera, quienes tienen menos simpatía por la infancia se complican más al hablar con los niños; y nadie posee tan encumbradas y refinadas nociones de teología como el patán temporalmente converso. Pero estas son generalidades. Para una introducción al estudio de Spenser creo que lo más útil es redactar dos listas de epítetos a la manera de Rabelais («¿qué impide reírse para enseñar la verdad?»). La primera sería algo así como:

> Spenser diablillo; Spenser renacentista;
> Spenser voluptuoso; Spenser cortés;
> Spenser italianizado; Spenser decorativo.

Para la segunda propongo:

---

[57] Ibid., V, iv, 31.
[58] Ibid., iv, 49.

Spenser inglés; Spenser protestante;
Spenser rústico; Spenser viril;
Spenser parroquiano; Spenser doméstico;
Spenser frugal; Spenser honesto.

Todo lo que dije antes no tiene otro objetivo que persuadir al lector de que la segunda de estas listas se justifica tanto como la primera: que Spenser es el maestro de Milton en un sentido mucho más profundo del que habíamos supuesto. Y que el hecho de que merezca los epítetos de ambas listas es una medida de su grandeza.

III

Al considerar a *La reina de las hadas* como un poema conscientemente alegórico me olvidaré por completo de su alegoría política. Mis calificaciones como historiador no me permitirían desenmarañarla y mis principios críticos difícilmente me animan a intentarlo. Con la alegoría política, sin duda Spenser intentó darle a su poema cierta atracción tópica. Pero el tiempo jamás perdona las concesiones al «lucimiento del presente»; y lo que durante algunas décadas sirvió de carnada a los lectores habituados a la prosa se transformó después en un obstáculo para los lectores poéticos. Las alusiones al mundo contemporáneo en *La reina de las hadas* solo interesan a la crítica actual en cuanto explican cómo algunos pasajes llegaron a ser malos; pero como esto no los convierte en buenos —toda vez que explicar por causas no es justificar por razones— no se pierde nada si se ignora el asunto. Mi interés es con la alegoría moral o filosófica.

Para aproximarse a esta última, el lector de hoy necesita un pequeño estímulo. Pues se le ha dicho que no vale la pena buscar la *significatio* de *La reina de las hadas*. La crítica le ha planteado una supuesta fatal discrepancia entre las pretensiones espirituales y el contenido real de la poesía de Spenser. Y a él mismo se le ha representado como un hombre que predicó el protestantismo mientras su imaginación permanecía junto a Roma, o como un poeta completamente dominado por los sentidos que le hacían creer que era un austero moralista. Sin embargo, todos estos son profundos malentendidos.

El primero —un catolicismo romano inconsciente o involuntario— puede aclararse brevemente. Es cierto que Una (en su exilio) se viste como una monja; que la Casa de la Beatitud se parece a un convento; que allí mora

Penitencia con un látigo y que Contemplación, como el ermitaño del libro VI,[59] se asemeja a una religiosa de clausura. Pero es igualmente cierto que una imaginería católica bastante similar puede encontrarse en Bunyan; y conozco a una persona de nuestro medio que hace poco pretendió escribir una alegoría apologética general para «todos aquellos que profesan y se llaman a sí mismos cristianos», sorprendiéndose del elogio que recibía por un sector mientras se le reprobada como defensor de Roma por otro. El lector común y corriente tiende a creer que todas las alegorías son católicas, cualquiera que sea su género, fenómeno que, por lo demás, es digno de investigarse. Pero esto se explica en parte porque los aspectos visibles y tangibles del catolicismo son medievales y, de esta manera, están empapados de sugestiones literarias. Entonces, ¿eso es todo? ¿Acaso los alegoristas protestantes continúan usando esta imaginería de manera tal que extravían a sus lectores sin notar el peligro en el que incurren o sin poseer mejor motivo para llamar su atención que la simple pereza literaria? De ninguna manera. En verdad, no es que la alegoría sea católica, sino que el catolicismo es alegórico. La alegoría consiste en dar a lo inmaterial un cuerpo imaginario; pero si, en ambos casos, el catolicismo es el que ha entregado previamente un cuerpo material, entonces el símbolo del alegorista naturalmente se asemeja a él. El látigo de Penitencia es un excelente ejemplo. Ningún cristiano ha dudado jamás que el arrepentimiento implica «penitencia» y «látigos» en el sentido espiritual; pero el problema comienza cuando nos las vemos con látigos materiales —para Tartufo, la *disciplina* de su armario—. Es lo mismo con la «Casa» de la Beatitud. Ningún cristiano duda que quienes se han ofrecido a Dios son separados del Mundo *como* por una pared y que quedan bajo una *regula vitae*: «yacen en cómodo lecho» por «mansa Obediencia». Pero cuando la pared se transforma en ladrillos de verdad y en cemento de verdad, y la Regla, a su vez, en tinta verdadera supervisada por funcionarios a cargo de la disciplina y reforzada (a veces) por el poder del Estado, entonces alcanzamos aquella suerte de actualidad a la que apuntan los católicos y que los protestantes evitan deliberadamente. Por lo demás, no otra es la raíz de las diferencias entre ambas religiones. Una sospecha que si los dones espirituales no pueden encarnarse en ladrillos y en cemento, en posiciones oficiales o en instituciones, es porque no existen realmente; la otra, que nada conserva su espiritualidad si la encarnación se fuerza de esa manera y a tal grado. Las diferencias en cuanto a la infalibilidad papal

---

[59] Ibid., VI, v, vi.

son simplemente otras formas de lo mismo. Las corrupciones particulares de cada Iglesia cuentan el mismo cuento. Cuando el catolicismo anda mal resulta ser la *religio* de los amuletos, los lugares sagrados y las intrigas eclesiásticas, tan vieja como el mundo; el protestantismo, enfrentado a una decadencia análoga, deviene en una vaga mezcla de perogrulladas éticas. Al catolicismo se le acusa de ser demasiado parecido a las demás religiones; al protestantismo de ser definitivamente insuficiente como religión. De ahí que Platón, con sus Formas Trascendentes, sea el doctor de los protestantes y Aristóteles, con sus Formas Inmanentes, el doctor de los católicos. Ahora bien: la alegoría existe, por decirlo así, en aquella región de la mente donde aún no ha ocurrido la bifurcación, que solo se da cuando se alcanza el mundo material. En él, católicos y protestantes disienten respecto al tipo y al grado de encarnación o corporización que puede otorgarse con certeza a lo espiritual. Pero en el mundo de la imaginación, donde sí existe la alegoría, ambas religiones apuntan hacia una corporización ilimitada. Los edificios e instituciones imaginarios que poseen una fuerte semejanza con los actuales edificios e instituciones de la Iglesia romana aparecerán así, y por fuerza, en cualquier alegoría protestante. Si el alegorista conoce su oficio, este dato no implicará necesariamente que la alegoría sea católica, sino al revés; pues la alegoría es *idem in alio*. Solo un chapucero como Deguileville introduciría un monasterio en su obra al escribir sobre el monacato. Cuando Spenser escribe sobre la santidad protestante refiere algo parecido a un convento; pero cuando realmente está hablando de la vida conventual escribe sobre Abessa y Corceca. Si pudiese, sin irreverencia, torcer las palabras de un artículo protestante fundamental, diría que una interpretación católica de *La reina de las hadas* «demuele la naturaleza de una alegoría». Ciertamente, sería un muy mal consejo para el lector católico ansioso de hacerle justicia a este gran poema protestante que lo leyese así. Aquí, como en todos los temas de importancia, las cortesías formales no ayudan. En sus vehementes esencias es donde ambas confesiones más simpatizan.

Las críticas contra la sensualidad y la austeridad teórica de Spenser no pueden contrarrestarse con la misma brevedad. Usualmente, la punta de lanza de este ataque está dirigida a la Glorieta de la Bienaventuranza, reforzada a veces con la afirmación de que el Jardín de Adonis no se distingue suficientemente de ella. Para iniciar un estudio sobre la alegoría de Spenser, el análisis de estos lugares es tan pertinente como cualquier otro. El hogar de Acrasia aparece por primera vez en el canto V del libro II, cuando

Atin encuentra a Quimocles dormido allí. Las primeras palabras de la descripción son:

> Y sobre su arte, procurando compararlo
> Con el de la naturaleza, desplegó un árbol verde.[60]

Esta explícita declaración de que el jardín de Acrasia es arte y no naturaleza, que no tendría importancia por sí sola, puede comparársela con Tasso. Pero lo interesante es que cuando la Glorieta de la Bienaventuranza reaparece siete cantos después, nuevamente la primera estrofa de la descripción nos dice que estaba

> sumamente embellecida
> Con todos los ornamentos del orgullo de Flora,
> Con que su madre Arte, como burlándose
> De la avara Naturaleza, como una novia pomposa
> La vistió y adornó con lujo extremo.[61]

Para ser absolutamente justo con los hostiles críticos de Spenser, voy a asumir que esta repetición de la antítesis arte-naturaleza es accidental. Pero pienso que hasta el más duro de los escépticos dudará cuando lea lo siguiente, ocho estrofas más adelante:

> Y aquello que a las obras hermosas más agracia,
> El arte que forja todo lo que no aparece en ningún lugar.[62]

Si esto aún no le satisface, que lea la estrofa 61; donde un molde en metal de Hiedra adorna la bañera de Acrasia. Ignoro si quienes piensan que Spenser está secretamente del lado de Acrasia aprueban la vegetación metálica como ornamento de jardín, o si consideran el pasaje una prueba palmaria de su abominable mal gusto. Como sea, así lo describe el poeta:

> Y sobre todo corría, del oro más puro
> Un rastro de hiedra en su color natural;
> Pues el rico metal tenía tal color
> Que quien lo viera sin estar advertido
> Seguramente lo tomaría por hiedra verdadera.[63]

---

[60] Ibid., II, v, 29.
[61] Ibid., xii, 50.
[62] Ibid., II, xii, 58.
[63] Ibid., xii, 61.

¿Se puede negar ahora la evidencia de que los hostiles críticos de Spenser son precisamente aquellos que han mirado a la Glorieta «no bien aconsejados» juzgándola erróneamente como cosa cierta? Con todo, supongamos que el lector aún no está convencido y ayudémosle llamándole la atención sobre la estrofa 59, donde la antítesis es confusa. Sin embargo, todavía debemos enfrentar el Jardín de Adonis; y es casi seguro que toda sospecha que insista en que la artificialidad de Acrasia es accidental desaparecerá si, en la descripción de aquel, vemos la misma insistencia respecto a su espontaneidad natural. Precisamente es esto lo que encontramos. Aquí, como en la descripción de la Glorieta, la primera estrofa es la que nos da la clave. El jardín de Adonis es

Un lugar tan bello como Natura puede concebir.[64]

Algunas estrofas después, en versos que ya he citado, se nos dice que no necesita Jardinero, pues todas las plantas crecen «por su propia armonía» en virtud de la palabra divina que obra en ellas. Ni tampoco agua, pues poseen humedad eterna «en sí mismas».[65] Como la Glorieta, el Jardín también tiene una enramada; pero se trata de una enramada

no hecha por el arte
Sino por la propia inclinación de los árboles,[66]

y la hiedra que hay en ella es hiedra viva y no metal coloreado. Finalmente, la Glorieta lleva pintada sobre su puerta, y con mucho arte, la historia de un amor falso[67] y el Jardín está habitado por fieles amantes que crecen a ras del suelo como vívidas flores.[68] Una vez señalados todos estos hechos, solo el prejuicio puede continuar negando la deliberada diferencia que existe entre la Glorieta y el Jardín. Aquella es artificio, esterilidad, muerte; este, naturaleza, fecundidad, vida. Su similitud es precisamente aquella de los dos jardines en Jean de Meun:[69] la similitud de lo real con lo aparente, del arquetipo con la copia. *Diabolus simius Dei.*

---

[64] Ibid., III, vi, 29.
[65] Ibid., III, vi, 34.
[66] Ibid., vi, 44.
[67] Ibid., II, xii, 44, 45.
[68] Ibid., III, vi, 45.
[69] V. más arriba, pp. 144-145. Que todas las referencias al Arte en la Glorieta sean copia de Tasso no invalida mi argumento: los pasajes opuestos en el Jardín no lo son.

Antes de continuar el análisis del Jardín y la Glorieta debemos hacer una pequeña digresión para destacar un importante corolario surgido ya. Tal y como lo demostré, Spenser distingue los paraísos del bien y del mal gracias a un hábil contraste entre naturaleza y arte; lo que arroja bastante luz sobre el uso poético que hace de las artes en general. Con frecuencia se ha señalado que tiene una debilidad por la descripción de pinturas o tapices; pero al mismo tiempo se ha omitido que tiene la misma debilidad para ubicarlas en lugares que considera malignos. Sería temerario inferir de esto que el poeta no gustaba de las pinturas: lo más probable es que haya construido un calculado artificio simbólico sin caer en una mera obediencia servil al temperamento. Pero el hecho es irrefutable. Hasta donde he podido darme cuenta solo existe una excepción, que se explica fácilmente. En la Casa del Alma, las celdas del cerebro están internamente decoradas con pinturas porque es el más obvio —y tal vez el único— camino de presentar alegóricamente el hecho de que el mundo exterior ingresa en la mente humana como imagen.[70] En todo lo demás, Spenser utiliza el arte para sugerir lo artificial en su peor sentido: la farsa o la imitación. Así, usa pinturas para sugerir la lujuriosa corrupción en la casa de Malecasta;[71] y una de sus más deliciosas características (la del Spenser *frugal*) es que san Jorge y Britomarte, al ver el lugar por primera vez, se pregunten inquietos (como el sobrio soldado inglés y la gentil mujer que son, respectivamente) quién y cómo pagará por todo.[72] Asimismo, utiliza las pinturas para componer un insoportable y silencioso esplendor en la Casa de Busirane.[73] Por otra parte, en el Templo de Venus —un lugar «amurallado por la naturaleza contra los entuertos de los invasores»—[74] no hay pinturas de amantes, sino amantes en persona.[75] Contra el Cupido pintado de Busirane tenemos «una manada de pequeños amantes» vivos y revoloteando en torno al cuello y los hombros de Venus; como los pájaros, en otra mitología, vuelan sobre la cabeza de Angus.[76] El arte del jardinero, excluido del hogar de Adonis, es admitido en el Templo

---

[70] *The Faerie Queene*, II, ix, 50, 53. Tal vez *Mutabilidad*, vi, 8, deba mencionarse también como excepción. No comprendo este pasaje y le sospecho significados astronómicos o astrológicos.

[71] Ibid., III, i, 34ss.

[72] Ibid., i, 33.

[73] Ibid., xi, 29ss.

[74] Ibid., IV, x, 6.

[75] Ibid., 25-7.

[76] Ibid., 42.

de Venus por una razón que aparecerá más tarde; pero no para engañar o falsificar, como en la Glorieta de la Bienaventuranza, sino para reforzar a Natura.[77] La impresión que nos deja es la de un lugar «pródigamente enriquecido con el tesoro de Natura», «por obra de Natura».[78] Además, Orgullo tiene un palacio, Belfebe un pabellón en los bosques y la colina donde danzan las Gracias está adornada solo «por la habilidad de Natura».[79]

La verdad es un tema indomable. Y si lo admitimos, se nos viene encima con más fuerza de la que esperaríamos. Solo he intentado una breve digresión para mostrar el deliberado contraste entre naturaleza y arte (o entre realidad e imaginación) en todos los buenos y malos lugares de Spenser; pero creo que tropecé con otra de las grandes antítesis del poema. Como Vida y Muerte o Luz y Oscuridad, a cada paso nos aparece la oposición entre lo natural y lo artificial, lo ingenuo y lo sofisticado, lo genuino y lo espúreo. Spenser aprendió de Séneca y los estoicos lo relativo a la vida de acuerdo a Natura; y de Platón a ver al bien y al mal como lo real y lo aparente. Ambas doctrinas fueron análogas para la piedad rústica y humilde de su temperamento: aquella fina flor de santidad anglicana de Herbert o Walton. No está cómodo en las artificialidades de la corte; y si como hombre a veces le seducen, como poeta jamás. Los cautivos que se pudren en el calabozo de Orgullo son los que «cayeron desde la alta corte del príncipe» tras derrochar sus «pródigas horas».[80] Guyon, como verdadero estoico, rechaza la oferta de bienestar de Mammón en favor de la «apacible Natura», ya que «en el fondo de la fuente se alzan las más puras corrientes».[81] La belleza de Filotima no está en «su color natural, sino en lo que ha logrado el arte» y la descripción de su corte («algunos creyeron alzarse en altísimo grado») es tan vívida que un oficial conocido mío pensó regalar un texto de aquella estrofa, enmarcado y con viñetas, al casino del Cuartel General de...[82] La concepción del falso Florimel, sin mencionar a Braggadochio, expresa el mismo sentimiento; y ante su creación, Natura «protestó al ver que la falsificación la avergonzaría».[83] Al verdadero amor se le elogia, pues es «un afecto natural

---

[77] Ibid., 21, 22.
[78] Ibid., 23, 24.
[79] Ibid., VI, x, 5.
[80] Ibid., I, v, 51.
[81] Ibid., II, vii, 15.
[82] Ibid., 45-47.
[83] Ibid., III, vii, 5.

sin faltas»,[84] mientras el falso amor de Paridell es un «arte» que «aprendiera antaño», y él mismo «el amante instruido» equipado con «bransels, baladas, madrigales y versos vanos».[85] Aunque ya mencioné los retratos en la Casa de Busirane, la similitud con que se introducen tal vez expresa mejor que toda la siguiente descripción la profundidad de la mente de Spenser en estas materias:

Tejida de oro y seda, tan estrecha y cerca
Que el rico metal espiaba a escondidas
Como feliz de ocultarse del ojo envidioso;
Pero aquí y allá, y en todas partes, sin saberlo
Se descubría y brillaba contra su voluntad;
Como una Serpiente descolorida, cuyas trampas ocultas
A través del pasto verde delatan su largo, pulido y brillante lomo.[86]

Cualquier moralista desaprobaría tanto lujo y artificio, pero solo Spenser puede transformar lo trivial en una imaginería de tan siniestra sugestión. Se trata de un pensamiento convertido completamente en sensación instantánea. Ni siquiera le atraen los inocentes adornos de la vida cortés y descarta los ceremoniales de un torneo con tanto desdén como Milton. Para describirlos dice:

Eran trabajos adecuados a un Heraldo, no a mí.[87]

Los trajes y las joyas solo le interesan en la medida en que adornan sus «luminosidades» y resultan, como muy bien ha señalado un crítico moderno, el símbolo del esplendor espiritual.[88] En cualquier otro lugar, las pompas y vanidades del «mundo» son solo ilusiones,

Modas para agradar los ojos de quien pasa,
De quien no ve las cosas perfectas sino en un cristal,

fácilmente despreciadas por quienes las comparan con la «simple Antigüedad».[89] El Noble Salvaje, mucho antes que Dryden le diera ese

[84] Ibid., IV, Proem. 2.
[85] Ibid., III, ix, 28; x, 6, 8.
[86] Ibid., III, xi, 28.
[87] Ibid., V, iii, 3. Cp. Milton, *Paradise Lost*, ix, 33ss.
[88] V. Dr. Janet Spens, *Spenser's Faerie Queene*, London, 1934, p. 62.
[89] *The Faerie Queene*, VI, Proem. 5, 4.

nombre, ha hecho de las suyas en el libro VI de *La reina de las hadas*. El rostro descubierto de Una es aún más bello. «Naturales» —leones y sátiros— vienen en su ayuda. La verdadera cortesía habita entre los pastores que, solitarios, jamás han visto a la Bestia Vocinglera.[90]

Todo esto es absolutamente compatible con el horror de Spenser hacia otra cosa llamada comúnmente «naturaleza». Como recordamos en un capítulo anterior, Naturaleza no solo puede ser lo opuesto a lo artificial o lo espurio, sino también a lo espiritual y civil. Hay una naturaleza retratada por Hobbes y otra por Rousseau. Sobre Naturaleza en este segundo sentido —naturaleza como lo brutal, lo inmejorado, lo incoado—, Spenser nos ha dado suficientes noticias en sus caníbales, bandoleros y otros tipos literarios; y, más filosóficamente, en la «odiosa oscuridad» y el «profundo horror» del caos del que las bellas formas del jardín de Adonis tomaron su «sustancia».[91] Esto es lo que los modernos tienden a designar como naturaleza —lo primitivo, lo original— y que Spenser conoce bien. Pero es más frecuente que entienda la Naturaleza tal y como la entendió Aristóteles: como la «naturaleza» de cualquier cosa cuya perfección crece desde el interior sin que la limiten los accidentes o que el arte la transforme en algo sofisticado. Y en verdad, la lealtad de Spenser a esta «naturaleza» nunca se debilita; salvo quizás en algunos deplorables cumplidos a la Reina que no son coherentes con su sentimiento general respecto a la corte. Con todo, cuando Natura aparece personificada en el poema se transforma en la más grande de las luminarias, pues, en ciertos aspectos, simboliza al mismo Dios.[92]

Habrá que perdonar al lector que, a estas alturas y después de todo lo dicho, olvidó que el tema de la naturaleza y el arte surgió del análisis de la Glorieta de la Bienaventuranza y el Jardín de Adonis. Mas la Glorieta y el Jardín (que, con todo, espero que hayan adquirido ya cierto significado) son tan relevantes que todavía no los hemos agotado. Solamente nos hemos referido a su contraste entre naturaleza y arte. Resta por considerar el contraste entre la imaginería erótica explícita de una y otro, igualmente importante pero más delicado aún. Hemos llegado a un tema en el que Spenser ha sido muy malentendido. Su obra está llena de retratos de amores virtuosos y viciosos que, en realidad, se oponen exquisitamente. La mayor

[90] Ibid., VI, ix, 6; cp. Tasso, *Gierusalemme Liberata*, VII.
[91] *The Faerie Queene*, III, vi, 36.
[92] Ibid., *Mutabilitie*, vi, 35; vii, 15.

parte de los lectores pretende leerlo con la vulgar expectativa de que la diferencia entre ambos amores será cuantitativa, es decir, que los viciosos se describirán ardientemente y los virtuosos en forma tibia; lo sagrado vestido y lo profano desnudo. Desde ya debe quedar establecido que, si es que la distinción de Spenser es cuantitativa, las cantidades se invierten. Su posición es precisamente la opuesta a la de los filósofos escolásticos. Para él, la intensidad de la pasión purifica y el frío placer que parecieron aprobar aquellos es una corrupción. Sin embargo, y en realidad, la distinción tiene muy poco que ver con grado o cantidad.

El lector que quiera comprender este aspecto de Spenser puede comenzar con uno de sus contrastes más elementales: el de las jóvenes desnudas en la fuente de Acrasia y las damiselas igualmente desnudas (en verdad, bastante más desnudas) que bailan alrededor de Colin Clout.[93] Espero que aquí nadie se confunda. Las dos jóvenes de Acrasia (sus nombres, obviamente, son Cissie y Flossie) se zambullen y ríen en una piscina a la vista de cualquiera: nadie necesita ir hasta el país de las hadas para encontrarlas. Por su parte, las Gracias están entregadas a una digna tarea, esto es, hacer una ronda en «excelente primoroso». Al principio están tan ocupadas que no advierten la llegada de Calidore. Pero al hacerlo, se desvanecen. El contraste aquí es casi demasiado simple como para explicarlo, y solo es marginal para nuestro tema, ya que las Gracias no simbolizan una experiencia sexual. Pero vayamos a algo un poco menos obvio y más relevante. Comparemos la Venus y el Adonis retratados en casa de Malecasta con la Venus y el Adonis del Jardín. De inmediato nos damos cuenta de que estos últimos (los buenos y reales) representan el goce verdadero. Venus, desafiando a los dioses estigios, las fuerzas de la muerte,

Poseyó a Adonis y se sació de su dulzura.[94]

Nada podría ser más directo. Incluso un lector refinado objetaría que las palabras «se sació» sugieren con demasiada claridad otros apetitos más descarnados. Pero en el caso de la Venus pintada sobre la pared de Malecasta, el refinamiento definitivamente genera censura (cosa que Spenser siempre favorece). Ya que Venus no está en brazos de Adonis y solo le observa:

---

[93] *The Faerie Queene*, II, xii, 63ss.; VI, x, 11ss.
[94] Ibid., III, vi, 46.

Y mientras él se bañaba, ella con arteros ojos espías
Sigilosamente escudriñaba cada delicado miembro.[95]

Las palabras «arteros», «espías» y «sigilosamente» bastan para indicarnos adónde hemos llegado. La Venus buena es un retrato de goce; la mala, un retrato de lujuria al acecho y no de «lujuria en acción»: de aquello que hoy llamaríamos *esqueptofilia.* Aunque este contraste es tan claro como el anterior, resulta incalculablemente más importante. Volvamos ahora a la Glorieta. La primera persona que encontramos es Quimocles. Ha ido allí por placer y lo vemos rodeado por un rebaño de sensuales ninfas. Pero la desdichada criatura no se acerca a ninguna. Al contrario, recostado sobre la hierba («como una víbora que acecha en la maleza»),

A veces finge dormir
Mientras a través de los párpados atisban sus ojos lascivos.[96]

La palabra «atisban» es la señal de peligro, y otra vez sabemos dónde estamos. Mientras tanto, en el Jardín de Adonis las cosas son muy diferentes. Allí «mana toda clase de abundancia y placer». El jardín está lleno de amantes y «cada amante conoce francamente al suyo».[97] Cuando leemos esto, resulta evidente que la Glorieta de la Bienaventuranza no es ni siquiera un lugar de excesos meridianamente aceptables. La propia Acrasia *no hace* nada: solo se la «descubre» tendida sobre un sofá con ajustados velos transparentes, junto a un joven dormido. Huelga decir que su pecho está «listo como fácil botín para el ojo hambriento»,[98] ya que los ojos, los voraces ojos («que no podían saciarse allí») son precisamente los tiranos de la región. Así, la Glorieta de la Bienaventuranza no es un retrato del amor ilegítimo —es decir, sin matrimonio— como opuesto al amor legítimo, sino un retrato —uno de los más poderosos que jamás se hayan pintado— de la naturaleza sexual enferma. En la isla nadie se besa ni abraza; solo hay lujuria en los hombres y provocación en las mujeres. De esta manera, no solo se distingue del Jardín de Adonis, sino del arrebatado encuentro entre Scudamour y Amoret,[99] o de la relación particularmente fresca y simple entre

---

[95] Ibid., i, 36.
[96] Ibid., II, v, 34.
[97] Ibid., III, vi, 41.
[98] Ibid., II, xii, 78.
[99] Ibid., III, xii (Primera versión), 43-7.

Arturo y Gloriana.[100] Naturalmente, es imposible pensar que Spenser escribió como un «sexólogo» o que diseñó deliberadamente la Glorieta de la Bienaventuranza como un cuadro de perversión sexual. En realidad, Acrasia no representa el vicio sexual en particular, sino el placer vicioso en general.[101] La intención consciente de Spenser fue retratar un cuadro que hiciera justicia tanto a lo agradable como al vicio. Y lo hizo de la única manera posible: construyendo su Glorieta de la Bienaventuranza a punta de dulzura rociada de dulzura, pero ingeniándoselas para que, en medio de todo, algo fuese sutilmente malo. Pero quizás «ingeniándoselas» sea una palabra incorrecta. Cuando quiere pintar la enfermedad, el exquisito vigor de su imaginación le muestra las imágenes que deben excluirse.

Las acostumbradas críticas contra la destreza o la sinceridad de la alegoría de Spenser resultan, entonces, infundadas; y podemos iniciar el trabajo de interpretación con incrementada confianza. Pero esperar éxito donde grandes críticos han fracasado sería una temeridad del autor y los lectores de este libro, a menos que tengamos una clara ventaja: acercarnos a *La reina de las hadas* de la misma manera en que lo hizo Spenser: desde la poesía amorosa y la alegoría tempranas, y la épica italiana. Espero que buena parte de los lectores compartan con el autor el privilegio de haber leído aquel admirable tercer capítulo sobre el simbolismo en *La reina de las hadas de Spenser*, de Janet Spens, que quizás es la mejor iniciación que exista sobre el tema. Además, sabemos ya que la alegoría no es un puzle. Lo peor es leerla en clave, como si se leyese una historia de detectives. El lector que tiene alguna familiaridad con el método alegórico en general, y un nivel básico de sensibilidad y experiencia, puede estar seguro de que cualquier *significatio* que no le parezca natural tras una segunda lectura es errada. A esto debo agregar la advertencia del propio Spenser en el Prefacio, en cuanto a que «muchas aventuras aparecen intercaladas más como accidentes que como intentos». No todo en el poema es igualmente alegórico y hay partes que definitivamente no lo son. Descubriremos que el método de Spenser consiste en que cada libro tenga una esencia alegórica rodeada de «narraciones ejemplares», esto es, aligerada con episodios de pura ficción. Como verdadero platónico que es, Spenser no solo nos muestra la Forma de la virtud que estudia en su unidad trascendental (que está en la esencia alegórica del libro), sino también a esa misma

---

[100] Ibid., I, ix, 9-15.
[101] Ibid., II, xii, 1.

Forma «convirtiéndose en Muchos en el mundo de los fenómenos». Finalmente, no hay que olvidar que tratamos con un libro inconcluso, con un fragmento enviado a prensa con tanta prisa que hay alejandrinos en lugar de decasílabos y dodecasílabos en lugar de alejandrinos.[102]

El tema del primer libro es la Santificación: la restitución del alma a su perdida naturaleza paradisíaca a través de la beatitud. Esto se presenta en dos alegorías interconectadas. Los padres de Una, que representan al *homo* —o, si se prefiere, a Adán y Eva— tras una larga exclusión de la tierra natal (que obviamente es el Edén) a causa del Demonio, son devueltos a ella gracias a Beatitud y Verdad. Esta es la primera alegoría. En la segunda se rastrea el génesis de Beatitud; es decir, el alma humana, guiada por Verdad, lucha contra varios poderes oscuros, logra finalmente la santificación y aplasta a Satán bajo sus pies. Verdad, y no Gracia, es elegida como la heroína de ambas acciones porque Spenser escribe en una época de dudas y controversias religiosas, donde evitar el error es un problema tan fuerte —y, en cierto sentido, tan prioritario— como la derrota del pecado. Esto le habría restado interés al relato después de algunas centurias, pero a nosotros nos interesa. Por eso es que las fuerzas de la ilusión y la decepción, como Archimago y Duessa, juegan un papel tan importante; y por lo mismo san Jorge y Una se separan tan fácilmente. Con todo, el error intelectual está inextricablemente mezclado con la inestabilidad moral, y el abandono que hace el alma de la verdad (o el abandono que hace el caballero de su dama) posee un elemento de rebeldía:

> La voluntad fue su guía y la pena lo perdió.[103]

Las variadas tentaciones que enfrenta son, en buena medida, fácilmente reconocibles. La única dificultad es la diferencia entre Orgullo y Orgoglio. En la alegoría histórica, Orgoglio representa los calabozos de la Inquisición, pero su significado moral no es tan claro. Como sea, si recordamos que es pariente de Desdén[104] y consideramos (con la imaginación más que con el intelecto) el carácter de ambos gigantes, creo que obtendremos algún indicio. Orgullo y Orgoglio son ambos orgullo, pero aquel es el orgullo que llevamos dentro y este el que nos ataca desde fuera; ya a través de la

---

[102] Ibid., III, xii, 41, línea 7; xi, 42. Para las muchas inconsistencias narrativas que revelan lo mismo, véase Spens, *op. cit., passim.*

[103] Ibid., I, ii, 12.

[104] Ibid., VI, vii, 41.

persecución, la opresión o el ridículo. El uno nos seduce, el otro nos intimida. Pero la absoluta desesperanza con que san Jorge, desarmado y recién salido de la fuente de la pereza («Desarmado, desvalido e interiormente deshecho»),[105] avanza tambaleante hacia Orgoglio, no calza fácilmente con esta visión; y no es en lo absoluto inverosímil que el gigante sea una forma sobreviviente de alguna versión temprana del poema.[106]

Este es el núcleo alegórico del libro. Las aventuras de Una son mucho menos alegóricas. En un sentido muy general, el león, los sátiros y Satyrane representan el mundo de la naturaleza incorrupta que, según un crítico moderno, «no pueden sostener a Una: ella los bendice y continúa su camino».[107] Pero ir más allá —esperar que la Verdad separada del alma pueda o deba alegorizarse tanto como el alma separada de la Verdad— es un error. El propio Satyrane es uno de los tantos personajes del poema que más que una personificación es un tipo. Se trata de uno de los felices cuadros de Spenser sobre el «hijo de natura». Aunque sea un caballero, se nos dice que «en vanas refriegas gloriosas buscaba poco deleite»;[108] lo que constituye un deliberado rechazo a aquel elemento esencial de la caballería que, como el *duello*, sobrevivió con mayor claridad en el código cortés de la época. El rasgo anticortés de Satyrane se aclara mucho más cuando Spenser lo reintroduce veinticuatro cantos más tarde, advirtiendo que

ni en vanas pompas, que no hechizan a los jóvenes caballeros,
Ni en los servicios corteses, encontraba deleite.[109]

Se notará que no he mencionado al Príncipe Arturo. La triste verdad es que, en el estado inconcluso del poema, no podemos interpretar a este héroe. Sabemos, por el Prefacio, que personifica la Magnificencia y busca a Gloriana o Gloria. Pero si consideramos lo poco que sabríamos de Britomarte si no fuese más que Castidad, veremos que aquello tampoco nos dice mucho de Arturo. Y si consideramos lo poco que sabríamos de la «castidad» de Spenser si no hubiésemos estado nunca en el Jardín de Adonis, lo poco de su «justicia» si no hubiésemos estado nunca en el templo de Isis, o de su «cortesía» si no hubiésemos visto nunca su conexión con

---

[105] Ibid., I, vii, 11.
[106] V. Spens, *op. cit.*, pp. 24ss.
[107] Ibid., p. 85.
[108] *The Faerie Queene*, I, vi, 20.
[109] Ibid., III, vii, 29.

las Gracias del monte Acidale, entonces hay que concluir que ignoramos cuál fue el significado de «Gloria» en el poema. Estoy casi seguro de que la doctora Janet Spens está en lo correcto al suponer que Gloria pudo haber sido espiritualizada y platonizada como algo muy parecido a la Forma del Bien o incluso a la gloria de Dios;[110] pero mi certeza tambalea ante el hecho de que hay muy poco en el poema que pueda sugerirlo. El método de Spenser impide la certeza acerca de sus personajes hasta que no los encontramos —o a sus arquetipos— en los grandes centros alegóricos de cada libro. Por ejemplo, Amoret no revelaría nada de su naturaleza si el Jardín de Adonis y el Templo de Venus se hubiesen perdido. Spenser debió intentar un último libro sobre Arturo y Gloriana que se relacionase con el resto del poema de la misma manera que ciertos cantos centrales o focales se relacionan con los libros. Si lo tuviésemos, sabríamos qué son realmente la ciudad de Cleópolis y su torre Panthea; tendríamos la clave para la inquietante historia de Elfe y Fay;[111] y la presencia de la reina Isabel a lo largo del poema no nos molestaría tanto. Sin embargo, tal y como están las cosas, Arturo resulta inexplicable. Si es la «Magnanimidad» aristotélica en busca de la gloria terrenal, que sea él quien libere a san Jorge es un sinsentido completo. Magnanimidad, entendida así, no puede venir al rescate de Beatitud porque, sea lo que sea que en el carácter pagano del μεγαλόψυχος no constituya pecado, pertenece al santo. Y de entre todos los poetas que hemos visto, Spenser fue el único que no cometió este error: la esencia del hombre es recelar del «Mundo» y de la ambición mundana, incluso hasta la exageración. Así, desde el mismo inicio nos enfrentamos a un obstáculo insalvable. El poema no está terminado y es un tipo de poema que pierde mucho más que otros al no estarlo. Falta el centro, el núcleo que sostenga su más alta expresión.

El libro II es fácil de sortear. Así como el tema de la Luz y la Oscuridad, aunque presente a lo largo de todo el poema, resulta especialmente prominente en el libro I, así el de la Vida y la Muerte, o el de la Salud y la Enfermedad, dominan el libro II. Su tema es la defensa de la Salud o la Naturaleza contra variados peligros, y el centro alegórico habrá que buscarlo en la descripción, y el asedio, de la Casa del Alma: el alma humana gobernando al cuerpo sano. Los peligros son tres. En los primeros cinco cantos aparecen aquellas pasiones que son las enemigas directas y declaradas de Natura, las

---

Spens, *op. cit.*, p. 11.
The Faerie Queene, II, x, 71.

«adversarias de la vida»:[112] Ira y Dolor. Estos cantos rebosan calor y aridez: «polvo envolvente», armaduras que destellan fuego, caballos color sangre, cabellos rojos, quemas y dientes que crujen. Contienen algunas de las más simples pero más potentes alegorías de *La reina de las hadas*. De estas pasamos a Fedria. Fedria no es enemiga de Natura. Su encantadora isla (en abierto contraste con la Glorieta de la Bienaventuranza) es obra de «la mano sutil de Natura».[113] Y si excluye al Palmero de Guyon también excluye a Atin.[114] Es regocijo, descanso, recreación: la relajada voluntad flotando sobre el lago ocioso, protegida contra las escabrosas virtudes y los escabrosos vicios. Éticamente, y en una situación puntual, es maligna *per accidens*; no así en el plano natural. De los enemigos y los neutrales pasamos a las falsas amistades, a las hipertrofias y enfermedades de los deseos naturales: Mammón y Acrasia. Ambos son creaciones de la plenitud artística de Spenser y están entre los pasajes más claramente poéticos de *La reina de las hadas*. Con todo, hay que tener muy presente que la virtud que aquí se nos presenta es lánguida y pedestre para el hombre caído. Por esto Guyon pierde su caballo en el canto II.[115] Es mejor que esté sin él, pues no pudo seguir el paso del Palmero y se encabritó ante san Jorge.[116] Pero Spenser nos recuerda continuamente la fatiga de su consiguiente viaje a pie[117] y el libro está lleno de tentaciones al descanso. Entretejida con esta alegoría tenemos la historia de Mordant y Amavia, una narración ejemplar que ilustra distintas especies de intemperancia y otras cosas no alegóricas, como los azares de Braggadochio o la rimbombante historia de los reyes de Bretaña.

Pero, para los propósitos de nuestro estudio particular los libros III y IV de *La reina de las hadas* son, lejos, los más importantes. En ellos, Spenser —tal y como lo prometí— colabora con nosotros y se transforma en el narrador de las fases finales de la historia del amor cortés. Naturalmente, no digo que entendiera la expresión «historia del amor cortés» ni que supiera que le ponía punto final. Como sea, es en su mente donde la última fase del largo proceso se hace consciente.

---

[112] Ibid., II, vi, 1.

[113] Ibid., II, vi, 12.

[114] Ibid., II, vi, 4, 19.

[115] Ibid., II, ii, 11.

[116] Ibid., II, i, 7, 27.

[117] Ibid., II, ii, 22; iii, 3; iv, 2; v, 3.

Los temas de estos libros son, respectivamente, Castidad y Amistad, pero su tratamiento por separado se justifica respecto al tema del amor. Castidad, en la persona de Britomarte, no significa virginidad, sino amor virtuoso; y los amigos en el Templo de Venus son simplemente «otra suerte de amantes».[118] Todo el proemio a la leyenda de Amistad tiene que ver con «tiernas querellas de amantes»[119] y el resto de la historia con amistad, reconciliación y matrimonio. En el canto ix, Spenser clasifica explícitamente a Eros, Storgë y Filia como «tres tipos de amor».[120] Finalmente, su concepción se amplía para incluir las afinidades del mundo inanimado y tenemos entonces el matrimonio entre el Támesis y el Medway. Para esta interpretación omnicomprensiva del amor Spenser cuenta, por supuesto, con precedentes en la filosofía antigua y especialmente en el *Simposio*. El tema de estos dos libros es, por tanto, extremadamente complejo; y como en ellos el contorno no alegórico se hace cada vez más amplio y más brillante, es comprensible la perplejidad de aquellos críticos (¡desesperados antes de tiempo!) que suponen que Spenser ha abandonado la idea original. Quienes hayan aprendido a buscar los centros alegóricos no se desviarán.

Algunas páginas atrás considerábamos la diferencia entre la Glorieta de la Bienaventuranza y el Jardín de Adonis. Entonces excluí a sabiendas una cuestión muy interesante: la diferencia entre la Glorieta de la Bienaventuranza y las Casas de Malecasta y Busirane. Ha llegado el momento de rectificar esta omisión. Se recordará que la Glorieta no devino en un lugar de amores o lujurias ilícitas, sino de enfermedad y parálisis del apetito. Se recordará también que la Glorieta no es el hogar de la sexualidad viciosa en particular, sino del Placer vicioso en general.[121] El poeta escogió un tipo de placer fundamentalmente porque era el único que permitía un tratamiento *in extenso* en la poesía seria. La relación entre la Glorieta y el sexo solo existe por medio del Placer. Y esto está corroborado en el hecho —muy notable, por lo demás, para cualquiera que esté bien instruido en la alegoría previa— de que a Cupido jamás se le menciona en la Glorieta; claro indicio de que todavía no estamos tratando con el amor. La Glorieta no es enemiga de Castidad, sino de Continencia: de aquella elemental integridad psíquica presupuesta hasta en los amores ilegítimos. Para encontrar al auténtico enemigo de

---

[118]   Ibid., IV, x, 26.
[119]   Ibid., IV, Proem. 1.
[120]   Ibid., IV, ix, 1.
[121]   Ibid., II, xii, 1.

Castidad —el verdadero retrato del amor falso— debemos volver a Malecasta y Busirane. En ellas advertimos que no son más que el objeto de este
estudio, Amor Cortés, y que este, para Spenser, es el principal enemigo de
Castidad. Pero Castidad significa Britomarte, o sea amor matrimonial, y
por lo tanto la historia que Spenser nos narra es parte de mi historia: la lucha
final entre el romance del matrimonio y el romance del adulterio.

Malecasta vive en el Castillo Gozoso en medio del «júbilo amable y cortés» de graciosas damas y gentiles caballeros.[122] Alguien debe estar pagando
por todo, pero no se sabe quién es. La Venus de sus tapices seduce a Adonis
«tanto como conoce aquel arte».[123] Hemos vuelto al mundo de la Vieja y los
mandamientos de Amor. En las habitaciones del castillo hay «baile y jarana
día y noche» y «Cupido todavía genera voluptuosos fuegos entre ellos».[124]
Los seis caballeros con quienes Britomarte combate ante las puertas (Gardan-
te, Parlante y los demás) están tomados directamente del *Roman* y en la estrofa siguiente aparece el mismo símil de la rosa.[125] El lugar es peligroso para
los espíritus que han atravesado la Glorieta de la Bienaventuranza sin notar
su existencia. Britomarte es herida allí[126] y Beatitud se alegra de que le ayude
en su lucha contra los paladines de Malecasta. Con esto, indudablemente,
el honesto poeta intenta hacernos saber que ni siquiera el hombre religioso
debe rechazar la seguridad que un matrimonio feliz puede proporcionarle
frente a la galantería del momento. Pues Britomarte es el amor matrimonial.

Malecasta representa claramente las peligrosas atracciones del amor
cortés; aquellas que movieron a Surrey o Sidney. Su rostro es lo primero
que se nos muestra. Pero la Casa de Busirane es su amargo final. En estas
vastas y silenciosas habitaciones, deslumbrantes de oro falso, recamadas
con infinitos retratos de «las guerras y crueles batallas de Cupido»,[127] bo-
rroneadas por las «mil formas monstruosas»[128] del amor falaz, donde Britomarte espera a su oculto enemigo encerrada todo un día y una noche,
sepultada, alejada de la aurora que sale afuera «llamando a los hombres

---

[122] Ibid., III, i, 31.
[123] Ibid., III, i, 35.
[124] Ibid., III, i, 39.
[125] Ibid., III, i, 45, 46.
[126] Ibid. III, i, 65.
[127] Ibid., III, xi, 29.
[128] Ibid., III, xi, 51.

a su diario ejercicio»,[129] Spenser no nos ha pintado un inolvidable cuadro de lujuria, sino de amor —amor como fue entendido por la novela francesa tradicional o Guillaume de Lorris— en todo su conmovedor esplendor, su esterilidad y su sofocante monotonía. Y cuando por fin la ominosa puerta se abre y surge la Máscara de Cupido, ¿qué es esto sino un cuadro del profundo sufrimiento humano que subyace a tales amores?

> Cuidado ruidoso y querida Extravagancia;
> Perversa pérdida de Tiempo y Dolor que parece muerte,
> Cambio Inconstante y falsa Deslealtad;
> Desenfreno que consume y Miedo culpable
> De la venganza del cielo: desfallecida Fragilidad;
> Indigencia vil; y, al fin, Muerte con infamia.[130]

De hecho, la Máscara encarna todos los pesares de Iseo entre los leprosos, de Lancelot loco en los bosques, de Ginebra en la hoguera o convertida en monja y penitente, de Troilo esperando frente al muro, de Petrarca escribiendo *vergogna è 'l frutto*, de Sidney rechazando el amor que solo alcanza el polvo o de Donne escribiendo sus feroces poemas desde la casa de Busirane poco después que Spenser escribiera *sobre* ella. Cuando Britomarte rescata a Amoret de este lugar de muerte, concluyen casi cinco siglos de experiencia humana predominantemente dolorosa. Lo único que ignora Spenser es que Britomarte es la hija de Busirane: que su ideal de amor matrimonial brotó del amor cortés.

¿Quién es Amoret, entonces? Es la hermana gemela de Belfebe, y a ambas las engendró el Sol

> puras y sin manchas de todo crimen despreciable
> Generadas en cieno carnal,[131]

sentido que se entiende mejor al compararlo con este soneto:

> Más bella que la más bella, llena del fuego viviente,
> Encendido en lo alto cerca del hacedor.[132]

---

[129] Ibid., III, xii, 28.
[130] Ibid., III, xii, 25.
[131] Ibid., III, vi, 3.
[132] *Amoretti*, viii.

Y como sabemos que el Sol es una imagen del Bien para Platón,[133] luego es una imagen de Dios para Spenser. El primer hecho importante en la vida de estas gemelas fue su adopción por Venus y Diana: Diana, la diosa de la Virginidad, y Venus, de cuya casa «todo el mundo extrae los gloriosos rasgos de la belleza».[134] Ahora bien, las circunstancias que motivaron esta adopción se cuentan en uno de los pasajes más medievales de *La reina de las hadas*: el *débat* entre Venus y Diana.[135] Este *débat* posee dos rasgos notables. En primer lugar, la Venus que toma parte en él es una Venus separada de Cupido, y Cupido, como hemos visto, está asociado al amor cortés. Digo «asociado» porque estamos tratando con algo que fue solo un sentimiento en la mente de Spenser y no una figura intelectual o histórica, como para nosotros. Por tanto, no hay una identificación consciente y consistente de Cupido con el amor cortés. Como Cupido tiende a aparecer en ciertos contextos y a ausentarse en otros, cuando en definitiva aparece en contextos que cuentan con la aprobación de nuestro doméstico poeta, lo hace, usualmente, con cierta reserva. Se le admite en el Jardín de Adonis bajo la condición de que «deje sus tristes dardos a un lado».[136] En el templo de Venus solo sus hermanos más jóvenes revolotean alrededor del cuello de la diosa.[137] De esta manera, hay una buena justificación para resaltar el hecho de que Venus encuentra a Amoret solo porque ha perdido a Cupido, y que finalmente adopta a Amoret *en vez* de él.[138] La otra novedad importante es que el *débat* termina con una reconciliación. Spenser pretende haber resuelto la antigua querella entre Venus y Diana luego de una exposición singularmente franca de los reclamos de cada una. Cuando ambas diosas se han puesto de acuerdo, las jóvenes pupilas

> compartieron entre las dos
> La herencia de toda gracia celestial;
> Tanto que parecieron dejar al desnudo todo lo demás,[139]

y una de ellas, Amoret, se transforma en

---

[133] *República*, 507 Dss.
[134] *The Faerie Queene*, III, vi, 12.
[135] Ibid., III, vi, 11-25.
[136] Ibid., III, vi, 49.
[137] Ibid., IV, x, 42.
[138] Ibid., III, vi, 28.
[139] Ibid., III, vi, 4.

el solo ejemplo del verdadero amor
Y en la estrella polar del afecto más puro.[140]

Venus la llevó a educarse al Jardín de Adonis, custodiado por Genio, señor de la reproducción, entre flores y felices amantes (indistinguibles aquí) cuya fecundidad nunca cesa de obedecer el Mandato Divino. Esta fue su niñez. Su escuela o universidad las pasó en el Templo de Venus, que no es una región puramente natural, como el Jardín, ni artificial en el mal sentido, como la Glorieta de la Bienaventuranza; sino una región donde

todo lo que la Natura omitió,
El arte, jugando un papel secundario, suplió.[141]

Aquí, Amoret ya no crece más como una planta, pero queda entregada al cuidado de Femineidad. La inocente sensualidad del jardín es reemplazada por la «sobria Modestia», la «gentil Cortesía»,

El suave Silencio y la sumisa Obediencia,

que son dones de Dios que protegen a sus santos «contra la injuria de sus enemigos».[142] Por cierto, toda la isla está fuertemente protegida: en parte por Natura[143] y en parte por inmemoriales campeones de la doncellez que siguen la misma tradición de la Rosa, como Duda, Dilación y Peligro.[144] Pero cuando llega el amante, los vence a todos y arranca a Amoret de entre las virtudes. Lo que pugna en su mente antes de hacerlo —su sentido de la «Belleza demasiado excelsa para el uso, demasiado cara a la tierra»— es un hermoso don dado a Spenser por las humildades de la poesía amorosa medieval en el preciso momento de su victoria sobre la tradición:

mi corazón comenzó a latir
Y me acerqué dudando qué era lo mejor a hacer;
Ya que me parecía que el Sacrilegio se apoderaba de la Iglesia,
Y locura me parecía que dejaba la cosa sin hacer.[145]

---

[140]   Ibid., III, vi, 52.
[141]   Ibid., IV, x, 21.
[142]   Ibid., IV, x, 51.
[143]   Ibid., IV, x, 6.
[144]   Ibid., IV, x, 12, 13, 17.
[145]   Ibid., IV, x, 53.

Sin embargo, Amoret no puede apartar su mano y la conclusión de la aventura puede expresarse en las palabras del poeta que ha estudiado con mayor profundidad esta parte de *La reina de las hadas*:

> ella sabía qué era el Honor,
> Y con obsequiosa Majestad aprobó
> La razón que alegara.

La obvia conclusión es el matrimonio. Pero como Busirane se ha cruzado en el camino durante siglos, se lleva a Amoret desde la fiesta de bodas[146] para desfallecer por un período indefinido en su casa sepulcral. Cuando Britomarte la rescata, los amantes se hacen una sola carne (este es el sentido del atrevido símil de Hermafrodita en la conclusión original del libro III).[147] Mas después de esto Amoret todavía corre peligro si se aleja del lado de Britomarte: puede caer a un mundo de bestias salvajes sin guía ni confort[148] y en donde hasta puede llegar a ser víctima de monstruos que viven de los «despojos de mujeres».[149]

Si escribir en prosa la *significatio* de todo esto es difícil, se debe a que la versión poética posee casi demasiado sentido. Así, en general es obvio que Amoret —concebido por el cielo, elevado a su perfección natural en el Jardín, y a sus perfecciones civiles y espirituales en el Templo; injustamente separado del matrimonio por los ideales de la galantería cortés y reintegrado finalmente a él por Castidad— simplemente es amor según Spenser concibe la castidad. Pero planteadas así las cosas se corre el riesgo de que alguna persona estúpida pregunte: «¿Entonces quién es Scudamour? Si para Spenser Castidad significa amor matrimonial, y eso es Britomarte, luego, ¿cuál es la diferencia entre Britomarte y Amoret?». Asumamos el hecho y respondamos la pregunta. Yo podría decir que mientras Scudamour y Amoret unidos por Britomarte son el retrato de una cosa —Matrimonio—, Scudamour, como tal, difícilmente es una personificación. Se trata del amante, del esposo, de cualquier esposo e incluso del *homo* en busca del amor. Pero también podría decir que mientras Britomarte representa la Castidad alcanzada —la triunfante unión de la pasión romántica con la monogamia cristiana—, Amoret, por sí solo, representa la pasión romántica

---

146 Ibid., IV, i, 3.
147 Ibid., III, xii (primera versión), 46.
148 Ibid., IV, vii, 2.
149 Ibid., IV, vii, 12.

que la Castidad debe unir. Y hasta podría decir que mientras Amoret es la pasión, Florimel es el objeto de la pasión; lo Hermoso o Amable, cuyos sufrimientos ilustran las miserias a las que está expuesto fuera del matrimonio. Y que la falsa Florimel es lo falso Amable usurpado por el Amor Cortés, y que el cinturón que solo se ceñirá a la verdadera Florimel (y a Amoret)[150] fue hecho para una Venus cuidadosamente disociada del amor cortés.[151] Con todo, no pretendo asumir esta manera de explicar las cosas. La velocidad y la facilidad con que el «falso poder secundario» produce interpretaciones como las expuestas aconseja no abrir demasiado la puerta, so pena de no acabar nunca. Cuanto más concreta y vital sea la poesía, más desesperanzadoramente complicada es para el análisis. Pero la imaginación la recibe como cosa simple, en ambos sentidos de la palabra. Por extraño que parezca, creo que el deber principal del intérprete es comenzar los análisis y dejarlos inconclusos. No deben transformarse en sustitutos de la aprehensión imaginativa del poema. Su única utilidad es despertar el conocimiento consciente de la vida y de los libros en el lector en tanto sea relevante, y luego agitar los elementos menos conscientes en él que pueden responder al poema por sí solos. A este respecto, tal vez yo ya hice lo suficiente. Quizás todo lo que necesitamos saber es que las mellizas Amoret y Belfebe representan la visión de Spenser según la cual hay dos clases de castidad, y que ambas nacieron del cielo.

Las partes menos alegóricas también se agrupan fácilmente alrededor del centro. Los fanfarrones —los Paridell y Blandamour— constituyen casi un retrato literal de la vida cortés. En el libro IV son los enemigos de la verdadera amistad; los jóvenes que cambian de amigos muchas veces en un mismo día, descritos por Aristóteles.[152] En el libro III, Paridell cortejando a Hellenore es un retrato del amor cortés en acción: se trata del amante *instruido* que conoce todas los trucos de Ovidio.[153] Por lo mismo, su elemento constante es el odio a Scudamour.[154] Marinell es una suerte de pendiente de Belfebe: ella representa la virginidad como ideal mientras él evita el amor por razones de prudencia, que Spenser desaprueba. Su matrimonio con Florimel probablemente no exprese ninguna relación alegórica; aparece para

---

150 Ibid., IV, v, 19.
151 Ibid., IV, v, 3-6.
152 Ética, 1156 B.
153 *The Faerie Queene*, III, ix, 28, 29, 30; x, 6, 7, 8.
154 Ibid., IV, i, 39.

ilustrar el tema general del libro —como la boda de los ríos o el reencuentro de Peana y Amyas gracias a Arturo—, que tiene que ver más bien con Reconciliación que con Amistad. Para Spenser, Concordia es la resolución de todo conflicto: Odio y Amor son sus hijos, pero Odio es el mayor.[155] Por eso encontramos a Ate y a sus obras mucho antes que aparezca Concordia, y los principales héroes del libro son amigos que antes fueron enemigos. El mismo tema de la reconciliación conecta las actividades de Arturo con el tema principal.

Junto a estas aventuras simples y típicas hay, como es usual, pasajes bastante poco alegóricos. Así el hermoso «episodio» de Timias y Belfebe, y las profecías de Merlín. También hay, por decirlo así, «islas» de alegoría pura, como la de Malbecco o la Casa del Cuidado, aunque no están conectadas estrechamente con la acción alegórica central. Ambos libros, tomados en conjunto, son una especie de *massif* central en *La reina de las hadas*, donde la originalidad del poeta llega a su punto máximo y el dominio (para sus propósitos) del arte italiano de entrelazar resulta más perfecto. Es una desgracia que contengan también algo de su peor escritura; pero esto no debe tomarse como prueba de que se estaba cansando del proyecto, sino, principalmente, de que en estos libros enfrentaba la necesidad, obligada en un discípulo confeso de Ariosto, de entregarnos el trazado de un enorme aunque muy bien definido campo de batalla. Y Spenser, como todos los isabelinos, hace muy mal este tipo de cosas. Es inútil buscar razones espirituales profundas para fenómenos literarios que la mera incompetencia puede explicar. Si alguien que es incapaz de dibujar caballos ilustra un libro, las ilustraciones que tengan que ver con caballos serán malas cualquiera que sea la condición espiritual de quien las dibuja.

El libro V es el menos popular de *La reina de las hadas*. Esto es en parte culpa del poeta, que incluyó algunos pasajes chatos y sin inspiración, pero en parte tiene que ver con las diferencias que existen entre su concepción de la justicia y la nuestra. El lector actual tiene la ventaja de que parte desde una concepción igualitaria, pues asume, de hecho, que el modo más justo de dividir un pastel entre dos es cortarlo en dos pedazos iguales. Aristóteles y los más reputados pensadores políticos que existieron entre su época y la de Spenser habrían replicado de inmediato con lo siguiente: «Todo depende de quiénes sean esos dos. Si A es doblemente mejor que B, entonces obviamente la justicia consiste en dar a A el doble de pastel que a B. Pues

---

[155] Ibid., IV, x, 32.

la justicia no es igualdad *simpliciter*, sino igualdad proporcional». Cuando este principio se aplica a cosas más importantes que los pasteles, la justicia supone el arte de adjudicar cuidadosamente graduadas porciones de honor, poder, libertad y demás a los distintos rangos de una jerarquía social fija; y que cuando tiene éxito, produce una armonía entre las diferencias muy parecida a la de Concordia en el libro IV. El poeta describe esta armonía en las siguientes líneas:

> Las colinas no desdeñan los valles inferiores,
> Los valles no envidian las altas colinas.
> Hizo reyes que se asientan en soberanía,
> Hizo súbditos que obedecen su poder.[156]

La justicia, de hecho, es «el gran principio de la Subordinación». Los sacerdotes de Isis se abstienen de beber vino porque proviene de la sangre de los antiguos gigantes rebeldes, que son considerados la insubordinación misma. Y beber su sangre

> Puede mover en ellos las antiguas ideas de rebelión
> De hacer guerras a los dioses otra vez.[157]

El gigante demócrata del canto II ofende la subordinación al creer en la igualdad *simpliciter*. La amazona Radigunda, que esclaviza a los hombres asignándoles tareas femeninas, representa otra forma de insubordinación: el «monstruoso régimen de las mujeres». Aparte sus alusiones políticas, esta alegoría es un ataque a la gurrumina, vicio al que se cae fácilmente cuando la fuerza de la pasión romántica se orienta al matrimonio; y que, para Spenser, es una forma de injusticia, una perturbación de la jerarquía de las cosas. Pues es evidente que Spenser, por su espíritu caballeresco, concuerda con Milton respecto a cuáles son las relaciones correctas entre los sexos, y su retrato de Radigunda es un buen ejemplo de que Amoret aprendió «suave silencio y sumisa obediencia» en el Templo de Venus. Puede que esta doctrina no congenie mucho con el sentimiento moderno, pero la forma en que Spenser delinea la crueldad de Radigunda (Es tan duro ser el esclavo de una mujer),[158] sazonada con nuestros recuerdos de la

---

[156] Ibid., V, ii, 41.
[157] Ibid., V, vii, 11.
[158] Ibid., V, 23.

señora Proudie o los *memsahibs* de Simla en la obra temprana de Kipling, es bastante apetitosa y provechosa.

Con todo, estas consideraciones no alteran el hecho de que Artegall es uno de los personajes más desagradables del poema. Su temperamento enfermizo y vengativo nos saca de quicio desde el comienzo cuando es derrotado en un torneo perfectamente limpio,[159] y nos sigue sacando de quicio con su crueldad posterior. Cuando reflexionamos sobre los métodos judiciales de la época, la afirmación de que su paje de hierro Talus «podía revelar todos los crímenes ocultos»[160] resulta abominable; ya que significa que Talus es tanto el hacha como el potro de tormento. Al respecto, hay algo que no pretendo evadir. Spenser participó de una política detestable en Irlanda, y en el libro V la perversidad de la que alguna vez formó parte corrompe su imaginación. Pues aunque sea absurdo sugerir que Spenser vio a Artegall con nuestros ojos, tampoco dejó muy en claro que su intención no fue hacerlo perfecto. El lema *Salvagesse sans Finesse*[161] nos advierte que si se trata de Justicia, no se supone que sea más que una Justicia grosera; cosa que se explica en el Templo de Isis. Se recordará que las puertas de aquel templo no admiten a Talus.[162] Dentro de él descubrimos que la verdadera diosa es Equidad o «clemencia»[163] y que Artegall está simbolizado por el cocodrilo

> Que bajo los pies de Isis duerme para siempre,
> Para mostrar que la clemencia, a menudo, en cosas impuras,
> Suaviza aquellas severas tendencias y sus crueles mandatos.[164]

De hecho, Artegall es a la virtud como Talus es a Artegall. Esta fructífera idea debió encontrar su plena expresión en el canto de Mercilla, pero Spenser deja que la adulación y la alegoría histórica (su «fatal Cleopatra») le desvíen del camino y el canto termina siendo uno de sus grandes fracasos: debiendo haber sido el corazón del libro, lo paralizó. El comportamiento de Mercilla compite con la *patientia* de Tertuliano por la palma del absurdo:

---

[159] Ibid., IV, v, 9; vi, 5ss.
[160] Ibid., V, xii, 26.
[161] Ibid., IV, iv, 39.
[162] Ibid., V, vii, 3.
[163] Ibid.
[164] Ibid., V, vii, 22.

Así obró esta poderosa Dama, al ver que
Aquellos dos extraños caballeros le hacían tal homenaje;
Menguó en algo aquella Majestad e imponencia
Que otras veces hizo estremecer a tantos.[165]

Exquisita Misericordia esta, que puede cubrir sus garras por un momento si uno le ofrece crema.

El resto del libro no requiere mayores comentarios. No es ni debe ser una de las mejores partes, pero contiene pasajes excelentes, como el desvanecimiento de la falsa Florimel, la lucha con Gerioneo y, sobre todo, la misteriosa escena de la captura de Malengin en las montañas.

Desde esta rocosa meseta —pues el libro V, aunque exitoso, debía ser severo—, el VI nos conduce al bondadoso valle de Humillación. Spenser parece detenerse al borde del estéril país y mirar con alivio la amplitud y delicia de la tierra, salpicada de dulces variedades.[166] El error más grande que puede cometerse con este libro es suponer que la larga demora de Callidore entre los pastores es una truhanería pastoril que oculta la intención moral de Spenser. Por el contrario: el país de los pastores y el monte Acidale en medio son el núcleo del libro y la clave para la concepción spenseriana de Cortesía. Como esperaría cualquiera que haya leído cuidadosamente *La reina de las hadas*, Cortesía, para el poeta, tiene muy poca conexión con la corte. Florece «sobre un tallo bajo»;[167] y aunque la época parezca pródiga en ella, una ojeada a la «sencilla Antigüedad» nos convence de que solo es «pretendida ostentación».[168] He señalado ya cómo el tenor del libro corrobora lo anterior; y aquí solo es necesario recordar al lector que la gran enemiga de la cortesía, la Bestia Vocinglera, ha saqueado al mundo entero menos a los pastores.[169] Si a esto se agrega que el otro enemigo —el derrotado por Arturo— es Desdén,[170] algo habremos progresado en entender la concepción de Spenser. Toda vez que la virtud, como él la entendió, no existe en el esquema de valores moderno, debemos representarla combinando aquellas que sí conocemos. Por el momento, podemos decir que se trata de una combinación entre caridad y humildad

---

[165] Ibid., V, ix, 35.
[166] Ibid., VI, Proem. 1.
[167] Ibid., VI, Proem. 4.
[168] Ibid.
[169] Ibid., VI, ix, 3-6.
[170] Ibid., VI, viii.

como virtudes sociales y no teológicas. Pero hay otro aspecto importante que señalar. Según Spenser, la cortesía, en su forma perfecta, proviene de la naturaleza. Aunque el esfuerzo moral puede lograr un sustituto decente para el día a día, y que merece elogiarse, nunca podrá competir con aquellos que

> poseen tanta cortesía por naturaleza
> Que cualquier acción los ensalza mucho,
> Y a ojos de los hombres alcanzan gran favor,
> De lo que otros, que tienen mayor habilidad en mente,
> No pueden lograr a pesar de esforzarse,
> Pues cada cosa a la que se inclinan
> Se realiza muy bien y gana la mayor gracia.[171]

Esta doctrina adquiere su forma perfecta en la alegoría de las Gracias del canto X. Lo que importa de estas bellas danzarinas es que se desvanecen si se les molesta, y luego,

> habiéndose ido, nadie puede hacerlas volver,
> Salvo a quien ellas conceden tal gracia.[172]

El significado de las Gracias con relación a Colin Clout es perfectamente claro: son «inspiración», esa cosa fugitiva que un día hace al hombre escribir y al siguiente lo deja seco como una piedra; la misteriosa fuente de la belleza. Pero, y como sostiene Spenser, no solamente de la belleza literaria. Hay una inspiración similar que va y viene en todas las actividades humanas —y que en sus venidas logra la belleza incomparable— y especialmente en las sociales. Allí produce «gentil presencia», «dulce semblante», «amables oficios», comportamiento correcto ya entre amigos o enemigos, y todo aquello que solemos llamar «civilidad».[173] De hecho, para Spenser —como para Shelley o Platón— no hay diferencias esenciales entre la belleza poética y la belleza de los caracteres, las instituciones y el comportamiento, pues todas provienen de «las hijas de Júpiter, quien rige el cielo».[174] Escritores como Elyot y Castiglione, que combinan altos vuelos filosóficos con *minutiae* de etiqueta —y no ven nada absurdo en ello—, entendieron este aspecto de Spenser

---

171 Ibid., VI, ii, 2.
172 Ibid., VI, x, 20.
173 Ibid., VI, x, 23.
174 Ibid., VI, x, 22.

mucho mejor que nosotros. Pero lo dicho basta como indicio de lo que se pretende. Debemos concebir la cortesía como la poesía de la conducta, «una incomprable gracia de la vida» que hace amable a quien la posee por aquellos que lo conocen, y que florece por sobre las virtudes de la caridad y la humildad (la perfección superviniente, como diría Aristóteles).

En torno a esta concepción central encontramos la usual variedad de alegorías, romances ejemplares y ficción pura. El episodio entre Desdén y Mirabela es notable por su estrecha aproximación a los modelos más viejos. Turpine y Blandina son aristotélicos —el patán y el adulón—,[175] representando el defecto y el exceso de las dos caras de la virtud. La vida cortés que condena Meliboe, y la vida brutal de los captores de Serena o Pastorella, están dispuestas según el mismo esquema: una es la sofisticación de la naturaleza, en cuyas humildades habita la verdadera cortesía, y la otra un desliz por debajo de la naturaleza, tal como la definiera Aristóteles: el Noble Salvaje al que ya me referí. Él y el Eremita son, en cierto sentido, contrarios: uno enfatiza el aspecto natural de la cortesía, el otro su aspecto espiritual; su afinidad con las formas más severas o terribles del bien. El viejo hombre sabio, henchido de cortesía y libre de las «falsas ostentaciones» que son «habituales en los tontos cortesanos»,[176] feliz como un «despreocupado pájaro en la jaula»,[177] que enseña amablemente a sus penitentes que la Bestia Vocinglera es incapaz de dañar permanentemente a menos que algo ande mal dentro, es una de las más encantadoras figuras religiosas de Spenser. El libro está lleno de dulces imágenes de humildad: Calidore y Priscila conduciendo al caballero herido; Calepine ocupándose del niño; el rapaz Salvaje que hace lo que puede con los arneses del caballo de Serena. Algunos lectores no logran disfrutar a los pastores porque saben (o dicen que saben) que los verdaderos campesinos no son más felices o virtuosos que cualquier persona; pero sería tedioso explicarles aquí las múltiples causas (y razones también) que han llevado a la humanidad a simbolizar con escenas y ocupaciones campestres una región de la mente que en realidad existe y que debería visitarse a menudo. Si la conocen, permítaseles que la pueblen de conductores de tranvía o policías, y aplaudiré cualquier éxito que obtengan. Si no, ¿quién podrá ayudarlos?

[175] Ibid., VI, vi, 42.
[176] Ibid., VI, v, 38.
[177] Ibid., VI, vi, 4.

El libro VI se distingue de los anteriores por las claras huellas de la influencia de Malory (una bienvenida novedad) y la alta proporción de escenas no alegóricas o tenuemente alegóricas. Por lo mismo da la impresión de que Spenser está perdiendo el control sobre la concepción original del poema, sugiriendo una grave falla estructural en *La reina de las hadas*: comienza con el libro más elevado y solemne para, luego de un descenso gradual, hundirse en el más flojo e idílico. Pero una crítica como esta olvida que el libro está inconcluso. La proporción del núcleo alegórico en relación al contorno típico o puramente ficticio ha variado de libro en libro; y la floja textura del VI es un satisfactorio alivio después de la elevada proporción de alegoría pura en el V. El único fragmento que poseemos de un libro posterior prueba que el poema se iba a elevar desde el valle de la humillación hasta una alegoría tan vasta y majestuosa como la del I.

En el poema completo nuestra comprensión está limitada por la ausencia del centro alegórico, la unión de Arturo y Gloriana. En los cantos de Mutabilidad ocurre lo contrario: poseemos el núcleo de un libro, pero sin contornos. Esto es interesante, pues sugiere (cuestión suficientemente *a priori*) que Spenser acostumbraba escribir primero los «núcleos» para luego vestir el resto en torno. Pero es mucho lo que se pierde cuando apreciamos que el tema del cambio y la permanencia no se desarrolla en los niveles inferiores de la aventura caballeresca. Es obvio que las aventuras podrían haber ilustrado el tema de la constancia y la inconstancia, donde los poderosos rivales podrían haber aparecido bajo la forma de Mutabilidad y los dioses solo en el remate alegórico central del libro, que es la parte que se conserva. Es obvio también que la Titana, a pesar de su belleza, es una fuerza maligna. Su nombre, «temeraria Alteración»,[178] y el hecho de que se alce contra los dioses, la ubica entre los enemigos para cualquier lector que entienda las concepciones spenserianas relativas a salud, concordia y subordinación. Las cosas que ella pretendió alterar en el cielo y que ya había alterado en la tierra son, precisamente, aquel estado que Spenser (o Aristóteles) describió como justo y armonioso:

> todo aquello que Natura estableció primero
> En buen estado y en orden armonioso,
> Ella pervirtió.[179]

---

[178] Ibid., *Mut.*, vii, Argumento. Sobre la influencia de Giordano Bruno, véase B. E. C. Davis, *Edmund Spenser*, pp. 232ss.

[179] Ibid., *Mut.*, vii, vi, 5.

En realidad, ella es Corrupción; y toda vez que la corrupción, «sometiendo a la criatura a la vanidad», vino con la Caída, Spenser prácticamente identifica su Titana con el pecado original o la hace la fuerza que está detrás del pecado de Adán. Es ella quien

> Hizo errado lo recto y mal del bien
> Y cambió torpemente la vida por la muerte:
> Desde entonces, todos los vivientes han aprendido a morir,
> Y el mundo entero se hace cada día peor.
> ¡Oh, despreciada obra de Mutabilidad,
> Por la que todos estamos sometidos a esta maldición,
> Y, en vez de vida, hemos mamado muerte de nuestra Nodriza![180]

Lo impactante de esta última línea solo puede apreciarse tras una lectura íntegra de *La reina de las hadas*. Los enemigos de Mutabilidad son, primero, los dioses; y luego *Natura*. Tomados en conjunto, representan el orden divino en el universo: la concordia, la salud, la justicia, la armonía, la Vida que, bajo distintos nombres, es la verdadera heroína del poema. Sin embargo, tomados por separado los dioses representan precisamente aquello que llamaríamos «naturaleza»: las leyes del universo fenoménico. Por eso es que la Titana se impone tanto sobre ellos: conforman aquel mundo sobre el que ella reclama derechos absolutos. Pero *Natura*, individualmente considerada, constituye la base del mundo fenoménico. La reverencia con que Spenser se acerca a este símbolo contrasta favorablemente con los difíciles intentos de Tasso y Milton por poner a Dios en escena sin disfraz. Y si este capítulo no fuese ya demasiado largo, me agradaría demostrar cuánto más religiosa es *La reina de las hadas* como obra que el *Paraíso perdido*. Se notará que el ruego de Mutabilidad no se dirige primero a Natura, sino

> al altísimo, al consagrado
> Padre de dioses y hombres de igual poder,
> Es decir, el Dios de Natura.[181]

Sin embargo, la respuesta a este ruego la da la diosa *Natura*, como en Claudiano, Bernardo, Alain de Lille y Jean de Meun:

> Esta gran abuela de todas las criaturas,
> Gran Natura, siempre joven aunque llena de edad;

---

[180] Ibid., *Mut.*, vi, 6.
[181] Ibid., *Mut.*, vi, 35.

Siempre en movimiento aunque firme en su lugar,
Invisible para muchos aunque contemplada por todos.[182]

El pabellón de madera que se alza para recibirla (distinto a los ideados
por la «ociosa pericia» de los artesanos),[183] las «flores que crecen volunta-
riamente» bajo sus pies y el homenaje del dios del río siguen la misma tradición. Sin embargo, Spenser puede comparar al mismo tiempo sus vestidos
con los de Nuestro Señor en el monte de la Transfiguración, y poner en boca
de Mutabilidad palabras que separan, como por un abismo, a *Natura* de los
dioses:

Ya que cielo y tierra son iguales para vos,
Y estimas a los dioses no más que a los hombres,
Pues hasta los dioses se parecen a vos, como el hombre a los dioses.[184]

El lector de hoy se pregunta, entonces, cómo es que Spenser iguala a
Dios con Natura. Pero la respuesta es la siguiente: «Por supuesto que no
lo hace. Spenser era cristiano y no panteísta». Sus contemporáneos habrían
comprendido muy bien la manera en que procedió en este pasaje: la práctica
de usar formas mitológicas para insinuar verdades teológicas estaba bien
establecida y se mantuvo hasta la composición del *Comus*. Para la mayor
parte de los poetas y en la mayor parte de los poemas es, lejos, el mejor
método de escribir poesía religiosa no devocional: o sea, aquella que no es
un acto de adoración para el lector. En las alegorías medievales y en las máscaras renacentistas, Dios, si podemos decirlo sin irreverencia, aparece con
frecuencia, pero siempre *incógnito*. Todos entendían lo que pasaba, pero el
planteamiento se mantuvo al nivel de la ficción y con un carácter no devocional. El poeta conservó así libertades que se le habrían negado si hubiera
removido el velo. Pues incluso Spenser, con todo lo arriesgado que es en
estas materias, jamás habría descendido —como lo hizo— tan brusca y de-
liciosamente desde la alta corte del universo hasta la grotesca antimáscara
de Fauno («Un Fauno tonto, por cierto»),[185] al ubicar al Todopoderoso sin
disfraz sobre el estrado de aquella suprema corte en vez de «Natura». Sin
embargo, y en definitiva, esta intromisión de lo alto y lo bajo —el ojo del

---

182 Ibid., *Mut.*, vii, 13.
183 Ibid., *Mut.*, vii, 8.
184 Ibid., *Mut.*, vii, 15.
185 Ibid., *Mut.*, vi, 46.

poeta echando un vistazo no solo desde la tierra hasta el cielo, sino desde los informes y divertidos caracoleos del instinto hasta las alturas de la contemplación— es tan grave, incluso quizás tan religiosa como el decoro que, en una convención diferente, la habría impedido.

Debido a la profunda oscuridad de las líneas en las que Natura pronuncia su sentencia, considero difícil determinar con precisión el significado del *débat*; pero creo haber comprendido su sentido general. Se trata de un magnífico ejemplo de la renuncia al dualismo que hace Spenser a último momento. El universo es un campo de batalla donde se enfrentan Permanencia y Cambio, que son el bien y el mal: los dioses y el orden divino están del lado de Permanencia; Cambio es rebelión y corrupción. Pero detrás de esta contienda cósmica hay una verdad más profunda: Cambio no es más que el modo en que se expresa Permanencia, y Realidad (como Adonis) «es eterna en la mutabilidad».[186] Así, cuanto más éxito alcance Mutabilidad, mayor será su fracaso; incluso aquí y ahora, para no hablar de su ruina total cuando lleguemos al

> reposo de todas las cosas, firmemente asentado
> Sobre los pilares de la Eternidad.[187]

Casi parece una impertinencia alabar este fragmento. En él, todas las facultades del poeta se conjugan con más felicidad que nunca; lo sublime y lo ridículo, la rara belleza de la majestuosa mitología y los domésticos vistazos a la vida cotidiana en el curso de los meses se combinan para entregarnos una insuperable impresión de la armoniosa complejidad del mundo. En estos cantos Spenser parece haber sobrepasado las usuales debilidades de su estilo. Su verso no ha sido nunca tan musical ni su lenguaje tan firme y dulce. Esta poesía, que solo aparece al final de los seis libros, nos recuerda que *La reina de las hadas* está inconclusa y que el poeta se detuvo cuando tal vez sus mejores triunfos estaban por venir. Así, nuestra pérdida es incalculable. Cuando menos tan grande como la que sufrimos con la prematura muerte de Keats.

Si este capítulo no está radicalmente errado, entonces la historia de la crítica spenseriana, con una o quizás dos honorables excepciones, es una historia de grosera subvaloración. Nótese que no he hecho nada por ocultar sus faltas,

---

[186] Ibid., III, vi, 47.
[187] Ibid., *Mut.*, viii, 2.

y que a algunas de ellas me referí con mayor severidad que sus admiradores. Así, me atrevo a decir que tengo el mérito de haber iluminado por primera vez —y en la luz correcta— las tendencias pueriles e insulsas de Spenser. Expuse, sin mitigación, aquellos desagradables pasajes donde resulta un mal poeta porque, en cierto sentido, es un mal hombre. Pero que en definitiva no son tan distintos a la barbarie de Homero, a los odios de Dante, al orgullo de Milton y, quizás podríamos agregar, a la aquiescencia aparentemente satisfecha de Shakespeare en la payasada ética del honor y la venganza. No menciono estas cosas con la absurda intención de exaltar a Spenser menospreciando al resto. Simplemente quiero indicar el nivel en el que se ubica y los poetas con los que debe ser comparado.

Aunque mi reivindicación de Spenser podría tomar la forma del viejo panegírico *totam vitae imaginem expressit*, tal vez resulta más exacta si omitimos la palabra *totam*: si simplemente dijésemos *vitae imaginem*. Por de pronto, esto ayudará a aclarar un malentendido muy común. Los lectores encuentran un «parecido» o una «verdad» vital en Shakespeare porque las personas, los sentimientos y los hechos de sus obras se parecen a los de nuestras vidas; y porque en lo que difieren es en aquello que los antiguos críticos llamaban «naturaleza» o lo probable. A su vez, cuando leen a Spenser y esta «semejanza» no se les hace evidente, concluyen que su obra no tiene nada que ver con la «vida»: que escribe ese tipo de poesía escapista o recreativa que (por una razón u otra) es tan intensamente despreciada en la actualidad. Pero no se dan cuenta de que *La reina de las hadas* es «como la vida» en un sentido literal muy diferente. Cuando digo que es «como la vida» no quiero decir que los lugares y las personas que allí aparecen son como los que produce la vida. Quiero decir simplemente lo que digo: que es como la vida misma y no como los productos de la vida. Es una imagen de la *natura naturans*, no de la *natura naturata*. Las cosas que allí leemos no son como la vida, pero la experiencia de leerlas es como vivir. Las antítesis que chocan entre sí y luego se resuelven a sí mismas en unidades superiores, las luces que fluyen desde los grandes *foci* alegóricos para transformarse después en cientos de tonos diferentes al alcanzar los niveles más complejos de la aventura; los sucesos que se agrupan y que revelan su verdadera naturaleza mientras nos acercamos al *foci*; la constante reaparición de ciertas ideas básicas que se transforman interminablemente y sin embargo continúan siendo lo mismo (eternas en su mutabilidad); la incansable variedad y la continuidad inconsútil del todo; en fin, todo esto es el verdadero parecido de Spenser con la vida. Es aquello que nos da, mientras leemos, una sensación parecida a la que los hegelianos dicen obtener de Hegel: el sentimiento de tener ante sí no una imagen, sino un estadio sublime del proceso universal. No tanto un poeta escribiendo de las formas fundamentales de la vida, sino de esas mismas formas desplegándose espontáneamente a través de la imaginación de un poeta. La invocación a la Musa no tiene cabida en Spenser. Sentimos que su poesía ha perforado fuentes que no son fácilmente accesibles al pensamiento discursivo. Hace imaginables realidades interiores tan vastas y a la vez tan simples que suelen escapársenos como se nos escapan las letras de los nombres de los continentes en los mapas: demasiado grandes para que las advirtamos, demasiado visibles para ser vistas. Milton eligió muy bien la palabra «sabiduría» para definir la peculiar excelencia de Spenser: sabiduría de aquella clase que raramente penetra la literatura, pues se da con mayor frecuencia entre la gente sencilla. Esto es lo que le ha mantenido a Spenser la fidelidad de los niños y los poetas durante tres siglos, mientras que a los intelectuales (sobre quienes el oficio crítico recae naturalmente) ha contrariado hasta la exasperación. Sucede que se trata de un encanto que no son capaces de explicar. Para nuestra época preocupada e inquirente, esta sabiduría quizá muestre su aspecto más grato en la total integración y en la armonía mental de Spenser. Su obra es como un árbol, como el mismo fresno del mundo, cuyas ramas alcanzan el cielo y sus raíces el infierno. Se alza hasta las canciones de los ángeles o la visión de la Nueva Jerusalén, y admite entre sus luminosidades la imagen descubierta del mismo Dios. Pero, y con la misma fidelidad a su naturaleza, desciende hasta el horror del caos bajo el Jardín de Adonis y a los grotescos sátiros que protegen a Una o corrompen a Hellerone. Entre estos dos extremos se ubica toda la multiplicidad de la vida humana, trasmutada pero no falsificada por las convenciones del romance caballeresco. La «gran cadena dorada de Concordia» ha unido la totalidad de su mundo. Lo que siente en un nivel lo siente en todos. Cuando lo bueno y lo bello se le aparecen es el Hombre quien responde; los sátiros juguetean, las lanzas se hacen pedazos, las luminarias se elevan. Hay un lugar para cada cosa y cada cosa está en su lugar. Nada está sojuzgado, nada está insubordinado. Leerlo es mejorar en salud mental.

Con Spenser mi historia llega a su fin. Como suele ocurrir a las grandes obras, su poema —caballeresco y alegórico— estaba un poco anticuado cuando apareció. Su influencia literaria es mucho más importante para el estudioso de Milton y los románticos que para el de los isabelinos. Hay una historia de la gran literatura que tiene un ritmo más lento que el de la literatura en general, y que ocurre en una región más alta. Lo grande no funciona rápidamente. Solo después de muchos siglos se ha hecho evidente la verdadera posición de Spenser: él es el gran mediador entre la Edad Media y los poetas modernos, el hombre que nos salvó de la catástrofe de un renacimiento demasiado perfecto. Para Hurd, los Warton y Scott es, principalmente, un poeta medieval; para Keats y Shelley, el poeta de lo maravilloso. Es cierto que los románticos no aprendieron de él la alegoría; pero quizás no habría sido capaz de enseñarla si no hubiese sido un alegorista. En la historia del sentimiento, es uno de los más grandes fundadores de aquella concepción romántica del matrimonio que constituye la base de toda nuestra literatura amorosa desde Shakespeare a Meredith. La síntesis que ayudó a producir fue tan exitosa que este aspecto de su obra no fue advertido en el siglo pasado: lo que Britomarte representa fue considerado trivial por nuestros padres. Pero ya no lo es más. Con todo, hoy en día su concepción es fuertemente atacada. Feminismo en política, novedoso ascetismo en religión, animalismo en literatura y, sobre todo, descubrimientos psicoanalíticos que han socavado ese idealismo monógamo con respecto al sexo que nos sirvió durante tres siglos. No necesito predecir si la sociedad ganará o perderá con esta revolución; pero Spenser debe ganar. Lo que alguna vez fue trivial debería tener ahora, al menos para algunos, el valiente atractivo de una causa casi perdida; y para otros, el interés de un fenómeno histórico altamente especializado: la flor peculiar de una civilización peculiar, importante para bien o para mal y suficientemente digna de nuestros esfuerzos por comprenderla.

Apéndice I
GENIO Y GENIO

En la literatura antigua, medieval y renacentista, el significado del ser llamado Genio escapa fácilmente al lector moderno. Para entenderlo mejor, conviene tomar en cuenta la frase de san Agustín:

> Quid est genius? «Deus» inquit (sc. Varro) «qui praepositus est ac vim habet omnium rerum gignendarum»... et alio loco dicit esse uniuscuiusque animum rationalem et ideo esse singulos singulorum.
>
> (*De Civ. Dei*, vii, 13).

En esta frase hay una distinción bastante clara entre lo que podría llamarse Genio A (el dios universal de la generación) y Genio B (el δαίμων, espíritu tutelar o «alma externa» de un hombre individual); y, como señala Agustín, es evidente que, mientras que existe solo un Genio A, hay tantos hombres como Genios B. Es con estos últimos con quienes está familiarizado el lector actual; son hermanos del δαίμων de Sócrates, ancestros de los Ángeles de la Guarda en la neumatología cristiana y que han degenerado, por una metáfora natural, al «genio» del novelista o el pintor de hoy. Pero quien domina la poesía medieval es el Genio A; una figura oscura al principio, pero que se hace cada vez más clara y dominante a medida que esta poesía se desarrolla.

En la *Cebetis Tabula* lo vemos fuera del περίβολος o parque de la vida (probablemente el origen del Jardín de Adonis, de Spenser):

> ὁ γέρων ὁ ἄνω ἑστηκως, ἔχων χάρτην τινὰ ἐν τῇ χειρί, καὶ τῇ ἑτέρᾳ ὥσπερ δεικνύων τι, οὗτος Δαίμων καλεῖται· προστάττει δὲ τοῖς εἰσπορευομένοις, τί δεῖ αὐτοὺς ποιεῖν ὡς ἂν εἰσέλθωσιν εἰς τὸν βίον.

(iv)

337

La alegoría del amor

Aquí, el nombre y la función están perfectamente claros. Mucho más vaga, aunque no irreconocible, es la figura que se sienta en la cueva de Claudiano:

Ante fores Natura sedet, cunctisque volantes
Dependent membris animae. Mansura verendus
Scribit iura senex, numeros qui dividit astris
Et cursus stabilesque moras, *quibus omnia vivunt*
Ac pereunt fixis cum legibus.

(*De Cons. Stilichonis*, ii, 432ss.).

En este texto no se nos da el nombre y el Senex tiene otras funciones además de la generación. Sus deberes coadyuvantes y las palabras que he puesto en cursivas son, sin embargo, suficientes para identificarlo.

Marciano Capella, aunque ignora las funciones reproductivas de Genio, enfatiza la singularidad del Genio A sobre la multitud de Genios B. Está hablando de los deberes que tienen los dioses subsolares con sus superiores:

Sed quoniam uni cuique superiorum deorum singuli quique deserviunt, ex illorum arbitrio istorumque comitatu et generalis omnium praesul et specialis singulis mortalibus genius admovetur, quem etiam Praestitem quod praesit gerundis omnibus vocaverunt.

(*De Nupt.* ii, 38 g)

Isidoro, que es un buen ejemplo para el uso aceptado de una palabra, explica a Genio exclusivamente en el sentido A:

Genium dicunt quod quasi vim habeat omnium rerum gignendarum seu a gignendis liberis: unde et geniales lecti dicebantur a gentibus qui novo marito sternebantur.

(*Etymol.* VIII, xi, 88)

En Bernardo Silvestre, al alcanzar el *aplanon* o la esfera de las estrellas fijas, tenemos lo siguiente:

Illic Oyarses quidem erat et genius in artem et officium pictoris et figurantis addictus. In subteriacente enim mundo rerum facies universa caelum sequitur sumptisque de caelo proprietatibus ad imaginem quam conversio contulit figuratur. Namque impossibile est formam unam quamque alteri simillimam nasci horarum et climatum distantibus punctis. Oyarses igitur... formas rebus omnibus et associat et ascribit.

(I *Pros*. iii ad fin).

Esta es la descripción más completa que he citado del Genio A, y su segunda parte es un comentario (con algunos siglos de retraso) sobre el pergamino que sostiene Δαίμων en la *Cebetis Tabula*. El nombre *Oyarses*, como me lo señalara el profesor C. C. J. Webb, debe ser una corrupción de οὐσιάρχης; y amablemente me ha llamado la atención también sobre el *Asclepius* (XIX) del Pseudo Apuleyo, donde el usiarca de las estrellas fijas ciertamente es Genio A (aunque no se le nombre así) «qui diversis speciebus diversas formas facit».

El Genio A de Bernardo explica suficientemente al Genio de *De Planctu Naturae*, enemigo del vicio contra natura en tanto patrono de la generación y, por lo mismo, de la heterosexualidad. El Genio de Jean de Meun y el de Gower descienden directamente de él.

El personaje incómodo en esta historia es Spenser. El Genio a las puertas del Jardín de Adonis (*La reina de las hadas*, iii, vi) es, evidentemente, el Genio A; de quien los no natos esperan recibir sus «gasas carnales». Probablemente Spenser lo tomó de la *Cebetis Tabula*, que fue un texto de estudio muy popular durante el Renacimiento (véase Milton, *On Education*, *Prose Wks.*, ed. Bohn, vol iii, p. 468), adicionándole otros detalles. Quizás hasta la Acrasia personificada. Ahora bien, el Genio en la Glorieta de la Bienaventuranza (*La reina de las hadas*, ii, xii) es, evidentemente también, el genio *malo* del alma individual; pues aunque ninguno de nuestros autores haya llamado la atención sobre ello debemos recordar que en algunos sistemas cada hombre posee dos genios del tipo B: un genio bueno (b) y uno malo (ß). Todos recordamos a los ángeles buenos y malos de *Fausto*; y si Spenser debió de leer sobre sus equivalentes en otros autores, desde luego lo hizo en Natalis Comes:

Crediderunt singulos homines statim atque nati fuissent daemones duos habere, alterum malum, alterum bonum.

(*Mythologiae*, IV, iii)

La aparición de un genio malo como este en la casa de Acrasia no presentaría dificultades y todo armonizaría con la historia general del Genio A y los Genios B (tanto b como ß), si no fuese por la frustrante estrofa 47 de Spenser. Esta *stanza* comienza como cabría esperar:

En aquel lugar ellos le llaman Genio:
Pero no ese poder celestial, a quien el cuidado
De la vida y la generación de todo
Lo que vive pertenecen como carga particular.

Si esto fuera todo, estaríamos frente a una clarísima afirmación de que el genio de la Glorieta de Acrasia no es el Genio A. Desgraciadamente, Spenser continúa:

Es él quien nos maravilla de cosas que conciernen nuestro bienestar
Y nos previene de extraños fantasmas,
Y con frecuencia nos llama a evitar ocultos males:
Esto es nuestro Yo, etc.

Esto importa una identificación completa del Genio A con el genio individual *bueno* (B b). Y este ser compuesto y estrictamente imaginable es contrastado en la estrofa siguiente con el genio individual malo (B ß). En otro lugar (*R. E. S.*, xii, 46, abril de 1936) sugerí una operación textual capaz de aclarar la confusión. Pero sigue siendo muy posible que Spenser estuviese, de hecho, confundido.

NOTA: No había pensado en identificar con Genio la figura que hay en Claudiano hasta que me fuera sugerido en «The Allegorical Figure Genius» (*Classical Philology*, xv, 1920), de E.C. Knowlton, que el lector debería consultar junto a otro artículo del mismo autor, «Genius as an Allegorical Figure» (*Modern Language Notes*, xxxix). Debo agregar también que el misterioso *Schreiber* en *Heinrich von Ofterdingen* (cap. ix), de Novalis, puede tener alguna conexión con el Genio de Claudiano; pero creo que Novalis simboliza con él a Entendimiento.

Apéndice II
PELIGRO

El significado primitivo de *dominarium* y *daunger* es, indudablemente, señorío o dominio. Por ejemplo:

> *Ancren Riwle* (véase *O.E.D.*,s.v., «Danger»):
> Poileo ofte daunger of swuche oderwhule *þ*et muhte beon ower *þ*rel.
> *Roman de la Rose*, 1033 (de Richece):
> Toz li monz iert en son dangier.

A partir de esta raíz parecen nacer, por decirlo así, dos troncos de desarrollo semántico según si consideramos el poder del señor para actuar (y, por lo tanto, para dañar) o su poder para otorgar (y, por lo tanto, para negar).

De A (poder para dañar) tenemos:

1. Poder o influencia (indefinidos):
   Chaucer, *Prol.*, 663:
   > In daunger hadde he at his owne gyse
   > The younge girls of the diocyse

2. Poder legar, especialmente el del acreedor sobre el deudor:
   Shakespeare, *Merch.*, IV, i, 180:
   > You stand within his danger, do you not?

3. Poder de armas ofensivas en cierto espacio definido:
   Berners, *Froissart*, clxii:
   > The archers shot so wholly together that none durst come in
   > their dangers.
4. De ahí riesgo o peligro en el sentido moderno.

341

De B (poder para negar) tenemos:

1. Avaricia o tacañería:
    Chrétien, *Yvain*, 5304:
    Del pain avons a grant dangier
 Roman de la Rose, 478:
    Car li lieus d'oisiaus herbergier
    N'estoit ne dangerous ne chiches.

2. Negación del amor, o difícil concesión del mismo:
    Roman de la Rose, 9091:
        (El marido celoso a su mujer):
        Car quant je vous vueil embracier
        Pour vous baisier et soulacier...
        Tant soupirez, tan vous plaigniez
        E faites si le daungereus.

Chaucer (W. of Bath) D. 513:
        I trowe I loved him beste for that he
        Was of his love dangerous to me.

3. Obstinación, insubordinación, falta de humildad en un inferior:
    Roman de la Rose, 1889:
        Il est fos qui moine dangier
        Vers celui qu'il doit losengier.

4. Lo áspero o «difícil», como opuesto a lo afable y condescendiente:
    Roman de la Rose, 4017:
        Se Jaloise est vers vos dure
        E vos fait eni et laidure
        Faites li engrestié encontré;
        E dou dangier qu'ele vos montre
        Vos vengiez...

 Bruce, v. 280:

        and can him pray
        That he wald cum all anerly...
        And he but danger till him gais.

El sentido A no nos concierne. De los sentidos B se verá que solo el 2 favorece la teoría según la cual «danger» significa *pudor;* pero incluso en él «danger» se refiere a *pudor* solo como un efecto con una posible causa. *Pudor* es una de las cosas que puede hacer una mujer desplegar «danger»; pero se notará que la modestia no es, en modo alguno, la raíz de la negativa en ambas citas. En la primera, la dama es «dangerous» porque está amurrada;

en la segunda, el hombre puede ser «dangerous» casi por cualquier razón excepto por *pudor*. Los sentidos 3 y 4 están estrechamente relacionados con la idea de orgullo, distancia y dignidad excesiva o presuntuosa, y así caen dentro del significado que le doy a «danger» en el *Roman*. El sentido 1 parece, a primera vista, muy lejos de esto, y no me atrevería a defender el uso moderno de *difficult* y *difficile* como términos sociales que proveen una especie de puente, si no fuese por un hecho notable. Los manuscritos del *Roman*, en la línea 479, varían entre *dangerous* y *desdeigneus*: lo que tomo como evidencia probable, aunque no cierta, de que el escriba o el poeta consideró que ambas palabras eran parecidas en sentido y forma.

Debe recordarse siempre (y aquí remito nuevamente al lector a *Poetic Diction* de Barfield) que los distintos sentidos que deducimos de una palabra antigua a través del análisis existieron antes en ella como unidad. No se trata, por tanto, de decidir en cuál de los sentidos dados más arriba se usa la palabra *danger* para cada caso; es como pedir a un francés de nuestros días que elija entre el inglés «like» y el inglés «love» cada vez que usa el verbo *aimer*. Habrá ocasiones en las que podrá escoger uno u otro; pero en la mayoría de los casos la cuestión simplemente no existe en el sistema semántico de su lengua. Así, la admirable descripción de «danger» en *Bouge of Court* (estrofas 10ss.) de Skelton no es un retrato de «Danger» en *alguno* de nuestros sentidos B más que en otro, sino de «Danger» *simpliciter*. Lo más notable es que Spenser parece creer que no hay ninguna inconsistencia en darnos el sentido A en *La reina de las hadas*, III, xii, 11, y el sentido B en IV, x, 17ss.

ÍNDICE ONOMÁSTICO

ÍNDICE DE OBRAS CITADAS EN EL TEXTO

¿HAS LEÍDO ALGO BRILLANTE Y QUIERES CONTÁRSELO AL MUNDO?

Ayuda a otros lectores a encontrar este libro:

- Publica una reseña en nuestra página de Facebook @GrupoNelson

- Publica una foto en tu cuenta de redes sociales y comparte por qué te agradó.

- Manda un mensaje a un amigo a quien también le gustaría, o mejor, regálale una copia.

¡Déjanos una reseña si te gustó el libro! ¡Es una buena manera de ayudar a los autores y de mostrar tu aprecio!

Visítanos en GrupoNelson.com y síguenos en nuestras redes sociales.

CPSIA information can be obtained
at www.ICGtesting.com
Printed in the USA
BVHW082323271022
650428BV00021B/339